報道の自由

山川洋一郎

報道の自由

学術選書
55
憲法・憲法訴訟論

信山社

はじめに

本書は、私が一九六六年に弁護士になって以降、仕事の合間をぬって執筆してきた論文や小論、判例評釈、講演録等を一冊にまとめたものである。

論文といっても残念ながら、学者の方が書かれる突っ込んだアカデミックなものにはなっていない。民主政治における報道の自由や表現の自由の役割に関心を持ち、アメリカ憲法を少しかじった実務法律家が、主としてメディアの側から扱ったさまざまな報道の自由、表現の自由をめぐる問題を契機に、少し勉強して考えてみた類いのものである。今、これらをまとめて一冊の本にすることにどれ位の意味があるのかはなはだ自信もなく、ためらったが、信山社社長の今井貴氏や何人かの学者、実務家の先輩・友人の励ましを得て出版に踏み切ることにした。それぞれの論文等については、その執筆の背景、位置づけを序において簡単に触れた。

日本国憲法が施行されて六十余年、我が国では、最高裁の表現の自由をめぐる裁判例もようやく増えて、表現の自由は確実に民主政治の必須の前提として社会に根付いてきているように思われる。しかし、民主政治における表現の自由の根源的な価値（真理到達へのツール、自己統治、個人の自己実現等）を前提にしても、表現の自由がさまざまな場面において他の権利・法益と対立・衝突する時、それをどう調整するかは容易ではない。更に、メディアはその負託に応じて憲法の期待する役割を十分に果たしているのか、との批判も絶えないところである。一実務家の拙い思考をまとめたこの本が、報道の自由、表現の自由が民主政治の過程で果たす重要な役割に関心を持つ方々の参考になれば幸いである。

二〇一〇年一〇月

山川洋一郎

この本を恩師である伊藤正己先生と大野正男先生に献げる。

目次

2　報道の自由と名誉毀損
——ニューヨーク・タイムズ事件判決とその後の発展をさぐる

第二部　日本法――アメリカ法との対比において

10　利益衡量論

第三部　判例評釈

報道の自由

序　――解題に代えて

平成二一年夏、東京大学法曹会の会合でお目にかかった信山社の今井貴社長と稲葉文子氏から、私が折に触れて執筆した論文や判例評釈等を一冊の本にまとめて出版しないか、との有り難いお話を頂いた。私は一九六六年に弁護士登録後、一九六八年から一年間フルブライト委員会とミシガン大学から奨学金を得て同大学ロースクールに留学して、米国憲法、特に表現の自由に関する法理を勉強する機会を得た。帰国後は現在に至るまで終始、弁護士として実務にたずさわって来た。その間幸いにも、主としてメディアの代理人としての立場から、国家秘密と取材の自由、ニュースソースの保護、名誉やプライバシーの保護と報道の自由の対立等、表現の自由にかかわる興味深い問題を含む多くの事件にめぐり合うことができた。これらの事件に取り組むにあたっては、当然のことながら、日本法の解釈・適用が一義的な問題となるのであるが、表現の自由の保護について相似る憲法条項を有し、豊富な判例の積み重ねのある米国憲法の現況を可能な限り研究・対比し、日本法上の問題の解釈に役立つものは、これを裁判の弁論に取り入れようと努めた。

また、留学から帰国後、担当する仕事には直接関係しない場合にも、米国憲法の表現の自由にかかる新しい発展や展開をできる限りフォローしようと努めた。そして機会があれば、これをまとめて小論文にしたり、判例評釈を行ったりした。これらは、多忙な実務の合間を割いて書いたものであるが、民主政治における表現の自由の重要さを理解し、表現の自由の保障を他の法益との均衡をはかりながらも、できる限り根づかせたいと考える法律実務家としての問題意識に支えられて、その都度執筆したものである。これらの論稿のほとんどは時期的にも一九七〇年から二〇〇〇年頃に書かれたもので、当時の日本法の状況あるいはアメリカ憲法判例の状況しか反映していない。そのため、この本の刊行を勧められた時、ためらいがあり、何人かの学者、実務家の先輩・友人に意見を求めたところ、一人の実務家の実務を通じての思考の軌跡をまとめることは、それなりに意味があること、特にそれぞれの論稿がどのような状況と問題意識、あるいはどのような具体的事件とのかかわり合いにおいて書かれたものであるかという背景を説明することにより、その当時の状況、それぞれの論稿の現在の問題とのかかわり合いや位置関係を明らかにでき、それは意味があるのではないかと励ましていただいた。そこで、上記のためらいを断って、出版に踏み切ることにした。

私は弁護士登録三年目の一九六八年の夏からミシガン大学ロースクールに留学することができたが、その当時のアメリカは、ベトナム戦争が泥沼化して、戦争の遂行をめぐって国論の分裂が先鋭化しつつあった。戦争を拡大させた民主党のジョンソン大統領が、その年の三月に、高まる反戦運動の中で、二期目の大統領選不出馬に追い込まれた後、民主党の副大統領ハンフリー候補と共和党のニクソン候補との間で一一月の大統領選挙に向けて熾烈な選挙戦が闘われていた。一九六〇年代は、一九五〇年代初頭にアメリカを席巻した赤狩りのマッカーシズムが終焉した後、経済も順調に推移し、ジョンソン大統領の「偉大な社会計画」のもと、公民権法、投票権法の成立を手はじめに、メディケアをはじめとする数々の社会保障や、都市や生活環境改善のための法律が次々に成立し、アメリカ社会は明るさと豊かさを享受した時代でもあった。

ミシガン大学のキャンパスは、ベトナム戦争反対の集会が行われ、反戦の立て看板やビラが林立し、ベトナム戦争に徴兵されていく学生たちの数が次第に増えつつはあったが、なお、明るさを失ってはいなかった。

連邦最高裁は、一九五三年長官に就任したアール・ウォレンの下、

・公立学校における白人生徒と黒人生徒の分離教育（separate but equal）を違憲とした Brown v. Board of Education 事件（一九五四年）

・選挙区割の不平等の問題は、司法審査の対象となるとした上、one man, one vote の原則の下に選挙区割の平等を命じた Baker v. Carr 事件（一九六二年）

・違法捜査により押収された証拠の証拠能力を否定した Mapp v. Ohio 事件（一九六一年）に始まり、貧困な刑事被告人に公費で弁護人を付することはデュー・プロセスの要求であるとした Gideon v. Wainright 事件（一九六三年）、逮捕・勾留中の被疑者は取調べを受けるに際して弁護人の立会いを求める権利があるとし、この権利を侵害して得られた自白の証拠能力を否定した Miranda v. Arizona 事件（一九六六年）

・国民の政府批判の自由を高らかにかかげて、公務員に対する名誉棄損の成立要件をきびしく限定し、従来の名誉毀損法を大きく書き変えた New York Times v. Sullivan 事件（一九六四年）

等、次々と司法積極主義の下、社会改革志向の強い、リベラルで理想主義的な憲法判断を打ち出していた。それはウォレン・コートと呼ばれる合衆国連邦最高裁の最も輝かしい時期であった。

私は、アメリカ憲法、特に表現の自由を中心とする基本的人権の保障を留学の研究テーマとしていたので、MCL（Master of Comparative Law）の学位を取るのに必要とされる年間二〇単位を、憲法（四単位）、人権保障の国際的な比較研究を行う比較憲法のゼミ（二単位）、行政手続法（三単位）、刑事訴訟法（四単位）、戦争と国際法のゼミ（二単位）などで埋めた外、更に憲法の講義を聞いたポール・G・コイパー教授の指導を得て、“Freedom of Speech and Law of Defamation” と題するペーパーを書いた。これは前述の New York Times v. Sullivan 事件の最高裁判決に触発されて、執筆したものである。

Kauper 教授は憲法学者としてリベラルではないが、中道を行く、極めて温厚でアカデミックな学者であり、当時六〇歳くらい、全米に名声を博しておられた。コイパー教授は授業で前述したウォレン・コートの重要判決の持つ意味を詳しく説明された。

刑事訴訟法の先生イェール・カミサー教授は、前述した連邦最高裁の Miranda 事件判決に大きな影響を与えたとされる少壮の教授で、先生の刑事訴訟法の授業は、憲法刑事訴訟法ともいうべきもので、警察の違法捜査や取調を厳しく糾弾し、それを防止するために裁判所、特に連邦最高裁が果たすべき積極的役割を、火を吐くような情熱と弁舌をもって学生に説く、熱気にあふれるものであった。それはコイパー教授の静かでアカデミックなクラスとは対をなすものであったが、いずれも最高の授業であることは衆目の一致するところであった。

このようにして私はウォレン・コートの活躍ぶりに目を見張り、社会変革のうえで連邦最高裁が果たす大きな役割に深い感銘を受けながら、表現の自由を中心とする憲法の実体的人権保障、刑事手続や行政手続におけるデュープロセスの保障、更には憲法訴訟のあり方等を中心に懸命に勉強し、極めて充実した一年間の留学生活を送ることができた。

帰国後も私はアメリカ憲法、特に表現の自由や刑事手続きの憲法的側面についての関心を持ち続けた。仕事の面でも、一九七二年に起こった外務省秘密電信文漏洩事件（日米政府間の沖縄返還交渉にかかる外務省の秘密電信文を入手した毎日新聞記者が国家公務員法一一一条違反（秘密漏洩のそそのかし罪）で起訴された事件）では、弁護団長伊達秋雄弁護士、後に最高裁判事になる主任弁護人大野正男弁護士のもと、国家秘密と報道の自由をめぐる大事件の弁護にかかわることができた。

一九七〇年代以降は全国紙の法律顧問を依嘱されたことに加え、新聞協会の新聞法制研究会にも招かれ、取材、編集、報道等に関係する多くの裁判や法律問題にかかわることができた。また、一九七六年、芦部信喜先生が始められ、先生亡き後は戸松秀典学習院大学教授に引き継がれた憲法訴訟研究会の毎月の研究会に出席させていただき、若手の憲法・英米法学者の方々と共に最新のアメリカ連邦最高裁の判例に触れることができたのは、有りがたいことであった。

一九九一年秋と一九九二年秋の二度、母校ミシガン大学ロースクールのディーンであり、若かりし頃からの友人リー・シー・ボリンジャー教授（現コロンビア大学学長）の誘いを受けて、同ロースクールで、二人で「日米比較表現の自由」の特別講義を行った。内容はデモの自由、わいせつ表現の規制、事前検閲と差し止め、名誉やプライバシーの保護と表現の自由、国家秘密と報道の自由、オフェンディング・スピーチ、イクストレミスト・スピーチ等の規制等、表現の自由をめぐるテーマにかかわる日米最高裁判例の比較・検討を行ったものであるが、この時のボリンジャー教授やアメリカ人学生たちとの討論は、日米の表現の自由の保障の共通点と相違点を、更には日米それぞれの民主政治と社会自体の成り立ち・あり方の違いを、深く考えさせてくれるものとなった。

近年では、ＮＨＫ記者の取材源について民事訴訟において証言拒否権を認める初の最高裁決定を勝ち取ることができ（二〇〇六年）、更に「女性戦犯法廷」をめぐるＮＨＫのテレビ番組の取材協力者が、放映された番組内容が番組内容についての自らの期待に反するとしてＮＨＫに損害賠償を求めた事件では、有能な相代理人諸氏と共に、取材協力者には番組内容について法的に保護される期待権は原則として認められない、として、放送事業者の編集の自由を広く認める最高裁判決を得ることができた（二〇〇八年）。これらの仕事の関係で、若かりし頃の米国留学中に学んだ事柄を多少なりとも生かすことができると共に、更に米国憲法のその後の発展をフォローすることも必要となった。かくして四〇年近くの間、実務を通じて表現の自由、報道の自由、ひいては憲法訴訟についてアカデミック・インタレストを持ち続けることができたことは、私にとって何より幸せなことであった。

前置きが長くなったが、以上をふまえて、以下にそれぞれの論稿執筆の背景、動機、意図のようなものを記述させていただく。

第一部の解題

1「ウォレン・コートからバーガー・コートへ──岐路に立つ米国最高裁」は、アメリカ留学からの帰国直後に尊敬する大先輩古賀正義弁護士と共に執筆したものである。前述したようにアクティブ・コート、リベラル・コートと評価されたウォレン長官の在任中の合衆国連邦最高裁の業績を概観し、ウォレン長官の退任、新長官バーガーの誕生により、同最高裁がどのように変わっていこうとするのかを司法積極主義と司法消極主義の対立の観点から、ややジャーナリスティックにえがいたものである。

留学中ウォレン・コートの下した数多くの重要判決を読み、当時のアメリカが抱えていた深刻な問題に果敢に取り組んだウォレン長官率いる連邦最高裁の理想主義的態度に深く心を動かされた若き弁護士のウォレン・コートに対するトリビュートともいうべきものである。留学からの帰国直後に私は畏友吉川精一弁護士と共にアーチボルド・コックス（ハーバード・ロースクール教授）著の『Warren Court』を翻訳出版することができたが（『ウォレン・コート』日本評論社一九七〇年刊）、この翻訳を思い立ったのは、違憲審査権の行使に、臆病とも思われるくらい消極的な我国の最高裁とはあまりに違うアメリカ連邦最高裁のありようを、少しでも多くの日本の法律関係者に知ってもらいたいとの強い思いからであった。この論文も同じ思いで書かれている。

2「報道の自由と名誉棄損──ニューヨーク・タイムズ事件判決とその後の発展をさぐる」は米国の名誉棄損法を決定的に書きかえたと評される前述の New York Times v. Sullivan 事件判決（一九六四年）を紹介し、その後の発展をさぐったものであるが、この論文は前述したミシガン大留学中、Kauper 教授の指導の下に書いた“Freedom of Speech and Law of Defamation" の日本語版というべきものである。

一九六九年秋、帰国後、恩師であり、留学の推薦状も書いて下さった伊藤正巳教授に英文の論文を持参してご挨拶に伺ったところ、先生がジュリストに掲載方をお願いしてあげるから日本語に翻訳したらどうかとすすめて下さり、自分の英文の論文を翻訳し、若干の加筆をしたものである。民主政治のもとにおける表現の自由、特に政府批判の自由を高らかに掲げて、公務員がその職務に関連してなされた批判に対して名誉毀損による損害賠償を求める場合には、あるステートメントが現実の悪意――内容が虚偽であることを知っているか、あるいは虚偽であるかどうかを無謀にも無視する態度――をもってなされたことの立証責任を負わねばならない、とした判決を詳しく紹介するとともに、表現の自由を民主政治と深く関連づけたこの判旨が、公務員に限らず、公的人物にも適用され、更に刑事の名誉棄損罪やプライバシー侵害にも適用されていったことを紹介している。

この判決が樹立した現実の悪意の理論は、被告に真実性の立証責任を負わせていた従来の名誉毀損の法理を完全に書きかえたものであるが、我が国においては、被告が真実性及び真実相当性の立証責任を負うことが、昭和四一年六月二三日の最高裁大法廷判決以来、確立している。現実の悪意の理論は一定の裁量権を持った公務員又は社会の出来事に特別に目立つ役割を果たす人物――公的人物（パブリック・フィギュア）――にしか適用されないが、アメリカではこの理論の故に政治家や公的人物による名誉棄損訴訟はほとんど不可能になり、その数も極めて少ないとされている。これに比し我が国では原告が公務員であれ、誰であれ、被告側が真実性の挙証責任を負われる。裁判所がこの挙証責任をきびしくとらえているため（第二部8参照）、公務員や政治家による名誉棄損訴訟が数多く提起され、勝訴例も多いのである。

3「名誉棄損訴訟における証拠開示とプレスの編集特権――最近の合衆国最高裁判決」は判例紹介である。サリヴァン事件判決により、名誉毀損訴訟において「現実的悪意」の挙証責任を負わされることになった公的人物である原告は、被告のメディアに対し民事訴訟提起後、連邦民事訴訟規則二六条㈥項に基づき、広範なディスカバリー（証拠開示）を求めることができる。現実的悪意とは、「あるステートメントが虚偽であることを知っているか、あるいはそれが虚偽であるかどうかを無謀にも無視する態度」とされているので、原告はその立証のため被告に対し、取材・編集過程で記者や編集者がどのような取材により、どのような情報・認識をもっていたか、情報の取捨選択について、編集局内でどのような判断や意見交換がなされて一定の報道がなされたか等の開示を、編集過程で作成される内部文書の提出や、記者や編集者の証言録取の形で求めることができるのである。広範かつ長期間にわたるディスカバリー手続きにおいて、メディアはその編集過程を白日のもとに暴かれるばかりでなく、多大の人的経済的負担をも負うのである。メディアが編集の自由を主張してディスカバリーの範囲を限定しようとする所以である。

紹介したHerbert v. Lando事件は、CBSテレビとその製作・編集者のLandoが、ベトナム戦争における戦争犯罪に関する番組を製作・放送したことに関連して、番組が批判的に取り上げた退役軍人Herbertから、その名誉を棄損したとして提訴された事件から派生した。原告が求めたディスカバリーを、被告側が編集の自由に対する萎縮的効果を理由に制限するよう裁判所に求めたのである。

最高裁はしかし、民事訴訟手続きにおけるディスカバリーの権利は軽々しく制限されてはならないとして、メディアの編集特権を理由とするディスカバリーの制限を認めなかった。裁判手続きにおける事実の発見の要求が編集の自由を上まわったのである。

我が民事訴訟においては、アメリカ型のディスカバリー制度はなく、民事訴訟法二二〇条による限定的な文書提出義務が課せられているだけであるから、本件のような問題はおこらない。

4　「ニューヨーク・タイムズ事件──ベトナム秘密文書と報道の自由」はいわゆるペンタゴン・ペーパー事件の

ジャーナリスティックな紹介と分析である。一九六七年、ジョンソン政権の国防長官マクナマラは、泥沼化しつつあったベトナム戦争に幻滅し、国防総省内外の専門家に命じて、同省の秘密文書を分析させて、極秘の報告書「ベトナム政策に関する米国の政策決定過程の歴史」(いわゆる「ペンタゴン・ペーパー」)を作成した。これをニューヨーク・タイムズ、ワシントン・ポストの両紙が入手し、報道しようとしたのに対し、連邦政府が国家安全保障の侵害を理由に差し止めようとした事件である。連邦最高裁は六対三の多数で政府の請求を棄却した。判決は国民の知る権利を前面に掲げて、事前の差し止めには重い違憲性の推定が働くのに、連邦政府はこの推定をくつがえして差し止めを正当化する事由を十分に立証できず、従って差し止めは認められないとしたのである。

この事件はわが国でも大きく報道され、現に進行中の戦争をめぐる政策決定の内容や、政策決定の過程における政権の高官達のさまざまな勧告や討議の内容までも公表を認めた連邦最高裁の判決は、米国における修正一条の意義と報道の自由の保障の強さを改めて確認するものとして、我が国民に対しても強い印象を与えたものである。

前述した毎日新聞にかかる沖縄返還交渉関係の外務省秘密電信文漏洩事件は、このニューヨーク・タイムズ事件の一年後に起こった。この事件は、一九七一年沖縄返還にあたって、アメリカ側が沖縄の農民に支払うべき軍用地復元補償費四〇〇万ドルの日本側による財源肩代りの密約を暴こうとした毎日新聞西山記者とそれに協力した外務省の女性秘書官が、そのプライバシーを暴かれ、国家公務員法一一一条と同一〇九条違反の罪により裁かれたものである(女性秘書官は終始、罪を争わなかった)。この事件では国民と国会を欺き、返還協定の審議をする国会の審議権を骨抜きにするような密約が、そもそも国家秘密として保護に値するのかと、そのような秘密に対する取材の限界はどこにあるのかが大きな争点であった。弁護側は欧米諸国の国家秘密保護法制とこれに対するプレスの取材・報道の自由の保護の状況を広く調査し、学者証人の証言によって立証するとともに、我が国行政官庁における「職務上の秘密」の濫用とプレスによる秘密取材の実状についても、数多くの第一線記者の証言により立証した。

一審無罪、二審有罪を受けて、最高裁判所は西山記者を有罪とした。上記のような密約を違法とする弁護人の主張に対して、最高裁は、「右電信文案中に含まれている原判示対米請求権問題の財源については、日米双方の交渉担当者において、円滑な交渉妥結をはかるため、それぞれの対内関係の考慮上秘匿することを必要としたもののようであるが、わが国においては早晩国会における政府の政治責任として討議批判されるべきであったもので、政府が右のいわゆる密約によって憲法秩序に抵触するとまでいえるような行動をしたものではないのであって、違法秘密といわれるべきものではなく、この点も外交交渉の一部をなすものとして実質的に秘密として保護するに値するものである。」と述べ、これを斥けた。

そして、国家秘密についての公務員に対する取材の自由について、最高裁は、「報道機関の国政に関する取材行為は、国家秘密の探知という点で公務員の守秘義務と対立拮抗するものであり、時としては誘導・唆誘的性質を伴うものであるから、報道機関が取材の目的で公務員に対し秘密を漏示するようにそそのかしたからといって、そのことだけで、直ちに当該行為の違法性が推定されるものと解するのは相当ではなく、報道機関が公務員に対し根気強く執拗に説得ないし要請を続けることは、それが真に報道の目的からでたものであり、その手段・方法が法秩序全体の精神に照らし相当なものとして社会観念上是認されるものである限りは、実質的に違法性を欠き正当な業務行為というべきである。」としながら、問題となった記者の取材行為は取材対象者の個人としての人格の尊厳を著しく蹂躙したものであるとして、有罪とした。最高裁は記者の倫理をさばいて、政府の違法行為（密約）には目をつぶり、検察当局が政府の違法行為を記者の倫理問題にスリかえることを容認したのである。

しかし、密約の成立をうかがわせる秘密電信文の内容が「我が国においては早晩国会における政府の政治責任として討議批判されるべきであったもので……」としたのが全くの誤りであったことは明白である。この密約の存在を政府は頑強に否定し続けたのであるが、二〇〇〇年六月アメリカの情報公開法を使ってアメリカ政府から入手された文書から、その存在は明らかとなり、これを受けるかのように外務省アメリカ局長として沖縄返還交渉を担当し、かつ本件でも検察側証人として出廷し、密約の存在を否定した吉野文六氏が二〇〇六年、日米両政府間で財源肩代りの密約がなされたことを公然と認めるに至って、政府の長年のウソはようやく明らかとなった。そして、二〇一〇年二月民主党政権の任命した委員会は、核搭載艦船の一時寄港及び朝鮮半島有事の際の基地の自由使用の密約とともに、この財源肩代りの密約の存在を認定したのである。国会における討議批判をかいくぐるために交渉当事者がなした密約を、「早晩国会において討議批判されることが予定されていた」かの如くに述べた最高裁決定は重大な誤りを犯すか、もしくはゴマカシを行ったと言わざるを得ないのである。

更に、二〇一〇年四月九日、東京地裁は西山元記者らが情報公開法に基づいて軍用地復元補償費の負担等にかかる文書の開示を求めた訴訟において日米政府間の密約が成立したことを認めた上で、外務省が省内で行ったこれら文書の探索はおざなりで国民の知る権利をないがしろにする不誠実なものであった。として、文書の不存在を理由とする不開示を違法としたのである。

外務省秘密電信文漏洩事件は、現在もなお、終わっていないと言える。資料として本書巻末に最高裁の決定と弁護人の上告趣意書を掲載する。上告趣意書の序論部分には、サリヴァン事件判決の思想的裏付けとなったシカゴ大学マイクルジョン教授の所説やペンタゴン・ペーパー事件判決におけるブラック判事の意見への言及が見られるが、弁護団はアメリカ憲法、ひいては直近に起こったペンタゴン・ペーパー事件判決に、強く鼓舞されていたと思う。

5「第五章　表現の自由に関する米国最高裁の判例の展開——その概観と若干の考察」は前述した一九九一年秋、一九九二年秋の二度、ミシガン大学ロースクールにおいて、リー・シー・ボリンジャー教授と共に行ったセミナー「日米比較表現の自由」から生まれたものである。セミナーのための準備と同教授との議論、セミナーでの学生たちとの議論等をふまえて考えを整理したものであるが、サリヴァン事件のルールとその根底にある思想が、その後、名誉毀損法の領域をこえ、米国憲法修正一条が問題となる多くの分野──プライバシー、わいせつ規制、事前抑制、オフェンディング・スピーチ、イクストレミスト・スピーチ、破壊活動的言論等──における重要判決の基礎となり、それらに大きな思想的影響を与えたことをたどるとともに、同様の問題についての日・米の最高裁の考え方の相違を考察し、なぜ、そのような相違がもたらされるのかについて、私なりの考察を加えたものである。

そこではまず、我が国の裁判例が、表現がもたらす弊害に極めてセンシティブであり、何らかの弊害があると、表現が民主政治に果たす役割をさほど考慮することなく、その規制を比較的容易に認めるのに対し、米国の判例は表現に何らかの価値がある限り、それが他の利益と衝突したり、他の利益を侵害したりする場合でも表現を許容しようとすること、極端に言えば、米国は表現の自由の価値に注目し、我が国は表現の弊害に注目して、それぞれの表現の規制の合憲・違憲を判断する、として憲法判断のアプローチの違いを指摘する。そしてその違いが、思想のマーケット　プレイスに対するそれぞれの信頼の違い、民主政治というものに対する考え方の違いと、更には移民国家として人種的、文化的、宗教的多様性を持つ米国の社会と、島国特有の閉鎖性に加えて、徳川の二五〇年にわたる鎖国を経て、すべての面において米国とは反対に社会の均質性を強固に保持する我が国社会のあり方の違いによってもたらされているのではないかとしている。この観察は、二〇年を経た今も、なお、当っていると思われる。

第二部の解題

6「公正な論評」は前出の「報道の自由と名誉毀損──ニューヨーク・タイムズ事件判決とその後の発展をさぐる」を受けて、米国の判例法の新展開と対比しつつ、我が国の判例理論を分析、論評したものである。当時、公正な論評に関わる我が国の判例は、わずかしかなかったのであるが、その後、下級審で判例が積み重ねられ、平成元年一二月二一日最高裁第一小法廷判決が、この法理を認めるに至るのである（後出12はこの判決の評釈である）。

7「表現の自由と名誉毀損――公共の関心事をめぐる問題」は二つのテーマを扱った小論である。その一は名誉毀損訴訟において、しばしば問題となる「公共の関心事」とは何かの問題を、創価学会会長（当時）池田大作氏が被害者となった月刊ペン事件最高裁判決を素材に論じたもの、その二は名誉毀損と差止請求の問題を北方ジャーナル事件最高裁判決を素材に論じたものである。

月刊ペン事件最高裁判決は、私人の私生活上の行状であっても、その人物の地位、活動、社会的影響力次第では、公共の利害に関する事実になりうるとしたうえ、公共の利害に関する事実かどうかの判断は、摘示された事実自体の内容・性質に照らして客観的に判断さるべきであり、表現方法や事実調査の程度などは、公共目的の有無の認定に関して考慮される事柄であって、公共の利害に関する事実か否かの判断を左右するものではないとした。いずれも報道の自由にとって重要な意味を持つ新判断である。アメリカ法においては、ニューヨーク・タイムズ事件判決後いくつかの事件において、「現実の悪意」の理論の適用を受けるパブリック・フィギュアとはいかなる人物を指すのかが論じられたが、連邦最高裁は社会の出来事に特別に目立った役割を果たす人物であることをその基準にして、私人については簡単にはパブリック・フィギュア性を認めないところである。

8「真実証明および相当性についての考え方」

我が国の名誉棄損訴訟においては、自らの名誉を傷つけられたとする原告は、問題の出版物・発言を甲一号証として提出し、これに加えて、精神的あるいは物的にいかに損害を蒙ったかを本人尋問で述べれば、一応不法行為訴訟の原告として立証責任を果たしたことになる。問題の出版物・発言がそもそも原告の名誉を傷つけるものであるか否かは、判断が微妙な場合もあるが、原告が上記の立証責任を果たすことは比較的容易である。これに比し、被告は最高裁の昭和四一年六月二三日判決以来の確定した判例により、報道内容の真実性（真実であったこと、もしくは真実であると信じたのがもっともであったこと）を抗弁として主張し、その立証責任を負わされる。ほとんどの場合、真実相当性の存否――被告側が十分な取材をしたかが、裁判の中心的争点になる。そして裁判所はこの真実相当性の立証を容易には認めないところから、被告が敗訴することがしばしばである。

被告となるメディアが可能な取材を尽くして正確な報道をすることはメディアとしての義務ではあるが、民間企業として何らの強制的調査権限をも有しないメディアが、限られた時間の中でなしうる取材や調査には限界もあり、加えて裁判上の立証においてはニュースソースの秘匿義務もあり、真実相当性の立証は困難な場合も多い。

この小論は、新聞協会の研究会における報告をまとめたものであるが、メディアに厳格な真実証明責任を課し、その後の裁判例の流れを作ったと考えられる二つの最高裁判決を批判的に検討したものである。真実証明をあまりきびしく求める時は、政治家や高級公務員等についての批判的報道の活力をそぐことになる。我が国では総理大臣を含む有力政治家がしばしば名誉棄損訴訟をおこすのに比し、米国ではそのような現象はないとされる（注：Mark West "Secrets, Sex, and Spectacle" P100, The University of Chicago Press 2006）。

我が国では支援者に対する弁明の必要上、あるいは名誉毀損の訴えを起こさないと世間から事実を認めたものと受け取られかねないため、政治家の提訴が多いのではないかとも思われるが、原告が現実の悪意の立証責任を負う米国に比し、被告に真実証明についての重い挙証責任を負わせる日本の裁判所の考え方が、原告にとって有利であることも多いに関係があるのではないだろうか。

真実証明の抗弁については、表現の対象の公的関心度の高さによって、挙証責任を少しゆるやかにするというアプローチをとる下級審判決が時にはあるものの、最高裁はそのような考えをとってはいない（もっとも最高裁は事実の真否ではなく、論評の公正が問題となる時には、論評の対象の公共性を考慮して許容される論評の範囲を広く考えようとしているように見える［第3部12参照］）。

民主政治においては、活発な政府批判・公務員批判の言論の自由を保障することが最も重要であり、それが修正一条の保障の中核をなしているとの前提に立って名誉毀損の法理を考える米国の行き方は、名誉棄損訴訟に常に憲法訴訟の香りを与えるが、日本の名誉棄損訴訟は取材が十分になされたかをめぐる単なる民事訴訟に堕しているというのは言いすぎであろうか。

9「プライバシー侵害と差止請求」　この小論は、名誉毀損的表現に対する事前の差し止めを厳格な要件の下に認めた北方ジャーナル事件に関する最高裁大法廷判決（昭和六一年六月一一日）をもとに、プライバシー侵害にあたる表現に対する差止めの適否、要件について論じたものである。判決は、名誉、特に公務員又は公職の候補者に対する評価、批判等の表現行為に対する事前差止めは原則として許されず、「その表現内容が真実でなく、又はそれが公益を図る目的のものでないことが明白であって、かつ、被害者が重大にして著しく回復困難な損害を被る虞があるとき」に限って許される、としたが、プライバシーの利益は人の社会的評価たる名誉権とは異なる利益であるから、プライバシー侵害を理由とする差止は認められるのか、認められるとして、その要件は何か、については名誉毀損の場合とは異なる考慮が必要となる。この論稿は北方ジャーナル事件判決の存在を前提にこの点を論じたものである。最高裁第三小法廷は、この小論の翌年、平成一四年九月二四日判決（判時一八〇二号六〇頁、判タ一一〇六号七二頁）により、公共の利益に係わらない人物のプライバシーにわたる事項を表現内容に含む小説の公表により、公的立場にない当該人物の名誉、プライバシー、名誉感情が侵害され、重大で回復困難な損害を被るおそれがある場合には、事前の差止めが認められるとした（小説「石に泳ぐ魚」事件）。この判決はプライバシーの利益のみに基づく差止めを認めたものではなく、名誉や名誉感情と共にプライバシーの侵害があったとされた事例であり、プライバシー侵害のみを理由とする差止めについて、最高裁が判断したケースは未だない（この問題については第三部13参照）。

10「利益衡量論」は表現の自由や報道の自由をテーマとした他の論文と異なり、憲法訴訟において合憲性判定の基準として用いられる利益衡量論について論じたものである。最高裁は昭和三〇年代の終わり頃まで法令の合憲性判定の常とう句として公共の福祉論を用いてきたが、昭和四〇年代になると学説の批判や当事者の主張を受けて、これに代わって利益衡量のアプローチをとるようになった。それは憲法で保障された各種の基本的人権とその制限を必要とする事由（対立利益）を具体的に比較検討し、両者の調和と均衡を図ろうとするもので、問題となる人権の制限に合理性があり、かつ、それが必要最小限度のものを超えていないかを判断し、特に刑事制裁は必要やむを得ない場合に限定しようとするものであった。このアプローチは当時の公共企業体労働者の争議権の一律禁止と刑事罰の賦課が問題となった全逓中郵事件（昭和四一年）及び地方公務員の争議権の一律禁止と争議行為のあおり行為の処罰の合憲性が問われた都教組事件（昭和四四年）において、最高裁のとるところとなった。しかし、この具体的利益衡量のアプローチはわずか四年後、全農林警職法事件において、労働基本権は勤労者を含めた国民全体の共同利益の見地からする制約を免れないとする国民全体の共同利益論にとって代わられた。この国民全体の共同利益論は、その後猿払事件（昭和四九年）において公務員の政治活動の自由の制約を正当化し、更に全逓中郵事件を覆した名古屋中郵事件（昭和五二年）において、公共企業体労働者の争議権禁止を正当化する理由付けとして使われた。

結局、対立する法益を具体的に衡量して合憲性を判断するというアプローチは、極めて抽象的な国民全体の共同利益というイデオロギー的アプローチにとって代われた。それは昭和四〇年代の後半から五〇年代にかけておこった時の政権与党自民党の批判を受けての司法の右傾化と、労働公安事件における最高裁のタカ派路線の支配を反映した憲法判断の方法の変化であった（同様のアプローチは公職選挙法における戸別訪問の一律禁止を「選挙の自由と公正の確保」という抽象的対立利益を措定して合憲とした事件の判断にも見られる）。この論文はそのような変化を連邦最高裁における利益衡量論の盛衰と対比させつつ、批判的に論じたものであり、薬事法による薬局開設の地域的制限（それは職業選択という主として経済的活動にかかるものである）を、ＬＲＡ（Less Restrictive Alternative）の原則によって違憲とした自らの判断方法と矛盾するものであることを指摘している。

第三部の解題

第三部には四つの判例評訳を収めた。11～13は表現の自由に関する事件であり、14は刑事訴訟法上の問題に関するものである。いずれも社会的関心をひいた事件に関する。

11は、時の政権党自由民主党がサンケイ新聞に日本共産党批判の意見広告を掲載したところ、同党がサンケイ新聞に対し反論意見広告の無償掲載を求める仮処分を申立て、東京地裁がこれを却下した決定に関する。

この決定は、報道機関が政党の政策・活動及び政党間の政策論争・批判についての報道記事・論評・意見広告を掲載する自由は憲法上最大限に保障されるとした上、「政党間の論争は、不可避的に辛辣、痛烈に過ぎ、時に誇大・侮辱・誹謗中傷的に走り、さらに虚偽の内容を述べ、多かれ少なかれ、穏当を欠く内容と表現に陥りやすいものともいうべきもの」であることを認めて、政党の政策や政治的姿勢に対する論争・批判等は「たとえ当該政党の名誉を棄損する場合であっても、⑴これが故意もしくは真偽について全く無関心な態度で虚偽の事実を公表することによってなされたことまたは、⑵その内容や表現が著しく下品ないし侮辱・誹謗・中傷的であって社会通念上到底是認し得ないものであることが立証されないかぎり、違法と評価しえない。」としたのである。

私はこの判旨にアメリカ連邦最高裁のニューヨーク・タイムズ対サリヴァン事件判決の影響がみられることを指摘した。

この仮処分申請を却下された同党が起こした同旨の本訴は、一、二審敗訴の後、最高裁第二小法廷昭和六二年四月二四日判決（民集四一巻三号四九〇頁）を以って同党の敗訴が確定するが、この判決は、政党間の批判、論評の自由を広く認めるとともに、名誉棄損を前提としない反論文掲載請求権は新聞の表現の自由に重大な影響を及ぼすものであり、法律の具体的な定めなしに認めることはできない、との重要な判断を示したものである。

12は、第二部6で論じた公正な論評の法理をはじめて認めた最高裁判決についての評釈である。最高裁は「公共の利害に関する事項について自由に批判、論評を行うことは、もとより表現の自由の行使として尊重されるべきものであり、その対象が公務員の地位における行動である場合には、右批判等により当該公務員の社会的評価が低下することがあっても、その目的が専ら公益を図るものであり、かつ、その前提としている事実が主要な点において真実であることの証明があったときは、人身攻撃に及ぶなど論評としての域を逸脱したものでない限り、名誉侵害の不法行為の違法性を欠くものというべきである。」とした上、地域社会において大きな関心事となっていた教育問題をめぐって、教職員のとった行動を口汚なく非難する内容のビラを論評としての域を逸脱するものではないとしたものである。最高裁は名誉毀損訴訟における二つの抗弁のうち、真実証明の抗弁についてはきびしい態度をとる一方、論評の自由については、比較的ゆるやかな態度をとっていると言えそうである。

13は、著名な国会議員の娘夫婦（二人とも私人）の離婚の理由、いきさつ等を報じた週刊誌記事についてプライバシー侵害を理由に差止めの仮処分が発布されたところ、保全の必要性をめぐって、異議審と抗告審の判断が分かれた事例の評釈である。本件ではプライバシー侵害はあったものの、それは軽微なものであり、被害者に重大にして著しく回復困難な損害を被らせるおそれがあったとまでいうことはできなかったから、仮処分命令の発出を正当とした異議審決定は誤りで、これを取り消した抗告審決定の判断が正当なものであった。評釈はプライバシー侵害を理由とする差止めの仮処分を安易に認めることを批判するものである。

14は、ロッキード事件において総理大臣の贈収賄事件の立証のため、贈賄側証人である米国人に対し、①東京地検検事正が不起訴の宣明をし、②更に、検事総長がその内容を確認して、改めて、公訴はしないと確約する宣明書を最高裁に提出し、③最後に最高裁が裁判官会議の議を経て「検事総長の確約が将来にわたりわが国のいかなる検察官によっても遵守され、本件各証人らがその証言およびその結果として入手されるあらゆる情報を理由として、公訴を提起されることはない」との宣明書を発する、という前代未聞の手続を踏んで行った米国の裁判所による嘱託証人尋問の調書の我国刑事訴訟法上の証拠能力について論じたものである。田中総理を有罪とした東京地裁の三つの決定は理由付けに多少の違いはあるものの、いずれも嘱託尋問調書の証拠能力を肯定した。私は証言強制のための免責の付与が刑事訴訟法上定められていない我が国において、総理大臣の犯罪立証のためといえども、検察官が個別事件の処理について与えられた不起訴権限（本件では起訴猶予処分をすること）を流用して免責の付与を与えることは許されず、本件嘱託尋問調書は違法な手続によって得られた証拠として、許容されるべきではないと批判した（学説も批判が強かった）。最高裁大法廷は後に平成七年二月二二日判決（民集四九巻二号一頁）を以って批判説と同旨の判断を下した。検察方、最高裁が嘱託尋問調書入手のためにとった異例の手続は、十五年を経てようやくその正当性を否定されたのであるが、最高裁が裁判官会議の議を経て上記のような宣明書を発したこと自体にそもそもの問題があったのである。

第四部の解題

第四部は刑事関係の小論、講演録等を収めた。

15「違法捜査とその規制・救済――弁護の立場から」は、「法曹三者が共通の場で、刑事訴訟法上の基本テーマについて、実務的な観点から問題点と対立点を議論し合い、あわせて今後の解決策を探るという方法」のもとに編集された『刑事手続上、下』（筑摩書房刊）中の主題について、私が弁護の立場から書いたものであり、それに裁判の立場から堀籠幸男判事（当時）、河上和雄検事（当時）がコメントを書かれた。

この本が出版された一九八八年当時は違法捜査の規制・救済についての主要な論争点は排除法則の当否、適用範囲であり、今日導入が検討されている被疑者の取調状況の可視化は未だ大きな声にはなっていなかった。

16「今、報道の自由を語る意味——取材源秘匿に関する最高裁決定に読み込むＮＨＫの役割」はＮＨＫ記者を代理して取材源秘匿を認める最高裁決定を得た後、ＮＨＫの社内研修において行った講演に手を入れたものである。この講演は視聴率競争にさらされない公共放送たるＮＨＫが報道の分野で果たす重要な役割を念頭に、ＮＨＫの一線記者を鼓舞しようとしたものである。

17「今、法律家は何をなすべきか」は尊敬する先輩本谷明法政大学法科大学院教授（元東京高裁部総括判事）の依頼により同大学の法科大学院の学生諸君に対し行った講演に手を入れたものである。テーマは報道の自由ではないが、弁護士としての仕事を振り返りつつ、思いの一端をしゃべって、法律家を志す若者達を励まそうとしたものである。

第一部　アメリカ法

1　ウォレン・コートからバーガー・コートへ

合衆国連邦最高裁判所長官アール・ウォレン（Earl Warren）は本年六月、在任一六年の後、その職を辞した。連邦最高裁長官として史上四番目に長い任在であった。ウォレン辞任の翌二三日、ニューヨーク・タイムズは、「長官退任す」と題する社説の冒頭で、彼をこうたたえた。

「長官アール・ウォレンの退任により、アメリカは一八〇年の歴史のなかで最も決定的な時期の一つに、最高裁を率いてきた勇気と進歩的信念と人間理解に満ちた人物を失うことになる。」

新大統領ニクソンは、ウォレンの後任に、首都ワシントンを管轄する連邦控訴裁判所判事であるウォレン・アール・バーガー（Warren R. Burger）を任命し、上院は七四対三で承認を与えた。

かくして、いわゆる「ウォレン・コート」時代は終わった。しかしこれは、最高裁のニックネームの変化を意味するにとどまるものではない。われわれは、「ウォレン・コート」という言葉で表現された司法哲学が今後こうむるであろう修正を予想せざるをえない。

本稿はウォレン長官在任中の連邦最高裁の業績を簡単に回顧し、かつ昨年六月以降最高裁をゆるがすこととなったいくつかの出来事に触れながら、新長官のもと、新しい最高裁がどのような方向に変わっていくかについて、コメントを加えようとするものである。そしてこれらを通じて、幾多の困難な問題をかかえる米国の政治と社会にしめる司法部、ひいては連邦最高裁の役割と機能についての考察を加えようとするものである。わが国の司法部、ひいては最高裁のありかたについての切実な関心が小稿の底流をなしていることはいうまでもない。

一　ウォレン・コートの業績

一八九六年以来の先例を覆えして、義務教育公立学校における白黒の人種差別教育を連邦憲法修正第一四条違反と断じたブラウン事件（一九五四年）に始まり、黒人下院議員パウエルの下院からの排斥を、下院側の「政治問題《ポリティカル・クエスション》」を含むとの主張を斥けたうえで、許されないものとしたアダム・クレイトン・パウエル事件（一九六九年）に終わるいわゆる「ウォレン・コート」の業績は、しばしば司法積極主義、リベラル・コート等の言葉で表わされる。

退任一年前の昨六八年六月、ウォレンは、記者会見において、みずから過去一五年間を回顧し、三つの最も重要だと思う判決をあげた。第一は、選挙区割の不平等についても司法審査が及ぶとしたベーカー対カー事件（一九六二年）(1)、第二は前述したブラウン事件（一九五四年）(2)、第三は州の刑事裁判において、貧困な被告人に公費で弁護人を付することは、デュー・プロセスの要求するところであるとしたギデオン事件（一九六三年）(3)である。これらは、それぞれ現代アメリカ社会のかかえる最も重要な問題、すなわち、社会の都市化現象、人種問題、警察および裁判と市民の関係に関するもので、「ウォレン・コート」の業績を代表する重要判決であるとして、ほぼ異論のないところである。そこで、本稿においても、ウォレン自身の評価に従って、右各判決およびその関連判決群を簡単にフォローする。

(一)　ベーカー対カー事件——不平等選挙区の問題

本件は州議会議員の選挙区割が、約六〇年間の無修正で、人口に比し不平等となったのを理由に、選挙民が、その区割を定めた州法の違憲を宣言する判決とともに、その州法の下で行なわれる選挙の差止めを求めたものである。

最高裁は、いわゆるポリティカル・クェスションに関する先例を詳細に分析した後、本件はそれに該当しないとした。

かくして選挙区割の不平等について、ポリティカル・クェスションの壁を取りさった最高裁は、二年後一九六四年、レィノルズ対シムズ事件(4)においてさらに深くこの問題に取り組むこととなった。すなわち、長官ウォレンが書いた多数意見は、選挙権者の行使する一票はすべて同じ重みを与えられるべきだとする「ワン・マン／ワン・ボート」の原則を雄弁に展開し、選挙区割をなす際に人口数以外の地理的・行政的・歴史的考慮は無関係であることを明確に打ち出したのであった。それは代議制民主政治における選挙権の意義を十分にとらえて、近年顕著に進行するアメリカ社会の都市化に対応して、都市に集中した人口に本来の発言権を回復するものであった。それはまた、逆に、人口数に比して代表議会で不相当に大きな声をもつ保守的農業地帯・辺境部の発言権を結果的に縮小させるものであった。

そして、スワン事件(5)（一九六七年）およびキルガーリン事件(6)（一九六七年）において、それぞれ州議会選挙区の大きさの乖離の度合いが、一・四対一、一・三対一となっているのも許されないことが明らかにされ、さらにアヴァレイ事件(7)（一九六八年）においては、ワン・マン／ワン・ボートの原則は州議会にとどまらず、州内のさらに小さな地方自治体にも適用されることが、明らかにされたのである。

(二)　**ブラウン事件**——人権差別問題

本判決は、一八九六年以来「セパレイト・バット・イークォル」の原則のもとに行なわれてきた公立の義務教育学校における人種差別教育を、修正一四条の平等条項違反とした歴史的判決である。そしてそれが全員一致の意見であることが判決に重みを加えた。この全員一致をもたらしたものは、長官ウォレンの説得力と人格であったと、しばしばいわれている。しかし、それはむしろ、黒人生徒が白人生徒と同じ場所で勉強できないことそれ自体が、明白な差別であるのに、肝心の点をボカして、分離しても教員数・設備等が同じでありさえすれば、憲法の保障する平等はおかされないとする詭弁の論理にすぎない「セパレイト・バット・イークォル」ドクトリンは、もはや通用しないことが、いやしくも問題を直視する能力を持った者にはだれにも明白になっていたからではないかと思われる。しばしば批判されるこの判決の理由の短かさも、差別の弊害がだれの目にも入り組んだ論証を要しない程度にいちじるしくなっていたことの表われともいえよう。それは歴史の要求であった。

しかしこのことは、判決の意義をいささかも損ずるものではない。大統領も議会も長らく「セパレイト・バット・イークォル」ドクトリンの人種差別を是正するイニシアティブを取りえなかったのであるから。

公立の義務教育学校における人種差別だけに限られていた判旨は、当然のことながら、それだけにとどまらなかった。同じ論理は、公共海水浴場、公立ゴルフコース、公園、公立大学等のさまざまの公共設備における人種差別に、さらに選挙権行使・陪審員選任の際におけるさまざまの人種差別にも適用されるに至った。

他方、このような最高裁の積極的な動きが行政部・立法部に対する拍車となって、ケネディ、ジョンソン政権下、人種差別の制限・禁止を目指したいくつかの公民権立法が生み出されることとなった（一九六四年公民権法、一九六五年選挙権法、一九六八年住宅法等）。

この分野での最高裁は、ベトナムの戦場へ送られる黒人兵士たちが「アメリカにいてもみずからの自由と平等を保障されないわれわれが、なぜ海をへだてたアジアの戦場へ、他国民の自由を守るという名目で強制的に送られなければならないのか」と抗議するのに呼応して、アメリカの良心を呼びさまそうとするものであった。

(三)　**ギデオン事件**――刑事手続きをめぐる手続保障の問題

州の刑事手続において、貧困な被告人がみずから弁護人を選任できないときは、州が被告人のため公費で弁護人を選任しなければならないとするこの判決は、連邦制をとる手前、各州にまかされ、したがって各種各様となった州刑事手続が生み出すさまざまの不正義と弊害を連邦憲法のビル・オブ・ライツでカバーし、連邦の手でなんとか最低限度の公正な手続基準をつくりあげようとするウォレン・コートの努力の代表的なものである。それはまた、刑事手続における警察と市民の力の圧倒的な乖離を、弁護人の介入によって少しでも対等に近づけ、複雑な刑事手続の前に、無知無力な市民に対して、手続保障を実質化しようとする努力であった。この努力は、弁護人の立合いを起訴後ばかりでなく捜査の段階にまで、くりあげた一九六六年の画期的判決＝ミランダ事件(8)によってさらに強化された。また警察の違法捜査をチェックしようとする努力は、州の裁判手続において違法収集証拠は許容されないとして、数多く存在する違法捜索をチェックしようとしたマップ事件(9)およびその一連の判決、盗聴（ワイヤタッピング）を禁止したカッツ事件等(10)にもあらわれている。この分野はまた、先例をくつがえすことの最も多い分野となったが、「州刑事手続の連邦化」といわれるこの努力は、最高裁が捜査の実態に深く立ち入り、刑事手続における被疑者・被告人の権利保障にきわめて敏感であることを示している。これらの判決は、わが国の同種の問題について重要な再考の資料を与えるように思われる。

以上ウォレン・コートの業績をきわめて大まかに顧みた。もちろん、その他にも数々の重要判決が存在するが、本稿においてはいっさい触れない。ここでは、ウォレン・コートが、行政・立法部の放置した現代アメリカ社会の最も大きな矛盾と問題の解決を、司法部、特に最高裁の使命と考え、それに積極的に取り組んできたことを指摘するにとどめよう。

世界で最も強力な最高裁といわれる米連邦最高裁のこのような積極的努力は、後述のごとく、保守派からの批判と攻撃を受けることとなるのではあるが、高く評価されてしかるべきであろう。

(1) Baker v. Car Carr 369. u. s. 186
(2) Brown v. Board of Education of Topeka 347 u. s. 483
(3) Gidcon v. Wainright 372 u. s. 335
(4) Reynolds v. Sims 377 u. s. 535
(5) Swann v. Adams 385 u. s. 440
(6) Kilgorlin v. Hill 386 u. s. 120
(7) Avery v. Midland County, Texas 20 L. Ed. 2d 45
(8) Miranda v. Arizona 384 u. s. 436
(9) Mapp v. Ohio 367 u. s. 643 (1961)
(10) Karz v. u·s 389 u. s. 347 (1967)

二　ウォレン・コート――その構成

では以上のような判決を生み出してきたウォレン・コートの顔ぶれはどうであったか。一九五三年、ウォレンがカリフォルニア州知事からヴィンソン長官の後任として、時の大統領アイゼンハワーに任命されたときの陪席判事の顔ぶれは、リベラル＝ダグラス、ブラック、コンサーバティブ＝リード、バートン、ミントン、クラーク、フランクファーター、ジャクソンの各判事であった。しかし、一九五六年、ミントンはリベラルのブレナンに、六二年、フランクファーターはリベラルのゴールドバーグに、六五年、ゴールドバーグはリベラルのフォータスに、さらに六七年クラークはリベラルのマーシャルの各判事にそれぞれ代わられ、しだいにリベラルが多数を制するようになった。

ウォレン自身のカリフォルニア州司法長官、あるいは同州知事としての前歴は、決してリベラル、進歩的といえるものではない。マッカーシー旋風が吹き荒れた一九四〇年代後半から五〇年代初頭にかけてのアカ狩り、あるいは日本にはあまり知られていない第二次世界大戦初頭のカリフォルニア州における日系市民の強制立退きと強制収容等の遂行等は、アイゼンハワー大統領が、保守的なヴィンソン長官の後継者たるにふさわしい保守的人物として、ウォレンを期待するに十分であった。しかしながら、最高裁に入った後のウォレンの意見がアイゼンハワーの期待を裏切るものであったことは、前述の諸事件のほとんどにおいて、司法積極主義を取って、リベラルな立場に組みしていることからも明らかである。後年アイゼンハワーが、過去を述懐して、ウォレンの任命を「余の一生における最大のミスティク」といったやに伝えられるのは、彼の立場からすれば当然であった。

アメリカの最高裁判事は、上院による弾劾を除いては、快適な報酬（年俸六万ドル）と終身の任期を保障されている。この身分保障が、裁判官たちが過去の政治的・社会的加担からみずからを解放する助けとなって、それが任命権者および一般の期待を裏切る結果になるとは、しばしば指摘されているが、ウォレンに関しては、昨年一二月筆者のひとりが面談するチャンスのあった前最高裁判事チャールズ・フィタッカー氏が、最高裁在任の最も長いブラックのリベラルな思想の影響がきわめて大きかった、と語っていたことをつけ加えておく。

かくして、ウォレンがリベラルとなれば、最高裁において、リベラルが過半数をしめる。一九六二年以降、司法積極主義をとるリベラルな判決が相次ぐのもまた当然であった。

（二）ウォレン・コートに対する批判と攻撃

しかし、このような判決傾向は、アメリカ社会の保守派分子からの強い批判と攻撃をあびなければならなかった。南部諸州からは白黒一体化について積極的態度をとりつづける最高裁に対し、強い不満が表明された。さらに、都市の黒人居住地区を中心に頻発する人種騒動、あるいはベトナム戦争反対デモ、徴兵忌避の「騒擾」、しばしば実力をもって大学を混乱に巻きこんだS・D・S（民主社会のための学生同盟）および黒人学生を中心とするキャンパス・ラディカルの運動、さらには職業的犯罪者等の関係においておこるさまざまの法違反と暴力とをめぐる取締りと刑事事件において、最高裁は被疑者ないし被告人に甘すぎる、法秩序維持をないがしろにして犯罪増加の一因をみずから作っている、との強い不満の声が特に白人中産階級から強く発せられるようになった。後者の批判は犯罪や暴力増加の真因に目をつむり、最高裁に責任転化をはかる、論理的には成り立ちえないものであったが、エモーショナルな訴えの力は強かった。

一九六八年のオムニバス・クライム・コントロール・アクトが、まずミランダ事件等一連の判決を槍玉にあげ、自白の許容性（任意性）は、種々の事情を勘案して決定するという伝統的方法に立ち帰ったのは、その合憲性に強い疑いがあるとはいえ、右のような不満に対する議会の反応の一つであった。

また昨年の五月、ウォレンが辞意を表明したあと、ジョンソン大統領によるフォータス判事の長官任命の承認をめぐる上院の大論議の意味も、右のようなバックグラウンドとの関連において、はじめて正当に理解しうるものである。フォータスの長官昇任に対する上院内の反対理由は、フォータスが判事の職にありながら、アメリカン大におけるわずか数回の連続講義で一万五〇〇〇ドルもの金額を受け取ったこと、さらには大統領ジョンソンの個人的友人として、ベトナム政策の立案等について助言した（三権分立の精神を犯す）等いくつかあった。しかし事はそれだけではなかった。フォータスが延々数日間にわたって上院に喚問され、主として南部保守派議員から、右事項にとどまらず、猥せつ文書規制に関する事件等いくつかの重要判決において、多数意見に組みした彼みずからのリベラルな意見についてまで糾問的質問をあびせられたことが示すように、フォータスに対する反対は、彼をかっこうの的とした、ウォレン・コートに対する議会保守派の政治的反撃であった。結局、一二週間にわたる上院の反フォータス・キャンペーンのあと、フォータスはみずからジョンソンに任命撤回を要請、ジョンソンはこれに応じた。ウォレンは、さらに新長官が任命されるまで、その席にとどまることになった。議会の政治的反撃は功を奏したのであった。

その直後ニューヨーク・タイムズ紙が、(11)「最高裁はすでに、フォータス任命をめぐる一件によって大きく影響をうけた。以前と同じ顔ぶれにもかかわらず、ウォレン・コートは、二度と以前同様にリベラルではありえないだろう。」と書いたのは、この一件の政治的性格を的確に指摘したものであった。

(11) New York Times 1968.10.6. Section 4.2E

四　フォータス事件の勃発

ウォレン・コートの身代わりとなって、一身に攻撃をあびることとなったフォータスには、しかしながら、なお、試練がつづいた。すなわち、本年五月四日号「ライフ」誌は、トップ記事として、フォータスが、最高裁判事に任命されて三カ月目の一九六六年三月、前歴があり、かつ当時その株式取引について連邦証券取引委員会の調査をうけていた投機家ウルフソンから金二万ドルを受け取ったこと、ウルフソンは、フォータスの影響力を利用して、事件のもみ消しを考えていたこと、フォータスはその金を一一カ月保有し、ウルフソンが連邦法違反で起訴された後になって、やっと返還したこと等をスクープしたのであった。

この報道は事柄の性質上、最高裁に対する信頼を根こそぎにしかねないショッキングなものであった。しかもフォータスの短かくあいまいな弁明は事をいっそう紛糾させ、司法省の調査が始まり、F・B・Iによる服役中のウルフソンの取調べも行なわれるに至った。かくして議会内にはフォータス弾劾を求める声があがり、辞任を迫る声も大きくなった。そして事態はF・B・Iの調査の結果、極秘の、さらに決定的な証拠を得た司法長官ミッチェルが、大統領ニクソンの同意を得て、ついに長官ウォレンに面会し、フォータスに辞任を示唆するよう要求するところまで発展した。かくて本年五月一四日、フォータスは責を負って辞任した。

前年、最高裁長官への昇任を阻まれたとはいえ、現代アメリカの最も有能な法曹の一人として（ギデオンの弁護人として前述の最高裁判決を勝ち取ったのも彼である）、在任浅い最高裁においても、つねにリベラルに組みして明晰な意見を書きつづけたフォータスのこの一件は、信じられない軽卒事、かつ、ありうべからざることであった。それはフォータス個人の名声を破壊するにとどまらず、司法の公正、最高裁の威信を根こそぎにしかねないものであった。議会による弾劾が最高裁に与えるマイナスの影響の大きさを考える時、フォータスにとって辞任は取るべき唯一の道であった。

五　フォータス事件――その余波

この事件も、制度としての最高裁に対する国民の信頼を決定的に失わせるには至らなかった。しかし議会は、いち早く、連邦判事のいっさいの職務外収入の申告を義務づける立法を考えはじめたし、さらにこれからは、新任最高裁判事の承認について、上院がよりきびしい態度をとるようになることが予想されている。

議会の性急な懲罰的立法を恐れたウォレンは、連邦判事の行動を規律するガイド・ラインを設定するため、連邦司法部の最高政策決定機関である司法会議を招集、同会議は本年六月中旬、連邦判事に許可なく職務外の報酬活動をすることを禁じ、毎年すべての収入、投資、資産の申告を義務づける長文の改革案を起草した。最高裁判事はこの司法会議の管轄には服さない。しかし、ウォレンによれば、ほとんどの最高裁判事は、禁止されるような活動をしたことはなく、さらにブレナン判事のごときは、すべてのスピーチの招待を断わり、すべての所有株式を売却して、みずからを裁判以外の活動からいっさい切り離した由である[12]。最高裁は、そのリベラリズムに対する批判に対してのみならず、この点からも目下低姿勢でエリをただしつつあるといえそうである。

（12）　News Week 1969.6.23. p. 30～31

六　ニクソンによる新判事任命

かくしてウォレン退任の後、新大統領ニクソンは予想もしなかったフォータス辞任により、さらに一人の新判事任命のチャンスを得た。最高裁判事任命権は、大統領がみずからの影響力を司法部を通じて、長い目で見た国策の上に反映していく最も重要な力の一つである。それはニュー・ディール期のルーズヴェルト大統領と最高裁との闘争を見ても明らかである。

昨年秋の大統領選挙において、ベトナム戦争とならぶ大きな争点の一つとなったのは、先にも触れた国内に頻発するさまざまの法違反と「暴力」にどう対処するかの問題であった。ニクソンはこの問題について、社会改革もさることながら、法と秩序がまず第一、と秩序優先の立場をとって、白人中産階級に訴え、最高裁についても、自分が大統領となったあかつきに判事任命のチャンスがあれば、憲法の厳格解釈をとる中道あるいはやや右寄りの司法消極主義者をとって、抑制された司法部をつくりあげていくと公約していたのであった。

いまやニクソンはこの公約実現のチャンスを得た。長官アール・ウォレンの後任として、先に触れたウォレン・アール・バーガー（すでに上院の承認済み）、フォータスの後任としてハインズワースが、それぞれ任命された。いずれの前歴も連邦控訴裁判所判事で、中道あるいはやや保守的といわれる人物である。先例を重んじ、司法審査について抑制された態度をとる手固いキャリア・ジャッジの登用は、将来、ウォレンに見られたごときコンサーバティブからリベラルへの変身がないようにとの、弁護士ニクソンの配慮のあらわれでもある。ハインズワースも、かつて審理した労働事件で関連会社の株を持っていたこと、あるいは傾向が保守的であることなどを理由に、労働組合やリベラルからかなりの反対があるが、おそらく承認を受けることと思われる。

かくして最高裁はリベラル二名を失い、新たにコンサーバティブ二名を得ることになる。ニューディール以来のリベラル二名もすでに老い（ブラック、八三歳、ダグラス、七一歳）、コンサーバティブのハーランも七〇に近い。

ニクソンがその在任中、さらに新判事任命のチャンスを得る可能性はきわめて高い。今回の人事でリベラル六、コンサーバティブ三の従来の色わけは、すでにリベラル四（ブラック、ダグラス、ブレナン、マーシャル）、コンサーバティブ五（バーガー、ハーラン、スチューアート、ホワイト、ハインズワース）と逆転した。これが三対六あるいは二対七とさらに決定的に変わる可能性は強い。

七　新最高裁の行方——積極主義か、消極主義か

では新長官バーガーのもと、最高裁はどのように変わっていくのであろうか。

ここに、新・旧両長官の考え方のちがいを端的に示す判決がある。冒頭に触れたパウエル事件がそれだ。事件は、黒人街出身の下院議員パウエルが、公費たる旅行費用金の不正使用を理由に、第九〇会期に登院を許されなかったことに始まる。パウエルは司法救済を求めたが、その控訴審で多数意見を書き、ポリティカル・クェスション・ドクトリンにより、議会内の議員懲戒手続にかりに違法があっても、それに司法審査は及ばないとしてパウェルの請求棄却を支持したのがバーガー、その上告審で七対一の多数意見を書いて、バーガーの書いた判決をひっくり返えしたのがウォレンである。

ウォレンは、事が憲法解釈に関するかぎり、最高裁はその判断回避を許されないと断じて、本案に立ち入り、パウエルの復帰を認めたのであった。最高裁判決をきいたパウエルは「最高裁は正義を得る場所である」と静かに語ったと伝えられるが(13)、この事件をめぐる判決に両長官の司法哲学の違いが示されている。

先にも触れた、人種問題、急激な都市化現象による選挙区割の不平等、警察権力の濫用等の現代アメリカのかかえる最も深刻な問題に対して、立法部も行政部も無為にして何ら積極的救済の手段を講じえなかったとき、その間隙を埋めるのは司法部であるとして、憲法を手段として問題解決に前進したのは、リベラルなウォレン・コートで

あり、したがって積極主義がその哲学となったのである。

これに対し、新長官バーガーおよびウォレン・コートのコンサーバティブたちは、いかに社会に不正義があろうとも、司法部のなすべきことは本来限定されている、すべての争いが司法手続による判断になじむとは限らないし、また係属中の事件を決することが司法部の本務であって、それを越えて、あるいはそれを手段として、社会に存在するすべての不正義と矛盾の解決を司法部の任務と考えるがごときは、結局、司法の独立と中立を守るゆえんではないと論じるのである。典型的な司法消極主義である。

両者のちがいは、他の政府機関、とりわけ行政部の行動に対して司法部がどこまで介入しうるとするかについての政治哲学の差異であるということもできるが、より端的に、時の政府の政策に対して反対の政治的立場に立つ裁判官は積極主義に傾き、時の政府の政策と同一基調の政治的立場に立つ裁判官は消極主義に傾くと言ったほうが正確なように思われる。つまり、積極主義といい消極主義といい、しばしば司法の「本質」に遡って正当化の努力が試みられるが、その対立の根本にあるのはそれぞれを採用する裁判官の政治的イデオロギーにほかならないと思う。

ホームズ判事は消極主義者であったが、時の政府は最高裁と比較するとはるかに進歩的であったので、政府の政策に保守的立場から積極的介入を事とした多数派の裁判官としばしば判決のうえで意見を異にした。そして彼は今もリベラルな裁判官として記憶されている。しかし、消極主義が結果的に彼をリベラルな判事にしたというのは、うがちすぎた解釈だろう。それよりも、端的に、ホームズは時の政府のリベラルな施策に対して（他の裁判官の超保守的立場に対してよりも）好意的であったから、つまりその限りにおいてリベラルな裁判官であったから（リベラルな政府の施策に介入しないという意味で）、消極主義をとったのだというほうが事実に近いように思われる。ホームズの若き友人でウォレン・コートの保守派に属したフランクファーターは、同じく消極主義の立場をとり、ホームズの消極主義をしばしば引用したが、時の政府よりも最高裁のほうがリベラルであった（ウォレン・コートの時代に

最高裁はは
じめて連邦政府より進歩的になったといわれる）ので、前の論法からいくと彼の消極主義は、時の政府の（最高裁と比較して）保守的な政策を是認する保守主義に立脚していたのだといわなければならないことになる。

それゆえ、消極主義といい、積極主義といい、決して、没価値的な絶対の法原理ではない。われわれは、それが一つの高度の価値判断・政治判断であることを直視しなければならない。そのイデオロギー性に目をつむって、あたかも絶対の法原理とみなすがごとき態度は、わが国の最高裁判決にもまま見られるところであるが、米最高裁の動きはこの点好個の資料として示唆に富むものと思われる。

しかしながら、前述のごとく、バーガー・コートが保守に転じ、より抑制された司法審査の道をとるとしても、先に触れたウォレン・コートの重要判例は、それを一朝にしてひっくり返すには、アメリカ社会の中にあまりに深く定着してしまったといわれる。新しい判事たちが先例を重んずる厳格解釈者であれば、これらの先例変更はいっそう難しくなる。

もちろん、確立された先例の原理の拡張適用は制限され、個々の事案への適用は、事実関係においてよりきびしい審査にさらされるだろうことは、いまからもうかがい知れる。しかし、現在、最高裁には、教会に対する免税の合憲性（修正第一条関係）、ワイヤタッピング（盗聴）の合憲性、私人による人種差別および公立学校における事実上の人種差別の合憲性等をめぐる重要事件が山積している。しかも長期にわたる意見および傾向予測のきわめて難かしいといわれる米国最高裁判事である。保守的といわれる新判事たちが、ニクソンの期待に一〇〇パーセント応えるという保障はなにもない。

新しい最高裁がアメリカ社会の挑戦にどう応えていくか、興味深くかつ注意深く見守るに値する問題であろう。

（13）　News Week 1969.6.30. p. 45～46

〔後記〕　本文中にふれた新判事ハインズワースの承認は、上院においても本文中に指摘した理由から大いに紛糾し、その承認はなお予断を許さない状況にあり、ニクソン大統領にとって大きな問題になっている、と一〇月五日付ニューヨークタイムズは報じている。―ハインズワースは結局、承認を得られなかった。

2　報道の自由と名誉毀損
――ニューヨーク・タイムズ事件判決とその後の発展をさぐる

一　はじめに

昭和四四年六月二五日、最高裁判所大法廷は、表現の自由と名誉毀損との関係について、「刑法二三〇条ノ二の規定は、人格権としての個人の名誉の保護と、憲法二一条による正当な言論の保障との調和をはかつたものというべきであり、これら両者間の調和と均衡を考慮するならば、たとい刑法二三〇条ノ二第一項にいう事実が真実であることの証明がない場合でも、行為者がその事実を真実であると誤信し、その誤信したことについて、確実な資料、根拠に照らし相当の理由があるときは犯罪の故意がなく、名誉毀損の罪は成立しないものと解するのが相当である」として反対趣旨の昭和三四年五月七日第一小法廷判決（刑集一三巻五号六四一頁）を変更した。

右大法廷判決は、判例変更の理由を明らかにしてはいない。しかしながら、最高裁が「公共ノ利害ニ関スル事実ニ係リ其目的専ラ公益ヲ図ルニ出テタル」言論について、名誉毀損罪の成立要件を従来よりも、きびしく解するようになったことは、公共的関心事についての言論をより活発にするのに資するもので、その意義は決して小さくない。

本稿は、この大法廷判決が出たのを機に、ニューヨーク・タイムズ事件にはじまる、言論の自由と名誉毀損に関する新しい米国の判例法の発展を跡づけ、改めて言論の自由の意味を考えて見ようとするものである。拙稿がわが国における表現の自由を考え、表現の自由と名誉毀損との関係を考えるについて、何らかの資料となれば幸いである。

一九六四年、合衆国連邦最高裁判所は著名な、ニューヨーク・タイムズ事件において、従来の名誉毀損法を決定的に書き変えた。すなわちこの判決において、最高裁は、「われわれは、〔表現の自由の—筆者註〕憲法上の保障は、公務員は、あるステートメントが現実的悪意——ステートメントが虚偽であることを知っていること、或いはそれが虚偽であるかどうか無謀にも無視する態度（reckless disregurd）——をもってなされたということを証明するのでない限り、自らの公務に関連してなされた名誉毀損的な虚偽陳述について、損害を回復することができないとする連邦ルールを要求しているものと考える」と判示したのである。この判決の意義は名誉毀損法に関する新判例というだけにとどまらなかった。この判決の、公務員批判の自由と公務員の名誉保護をどう調和させるかについてのつっこんだ議論は、代議制民主主義のもとで、表現の自由が持つ機能或いはこれと民主制との関連について、改めて深い洞察を与え、表現の自由に新たなる意味付けを与えたのである。

そこでニューヨーク・タイムズ事件判決の意義・影響を理解するために、まずこの判決以前の法理に本件に関係する範囲で簡単に触れなければならない。

二　従来の法理論

名誉毀損法の権威であるプロッサー教授等によれば、従来の判例理論は次のように要約される(1)。

報道の自由とは、第一に公共の関心事について事前・事後の制約を受けずに討議する自由があることを意味する。従って個人が名誉毀損から保護される権利も報道の自由によりある程度制約される。しかしまたプレスが憲法上の保護を受ける（従って名誉毀損を理由に賠償を追求されることはない）といっても、プレスは単にニュース価値があるからという理由で名誉毀損的報道評論を自由になす特権を有するものではない。個人の名誉の保護と人々が公共の関心事について知り、これを討議する自由との間には適当なバランスがなければならない。まず、プレスの特権は全体としての地域社会が正当な関心を持つ事柄に限られる。このような事柄は明らかに地域社会のすべての人の利益に影響するからである。右にいう公共の関心事とは公の事業の遂行、公務員の行為および資格、公費から支払いをうける仕事、弁護士資格の付与および剥奪、学校・教会等の公衆が正当な関心をもつ施設および制度の運営等を含む。またこの特権は正当な目的のために合理的な態様において行使されなければならない。

問題は、意見の表明と異なり、事実の誤報が名誉毀損となる時に、右の特権が与えられるかどうかである。州裁判所の多数は、この特権を意見および批評・批判に限り、事実に反する報道には付与していない。その理由は公職にある人が、真実にもとづかない攻撃にさらされると、社会的に望ましい候補者が公職につくことを差し控える、という事態が起こる、というのである。他方また相当数の裁判所は、少なくとも公職にある人およびその候補者については、事実に反する報道といえども、それが公共のために、真実であると信じてなされたとの立証がある場合には免責特権を与えられるべきだとする。この説によればプレスが誤報を理由とする名誉毀損訴訟を恐れて、公職にある人についての報道を差し控えるということは起こらない。

しかし、多数説が、悪意のない誤報でも、望ましい人物が公職を求めることを抑止することになると懸念しているのは、十分根拠があるとはいいがたい。多数説から少数説への変更があったカリフォルニアおよびアリゾナのような州で公職にある人の資質が下がったという証拠はないとの指摘がいくつかなされている。

しかし、いずれの説をとっても、故意になされた虚偽報道は何らの特権を享受しえないとする点には争いがない。故意の虚偽報道には何らの社会的価値がないとするわけである。さらに、プレスの特権は、もし発行者が、名誉毀損的事項が真実であると信ずる合理的根拠を有しない場合には失われる。逆に名誉毀損的言辞もそれが真実であれば絶対的抗弁が成立する。この場合ステートメントがすべての詳細にわたって真実であることを立証する必要はない。その大筋が真実であることさえ示されれば抗弁としては十分である。

コモン・ローにおいては、名誉毀損的言辞の真実性は刑事上の名誉毀損罪にとっては抗弁とはならなかった。しかし今日では多くの州において法律が制定され、正当な目的のために正当な動機でなされた場合には、ステートメントの真実性は完全な抗弁とされている。

（1）　Prossor, Handbook of the Law of Torts, 2nd（1955）Chap. 19

三　ニューヨーク・タイムズ事件（2）

以上、伝統的な判例理論にごく大雑把に触れたので、次にニューヨーク・タイムズ事件判決を分析することにする。

本件はアラバマ州（人種差別が、なお公然と残るディィープ・サウスとよばれる南部諸州の一つ、一九六八年大統領選挙のウォレス候補の出身州である）モントゴメリー市の公選による公務員で市警察の監督をその職務の一つとする原告が名誉毀損を理由にニューヨーク・タイムズ紙を相手どり五〇万ドルという巨額の損害賠償を求めた事件である。原告の主張によれば、ニューヨーク・タイムズ紙に掲載された意見広告文中、著名な黒人公民権運動指導者故マーチン・ルーサー・キング・ジュニア師と公民権デモ参加学生に対する警察の取締行動に関する部分が、いくつかの真実に反する記述を含み、それが原告の名誉を毀損したというのであった。右のいくつかの記述が真実でないことは原審で確定された。

主要な争点は、事実に関するいくつかの誤りがあって、それが原告の名誉を傷つけるようなものだとして、タイムズが憲法上の保護を失い名誉毀損の責を負うかどうかであった。アラバマ州法下においては、ある言辞が一般的に人の名声を傷つけるようなものであるか、或いは人を公衆の軽蔑にさらすようなものである場合には、それは他の何らの要因なくしてそれ自体で名誉毀損的とされる。そしていったん名誉毀損的とされると、被告は彼のステートメントがすべての詳細にわたって真実であることを立証するのでない限り、名誉毀損の責を免れない。アラバマ州法はまた、意見の表明について与えられる「公正な評論」による特権は、その評論のよって立つ事実の真実性が立証されることを要求している。また本件においては、何らの特別損害は立証されなかったが、原告は英米名誉毀損法に通常の一般損害存在の推定を享受することができた。かくのごとき法の下で、アラバマ州最高裁は原告に名誉毀損の責ありとして、その請求額五〇万ドルを全額認容した下級審判決をそのまま維持したのであった。

五〇万ドルの損害賠償はニューヨーク・タイムズ紙にとっても手痛いものであった（これはアラバマ州の刑事名誉毀損罪に科せられる罰金の最高限度額の一〇〇〇倍であった）。さらに本件は人種問題に関連する広告を掲載したことによって起こったものであるが、人種的・宗教的にきわめて雑多・多彩なアメリカ社会において、人種・宗教問題に関する政治的な広告を掲載することの多い同紙にとって、かくのごとく名誉毀損の責を問われることは、新聞としての機能を大きく制限される危険があった。著名な憲法学者ヴェックスラー教授を代理人として同紙が連邦最高裁へ上告した所以である。

最高裁は六対三の意見をもって州最高裁判決を破棄した。最高裁における争点は州裁判所におけるそれと同じであった。ブレナン判事の書く多数意見は以下のように判示する。まず名誉毀損法とプレスの自由の関係について、

「当法廷で〔合憲性を―筆者註〕争われた叛乱、侮辱、違法行為の勧奨、弁護士業務の勧奨〔非弁活動―筆者註〕やその他もろもろの言論抑圧の公式的レッテルと同様に、名誉毀損もまた、憲法上の制約からの魔術的免除を主張できるものではない。名誉毀損といえども、修正第一条の要求を満たす諸基準によってはかられなければならない。……かくしてわれわれはこの事件を、公の問題点についての討論は禁圧されず、強く、そして辛らつであるべきで

あり、時として政府や公務員に対する不愉快なほどに痛烈な攻撃であるべきであるとする深遠な国家的コミットメントのバック・グラウンドにてらして、考察しなければならないのである」[3]と論じたのち、ブレナン判事は次のように続ける。

「誤謬を含む陳述は自由な討議においては不可避であり、表現の自由が息づくスペースを持つためには、保護されなければならないとする考えは、スウィージー対パターソン事件においてコロンビア地区巡回控訴裁判所によっても承認されたところである。また公務員の名誉を害するということが、さもなくば自由である言論を抑圧する何らの正当な理由を与えるものでないことは、事実に関する誤りの場合と何らことならない。公務員の公務に対する批判は、それが単に有効な批判であるがゆえに彼らの公務員としての名声を減ずるという理由でその憲法上の保護を失うものではない。……そしてもし事実に関する誤謬も、名誉毀損的内容も公務批判から憲法上の保護を除くに十分でないなら、右の二つが一緒になったからといって変りはない。これが修正第一条の中心的意味についての国家的自覚を初めて結晶させた一七九八年治安法をめぐる大論争から引き出されるべき教訓である。……

この点に関する州法は真実証明の抗弁を許すことによって救われるものではない。……（被告が）挙証責任を負う『真実性』の抗弁を許すことは、虚偽の言論のみが抑制されるということではない。そのようなルールのもとでは、公務員の行為についての批判をする人たちが、仮にその批判が真実であるとしても、それが法廷で真実であると立証されうるかどうかについて疑いを持ち、またそれに要する費用を恐れて、批判をさしひかえることになるかもしれない。彼らは違法とされる領域からはるかに遠いステートメントのみをなすようになりかねない。このルールはかくして批判をする活力を抑え、公の議論の多様性を制限することになる。それは修正第一条および第一四条と両立しない。われわれは憲法上の保障は、公務員は、あるステートメントが現実的悪意――ステートメンが虚偽であることを知っていること、或いはそれが虚偽であるかどうか無謀にも無視する態度――をもってなされたということを証明するのでない限り、自らの公務に関連してなされた名誉毀損的な虚偽陳述について損害を回復することができないとする連邦ルールを要求しているものと考える」[4]。

かくして、最高裁は、公務員が自らの公務を批判した人に対して提起した名誉毀損訴訟において、州裁判所が損害賠償を認めてよい場合を修正一条との関係においてきびしく制限して、伝統的名誉毀損法を大きく書きかえた。これまでの判例法においては、「真実性」の挙証責任は被告にあった。しかし今や「虚偽性」の挙証責任は原告に移り、しかも原告にとっては虚偽の立証だけでは十分ではなくなった。彼は同時に虚偽の陳述が、それが虚偽であるということを知ってか、或いはそれが虚偽であるか否かということなど全くおかまいなしという意味における現実的悪意をもってなされたという点まで立証しなければならないのである。そしてこの限りにおいて、従来は州裁判所にすべてまかされていた名誉毀損法が修正第一条のもと連邦最高裁判所の監視下におかれることとなったのである。

このようにして打ちたてられた市民側の公務員批判の自由は、バー対マテオ事件[5]において打ちたてられた公務員の免責特権に比されよう。右事件において、最高裁は公務員は公務遂行中の行為については損害賠償の責を負わないとしたのであるが、その理由は、公務員は損害賠償訴訟にわずらわされることなく、公務を遂行できるよう保障されなければならないというのであった。本件では市民が政府と公務員の行為批判するのは、彼の権利であるとともに義務でもあるから、そのような批判を抑圧することのないよう名誉毀損の責任は最小限度にとどめなければならないとされたのである。

しかしこの画期的判決も問題の終りを意味するものではなかった。それはむしろ、右法理は刑事の名誉毀損罪にも適用されるのか、「公務員」の範囲はどうか、右法理は公務員をこえて、公的人物にも適用されるか等の新たなる難問の始まりにすぎなかったのである。

（2）New York Times Co. v. Sulli-van, 376 U. S. 254（1964）
（3）376 U. S., pp. 269～270
（4）376 U. S., pp. 271～273. pp. 278～270
（5）Barr v. Matteo, 360 U. S. 564（1959）

四　ニューヨーク・タイムズ・ルールの発展

(一)　刑事事件への適用——ギャリソン対ルイジアナ事件(6)

本件において、最高裁はニューヨーク・タイムズ事件の法理の刑事名誉毀損罪への適用を論じた。事案は、地方検事が州裁判所判事の怠慢と非能率を批判したのが、州刑事名誉毀損法を犯したとされたものである。ブレナン判事の書いた多数意見は、ニューヨーク・タイムズ事件の法理は刑事名誉毀損にも適用さるべきであるとして次のように論じた。

「ニューヨーク・タイムズ事件において、われわれをそのように判示させるに至った諸理由は、名誉毀損に対する救済が刑事であるとの理由のみで、その説得力が変わるものではない。表現の自由の憲法上の保障は、同じ基準の刑事救済への適用を要求する。真実は、公共の関心事についての議論が問題となっている場合には民事・刑事を問わず制裁にさらされてはならない。そして、誤ちのあるステートメントというものは自由な討議においては避けがたいものであるがゆえに、そしてまた表現の自由が生きながらえるに必要な、息づきうるスペースをもつためには、それは保護されなければならないがゆえに、ニューヨーク・タイムズ事件で要求された、誤謬であるかも知れないことの高度の認識をもってなされた虚偽の陳述のみが、民事、或いは刑事の制裁の対象となるべきである(7)」。

(二)　懲戒解雇への適用——ピッカーリング事件(8)

本件では、最高裁はニューヨーク・タイムズ・ルールの適用を教師が教育局を批判したとの理由で解雇された事案にまで拡張した。教師は、当時人々の注目を集めていた争点に関して自らの雇傭者にあたる教育局に対し批判的な、かつ誤謬を含む陳述をなしたのであった。しかしこの陳述は、当該教師の日常の義務の適正な遂行を阻害したわけでもなければ、学校の日常の運営を一般的に妨害したというのでもなかった。

最高裁は、公共的重要さを持つ事柄についての自由な、禁圧されない討論の重要さを強調し、公共の雇傭からの解雇の脅威が、民・刑の制裁と同じく自由な言論を阻害する可能性を指摘して、本件のごとく、客観的には誤ちを含むステートメントが、故意にあるいは、真偽を無謀にも無視する態度でなされたという証拠がない場合は、教師の公共の関心事について発言する自由の行使は、公共的雇傭からの解雇理由となるものではない、と結論したのであった。

かくして、ニューヨーク・タイムズ・ルールは、自由な言論を阻害する恐れのある場合には、名誉毀損の領域にとどまることなく拡張適用されることが明らかとなった。いいかえれば、最高裁は、公共の関心事についての言論が自由に行なわれるのを阻害するものは、民・刑の名誉毀損であれ、懲戒解雇であれ、憲法上許されないとしたのである。

(三)　「**公務員**」**の範囲**――ローゼンブラット対ベア事件(9)

ニューヨーク・タイムズ事件では、最高裁は、自らが打ちたてたルールがどの程度のランクの公務員について適用されるのか、その範囲を明らかにしなかった。本件で最高裁はこの問題に直面することとなった。本件の原告は郡の委員会に雇われ、それに対して責任を負う郡公共レクリエーション地域の監督者であった。この原告に対するニューヨーク・タイムズ・ルールの適用の可否を論ずるにあたって、最高裁は次のような一般論を定立した。

「政府批判は憲法上の保護を受ける自由な討論のまさに中心をなす。政府の諸作用に責任をもつ人に対する批判は、政府批判自体が処罰されないために、自由でなければならない。それゆえ、『公務員』の定義は、少なくとも、政府の行為についてコントロールの実質的責任を持つか、或いは持っていると一般人に見える政府職員に当てはまることは明白である[10]」と。

そして本件については原告が、この定義に該当するかどうかを決定するよう事件を州最高裁判所に差し戻したのである。

㈣　ニューヨーク・タイムズ・ルールの公的人物への適用

1　タイムズ社対ヒル事件[11]

本件ではニューヨーク・タイムズ・ルールが、不本意に公衆の関心の的となった人にも適用されるか否かが問題となった。ただし本件は名誉毀損訴訟ではなく、プライバシー侵害を理由とする損害賠償訴訟であった。事案は、原告とその家族が脱走囚に監禁され、暴行はうけることなく解放されたのであるが、後にこの原告一家の監禁の事実に、事実にはなかった暴行を脚色して加えた小説が現われ、演劇化された。被告の出版する雑誌「ライフ」はこの演劇評を書き、演劇中の数シーンを例示として使いながら、この演劇を原告一家の監禁事件の再演だと記述した。そこで原告は被告の雑誌はこの演劇が自分たちに起こった出来事をそのとおりに忠実にえがいているかのごとき偽りの印象を故意に与えたとして、取引や宣伝のために無断でその名前や写真を使われた人に損害賠償を認めるニューヨーク州法の下で、損害賠償訴訟を起こしたのである。

本件における問題は、右州法の適用により被告に対して損害賠償を命ずることは、修正一条により保障されている被告の言論・出版の自由を犯すことになるのではないかであった。再びブレナン判事の書く多数意見は次のように答えた。

「われわれは雑誌ライフの論文の主題、すなわち実際の事件に関連させられた新しい芝居の開幕が公の関心事であることに何らの疑いをもたない。このような場合に誤ちを含む陳述がなされるのは、公の事柄に関する論評の場合と同様に不可避である。いずれの場合にも、善意或いは単なる過失によってなされたのであれば、誤謬を含む陳述は、表現の自由が息づきうるスペースを持つために、保護されなければならない……。

もしわれわれが報道機関に、ニュース記事の中の人名や写真、肖像等特に名誉毀損にわたらない事項に関連する事柄について事実を確かめ、常に確実さを要求するという不可能な重荷を課するならば、自由な社会における自由な報道の不可欠のサービスを大きく損うという深刻な危険を創出することになる。過失原理ですらきわめてあいまいな基準であり、特に言論の内容が、事実でないことを含んでいるため他人に害を与えるということが、それ自体でわからないような場合は尚更である。過失があったかどうかのテストは、報道機関に、名前や写真や肖像についてのすべての言及の正確性を確かめるについてとられた手段の合理性を、陪審がどう評価するか推測しなければならないというたえ難い重荷を課するであろう[12]」。

以上のように理由づけて、多数意見は次のように結論する。

「われわれは本件に、知ってなされたか、或いは真偽おかまいなしという態度でなされた誤謬という（ニューヨーク・タイムズ事件の）基準の適用があるものと認める。しかしそれは公務員による名誉毀損訴訟についてのみ関係するニューヨーク・タイムズ事件の法理の機械的適用によってではなく、私人を含むケースにニューヨーク州法を適用するという特定のコンテクストにおいて起こってくる諸要素を考慮に入れてのことなのである[13]」。

以上から明らかなように、本件では、名誉毀損訴訟であるか、プライバシー侵害訴訟であるかを問わず、公の関心の的となる事柄の報道については、その誤謬に単なる過失があっただけでは足りず、ニューヨーク・タイムズ事件の打ちたてた厳格な要件が満たされねばならないことが明らかとされた。公の関心の的となる限りにおいて、私人は公務員と同様に扱われることとされたのである。しかしながら、この点については次の判決を見なければならない。

2　カーティス・パブリッシング社対バッツ事件およびA・P社対ウォーカー事件(14)

これら二つの事件における主たる争点はニューヨーク・タイムズ・ルールが、公務員ではないが公の関心をひく人物であり、しかも公衆が正当で重要な関心を持つ問題に関係している人によって起こされた名誉毀損訴訟に適用されるか、にあった。原告バッツは私的団体であるジョージア州体育協会に雇われてはいたが、州立のジョージア大学の体育計画の遂行に一切の責任を持つ体育監督である。以前は同大学のフットボールのヘッド・コーチをもしていたことがあり、コーチとしては著名な人物であった。バッツは、自分が大学フットボールの試合前に自分のチームの作戦を相手方にもらしたと新聞に書きたてられたのであった。

原告ウォーカーは米国陸軍の退役将軍であり、人種差別撤廃事件における連邦政府の力による介入に対して強い反対を表明したことで有名となっていた。ウォーカーは黒人学生メレディスをミシシッピ大学に登録させるべしとする連邦裁判所の命令に反対する群衆を指導したと報道されたのである。

本件において、これら両名が、公的人物であることは疑いなかった。

本件ではハーラン判事が多数意見を書いた。公務員が起こした名誉毀損訴訟と他の公的人物が提起した名誉毀損訴訟の類似点と相違点を一般的不法行為責任原理にてらして分析したのちに、彼は次のようにいう。

「この種の名誉毀損訴訟は、憲法上の保護によって制限されることなく州名誉毀損法に完全にまかされるべきものではないが、ニューヨーク・タイムズ事件の厳格な連邦法の要求は、問題となる対立利益の唯一の適切な調整方法だということではない。われわれは、公務員でない公的人物は、その内容が自らの名誉に致命的な危険を及ぼす名誉毀損的虚偽報道に対しては、責任ある出版社によって通常守られている調査と報道の基準から極端に逸脱した高度の非合理的な行為を立証することによって、損害を回復することができるものと解する(15)」。

最高裁は、公的人物による名誉毀損訴訟においては、出版者に対して一段低い保護をしか与えない重過失原理を打ち出したのである。ヒル事件判決は、この限りで修正されたように見える。

(五)「現実的悪意」の意味

最後にニューヨーク・タイムズ・ルールが打ち出した、故意の虚偽報道と並ぶ「事の真偽を無謀にも無視する態度」とは何を意味するのか、その後の判例の明らかにするところをだどって見る。

ニューヨーク・タイムズ事件において、最高裁は右基準を適用しつつ、タイムズ社が問題となった広告の正確性をチェックするために自社のファイルを調査しなかったというだけでは、右の基準を満たさず、この程度ではせいぜい誤謬を発見しなかった点に過失があるにすぎないとした。

また、ギャリソン事件では、最高裁は、虚偽の陳述が、虚偽であるかも知れないことの高度の認識をもってなされなければならないことを強調している。

またヘンリー対コリンズ事件[16]では、害を加える意図を立証しただけでは不十分で、虚偽の事実を通じて害を加える意図が必要だとしている。

最近のセント・アマント対トンプソン事件[17]は、この点についてかなり詳細に論じている。本件の原告は副治安官であるが、被告が、選挙運動中の演説で原告に対し、名誉毀損的言辞をはいたとして損害賠償を求めたものである。州最高裁は被告のなした、原告に刑法に触れる行為があったとする非難は事実でないこと、被告は原告の活動について何らの直接知識を持っておらず、右非難も他人の宣誓供述書によったこと、自らはそれを確かめることは何もせず、またその非難が原告の名誉を傷つけるかどうか何の注意も払わなかったという事実を確定していた。しかし最高裁はこれらの事実も未だ、「真偽いずれであるか無謀にも無視する」というニューヨーク・タイムズ・ルールを満たしているとはしなかったのである。最高裁は、「被告が自らの出版の真実性について、深刻な疑問を抱いたという結論を許すに十分な証拠がなければならない[18]」と述べている。

これらを演じて見ると、最高裁のいう「真偽を無謀にも無視する態度」というのは、わが国における「未必の故意」にきわめて近いもののように思われる。そして最高裁はニューヨーク・タイムズ・ルールが合憲的に適用されたかどうかの確実を期すため全記録を審査し、自ら下級審の事実認定をレビューしている。

これらの事件を通じ、最高裁はニューヨーク・タイムズ・ルールの適用について、きわめて厳格な態度をとってきたといえるのである。

（6）Garrison v. Lousiana, 379 U. S. 64（1964）
（7）379 U. S., p. 74
（8）Pickering v. Board of Educa-tion of Township Highschool District, 205, 391 U. S. 563（1968）
（9）Rosenblatt v. Baer, 383 U. S. 75（1966）
（10）383 U. S., p. 85
（11）Times Inc. v. Hill, 385 U. S. 374（1967）
（12）385 U. S., pp. 388–399.
（13）385 U. S., p. 389
（14）Curtis Publishing Co. v. Butts, Associated Press v. Walker, 388 U. S. 130（1967）.
（15）388 U. S., p. 155
（16）Henry v. Collins, 380 U. S. 356（1964）
（17）St. Amant v. Thompson, 390 U. S. 727（1968）
（18）36 Law Week 4334

五　新法理の評価――少数意見に触れつつ

以上にみてきたニューヨーク・タイムズ事件判決以後の判例法の発展の中で、修正一条の憲法上の保障は、公務員および公的人物の名誉毀損と、ニュース価値ある人のプライバシー侵害の場合にも及ぶことが明らかとされた。この点については最高裁の中に意見のわかれはない。しかしながら、右のそれぞれの場合において、いかなる程度の保護が与えられるべきかという点については鋭い意見の対立があった。これまでは便宜上各判決の少数意見に触れないできたので、以下には有力な少数意見、同意意見に触れつつそれぞれの見解を比較し、その長短を検討する。

ニューヨーク・タイムズ事件において、ブラック、ダグラス、ゴールドバーグの三人の判事は、多数意見の「現実的悪意」の理論に反対して少数意見を書いた。多数意見に対する彼らの批判は、多数意見が「現実的悪意」の立証ある場合の名誉毀損的誤報について、公務員の損害賠償請求を認めるのは、表現の自由に十分な保護を与える所以ではないというのである。その立場は修正第一、第一四条の規定は、市民と報道機関に対し、行きすぎと濫用があっても、公務を批判する絶対・無条件の特権を付与している、というのである。この立場は、ギャリソン事件で、同じ三人の判事によってくりかえされ、その後のヒル、バッツ、ウォーカー事件においても、ブラック、ダグラスの両判事が一貫してとりつづけている。報道の対象が何らかの公の関心の的となるものである場合には報道に絶対の自由を認め、一切の制限を認めないのである。

第二の立場は、ニューヨーク・タイムズの理論がすべての場合に適用されるべきだとする立場である。ブレナン判事とウォレン長官がこの立場をとっている。

第三は、ハーラン判事の立場で、憲法上の保護は言論の対象によって変わる。すなわち公務員については、ニューヨーク・タイムズ判決の理論、公的人物については重過失理論、不本意にニュース価値あることとなった人については、過失理論がそれぞれ適用されるべきだとするのである。

第一の絶対説は、いかなる事件においても多数となったことはない。第二説は、ニューヨーク・タイムズ、ギャリソン、ヒルの各事件で多数を制した（しかし、ヒル事件では、ハーラン判事が報道の側に過失があれば十分とする説を展開している）。バッツ、ウォーカーの両事件では、ハーラン判事が、長官ウォレン他三名の判事に同意されて、重過失理論に従った多数意見を書いている。しかし、分析すると、長官ウォレンは、結論に同意したのみで、理由付けは、ニューヨーク・タイムズ理論をとっている。なお、ブレナンはホワイトとともに、自説のニューヨーク・タイムズ理論適用説をとっており、絶対説のブラックとダグラスは自説に固執しながらも、先例としてのニューヨーク・タイムズ理論に従って、事件が決せられるよう結論に同意している。従って、バッツ、ウォーカー両事件においても、ニューヨーク・タイムズ理論をとる判事が五人いるわけである。かくして、ブレナンのとる、ニューヨーク・タイムズ理論がすべてのケースに適用されるべしとする立場が、すべての場合に多数を制していることが明らかとなる。これからの判例の発展を見る場合にこのことは銘記されなければならない。

そこで、次に右各説の長短を検討して見る。第一説はきわめて明快である。そのニューヨーク・タイムズ理論に対する批判――「悪意」は、それが仮に最高裁によって定義されたようなものであっても、あいまいな概念であり、立証することも、反証することも困難である。悪意が立証されるべしとの要求は、公的事項を批判的に論議する権利に、せいぜい長続きのしない保護を与えるにすぎず、修正第一条に体現されている強固な保障に十分そっていない(19)――には十分傾聴すべきものが含まれている。この説の底をなしているのは、いわゆるホット・イッシューについて、エモーショナルに反応する陪審に対する強い不信といえる。ニューヨーク・タイムズ事件では人種問題がそれであった（そして、またこの事件は東部の進歩的な新聞が、保守的人種差別が南部で裁かれた事件でもあった）。ブラックの書く同意意見は次のようにいう。

「本件記録は、裁判所が『悪意』、『真実』、『善良な動機』、『正当な目的』、或いは理論上報道機関を守る他のどんな法律上の公式について、陪審にどのように説示しようと、本件と同じ評決しか下されなかったであろうことを示しているし、これらの法律的な言葉のいずれもが、原審をして五〇万ドルの賠償額を認める陪審の評決をしりぞけ、或いは軽減させなかったであろうことを示している(20)。」

この立場は守るべき重要な言論を保護するためには、言論を過剰なくらいに保護しなければならない、との前提に立っている。これは確かに的を得ている。しかし、故意になされた虚偽報道に何らかの価値があるということまで認めることに困難がある。

ブレナンはこの点を次のようにいう。

「しかしながら計算ずくの虚偽は憲法問題に異なった色合を投げかける。正直な発言は、それが仮に不正確であっても、自由な言論の権利の実りある行使を促進するが、公務員について、故意に発表されるうそが同様の免責を享受すべきだということにはならない。……何故ならば、知ってなされるうその道具としての使用は、直ちに民主的政府の前提および経済的・社会的・政治的変化が行なわれるべき秩序ある方式に合致しないからである。計算された虚偽は思想の表現の本質的部分ではないクラスの表現であり、真理への過程としてはほとんど価値がないので、それよりは秩序と道徳を守るという社会の利益のほうがはるかに重要である、というような表現であるからである(21)」。

第一説の第二説批判はより一層の説得力をもって、ハーランの説く第三説、三段階理論に当てはまる。すなわち、バッツおよびウォーカー判決で定義された重過失理論を、長官ウォレンは次のように批判している。

「私には、このように異常で不確かな公式にもとづく基準が素人の陪審を導き、或いは、修正第一条に保障されているわれわれの社会の基本となる言論に十分の保護を与えるものとは考えられない(22)」と。これはハーランの重過失理論の大きな弱点である。

さらにハーランの立場には、自由な言論が他の価値に比して持つ優越的地位を否定する響きがある。不本意にニュースの渦中に入ることとなった人の場合は、過失の立証さえあれば良いという考えを発展させたヒル事件の少数意見において、ハーランは、「立派な社会的価値を有する他の専門的活動は、合理的な注意義務のもとに行なわれており、報道機関が、医師や弁護士より弱体であると考える理由は何らない(23)」と述べている。また、バッツ事件の法廷意見において、彼は報道を他の価値ある諸活動に比して、次のようにも述べている。「それゆえ、われわれは、他人の正当な活動の不適当な遂行により傷つけられた人の賠償について社会に行きわたっている責任法理から導きの手を求めなければならない。これらのルールのもとでは、そのような活動を行なっている合理的な人について、社会が期待する注意義務から逸脱した人は、損害賠償の責を負うのである」[24]。ハーランは不法行為法を統一するために自由な言論の価値と機能を他の社会的活動、例えば医療や弁護士業務等――のそれと同一視しようとしているかに見える。しかし、そうすることによって、彼は自由な言論が憲法上の保護を受けていることを無視している。彼は「自由な言論が現在の社会の中で特別の活動であり、われわれが他の活動に比しそれを制限することを一層ためらうものである」[25]ことを無視している。

以上に見たごとく、第一説と第三説にはそれぞれ難点がある。そこで一連の事件を通じて多数を制してきた第二説について検討して見る。第二説に対しては、言論の保護が十分でないとの第一説からの批判があった。しかし、先に見たとおり、最高裁は「現実的悪意」をきわめて厳格に解し、自ら事実の審査をやり直し、その厳格な適用を守ろうとした。その限りでは公務員や公的人物からなす名誉毀損訴訟の途はきわめて狭く、事実上不可能に近いとすらいえる。この点に、この説が、狭い範囲とはいえ「現実的悪意」にもとづく虚偽報道は憲法的保護の対象から除き、名誉保護と報道の自由という対立する利益の調整をはかろうとしている点を考え合わせるならば、この説が、最も現実的に表現の自由の保護を考えていると評価できるように思われる。最高裁が「現実的悪意」をこれまでおりに厳格につらぬくならば、ブラックの批判は、その力を失うであろう。前述のごとく、この説が最高裁の中で多数を占めているのはきわめて正当である。

(19)　376 U. S., p. 293 ブラック判事の同意意見
(20)　376 U. S., p. 295

(21) 379 U. S., p. 75
(22) 388 U. S., p. 163
(23) 385 U. S., p. 410
(24) 388 U. S., p. 154
(25) Harry Kalvan, Jr. "The Reasonable man and The First Amendment" Supreme Court Review (1967) p. 267, p. 301

六　むすび――表現の自由に新たなる意味付け

最後にニューヨーク・タイムズ事件およびその後の名誉毀損法の発展の裏にあって、これを支えてきた思想に簡単に触れて、本稿を結ぶことにする。

ニューヨーク・タイムズ事件判決は、先に見たとおり、「明白かつ現在の危険」の理論にも、価値較量説にも、言論を修正第一条の保護を受ける価値あるものとそうでないものとに二分する説にも依らなかった。従来の名誉毀損法における「免責特権」の理論は、明らかに価値較量説に立ったものであった。また、名誉毀損的言辞は、わいせつ文書等と並んで修正第一条の保護を受けるに価しないカテゴリーの表現だとも考えられてきた。それゆえ、ニューヨーク・タイムズ事件においても、最高裁はこの考え方のいずれかにより、同じ結論を導き出すこともできたのである。しかし、最高裁は、そうすることなく、民主主義社会において、市民が政府と公務員について、何らの禁圧もなく、力強く、堂々と議論し、批判することの重要性を説き、その過程で誤ちが出るのは不可避であるから自由な討論を保護しようとすれば誤報も保護しなければならないとして結論を導いたのである。一七九八年治安法の制定に反対してマディソンが述べた、「政府ではなく、人民が主権を有する。もしわれわれが共和政府の本質に思いをいたせば、検閲の力は人民の手にこそあって、政府が人民に対して持っているものではないことを見出すであろう」との文章を引きつつ、ブレナン判事は、次のように述べている。

「かくして、マディソンの見方によれば、公務員のあり方について自由な公の議論をなす権利は、アメリカの政治形態の最も基本的な原理であった[(26)]」。

ブレナンは政府と公務員について自由な討論と批判を保障することは、それなくして民主政治が機能しえない、修正第一条の保護するものの中でも最も核心的なものであり、これが修正第一条の中心的意味であるとしたのである。このような言論はセルフ・ガバーメントの必須の要素であるとされたのである。かくして修正第一条の表現の自由の保障は、民主政治との関連において、新たな意味付けと光を与えられたのである。ニューヨーク・タイムズ事件判決がウォレン・コートの業績のうちでも最も重要なものの一つにあげられる所以である。

（26）　376 U. S., p. 275
なおニューヨーク・タイムズ事件判決については、シカゴ大学ロースクールのカルヴァン教授が注(25)の論文の他同じく Supreme Court Reiew（1964）p. 191 以下に、“The New York Times Case, A note on the Central Meaning of The First Amendment” と題するすぐれた論文を書いている。

3　名誉毀損訴訟における証拠開示とプレスの編集特権
——最近の合衆国最高裁判決をめぐって

一　はじめに

一九七九年四月一八日合衆国最高裁判所はハーバート対ランドー事件[1]において、名誉毀損訴訟のディスカバリーにおいてジャーナリストは報道の自由を保護する修正第一条を根拠に編集特権を主張できるのか、即ち、ジャーナリストは特定の報道番組の取材内容、素材の選択についてどのようなことを考えていたのか、同僚とどのような意見を交わしたのかというような編集過程（editorial proccss）に属する事柄について、修正第一条を根拠に供述を拒否できるのか否かの問題に判断を下し、右の意味における編集特権は認められない、と判示した。

表現の自由をめぐる事件、中でも報道の自由に関する事件は合衆国裁判所の前にとだえることなく現われ、民主主義社会における表現、報道の自由の意味と役割、その限界を常に問いかけているが、本判決はその最近例である。

本稿はこの判決の概要を紹介し、合わせて近時の判例の流れの中における位置付けと評価をこころみるものである。

（1）　Herbert v. Lando, 441 U.S. 153 (1979).

二　事案の概要

上告人（原告）はベトナム戦争参加の経験を有し、上官が残虐行為及び戦争犯罪をカバー・アップしたとの非難発言をした一九六九年から一九七〇年にかけて報道機関から広く注目をあびた退役陸軍将校である。その三年後の一九七三年米国最大のテレビ・ネットワークCBS社は上告人と上告人のした非難についての報道を放映した。このテレビ・プログラムは、被上告人ランドーが製作・編集し、マイク・ウォレスがナレーションを行った。ランドーは放映後アトランティック・マンスリー誌に放送に関連する論稿を執筆した。上告人はランドー、ウォレス、CBS、アトランティック・マンスリー誌の四名を被告として名誉毀損訴訟を提起し、放送と論稿の双方が、彼を嘘つきであって、自分が指揮官から外されたのを説明するために戦争犯罪をつくり上げた人物として描いているが、それは偽りであり、かつ悪意を以って（maliciously）なされたものであると主張し、彼の名声と当時出版されたばかりの彼の経験を叙述した本の文学的価値に対する損害の賠償を求めた。

彼は自らが、「現実的悪意」（actual malice）を以って虚偽の陳述をなして名誉を毀損したことが証明されない限り、公務員又は公的人物（public figure）は損害賠償を求めることはできない、とするニューヨーク・タイムズ対サリバン事件(2)以降の先例にいう公的人物にあたるので、「現実的悪意」即ち、虚偽であることを現実に知ってか、又は真偽を無謀にも無視して報道したことを立証しない限り損害の賠償を求められないことを自認した。

現実的悪意を立証するため、上告人はランドーの証言録取書（deposition）を延々一年余、延二六日にわたってとったが、この中でランドーは控訴裁判所の分類するところによれば次の五つの事項について、修正第一条は編集、製作、出版する者の思考過程や編集過程に立ち入ってせんさくすることを禁止しているとの理由により異議を述べた。

1　ランドーが番組と論稿についての取材・調査中、どのような人物や手がかりを追求すべきか否かについて下した結論

2　ランドーがインタビューをした人から告げられた事実について下した結論とインタビューをした人の真実性

について考えていたこと
3　ランドーが人物、情報、出来事の真実性についてのある結論に到達したと証言した場合のその結論の根拠
4　放映に含まれ、あるいは除外さるべき事柄に関するランドーとウォレスとの会話
5　一定の素材をプログラムに含め、あるいは除外するという決定により示されたランドーの意図

第一審連邦地裁は、証拠として許容され、あるいは合理的におしはかって許容性ある証拠の発見につながると思われる場合には、係属事件に含まれる主題に関連するいかなる事柄についてもディスカバリーを許す連邦民事訴訟規則二六条(b)項を適用して、右の意味の被告の心証は、「悪意」に関する争点を決する上で決定的に重要であるから、関連性は明白でかつ原告の立証努力上適切でもある、修正第一条も先例も被告の主張するような特権を認めてはいない、と判示した。

中間的控訴が認められたが、控訴裁判所は二対一でランドーの主張を認めた。即ち、修正第一条は編集過程を十分保護し、ランドーが収集した素材に関する彼の考え、意見、結論及び彼と同僚との会話について探索をすることを禁じている、としたのである。

裁量的上告受理申立が容れられた。連邦最高裁は六対三で原判決を破棄し、ランドーの異議を認めなかった。

（2）　New York Times v. Sullivan, 376 U.S. 254 (1964)

三　法廷意見

ホワイト判事が執筆し、バーガー長官、ブラックマン、パウエル、レーンキスト、スティーブンスの五名の判事の加わる法廷意見の概要は以下の通り。

(一)　ニューヨーク・タイムズ事件判決及びバッツ事件判決[3]はプレスが損害賠償のおそれから自己検閲をすること

のないようにとの配慮に立って従来の名誉毀損に関する法理を大きく変更し、公務員及び公的人物に「現実的悪意」の立証責任を課した。

しかしニューヨーク・タイムズ事件判決及びその後の一連の判決も現実的悪意を立証する為に原告が必要な証拠を入手するソースについては何らの制限も課してはいない。むしろ一連の判決により、原告が被告の行為と心証（state of mind）を証明することが不可欠となり、被告の思考と編集過程を調べることが必要となった。被告の心証は客観的事実からも推測されるが、原告が被告に対して問題の出版が間違っていることを知っていたか、あるいはそう疑う理由を有していたか否かを直接に尋ねてはいけない、と結論するのは正当ではない。先例ではニューヨーク・タイムズ事件以前から名誉毀損者の精神状態が名誉毀損の成否及び賠償額を決定する上で問題とされ、裁判所は憲法上の反論に直面することなく、編集過程に関する証拠を許容してきた。

このような先例がありながら、控訴裁判所は当裁判所の二つの先例マイアミ・ヘラルド・パブリッシング社事件(4)とCBS社対民主党全国委員会事件(5)が編集過程に対する明白な保護を与えているとした。いずれの事件においても当裁判所は一定の事柄の報道を要求することにより編集に関するプレスの決定を政府が先取りすることは無効であるとした。しかし州政府も連邦政府も、何が報道され、何が報道されてはならないかを命ずることはできない、とする判示は編集過程がいかなる探索からも開放されていると明示又は黙示に示唆するものではない。サリヴァン、バッツ等の事件において名誉毀損の原告に認められていた権利を当裁判所が右二つの事件において暗黙のうちに大きく制限したとは信じ難い。マイアミ・ヘラルド社事件と同日に決せられたガーツ事件(6)は修正第一条と名誉毀損に関する法理との関係に関する最近の展開の全面的見直しを含んでいたが、その中にマイアミ・ヘラルド事件が原告の利用できる証拠を制約したとするようなヒントは何もなく、逆にガーツ判決は編集者の心証が争点とされていたことを示す記録上の事実を何らの批判もなしに引用していたのである。結局、名誉毀損訴訟において報道機関が被告となっている時に編集過程に絶対的保護を与えることは先例の命ずるところではなく、そのような保護はニューヨーク・タイムズ事件やバッツ事件の期待したところとは逆に現実的悪意の立証責任を負う原告の負担を著しく大きくするのである。

(二)　被上告人はニューヨーク・タイムズ事件ルールは「現実的悪意」の立証に直接関連する証拠を原告の手の及ばないものとするよう変更されるべきだと主張するが、「現実的悪意」の理論は確立しており、個人の名誉の保護も社会の基本的要請であるから、そのような主張は我々を納得させるものではなく、受入れることはできない。

即ち、そのような変更は実質的なものであるし、編集過程というものがどこで始まり、どこで終るかも明瞭ではない。編集過程をせんさくすることは編集過程や編集に関する決定に対する耐えがたいチリング・イフェクト（chilling effect）であると被上告人は主張するが、それが現実的悪意によってなされた虚偽事項の報道による損害賠償責任についての恐れから生ずるものであるならば、そのような効果は、まさにニューヨーク・タイムズ事件以後の判例が修正第一条と両立すると判示したものである。虚偽の陳述には何らの憲法上の価値もないからである。

我々の先例は名誉毀損者の主観を問題にしているし、被上告人が認めるように主観的要素の間接的な立証が真実の報道を窒息させず、修正第一条と両立するのなら、なぜ直接的証拠の探究がそれ以上に疑問のあるものであるのか理解できない。そのような証拠を調べることによって、出版者が報道内容についてどう思っていたかが明らかになり、「現実的悪意」を持っていた場合だけが責任を問われるのである。

被上告人は記者と編集者の間に交わされる率直な議論が原告から探索されることになると、そのような議論が阻害され、健全な編集判断が危うくされると主張する。しかし、報道機関は賠償責任の有無を問わず虚偽の報道による加害を避けるべき責任を負い、その為の手段を講ずべきことが期待されているのであるから、一定のエラーある場合に責任を負わされ、エラーが存在すると主張して訴訟が提起されるごくわずかの場合に編集過程が調べられるからというだけで、エラーを避ける為の手段――率直な議論――ができなくなったり阻害されるとは考えられない。裁判において証拠特権は軽々しく創設されてはならない。それは真実の探究を阻害するからである。

以上の点を考慮して、当裁判所は被上告人の主張する新たな証拠特権の創設により現在の修正第一条の解釈を変更するべきではないと考える。

㈢　被上告人は広範、無制約なディスカバリーがプレスの負担となり、プレスの任務遂行を阻害している、プレスはそのような負担から保護されるべきだ、と主張する。不当かつ無制約なディスカバリーについては当裁判所も懸念する所であるが、事実審裁判官は濫用をチェックする権限を有しているのであるから、ディスカバリー手続に適切なコントロールを行使すべきである。しかし、事実審裁判官が本件でディスカバリーのルールを適切に適用したか否かは本件の争点とはなっていない。

（3）　Curtis Publishing Co. v. Butts, 388 U.S. 130（1976）

（4）　Miami Herald Publishing Co. v. Tornillo, 418 U.S. 241（1974）

（5）　Columbia Broadcasting System v. Democratic National Committee, 412 U.S. 94（1973）

（6）　Gertz v. Robert Welch, Inc., 418 U.S. 323（1974）

四　同意意見、反対意見

㈠　パウエル判事の同意意見

被上告人の主張するような証拠特権の創設によるニューヨーク・タイムズ事件ルールの変更は必要でないが、近時、不当かつ無制約のディスカバリーが広く行われている点が深刻に懸念される。ディスカバリーを行うにあたって先ず考慮さるべきは関連性であるが、私は法廷意見が、裁判官は関連性の判断にあたって修正第一条の保障する価値が十分に考慮されるよう留意しなければならない、としているものと理解して法廷意見に加わるものである。

(二)　ブレナン判事の一部反対意見

法廷意見は被上告人の主張する「編集特権」が被上告人の編集過程を明らかにするような情報をディスカバリーから保護している、との主張を採用しなかったが、私はそのような特権はディスカバリーにおいて事実問題や被上告人の心理過程の開示を禁ずるものではない、とする限りにおいて法廷意見に同調する。しかし、私は修正第一条は編集者の間で編集に関する決定の前に交わされる意見の交換は編集特権により保護することを要求しており、この特権は公的人物が問題となっている名誉毀損は虚偽の事実であることを事実審裁判官に一応証明した場合には後退するものと解する。

本件は、トライアル前のディスカバリーは通常広範に行われるべし、証拠特権を判例で創出することは一般的に抑制するべしとの二つの前提から出発しなければならない。しかし、我々は弁護士が業務に関連して作成した文書に関する限定的特権、犯罪通報者の特権等、裁判における事実発見の為の証拠の付随的な犠牲を正当とするような社会的に十分重要な利益や関係がある場合には、それを保護するために証拠特権を認めた。本件において考慮すべきは、編集特権の創出が証拠を付随的に犠牲にしてもよい程修正第一条に体現された憲法価値や目的の促進に役立つか否かである。

修正第一条の保障する表現の自由は個人的価値であるばかりでなく、民主政の下における政治的、社会的諸価値の達成にも役立つ。また、広範なプレスの自由は我々の政治組織と開かれた社会を維持することにも役立つ。編集特権は国民のエイジェントとしてのプレスのそのような役割を保護するのである。

しかし控訴裁判所が分類した第一のカテゴリー、即ち、報道素材の選択に関するジャーナリストの思考課程をディスカバリーの対象からはずすことは適切ではない。一方で、賠償責任をジャーナリストの主観的態度にかかわらせておきながら、同時にその態度に関する直接的証拠を禁ずることは矛盾するからである。

第二のカテゴリー、即ち編集者間のコミュニケーション、あるいは編集室における自由な意見の交換を保護する特権は行政上の決定がなされる前の勧告、助言等を保護する行政特権に似るものである。編集者間の意見の交換が後にディスカバリーによって明らかにされ、誰がどう言ったというようなことがすべて明らかになる恐れがある場合には、正確な報道をするのに必要な自由な意見の交換が阻害され、ひいては報道の正確さ、完全さが損われることになる。それはとりもなおさず修正第一条の保護しようとする価値――プレスによる正確かつ効果的報道についての国民の利益――を損うのである。公的人物の行動について国民は正当な関心を有するが、そのような事柄についてのプレスの報道が萎縮し、正確さ、完全さ、効率が阻害されると修正第一条の価値は損われるのである。私はこのような理由は証拠を付随的に犠牲にしても編集特権の存在を正当化するものと考える。

しかし、一般的な行政特権の主張は、特定の文書の必要性が明白かつ具体的に示された場合には認められず、逆に行政秘密の具体的必要性が立証された場合には、証拠の必要性という一般的主張が認められないと同様に、編集特権の存否も具体的な事件の状況により決せられるべきものである。即ち名誉が侵害されたというような一般的主張に対してはこの特権が編集過程を保護するが、公的人物が事実審裁判官に名誉毀損的虚偽の存在を一応立証した場合には、名誉毀損の主張は具体的かつ明白となり、編集特権は後退する。このように解された編集特権は、ニューヨーク・タイムズ事件ルールの要求する現実的悪意の立証責任を負う原告にとった重大な障害とはならない。公的人物はいずれにしろ現実的悪意の立証をしなければならないからである。このような編集特権は事実問題をカバーせず、報道に関する判断、政策決定過程のみを保護するから、ディスカバリーにより虚偽に関連する証拠は入手可能である。かくして公的人物は名誉毀損に対する救済を得ることができ、同時に編集過程はそれが最も必要とされる場合を除きほとんどの場合に保護されることになるのである。

(三)　スチュアート判事の反対意見

ニューヨーク・タイムズ事件ルールにいう「現実的悪意」とは通常の意味における悪意や敵意や善意を意味しない。「現実的悪意」とは被告が名誉毀損的陳述の真実でないことを知っていたか、その真偽を無謀にも無視したということであり、従って報道されたことのみが問題になり、報道されなかったことは問題とはならない。報道されたことについてもその動機如何は関連性がない。それ故に本件で考えられたような意味における編集過程についてのディスカバリーはほとんど立証上関連性がない。ランドーについては既に一年以上にわたってディポジションが続いており、その調書は二九〇三頁にのぼり、二四〇個もの証拠物が提出されている。ランドーが彼の取材・調書中に見、話し、書いたことはすべて開示されている。時間と費用のかかるディスカバリーは大きな負担であるが、関連性の全くないそれは耐えられないものである。事実審裁判官は「悪意」について右に述べた厳密な定義に照らし問題の質問が適切か否か決すべきである。

(四)　マーシャル判事の反対意見

ニューヨーク・タイムズ事件が考慮した公的問題についての禁圧されない力強い議論を確保するためにはトライアル前のディスカバリーに何らかの制限を課すことが必要であると信ずるので、私は法廷意見に反対である。

ニューヨーク・タイムズ事件判決は個人の名誉保護と公的問題についての自由な討論の最大限の保障とを調和させるためのルールを樹立したが、十分な資力と表面上十分そうに見える言い分を有する原告が編集過程について無制限のディスカバリーを許されるならば、このルールもプレスの自己検閲をさけさせることはできない。このルールの中にある実質的利益較量が活き続けるためには、名誉毀損訴訟が遂行される手続きの実体に照らして再評価されねばならない。

寛大なディスカバリー手続の濫用の可能性は名誉毀損の関係で特別に深刻である。民事紛争の迅速な解決のために考えられた規則がしばしばいやがらせと消耗作戦や遅延の具となっていることは裁判官・弁護士双方から指摘されているが、名誉毀損訴訟においてはそれが適切な証拠の発見よりも抑止と報復の目的に利用され、編集者達はそれに要する長い時間と費用を恐れて、一寸でもリスクのある報道を控えるようになる可能性が大きい。法廷意見が、事実審裁判官は濫用をチェックする権限を有するとして、名誉毀損訴訟に関連して広範なディスカバリーを制限しようとしなかったのは修正第一条の権利保護の責任を放棄するものである。私は事実審裁判官が関連性を厳密に判断して、プレスを不必要に長い、関係のない尋問から守るようディスカバリーを監督すべきであると考える。更にディスカバリーの脅威が編集過程の一定側面に特に強く働くかも知れないので、私は証拠特権の形の追加的保障が必要であると考える。

控訴裁判所があげた二つのカテゴリーのうち、ニュースの正確性に関するジャーナリストの心証についての証拠特権が認められないことはブレナン判事の述べる通りである。

しかし編集に関する決定過程はこれと異なる。報道前の会話や意見の交換が自由に開示されることになると、ジャーナリスト達は自分の意見の表明をためらうようになる。それは健全な編集過程を損い、記事の正確性は損われるのである。原告が一応の立証をすれば消滅するような特権を与えるだけでは十分な保障にはならない。私は名誉毀損訴訟において、編集過程についてのディスカバリーは許されないものと解する。

五　本判決の位置付け

本判決の評価をする前に、判文中にもしばしば引用される関連する先例を概観し、本判決がどのような位置をしめるかを見ておこう。

㈠　**ニューヨーク・タイムズ・ルール**

本件はニューヨーク・タイムズ・ルールの立証のためのディスカバリーにおいて、被告ジャーナリストの主張する編集特権が修正第一条により認められるべきか否かが争われたものであるが、このルールは一九六四年合衆国最高裁判所が、ニューヨーク・タイムズ社対サリヴァン事件において樹立したもので、「公務員はあるステートメントが現実的悪意――ステートメントが虚偽であることを知っているか、あるいはそれが虚偽であるかどうかを無謀にも無視する態度――を以ってなされたということを立証しない限り、自らの公務に関してなされた名誉毀損的陳述に関して損害を回復することはできない。」とする画期的理論である。この理論はその後バッツ事件において公的人物にも適用されることとなり、数多くの事件に適用されて確立した理論となった。また、合衆国最高裁判所は一九七四年のガーツ事件において、私人の名誉毀損に関しニューヨーク・タイムズ・ルールの適用はないこと、州は報道機関に無過失責任を課することはできないが、何らかの程度の過失責任を課することはできること、懲罰的または推定的賠償は原告が公的人物であれ私人であれ、現実的悪意が立証された場合にのみ認められ、それ以下の過失の場合には私人は現実の損害（通常の不法行為における損害）の賠償のみを回復できる旨を判示した。私人の名誉は公的人物のそれよりも広く保護されることが宣明された訳である。

㈡　**編集の自由**

以上は修正第一条と名誉毀損の法理との関係に関するものであるが、一九七四年のマイアミ・ヘラルド社事件と一九七三年のＣＢＳ対民主党全国委員会事件では報道機関の報道内容に関する編集の自由について判断が示された。即ち、マイアミ・ヘラルド社事件では、新聞が公職の候補者の人格、公職にあった間の業績等を攻撃した時は、当該候補者は反論のための無料のスペースを新聞に要求することができる、として反論権を認めるフロリダ州法が修正第一条の保障する編集の自由を侵害するとして違憲とされた。ＣＢＳ対民主党会国委員全事件は連邦通信法も修正第一条も放送局に有料の政治（意見）広告を受入れることを義務づけてはいない、と判示した。二つの判断は報道内容の他律的規制をいずれも違憲とするものである。

(三) 報道機関に対する証言命令・押収捜索

報道機関からの裁判のための証拠の強制的入手と修正第一条との関係については、一九七四年のブランツブルグ対ヘイズ事件[7]が、新聞記者は連邦及び州の大陪審においてニュース・ソースについての証言を拒否することはできない、とした。ニュース・ソースを開示することは将来の取材を困難にし、修正第一条の保障する情報の自由な流れを阻害するとのプレスの主張は犯罪捜査の為の証拠の入手の必要性により斥けられたのである。

更にザーチャー対スタンフォード・デイリー事件[8]では修正第四条による捜索、押収は犯罪と何らの関係のない新聞社に対しても可能であり、裁判官が令状の要件を厳密にチェックするならば、新聞のニュース収集、分析等を不当に阻害するものではない、とした。

なお、報道の自由に関するものではないが、本判決中にも引用される合衆国対ニクソン事件[9]は行政秘密に関する大統領特権と刑事訴訟手続における裁判所の証拠提出命令の関係が問われたものであるが、権力分立理論も行政のトップ・レベルにおける秘密の意見交換の必要性も、それだけでは裁判手続に対する無条件絶対の大統領特権を認める根拠とはなりえないこと、刑事裁判の為に提出を命ぜられた証拠について大統領特権の主張がなされても、軍事外交秘密に関係しているという理由によるのではなく、秘密についての一般的利益を理由としてなされる時は、そのような主張は係属中の刑事事件における証拠の明白かつ具体的な必要性と公正な裁判における法の正当な手続についての基本的要求の前に屈しなければならないことを判示した。

これらの判決は裁判、特に刑事裁判に必要な証拠の入手を強く保障するために対立する利益の譲歩を求めているといえよう。

（7）Branzburg. v. Hayes, 408 U.S. 665（1972）
（8）Zurcher v. Stanford Daily 98 S. Ct. 1970（1978）
（9）U.S. v. Nixon, 418 U. S. 683（1974）

六　本判決の評価

㈠　以上が本判決を取り巻く最近の先例であり、公的人物に対する名誉毀損の実体的基準としてのニューヨーク・タイムズ事件ルール及び刑事裁判における証拠特権を容易に認めない最高裁の態度からすれば、本判決の法廷意見はやむを得ないところであったのかもしれない。しかしある事件を報道するについて、どのような角度からどれ程報道するかというような編集上の決定を行う前のジャーナリスト間の会話や意見交換を保護すべし、とするブレナン、マーシャル判事の意見は極めて示唆に富むものである。大統領特権と比較しつつ、ジャーナリスト達の意見交換が後に訴訟になった場合の尋問を心配したりせずに自由に行えるよう編集特権により保護しようとするブレナン判事の意見も、ディスカバリーの実態とその濫用を強調してニューヨーク・タイムズ事件ルールが真に活かされる為には証拠入手に関する手続的保障が必要だとするマーシャル判事の意見も、報道の自由を抽象的にではなく具体的にとらえ、実体的保障が有効な保障であるためには手続面での保障も必要であるとするのである。

これに比べると法廷意見は形式的・表面的との印象を免れない。ディスカバリーの濫用、制裁的報復的利用の事実は法廷意見も認めるようである。本件では一年余にわたって延べ二六日間の尋問が行われ、その調書は二九〇〇頁にものぼり、二四〇もの証拠が提出されている。いかにしつよう、広範な尋問が行われ、ランドーが本来的活動のために用いえた多くの時間を費消され、またＣＢＳが多大の費用を負担したかが容易に推測されるのである。それなのに法廷意見が現在の連邦民事訴訟規則が変更されるまではディスカバリーにおける濫用のチェックは事実審裁判官の権限と義務である、とするのは問題ある現実を放置して、いかにも形式的な法律論に終始しているとのそしりを免れないように思われる。

本件における法廷意見と反対意見の顔ぶれはブランツブルグ事件やスタンフォード・デイリー事件における分れと同じである。修正第一条の目ざす価値の保護について、表面的なやや冷淡な考えをとるのか、現実的・実効的保障を考慮した情熱的態度をとるのか、という考え方の分れも、現在のバーガー・コートとかつてのウォレン・コート（ブレナン、マーシャル、スチュアートはいずれもウォレン・コート以来の最高裁メンバーである）哲学の違いによると言えそうである。

4 ペンタゴン・ペーパー事件
――ベトナム秘密文書と報道の自由

一 はじめに

「私の主張を短く言うと、世界の運命を左右する実力を持つ米国政府、特に大統領個人のためになるのは『イエス・マン』の新聞ではなく、その反対、すなわち、砲列の如くかまびすしく、しかも正確に発射される、批判と事実の活発な砲撃なのだ。これは、新聞が地方的でなくなるということであり、国家的あるいは愛国的でなくなるということさえ意味する。なぜなら、今日の変動に満ちた世界における私たちジャーナリストの使命は、ひとつの陣営の応援団と化さず、できるだけ多くの人々に、この目まぐるしく激しい世界の現実を認識してもらうことなのだから。それは同時に、『ニューズ』という言葉の定義を改めることでもある。世界情勢のいろいろな事件の、単なる結果ばかりでなく、原因にもっと焦点を当てて分析せねばならぬ。少なくとも米国の新聞・通信社は、世界の出来事を報道するうえで、大いに責任を自覚せねばならぬ。」

冒頭に引用が長くなったが、以上はニューヨーク・タイムズ紙の、ジェームズ・レストン記者（一九七一年現在副社長）が一九六四年末 The Artillery of the Press（名倉礼子訳「新聞と政治の対決」）の序文に書いた一節である。

最近ニューヨーク・タイムズ紙が秘密裏に入手した米国防総省の極秘文書いわゆる「マクナマラ文書」をスッパ抜いたことから起こった、米国政府とニューヨーク・タイムズ紙（これにつづいたワシントン・ポスト紙他の数紙も含めて）との法廷の内外における報道の自由をめぐっての徹底的対決を見る時、この一文はきわめて印象的である。

今回のニューヨーク・タイムズ紙のなした秘密文書公開にあたって、熱心な積極的立場をとったといわれるレストン記者の立場は、五年前すでに右の一文に明らかに示されていたといえるからである。

小論は「マクナマラ文書」の公表をめぐる一連の法廷内外での新聞と政治の対決を簡単にフォローし、最高裁判決を中心にその憲法上の問題点と意義を、今回の出来事の背景をも考慮しつつ分析し、それらを通じて表現の自由・報道の自由の現代的意義を改めて考えてみようとするものである。

二　事件の経過 (1)――「マクナマラ文書」とは

本年六月一三日ニューヨーク・タイムズ紙は、その若くて有能な記者ニール・シーハンが、元国防総省の防衛問題分析の専門家であり、かつ米国第一級のシンク・タンクといわれるラント・コーポレーションの元研究員ダニエル・エルスバーグから秘密裏に入手した米国防総省のいわゆる「マクナマラ文書」(後に「ペンタゴン・ペーパー」とも言われる) といわれる極秘文書をその日曜版に掲載した。「マクナマラ文書」というのは、ケネディ・ジョンソン両大統領のもとで国防長官としてベトナム戦争遂行の最高責任者の一人であったマクナマラが、その任期の終わりごろの一九六七年、ベトナム戦争に幻滅し、エルスパーグを含む国防総省内外の専門家三六名に命じて、国防総省内の秘密文書をもとに、この戦争の発端から、それが議会や国民に秘密に、時としてこれらをあざむきつつ拡大され、米国を誤りに満ちた非劇的な隘路《あい》に導いていった経過を分析させた文書である。「ベトナム政策に関する米国の政策決定過程の歴史」という題名が示すとおり、それは大統領および彼をとりまく国務・国防両省、国家安全保障会議の高官、補佐官達のさまざまな勧告・討議の内容を明らかにし、米国のベトナムへの介入の拡大、ゴ・ジン・ジエム政権転覆、第三国を介しての北ベトナムとの接触等の経過を明らかにしている。それはニューヨーク・タイムズ紙がみずから認めるとおり、主として国防総省内部の文書のみを集めて分析したという制約のため、米国のベトナム戦争の歴史としては不十分たるを免れないが、現実の政策遂行過程が、政府の国民に対する公表と大きく異なることをも暴露するものであり、事柄の性質上、政府が極秘にしておくことを望むものであった（ニクソン大統領ですら、このような文書の存在をニューヨーク・タイムズ紙がスッパ抜くまで知らなかったともいわれる）。

ダニエル・エルスバーグは、米国の名門ハーバード大学で経済学の学位を得たきわめて優秀な防衛問題研究家といわれ、ラント・コーポレーションで米国務省のために外交政策の分析等の研究を行なった後、国防総省入りし、その後もその鋭い分析力で防衛外交問題専門家としての輝かしい将来を約束されていた。

ベトナム戦争については当初強硬なタカ派的立場に立っていたが、その彼が一九六五年ベトナムへ派遣され、そこで残酷悲惨な戦争の現実を直視するに及んで、一転して、ハト派的立場に転じ、ベトナム戦争の正当性に強い疑問を持つようになり、反戦の心情と自己の過去に対する強い罪の意識を持つようになったといわれる。エルスバーグが彼から「マクナマラ文書」を受け取ったといわれるニール・シーハン記者（当時はＵＰＩ特派員）に初めてあったのは、当時サイゴンにおいてであった。シーハン記者は後にニューヨーク・タイムズ紙に転ずるが、当時二七、八歳の若さながら、鋭い批判的な眼でベトナム戦争の現実と米国のベトナム政策をサイゴンから報道し、すでに良心的新聞記者としてその名声をかち得ていた。

帰国して後、エルスバーグはマクナマラ国防長官の選んだスタッフの一員として、「マクナマラ文書」の作成に加わり、入手した文書のコピーを本年三月頃に、シーハン記者に手渡したということである。

この極秘文書を入手したニューヨーク・タイムズ紙は、その内容の極秘・重大性にかんがみ、厳重な警備をしいたニューヨーク・ヒルトンホテルの一室で約三か月にわたる分析・研究をつづけるとともに、その公表がもたらす法律上の問題についても弁護士たちと綿密な研究・打合せを行ない、その結果、「ＯＫ・ゴー（go）」が出され、この重要文書の歴史的スクープとなったのであった。

三　事件の経過 (2)――法廷での対決

六月一三日、日曜日ニクソン政権の高官たちは、この歴史的スクープにおどろいた人びとからの電話で眠気を吹きとばされた。タイムズ紙を一読して驚転した司法省の高官たちは、国防・国務両省と相談したのちその対処を急ぎ検討するとともに、タイムズ紙に、掲載の継続は米国の国防に回復しがたい損害を与えるとして、その中止を申し入れた。しかしタイムズ紙の答えは、「ノー」である。司法省の法律家たちのあわただしい訴訟準備が行なわれ、六月一五日掲載差止命令申請書をカバンに彼らは、ニューヨークの連邦地裁に飛ぶ（ニューヨーク・タイムズ紙の秘密文書報道はこの間の三日間続いて行なわれた）。かくて、二週間にわたる歴史的ともいえる裁判は始ったのであった。

(一)　差止請求の根拠

政府がタイムズ紙に、問題の秘密文書の掲載中止を求める法的根拠は二つあった。

その一は、米国の国防を危うくするような防衛情報を権限なく他にもらすことを禁止し、これを犯したものを一〇年以下の懲役（一万ドル以下の罰金の併料もある）に処する、としている防諜法の条項に同紙が違反する、というのであり、

その二は、行政府の長、三軍の司令官である大統領が外交軍事を遂行してゆくため文書を分類して秘密にしておく権限を新聞が奪ってしまうことになる、すなわち、大統領が極秘としたものを新聞が勝手にスクープし、公表できるということになると、大統領の権限はあってなきがごとくになり米国の安全保障に重大な損害を与える、というのであった。

(二)　修正第一条

しかしながら、政府の主張には当初から重大な憲法上の障害があった。合衆国憲法修正第一条がそれである。同条は「連邦議会は言論・報道の自由を制限するいかなる立法をも行なってはならない」と定めている。そして同条

の確立した解釈によれば、同条は司法・行政府による制限にも当然のこととして適用されることになっている。同条はわが国憲法二一条二項のように、特に検閲の禁止を明示的にうたってはいない。しかしこれまた確立した同条の解釈によれば、同条の中心的要請が検閲の禁止にあることは明らかである（きびしい検閲制をとっていたイギリスの王制から独立した合衆国がまず考えたことは、そのような検閲のない自由な言論社会であったからである）。この点はあまりに明らかであったため、連邦政府が言論の事前の差止めを裁判所に求めようとした先例は米国史上一件もなかった。

連邦最高裁がこの問題を扱ったのもわずかに一件であり、この中で最高裁は、はっきりと事前の抑制を違憲と断じているのである。それは今からちょうど四〇年前一九三一年のニア対ミネソタ事件である（Near v. Minnesota 283 U.S. 697）。この事件は、悪意、スキャンダラス、中傷的な新聞・雑誌等を発行するものに対して、州または州民が裁判所に対して、その将来の発行禁止を求めうるとのミネソタ州法により、同州内の「サタディ・プレス」という地方新聞が州から発行差止めを求められ、州裁判所がその差止めを認めたことから起こった。しかし、上告をうけた連邦最高裁は、右の差止めは表現の自由を保障する修正第一条に照らし許されないとして、これを破棄したのである。時の長官ヒューズの書いた法廷意見はブラックストンを引用しつつ次のように述べている。

「（表現の自由の）憲法上の保護の程度を考える場合において、出版に対する事前の抑制を禁止することが……一般的には保障の中心的目的であると考えられてきた」と。

しかしながら、ヒューズ長官はその意見の中できわめて例外的な場合、すなわち戦時における徴兵事務の実質的妨害または軍艦の航海日時、軍隊の数や位置等の報道に対しては事前の抑制もまた可能であろうと述べていた。これは傍論ではあったが、ニューヨーク・タイムズ事件において政府は、今回のスッパ抜きは、ヒューズ長官が述べているような例外的な場合であり、米国の国防に「重大かつ切迫した危険」をもたらすものとして、事前の差止めが許されると主張したのである。

㈢　新聞側の主張

これに対しイェール大学ロースクールの署名な憲法学者ビッケル教授（元連邦最高裁判事フランクファーターの調査官〈Law Clerk〉をつとめたことがある）を代理人に立てたニューヨーク・タイムズ紙は、米国が多数の人命と巨額のドルをつぎこんで誤りに満ちた戦争の泥沼になぜ入りこんでいったのか、この政策決定過程を知ることは、みずから犠牲を払った国民の権利であり、またひとたび右のようなニュースを得たときに、これを国民に知らせることは国民に対する新聞の義務であるとして、国民の知る権利とこれに対する新聞の義務を真正面から打ち出した。そして、さらに、政府の秘密文書の分類はきわめて恣意的であり、不必要に秘密とされているものが多く、また政府高官が世論や新聞操作のため意識的に秘密をもらすことが多いこと、今回のマクナマラ文書も本質的にはすでに過去のものとなった歴史的文書であり、事前の抑圧が許されるような性質のものではないと論じたのであった。

㈣　地裁の決定

ニューヨーク連邦地裁でこの事件を担当することになったのは、皮肉にもわずか一週間前にニクソン大統領によって任命されたガーフェイン判事であった。同判事は、まず政府の掲載一時中止命令の申立てをいれて判決までの掲載の一時中止命令を命じた後、双方の弁論を予定した。しかし、ここで予期せぬ出来事が起こった。ニューヨーク・タイムズと並んで、そのライバルでもある有力紙ワシントン・ポストが、これまた「マクナマラ文書」をスクープしたのであった。動転した政府側は、ポスト紙に対してもワシントン連邦地方裁判所において同様の掲載禁止命令を求めた。しかしながら、政府側にとって不運なことに事件はワシントン連邦地裁で最もリベラルといわれるゲゼル判事のところに行った。そして同判事は、政府側の主張を聴取したのちわずか一時間で、問題の報道が米国の利益をそこなう何らの証拠もないとして、政府側の申立てをあっさりと却下したのである。政府側控訴。そしてワシントン高裁はゲセル決定をくつがえして、掲載の一時中止を命ずるとともに事件を今一度ゲゼル判事の審理に差し戻したのである。

事態は目まぐるしく動いた。次はニューヨークのガーフェイン判事の番である。二日間の秘密審理で差し止めを求める理由についての政府高官の証言をきいたのち、同判事は決定を下した。

「当裁判所も現在の国家の安全保障にとって絶対に必要な情報をまさに出版しようとしている新聞に対して、政府が差止命令による救済を求めうる権利があることを疑うものではない。しかし本件はそのようなケースであるとは思わない。……証言の内容を明らかにはしないが、これらの文書が、なぜ国家の安全保障に決定的に影響を及ぼすことになるのかについては何らの説得的理由も提示されなかった。」

そして彼は報道機関の意義と自由な言論、国民の知る権利について次のように続けた。「安全保障のどのようなささいな侵犯からも生ずるような一般的困惑と同じ程度の、わずかな安全保障上の困惑が政府に対してあったとしても、われわれはそれに堪えて生きることを学ばねばならない。国家の安全保障は城壁にのみあるのではない。安全保障はまた我々の自由な制度にも存するのである。意地の悪い報道機関、頑固な報道機関、どこにでもついてまわる報道機関――これらは、自由な表現の一層大きな価値と国民の知る権利を維持するため権力を有する者が忍ばねばならないものである。……現代は、問題の多い時代である。政治に対する不満と冷笑的立場に対する安全弁としては、いかなる形をとろうとも言論の自由以上に大きなものはないのである。これが歴史を通じてのわれわれの制度の真髄であった。それはわれわれのすべての大統領の信条でもあった。それは、また異なる統治形態下にある国々からわが国を分かつ、われわれの国民生活の顕著な特色であったのである」。

ここでもまた、敗北を喫した政府はただちにニューヨークの連邦高裁に控訴した。高裁は、なお掲載一時中止命令を延長した時、事件をガーフェイン判事のところへ差し戻し、ここで政府が重大かつ切迫した危険をもたらすとする文書を指摘できるよう、さらに非公開の聴聞を命じた。かたやワシントンでは差戻後もゲゼル判事の意見は変わらず、政府はゲゼル判事の再度の却下決定に対し控訴することになった。しかしながら、ワシントン高裁はこの控訴をいれなかった。政府の掲載差止めを求める申立ては通らなかったのである。

(五) 舞台は最高裁に

ワシントン、ニューヨーク両高裁は期せずして、同じ日、六月二三日に、右のように相異なる判決を下したのである。

かくして事件はついに連邦最高裁の舞台に移ることになった。ワシントン高裁の判決に対しては政府側から、ニューヨーク・タイムズ側からそれぞれ上告がなされたのである。

この間法廷外では、同じく「マクナマラ文書」が、ボストン・グローブ、シカゴ・サンタイムズ、フィラデルフィア・インクワイアラー紙等の有力紙によって入手され、つぎつぎと公表・報道されつづけ、政府の秘密主義に怒りを燃やす議会をなだめるために、ついにニクソン大統領みずから問題の秘密文書を上下両院に各一部ずつ送付せざるをえなくなっていた。「マクナマラ文書」の公表をめぐる問題はもはや、一、二の新聞社だけの問題ではなくなり、国民多数の運命を左右してきたともいえる米国のベトナム介入についての、国民および議会の知る権利、民主主義社会における新聞の自由、政府の国民に対する信頼という問題にまで発展して、ついに最終審、連邦最高裁へきたのであった。

四　最高裁判決

(一) 双方の弁論

六月二六日、ときあたかも、最高裁が夏の休暇に入ろうとする今会期最終の日、しかも異例の土曜日に最高裁の弁論は開かれた。すでに休暇先の西海岸へ出かけていたダグラス判事は飛行機でワシントンへ帰ってきていた。そして、前夜、最高裁はきわどい五対四の票差で政府側が公表に異議をとなえる文書の掲載の中止を最終判決まで、なおも命じていた。

弁論ではまず政府側を代表して、ソリシター・ジェネラル（法務総裁）のグリスウォルド（前ハーバード・ロースクール学部長）が立った。彼は「修正第一条といえども、政府が機能することや国家の安全を守ることを不可能にするよう意図されてはいない」として、今回の秘密文書の公表は、ベトナム戦争を長びかせ、北ベトナムに捕えられている捕虜の釈放を遅らせ、中東問題の解決を妨げると論じた。これに対し新聞側は「政府は公表が米国の安全保障に致命的危険をもたらすというただ一つの具体的事例をも立証していない。政府が述べたのは、すべて単なる懸念にすぎない。」と論じた。

判事たちからは、双方の代理人に対して、鋭い質問が投げかけられた。

マーシャル判事　「政府は裁判所を検閲機関にするつもりなのか」

グリスウォルド　「私は他に手段があるとは思いません」

ブラック判事　「修正第一条はどうなるのか」

スチュアート判事　「もしこの文書の公表が米兵一〇〇人の死をもたらすとすればどうか、この場合には事前の差止めを認めるのか」

ビッケル　「（しばらくためらい）多分認めるでしょう。しかし本件にはそのような危険は何らありません、懸念だけです」等々。

そして長い歴史を破って休暇入りをも延長した最高裁は、四日間の審理ののち、六月三〇日異例のスピードで判決を言い渡したのである。

(二)　判決の内容

判事たちの意見は区々に分かれ、九人の判事全員が自分の意見を書くという最高裁初めての事件となったが、最高裁は、公表については六対三の多数をもってこれを認めたのである。すなわち政府の差止請求を却下したワシントン高裁の判決は維持され、事件を地裁に差し戻して、政府が異議を唱える文書の掲載の一時中止をなお認めたニューヨーク高裁の判決は破棄されたのである。ニューヨーク・タイムズ紙の最初のスクープ以来一七日、異例のスピードですべての審級の審理を終え、最高裁は、ニューヨーク・タイムズ、ワシントン・ポスト両紙の立場を認めて、報道の自由に軍配をあげたのである。

判事の意見は大きく分けて三つに分かれる。第一は、いわゆる修正第一条についての絶対主義的立場といわれるもので、ダグラス、ブラック、マーシャルの三判事がこの立場を取った。それは、修正第一条は報道の自由について、事前であれ事後であれ、いかなる制約も認めないという立場である。ブラック判事の加わるダグラス判事の同意意見は次のようにいう。

「修正第一条の主要な目的は、政府にとって好ましくない情報を抑圧するという広範な慣行を禁止することであった。……政府部内の秘密は根本的に反民主的であり、官僚のミスを永続させることになる。公的問題についての公開の議論はわれわれの国家の健全さにとって決定的に重要である。公的問題に関しては、公開の力強い議論があるべきである。……」

また、ダグラス判事の加わるブラック判事の同意意見は次のような強い言葉でもって、政府の態度を批判する。

「私は、ワシントン・ポストに対する政府の申立は却下され、ニューヨーク・タイムズに対する差止命令は、事件が最初に当裁判所にきたときに口頭弁論を経ずして取り消されるべきであったと考える。これらの新聞に対する差止命令を一瞬一瞬継続させることは、修正第一条をはなはだしく弁護の余地なく継続的に侵しつづけるものである。……いまやわが国建国以来一八二年にして、初めて連邦の裁判所は、修正第一条は、その述べるとおりのことを意味しているのではなく、わが国民にとって決定的に重要な現下のニュースの公表を政府は差止めうるということを意味するものだと判示するよう求められている。……修正第一条において、わが建国の父たちは、われわれの民主制において、新聞がその本質的役割を果たすために持たねばならない保護を自由な新聞に与えた。新聞は統治者のためにではなく、被治者のために奉仕すべきであるとされた。政府が新聞を検閲しうる権力は、新聞が政府を検閲しうるために永遠に自由でありうるようにと廃止された。新聞は政府の秘密をあばき、それを国民に知らせることができるようにと保護された。自由にして制約を受けない新聞のみが政府のいつわりを効果的にあばくことができる、そして自由な新聞の責任のうちでも至高のものは、政府のいかなる部分であれ、国民をあざむき彼らをはるか離れた地に送り、彼らが外国で熱病にかかったり、銃砲撃を受けたりして死ぬことを防止することである。私の見解によれば、ニューヨーク・タイムズ、ワシントン・ポスト両紙ともにその勇気ある報道のために非難されるどころか、建国の父たちが、かくも明らかに見てとった修正第一条の目的に奉仕したとして称賛さるべきである。ベトナム戦争へと導いていった政府の作業を明らかにすることによって、両紙は、建国の父たちが新聞が行なうであろうと望みかつ託したまさにそのことを、高貴にもなしとげたのである。」

マーシャル判事は、戦時に国防に関し、敵を利するような情報の公表を大統領が事前に差止めうるようにしようとした立法の企てが、今世紀になって二度連邦議会で拒否されたことをあげ、最高裁が本件で求められた差し止めを認めることは、右の議会の態度に反し、三権分立を犯すことになると論じたのである。

第二のグループは、ブレナン、スチュアート、ホワイト判事である。ブレナン判事はいう。

「本件についての最初からの誤りは、一時的であれ何であれ差止め命令を発したことである。本件における政府の主張の根幹は、差し止めを求められた本件文書の公表は、さまざまの方面において国益を『害しうる』『害するかもしれない』というのであった。しかしながら修正第一条は、やっかいな結果が起こるかもしれないという単なる推測や仮定に立っては、裁判による新聞の事前の差止めを絶対に認めていない」。そして、修正第一条の事前の差止禁止が乗りこえられる一つの、きわめて狭い範囲の事件があることを先例が認めていることは認めつつも（前述のNear v. Minnesota事件にいう戦時の軍隊・艦船の移動等の公表）、本件において、政府は、秘密文書の公表が、そのような具体的危険をもたらすと主張もしていないし立証もしていないと述べている。ブレナン判事によれば「公表が必然的、直接的、かつただちに、海上にある艦船の安全を危うくするような性質の事態をひき起こす」という政府の主張と立証のみが、差止命令を可能にするのである。

スチュアート、ホワイト両判事の意見もほぼ同様であり、差止命令は、いかなる事態においても、絶対に認められないということはないが、これを認めるためには、政府は国家または国民にとっては、「直接・即時・かつ回復しがたい損害」が生ずるということを立証しなければならず、本件においては政府はこの点の立証を尽くしえなかったというのである。しかしながら、両判事は、「このことからただちに秘密をもらしたものについての刑事訴追までもが、不可能になるものではなく、事後の刑事処罰を認めることに何らかの問題があるとは思わない」とつけ加えている。この点については後に触れよう。

この第二グループの三名の判事の意見は、修正第一条につき、いかなる例外をも認めないというのではないが、政府が、事前の差止めを裁判所で認められるためにはきわめて重い立証責任を負わされ、政府は「必然的に」あるいは「直接かつ即時に」、国家にとって「回復不能の損害」を与えるということを立証しなければならないとするものである。それは前述のニア事件の長官ヒューズの意見中の傍論と同一の基準といいうるものであり、第一グループとは異なり将来裁判所はケースごとの事実関係を慎重に審理したうえで判断することを要求されるのである。

かくして第一の立場も第二の立場も、本件文書の公表差止めが許されないとする点においては一致し、この点については六人の多数が形成されたのである。

第三のグループは事件の少数派を構成する三人の判事、すなわちバーガー長官、ハーラン、ブラックマンである。三人の判事の基本的な見解は、外交関係に影響する事柄について閣僚レベルで、文書が「秘密」の指定をされた場合には、裁判所は行政権の行使に不当に介入しないようその決定を尊重すべきである、というものであり、さらに本件が重要な事実および法律問題を含むにもかかわらず、新聞側の性急な、差し迫った訴訟遂行態度により、それにふさわしい十分な審理をつくさないままに決せられようとしているとして、事件をさらに下級審に差し戻して一層の審理を尽くさせるべきだとしている。

ハーラン判事は「大事件は難事件と同様悪法を作り出す」というホームズ判事の言葉を引いて、事件の一審以来の審理経過を批判し、争点については、「外交関係の領域における行政部の活動について司法が機能する範囲は、きわめて狭く限定されていることは明白であると思われる。この見解はわれわれの憲法制度がよって立つ権力分立の考えが命ずるところであると私は考える……。私は政治的圧力に対する修正第一条の価値を守る義務を遂行する場合に、裁判所は当初の行政部の決定を審査して、問題が大統領に与えられた外交権限のうちにあるということを確認しなければならないという考え方に賛成である。さらに裁判所は問題の開示が国家の安全をそこなうという決定は、関係省庁の長が実際にみずから考慮してなしたものであるということをも要求しうる。……しかし、私の判断では、裁判所はこの二点を越えて、文書開示のもたらす国家の安全に対するありうべき影響をみずから決めなおすことはできない。」と述べている。

それは秘密についてのいわゆる「形式的指定」の考え方をとるものであり、さらには、司法および司法審査の機能についてのいわゆる「消極主義」をふまえたものともいえよう。

五　本判決の意義と残された問題点

かくして、二週間の一時的差し止めの後、ニューヨーク・タイムズ、ワシントン・ポスト両紙の輪転機は回転を再開した。シーハン記者が本件文書について述べた「この歴史は公共の財産であり、リンドン・ジョンソンのものでも、ロバート・マクナマラ、バンディ兄弟のものでも、また、ベトナム戦争に関係した他のいかなる公的人物のものでもない。この物語は国民のものである。彼らはこれを自分たちの生命と財産をもってあがなったのである。私に関する限り、国民がそれを所有するのであって、国民はその内容を知る権利を有するのである」との言葉は現実のものとなったのである。米国政府が一八二年の歴史を破って、初めて裁判所に求めた異例の事前の差し止めは認められず、その限りで、この判決はあらためて修正第一条の意義と「報道の自由」を再確認したことになるのである。

しかしながら、この判決が報道の自由にとって手ばなしの勝利と評価しうるものであるかどうかは、再検討を要する。

第一の点は、最高裁によって、政府の差止請求は認められなかったにもかかわらず、なお政府は容易に二週間にわたる掲載の一時差止命令を得ることができたことである。本件は異例のスピードで最終審、最高裁までの審理を終えたのではあるが、審理がずっと長びく時には（そして、それは十分可能性のあることであるが）、一時的差止命令が容易に出されるとすると、政府は一時的差止命令を得ることで、実質的には本来の目的を達してしまうことになる。この点は新聞にとって、大きな脅威となるであろう。

第二の点は、公表後の防諜法違反による事後処罰である。すでに、エルスバーグは六月二八日に、秘密文書を権限なく違法に所持して、自己の用に使ったとしてロサンジェルスの連邦地裁に起訴されている。文書を公表した新聞関係の人びとに対する起訴はいまだなされていないが、司法省は、違法行為に加担したものに対しては断固たる措置をとると言明している。前に触れたように差し止め命令を認めなかったホワイト、スチュアート両判事は、防諜法違反による刑事処罰を肯定しているのであるが、少数意見を書いたバーガー、ブラックマン両判事もこの点についても同意見である旨を表明している。ここに政府は新聞に対する訴追成功の可能性をみるのである。エルスバーグは、みずからの行為は新聞への公表を予定していたものであるから、修正第一条の保護を受ける、あるいは彼の行為は「明白かつ現在の危険」をもたらさない等の憲法上の主張を掲げるであろうし、さらには、政府の秘密自体が許されないというダグラス判事の主張にも依拠するかもしれない。これは必然的に防諜法自体の存在理由、合憲性の問題とその解釈につながってゆく。新聞側はより直接に「国民の知る権利」とそれに奉仕するための「報道の自由」を掲げるであろう。いずれにしても、政府が秘密を維持するのは一体許されるのか、許されるとして、それほどの限度までか、これと「国民の知る権利」との関係如何等が基本的な争点になるであろうことは想像にかたくない。そして、事件のゆくえは、事前の差止めは「直接、即時に回復しがたい国家的損害」をもたらす場合にのみ許されるとして、きわめて厳格な立場をとった前記第二グループの判事たちが事後の処罰についてはどういう理論的立場をとるのかにかかるようにも思われる。いずれにしても、事後の処罰の可能性が残る以上、新聞にとって、重大な戦いはいまだ残されているのである。

新聞にとってはさらにもうひとつの問題がある。それは秘密文書が新聞社に渡った経過を捜査中の連邦大陪審から新聞記者が証言を求められる場合のことである。すでに司法省はボストンの連邦大陪審にシーハン記者を召換することを検討中と伝えられている。ここでは当然のことながら、新聞記者の取材源秘匿が許されるのか、修正第一条の保護する「報道の自由」は取材源秘匿の自由をも含むのかの問題が提起されるであろう。連邦最高裁には、別件ではあるがこの問題が係属している。そのうちの一つは、同じくニューヨーク・タイムズ紙の黒人記者が黒人運動の過激派団体ブラック・パンサーの活動家にインタビューして書いた記事について、連邦大陪審から証言を求められて、これを拒否し法廷侮辱罪に問われた事件である。連邦第九高裁は一審の有罪判決を破棄し、「新聞記者を犯罪捜査に協力させることは、新聞に政府の役割を押しつけ、また新聞の自由を犯すことになる。このことは新聞の将来の取材を困難にし、新聞がその役割を果たすことを不可能にする」として記者の証言拒否に広い憲法上の保護を与えている。伝えられるシーハン記者の召喚は、同じ問題を改めて提起することになろう。

六　おわりに——若干の感想

本件を振り返って見ると、さまざまの感想が去来する。「マクナマラ文書」の公表是非をめぐる法廷での法律的争いの裏にあり、判事たちも良く認識していたであろうベトナム政策についての米国民の増大する疑問と不人気、政府に対する不信感の増大を無視することはできないであろう。国民多数の生命、財産に大きな影響を及ぼし、国論を真二つに分かち、米国の唱える民主制の理想に重大な疑問と試練を投げかけることになった、長いベトナム戦争の政策決定過程についての国民の知る権利の要求が、もはや無視できぬほどに大きくなっていたことも事実であろう。その意味においては、司法も終局的には、大きな国民の意見に影響され、また支えられる面があることを否定できまい。

「ウォレン・コート」が終わって、ニクソン大統領が本件で少数意見を書いたバーガー長官とブラックマン判事の任命を行ない、米国の最高裁の方向が大ざっぱにいえば、明らかに「リベラル」から「コンサーヴァティブ」に、「司法積極主義」から、慎重な「司法消極主義」の立場に変わったといわれている時に、「マクナマラ文書」の公表が「六対三」の多数で認められたということは、右の点を抜きにしては考えられまい。

最後に、また、本件において政府と新聞が掲載の中止について政治的取引や交渉を行なわず、かつまた政府が差止めのために刑事手続を用いて、問題の文書を押収したりするという挙に出なかった点の評価である。政府と新聞は裁判所の前にまったく対等の当事者として現われ、公表の是非を民事訴訟手続によって争った。差止請求に対する新聞の毅然たる態度もさることながら、ここには「法の支配」、「裁判の優越」の考え方が強く反映しているように思われるのである。少数意見が強く非難した一審から最高裁にいたる裁判所の異例に迅速な審理は、この「法の支配」、「裁判の優越」に対する国民の信頼と期待に答えるためのものではなかったろうか。本件での新聞の一応の勝利に、米国における「表現の自由」の伝統の強さを改めて考え直すとともに、本件がわが国で起こっていたら、どうなったであろうか、政府は、新聞は、裁判所は、どう対応したであろうか、の問いが筆者の脳裏に何度も去来するのである。

5 表現の自由に関する米国最高裁の判例の展開
——その概観と若干の考察

一 はじめに

一九六四年アメリカ連邦最高裁はサリバン対ニューヨーク・タイムズ事件(1)において、公務員が自らの公務に関連してなされた発言を名誉毀《き》損とし救済を受けるためには、その発言が現実的悪意（内容が虚偽であることを知っているか、あるいは真偽おかまいなしという態度をとること）を以《も》ってなされたということを立証しなければならない、それは合衆国憲法修正一条の要求であるとの判決を下した。この判決は名誉毀損訴訟の公務員たる原告に被告の現実の悪意の挙証責任を課すこととし、内容の真実性を被告が立証すべき抗弁としていた従来の考え方（それは日本の現行法制と同じである）を一八〇度転換し、政府・公務員批判の自由を画期的に広げたものである。この判決の基礎には、公の問題についての討論は禁圧されず、力強く、辛らつであるべきであり、時として政府や公務員に対する不愉快な程に痛烈な攻撃であるべきだというのが建国以来の米国の国家的コミットメントである、との強い確信があったのである。

この判決はアメリカ連邦最高裁が合衆国憲法修正第一条の保障する表現の自由について、深く掘り下げた議論を展開した初めての判決であり、名誉毀損の問題に限らず、修正一条が問題となるいくつもの分野におけるその後の判例理論の展開の基礎となった。本稿は名誉毀損、プライバシー、わいせつ規制、事前抑制、オフェンディング・スピーチ、イクストレミスト・スピーチ破壊活動的言論等の規制、ニュースソースの秘匿権等の分野における右判決後の連邦最高裁判例の展開をたどり、この三〇年の合衆国における表現の自由に関する法の展開を描こうとするものである。紙面の制約もあり、本稿は規制法規のオーヴァー・ブレッドス、ヴェィブネス等の問題や、表現の場所・方法の規制等の分野には立ち入らない。また、取り上げた分野のそれぞれに重要な判例について、その個別の意義や問題点に深く立ち入りはしない。むしろ、表現の自由に関する判例法の展開を鳥瞰図的にながめた上、これを同様の問題についての我が国最高裁の判例理論と比較し、いかなる違いがあるか、その違いはなぜ生じたかについて若干のコメントをなそうとするものである。

本稿は私が一九九一年秋、一九九二年秋の二回にわたってミシガン大学ロースクールにおいて、リー・シー・ボリンジャー教授(2)と共に行った「日米比較表現の自由」に関するセミナーにおける同教授や学生との議論及びその準備の過程での多少の思考から生まれたものであるが、何分にも実務と雑務に追われる実務家のこと故、検証不十分で表面的かつ独断的観察に終始し、論文というよりはエッセイに終わっていることを恐れる。このようなものではあるが、主催される憲法訴訟研究会への出席を許して下さり、出席率も良くない実務家に知的・学問的興味を持ちつづける機会を与えて下さった芦部先生に心からの感謝をこめて捧げたい。

（1）　New York Times v. Sullivan, 376 U. S. 254（1964）

（2）　Lee C. Bollinger（当時ミシガン大学ロースクール教授・学部長現コロンビア大学学長）、主著に、Tolerant Society（Clarendor Press 1986）; Image of Free Press（The University of Chicago press 1991）がある。

二　サリバン判決の思想的重要性とその後の展開

サリバン事件はアメリカ南部アラバマ州における人権差別撤廃闘争の過程で、マーチン・ルーサー・キング牧師の率いる公民権運動とこれを弾圧しようとする政治権力との衝突に端を発し、警察権力の行使を批判する公民権運動家の意見広告をニューヨーク・タイムズ紙が掲載したところ、市警察を統括するコミッショナーのサリバンが、広告文中にあった警察権の行使に関する具体的事実の誤りを根拠に名誉毀損訴訟を提起したことから始まる。アラバマ州最高裁はニューヨーク・タイムズ紙等に五〇万ドルの損害賠償を命じた下級審判決を維持したが、連邦最高裁は前述の通りのいわゆる現実の悪意の理論を打ち立て、原告サリバンを敗訴させたのである。ここでは、この判決が、当時の（そして現在もであるが）アメリカの最も重要な政治・社会問題というべき公民権運動に対する南部の政治権力の抑圧に対する批判に関連して下されたものであることと、民主制の下での政府批判の自由は主権者たる国民の表現の自由の中核をなすものであり、真に保護すべき表現を保護するためには表現を過剰なまでに保護する必要がある、としたことを指摘しておきたい。

表現の自由研究の泰斗アレクサンダー・マイクルジョン教授（当時九二歳）は、この判決を評して「通りに出て踊り出す位によろこばしいこと」と評したが[3]、この判決の考え方があったからこそ、ワシントン・ポスト紙が巨額の損害賠償訴訟をニクソン大統領やその高官達から提起される心配なく、ウォーターゲート・スキャンダルの調査報道を展開することができたとは、つとに指摘されているところである[4]。公の問題についての議論が禁圧されることなく自由になされるべきだとの基本哲学は、その後の連邦最高裁の考え方に、その裁判官の顔ぶれの変化にもかかわらず、強い影響を与えている。この判決の後、表現の自由の問題を扱う連邦最高裁の多くの判決は理論的にもその深みを増し、公の問題についての議論の自由の確保に常に注意を払っているのである。この判決の多数意見はウォレン、バーガー、レーンキストと三代の最高裁長官の下、三四年の長きにわたり連邦最高裁に座り、リベラル派の法律家として令名高かったブレナン判事が執筆したものであるが、一九九〇年ブレナンの後を継いだスーター判事はこの判決をブレナンの書いた最も永続的影響を持ちつづける三つの判決の一つに数えているのである[5]。

(一)　名誉毀損法の展開

(1)　サリバン事件の「現実の悪意の理論」は刑事名誉毀損にも適用されることとされ（一九六四年ギャリソン

事件[6]、更には、公務員ではないが、パブリック・フィギュア（公人）にも適用されることとなった（一九六七年バッツ事件、ウォーカー事件[7]）。ただし、連邦最高裁は、当初右二つの事件で、全米に著名なフットボールコーチや人権問題についての連邦政府の介入に反対の立場からの強硬発言で知られる退役将軍をパブリック・フィギュアとしたものの、その後、ガーツ事件[8]においてパブリック・フィギュアを、社会の出来事に顕著な役割を果たして広範に名声または悪名を達成し、すべての観点からパブリック・フィギュアと見られる場合と、特定の公的論争に自発的に参加することによって限られた問題についてのパブリック・フィギュアと目される場合の二つに分けて定義し、この定義の下、シカゴの著名な弁護士[9]、フロリダの避寒地に住む離婚訴訟の当事者たる富豪一族の若妻[10]、一六年前ソ連スパイに関する大陪審の捜査への不出頭を理由に法廷侮辱罪に処せられ、当時広く報道された人物[11]、連邦政府の研究補助金を得て猿の攻撃的行動の研究を行い、専門紙に論文を執筆した研究者等[12]をいずれも限られた問題についてのパブリック・フィギュアではないとしている。パブリック・フィギュアは容易に認められないようである。

右ガーツ判決は更に、州は私人が名誉毀損の原告となる場合には、厳格責任でない限り現実の悪意より低い基準の責任原因（fault）を立証すれば足り、その代り推定的賠償及び懲罰的賠償は現実の悪意がない限り認められるべきではない、との考えを打ち出している。

しかし、一九八六年のヘップス事件[13]では私人の起こした名誉毀損事件でも、被告がメディアで、事が公共の関心事に関係する場合には、少なくとも事実の誤りであることの立証責任は原告にある（我が国とは逆）とされており、名誉毀損訴訟における原告は我が国に比してずっと困難な立場におかれている。また、全米に著名なテレビ伝道者ジェリー・ファルウェルが男性向けの雑誌ハスラーのパロディー中で母親と性的関係を持ったかのごとくに茶化されたのを、故意に精神的苦痛を与える不法行為であるとして訴えた事件では、連邦最高裁はファルウェルをパブリック・フィギュアとした上、表現形式としての政治的パロディーの重要性を強調し、このような場合でも原告は現実の悪意の立証責任を負うとしてファルウェルを敗訴させた。[14] 公共的事項について自由な論議を確保しようとするニューヨーク・タイムズ事件の考え方はここでも維持されているのである。

(2)　しかしながら、このような展開の中で最近のメイソン事件の判決[15]はサリバン事件判決の今後の占う上で注目に値するものである。この事件は、ロンドンのフロイト研究所にプロジェクト・ディレクターとして勤務していたが、フロイト心理学に幻滅し自らの理論を提唱した後、同研究所を解雇された著名な心理学者メイソンをインタビューした女性ジャーナリストのマルコムが、メイソンの発言を多数の引用句の中に引用してメイソンに極めて批判的な著作を書いたが、多くの不正確な引用を理由に、メイソンから名誉毀損であるとして訴えられたものである。メイソンがパブリック・フィギュアであること及びマルコムの著作の中の引用句がメイソンの発言の一字一句正確な引用でないことは争いがなかったので、メイソンは被告の現実の悪意、即ち被告がその引用内容に誤りがあることについて知っていたか、重大な疑いをもっていたことを立証する必要があった。そこでメイソンは引用句の中に誤りがあると主張し、マルコムは、引用句の中は一字一句発言通りではないが、メイソンの発言の全体の合理的解釈であり誤りとは言えないと主張した。最高裁は、読者は発言者が引用句の中の発言を実際にしたものと受け取るのであり、またそれが引用句の重要な役割であるとした上、引用句の中が実際の発言を少しでも変えていればサリバン事件判決のいう「誤謬」となるものではないが、意味内容に重大な変更を来すようなものになった場合には「誤謬」となるとし、マルコム側の、引用にあたっての実際の発言の変更は実際の発言の合理的な解釈と見られる限り憲法上保護されるとの主張を排斥した。

この判決は執筆にあたってのジャーナリストの引用の仕方について一定のきびしいわくをはめ、報道のあり方に警鐘を鳴らしたものであるが、それをこえてサリバン事件判決及びその後の一連の判決が、公的問題についての言論の自由を強調するのあまり、触れるところのなかった「力強い言論」のもたらす害にも目を向けるものであり、サリバン事件に見られた、自由で力強い討論を保護すべしとの熱気が感じられないことと相まって、サリバン事件判決の終焉を予測する意見が出ている[16]。原告が公的人物であることに争いがなかったとはいえ、一心理学者の発言の報道に当たっての正確性が問題になったこの事件は、言論の自由の中核をなす政治的言論の自由が、対公務員の関係で問題とされたサリバン事件とは明らかに事実関係の異なるものであり、右のような見方には多少の躊躇を覚える。

(二) プライバシーの保護

現実の悪意の理論は、人の氏名や肖像の使用にあたって重大な誤りを犯した場合に損害賠償を認めるニューヨーク州のプライバシー法の下、公共の関心の的となった私人にも適用され、名誉毀損の場合と同様重い挙証責任が課されることとされた[17]。この判決については、公務員批判の自由と、意に反してニュースの種になった人物のプライバシーとを区別していないとの批判があり、ガーツ事件判決によって事実上変更されたのではないかとの見方がある[18]。そして連邦最高裁はこれ以外には、他人に知られたくない私事の非公開が憲法上プライバシーの権利として認められるか否かについて、注意深くその判断を避けている。即ち、公開の法廷記録から入手した強姦の被害者名のテレビ報道には違法性がないとしてプライバシー侵害を理由とする損害賠償を否定した一九七五年のコックス・ブロードキャスティング・カンパニー事件[19]、警察の公表により入手した性犯罪の被害者名の報道に対し、性犯罪の被害者名の報道を禁止し処罰する州法を適用するのは違憲であるとした一九八九年フロリダ・スター紙事件[20]において、最高裁はいずれもプライバシー一般について論ずることを避け、報道機関が合法的に性犯罪の被害者名を入手して報道した場合に、損害賠償責任を負わせたり、刑事罰を科したりすることの違憲性に判旨を狭く限定していることに注意しておきたい。

(三) わいせつ文書の規制

わいせつ文書の規制については、一九五七年のロス判決[21]が、わいせつ文書は修正一条の保護を受けないとし、わいせつ性の判断は、その時の地域社会の基準（コミュニティ・スタンダード）によって見た場合、平均的な人にとって、文書の全体の支配的テーマが好色的興味に訴えるものであるか否かによるとして以来、さまざまの考えが対立していた。そして、一九六六年から一九七三年頃まで、①全体として見た場合、文書のテーマが好色的興味に訴えること、②性に関する描写についての地域社会の基準に抵触して、明白にオフェンディングであること、③社会的価値が一切ないこと、の三つの要件がわいせつ性の判断基準として、連邦裁判所及び州の裁判所の考え方を支配したとされている[22]。

最高裁はしかし、一九七三年ミラー対カリフォルニア事件[23]で新しい考え方を打ち出した。即ち、前記③の社会的価値が一切ないことという要件を、全体として真面目な文学的・美術的・政治的・科学的価値を欠くことという、限定的な要件に置きかえたのである。

また、内容を承知してやってくる成人（コンセンティング・アダルト）向け映画の上映については、右ミラー判決の基準の適用はないとの主張を、わいせつ文書の規制は、全体としての地域社会の環境と生活の質を保つことについての公衆の利益、大都市の中心街の雰囲気、公衆の安全等にも関係しているとして排斥し[24]、また、一六歳以下の子供が性的行為をしている文書（チャイルド・ポルノグラフィー）の製造販売を禁止するにあたっては、ミラー基準は適用されないとしている[25]。

(四) 事前抑制の禁止

(1)　検閲、差止め等の事前抑制は事後の規制と異なり、公的関心事についての自由な議論をその出発点において不可能にするものであるから、原則として許されず、艦艇の航行日時、軍隊の位置、移動の日時の報道等極めて例外的な場合にのみ許されるとされているが[26]、連邦最高裁は国家安全保障が具体的に侵害される高度の蓋然性が立証された場合を除いて、さまざまの事前抑制を許されないものとしている。

一九七一年、ニューヨーク・タイムズ、ワシントン・ポストの両紙がベトナム戦争に関する米国国防総省の秘密文書（ペンタゴン・ペーパー）を入手し掲載しようとしたのに対し、連邦政府が国家安全保障の侵害を理由にその差止めを求めた事件では、連邦最高裁は、ニア対ミネソタ事件を引きながら、事前の差止めには重い違憲性の推定が働くのに、政府は差止めを正当化する事由を十分に立証する責任を果たしていないとして差止め申請を認めなかった[27]。その後も、殺人事件の審理を担当する裁判官が、新聞が被告の有罪を示唆する自白の内容等を入手し報道することを禁止する命令（ギャグ・オーダー）を発したのを違法とした一九七六年のネブラスカ・プレス・アソシエーション事件[28]、ヴァージニア州の裁判官調査委員会が特定の州裁判所裁判官の非行調査を開始しようとしている旨を報じた新聞を、右調査委員会に係属している秘密事項の漏洩を禁ずる州法により処罰するのは憲法違反であるとした一九七八年のランドマーク・コミュニケーション事件[29]等がある。いずれも、法律が最高度の法益保護のために厳格な構成要件を定めない限り、公平な裁判や審理を阻害するおそれがあるというだけでは、ニュースの報道を差止めたり処罰することはできないとするもので、公共の関心事についての報道の重要性を強く認めるものである。

(2)　このような考え方は報道に限らず、デモの自由についても貫かれている。一九七七年シカゴ郊外の、ユダヤ人が多数住む村スコーキー（人口七万人中、四万人がユダヤ人で、内五千人がナチの強制収容所から生き残った人である）において、ネオ・ナチ党員がナチの制服とカギ十字の記章を着用し、「白人に表現の自由を」という看板をかかげるデモを計画した。ユダヤ人の組織するカウンター・デモとの衝突・流血の事態の発生のおそれと、デモは住民にナチのキャンプの悲劇的体験を思い出させ、大きな精神的苦痛を与えるとの抗議を受けて、村当局は、人種的・宗教的理由による憎悪をあおるサイン・衣服等の配布の禁止、軍服スタイルのユニフォームを着用してのデモの禁止等を定める規則を制定して、ネオ・ナチ党のデモを阻止しようとした。しかし連邦高裁は誰もが価値を認めない表現といえども事前の差止めは許されないとし、連邦最高裁は上告受理の申立てを容れなかった[30]。この事件は誰もがその表現に価値を認めないようなナチズムの唱道であっても、なお社会はこれを許容しなければならない、表現の自由は社会の寛容さをも意味するのだとして大きな論争を呼んだが、表現の自由に新しい意見付けを与えたものと高く評価されている[31]。

(3)　事前の抑制については極めてきびしい態度をとる連邦最高裁も、しかし、CIAの元職員が、雇用契約に定められている、CIAの事前承認なしには勤務中知った情報を開示しないとの守秘義務に反して、CIA勤務中知った諜報活動等について無断で執筆・出版しようとしたのに対する政府の差止め請求については、これを将来の講演まで含めて認めた（一九八〇年スネップ事件[32]）。最高裁は国家安全保障上重要な情報の秘密性を保持し、効果的情報活動を維持することはコンペリング・インタレストであり、スネップが結んだ契約は政府の極めて重要な利益を守るための合理的手段であるとしたのである。また、プログレッシブ誌が、公表された資料によって執筆された「水爆をどう作るか」という論文を掲載しようとしたところ、政府が原子力法を根拠に差止めを求めたのに対しては、連邦地裁は国家安全保障の必要を理由にこれを簡単に認めている[33]。スネップ事件は連邦最高裁が初めて事前差止めを認めたケースであるが、守秘契約が結ばれていたことが特徴である。CIAの活動を危険にさらすとの政府の主張が、前例のない将来にわたる差止めを認めさせたと思われるが、これに対しては批判も強い[34]。

(五)　冒瀆的表現の規制

連邦最高裁は冒瀆的表現についても寛容な態度をとっている。ベトナム戦争の最中に「ファック・ザ・ドラフト」と書いた上着を着て裁判所の廊下を歩いた若者が、カリフォルニア州の平穏妨害罪で処罰されようとした事件で、連邦最高裁はこの行為を政治的言論であるとした上、このような言論も人のプライバシーを耐え難いようなやり方で侵害するのでない限り禁圧することは許されず、この事件では、不快感を覚える人は目をそらせば良かったのであり、これを処罰することは許されないとし（一九七一年コーヘン事件[35]）、人の感情を強く傷つけるような方法で国旗を冒瀆することを犯罪とするテキサス州法の下、政府の政策に反対する政治集会で米国旗を燃やしたのが訴追された事件でも、社会がそのような行為を単に不快だと思うだけで処罰することは許されないとした（一九八九年ジョンソン事件[36]）。この国旗事件の裁判は強い政治的反発を招き、ブッシュ大統領は国旗保護を謳う憲法改正を求め、議会は国旗を燃やすことを目撃した人が不快に思うか否か等にかかわらず、国旗を破損したり、踏みつける等、冒瀆的に取り扱うことを処罰する連邦国旗保護法を制定した。しかし、この新しい法律もまた、修正第一条の表現の自由の保障に反するとして違憲とされた（一九九〇年アイクマン事件[37]）。これらの判決を通じて、裁判所は人を侮辱あるいは不快にさせる類の表現の処罰は、それが直ちに暴力的反発を引きおこすようなものでない限りは許されない、との極めて厳格な態度をとることを明らかにしたのである。そして大統領の憲法改正の動きも程なく頓挫した。

(六)　**破壊活動的言論の規制**

(五)で示された考え方は政府の暴力的転覆や騒乱をそそのかしたり、せん動したりする言論の処罰にも貫かれている。極右の人種差別団体クー・クラックス・クラン（ＫＫＫ）のリーダーが、その集会で黒人やユダヤ人に対する名誉毀損的攻撃をし、大統領、議会、最高裁等が白人を抑圧しつづけるなら、報復をしなければならない等と演説したのが、政治的改革実現のための手段として暴力やテロの必要性を唱えることを禁止する州法の下で訴追された事件で、連邦最高裁は、実力行使や法律違反をあおりそそのかす行為は、「それが違法行為を即時に引きおこすことに向けられ、かつ、その蓋然性があるものでない限り、禁止することは許されない。実力行使を単に主張し、擁護するのは表現の自由の範囲内である」と判決した（一九六九年ブランデンバーグ事件[38]）。この判決は一九五〇年以来用いられることのなかった「明白かつ現在の危険」の理論を復活させ、言論を最も良く保護する理論を生み出したとして高く評価されている[39]。ここでも一つの主義主張を情熱をこめて主張する場合には、レトリックと勢いのおもむくところ、強い言葉や誇張的表現が用いられがちであり、公共的問題についての議論の自由を確保するためには、そのような表現をも許容しなければならない、との現実的認識が示されているのである。

(七)　プレスの特権

以上に見てきたように、連邦最高裁は一九六〇年代以降、表現の自由に関するさまざまの分野で憲法上の保障を広げてきたが、報道機関が修正一条の保障において、一般人に比して特別の保護を受けるのかという問題に関しては、一貫して否定的態度をとっている。まず、刑事司法手続きの中での記者のニュースソース秘匿権。ニューヨーク・タイムズ紙の記者が麻薬取引事件の捜査を担当する大陪審から、自らが執筆した麻薬取引に関する記事について召喚されて、そのソースを明らかにするよう命じられ、これを報道の自由を理由に拒否して証言拒否罪で処罰された。記者はニュースソースの強制的開示は将来の取材を困難にし、報道の内容を乏しくすると主張したが、連邦最高裁は、大陪審の捜査権が歴史的に広範なものであること、将来の取材に対するマイナスの影響は推測的なものでしかないこと等を理由にこれを容れなかったのである[40]。この点は我が国と同様である（ただし、我が国は民事裁判での証言拒否は一定の要件の下に認められる[41]）。

また、ソースを秘匿するとの条件の下で州知事選挙の候補者の刑事の前歴に関する情報を入手した後、この約束を破ってソースの氏名を明らかにしてこの情報を報道した記者と新聞社が、この報道の故に解雇されたソースから約束違反を理由に損害賠償を求められた事件では、報道機関といえども一般的に適用される民事賠償理論の適用から逃れることはできない、とされた[42]。

更に、ジャーナリストが、刑務所に収容されている囚人に対し、一般人に許されているより以上にインタビューする権利があると主張したサックスビー及びペル事件では、最高裁は、報道機関といえども憲法により一般市民以上の権利を与えられるわけではないとし、また、刑務所内の自殺事件に関連して刑務所内に入り、写真をとる権利があると主張したホーチンス事件では、最高裁は、プレスはいかなるソースからも法の認める範囲内の方法でニュースを集める権利を持っているが、それだからといって、プレスが修正第一条を根拠に、私人であれ政府であれ、他人に対し情報を提供するよう強制することができる、との主張が認められるわけではないとした[43]。

しかしながら、事実審裁判官はその裁量により公正な審理を妨げるおそれがある者は、いかなる人物であれ法廷から退去させることができる、とされている州法の下で、裁判官が被告の非公開審理の申立てを受けて、法廷にいたジャーナリストの退去を命じたリッチモンド・ニューズペーパー事件では、最高裁は刑事裁判を傍聴する権利は修正第一条の保障に当然含まれている、これは国民が何世紀にもわたり行使してきたもので、このような権利なしでは表現と報道の自由の重要な側面は失われてしまうであろうとしたうえ、この事件では、公正な審理のためにこのような権利を制約する必要があるとする具体的事情はないので非公開は許されないとした[44]。

（3）Harry Kalvin, The New York Times Case : A note on "The Central Meaning of the First Amendment", 1964 Sup. Ct. Rev. 191, 221. n. 125

（4）Anthony Lewis, Make No Law 158 (1991) 本書はニューヨーク・タイムズ事件と表現の自由に関する秀れた叙述である。

（5）New York Times, Oct. 25, 1992, at 31. 同判事はこの外に、Baker v. Carr, 369 U. S. 186 (1962) と Penn Central Transportation Co. v. New York City 438 U. S. 104 (1978) をあげている。

（6）Garrison v. Louisiana, 379 U. S. 64 (1964)

（7）Curtis Publishing Co. v. Butts ; Associated Press v. Walker, 388 U. S. 130 (1967)

（8）Gertz v. Robert Welch, Inc., 418 U. S. 323 (1974)

（9）前出注(8)の Gertz 事件の原告。

（10）Time, Inc. v. Firestone, 424 U. S. 448 (1976)

（11）Wolston v. Reader's Digest Association, 443 U. S. 157 (1979)

(12) Hutchinson v. Proxmire, 443 U. S. 111 (1979)
(13) Philadelphia Newspapers, Inc. v. Hepps, 475 U. S. 767 (1986)
(14) Hustler Magazine v. Falwell, 485, U. S. 46 (1988)
(15) Masson v. New Yorker Magazine, Inc., 111 S. Ct. 2513 (1991)
(16) Lee C. Bollinger, The End of New York Times v. Sullivan ; Reflections on Masson v. New Yorker Magazine.
(17) Time, Inc. v. Hill, 385 U. S. 374
(18) Stone, Seidman, Sunstein and Tushnet, Constitutional Law (2nd) 1164 (1991); Gunther, Constitutional Law (9th) 1280 (1967)
(19) Cox Broadcasting Corp. v. Cohn 420 U. S. 469 (1975)
(20) The Florida Star v. B. J. F. 109 S. Ct 2603 (1989)
(21) Roth v. United States ; Alberts v. California, 354 U. S. 476 (1957)
(22) Stone, Seidman, Sunstein and Tushnet, supra note 18, at 1210
(23) Miller v. California, 413 U. S. 15 (1973)
(24) Paris Adult Theatre I v. Slaton 413 U. S. 49 (1973)
(25) New York v. Ferber, 458 U. S. 747 (1982)
(26) Near v. Minnesota 283 U. S. 697 (1931)
(27) New York Times Co. v. U. S.; U. S. v. Washington Post Co., 403 U. S. 713 (1971)
(28) Nebraska Press Association v. Stuart, 427 U. S. 539 (1976)
(29) Landmark Communications, Inc. v. Virginia, 435 U. S. 829 (1978)
(30) Collin v. Smith, 578 F. 2d 1197 (7th Cir) ; Smith v. Collin, 436 U. S. 916 (1978)
(31) Skokie 事件の持つ意味のすぐれた分析として Bollinger, The Tolerant Society (supra note 2)
(32) Snepp v. U. S, 444 U. S. 507 (1980)
(33) U. S. v. The Progressive, Inc., 467 F. Supp. 990 (1979)
(34) Ronald Dwarkin, A Matter of Principle 381 (1985)
(35) Cohen v. California, 403 U. S. 15 (1971)
(36) Texas v. Johnson, 491 U. S. 397 (1989)
(37) U. S. v. Eichman, 110 S. Ct. 2404 (1990)

(38) Brandenburg v. Ohio. 395 U. S. 444 (1969)
(39) Gunther, Learned Hand and the Origins of Modern First Amendment Doctorine ; Some Fragments of History, 27 Stan. L. Rev. 719, 754, 755 (1975)
(40) Branzburg v. Hayes, 408 U. S. 665 (1972)
(41) 札幌高決昭和五四年八月三一日判時九三七号一六頁
(42) Cohen v. Cowles Media Company 59 L. W. 4774 (1991)
(43) Pell v. Procunier 417 U. S. 817 (1974); Saxbe v. Washington Post Co., 417 U. S. 843 (1974)
(44) Richmond Newspapers v. Virginia 448 U. S. 555 (1980)

三　日米の相違

以上、名誉毀損、プライバシー、わいせつ、事前抑制、冒瀆的表現、破壊活動的表現等の分野におけるアメリカ最高裁の判例の展開を概観した。そして、民主制において公の問題についての禁圧されない議論の自由を確保する必要を強調したサリバン事件判決の考え方が、名誉毀損の問題にとどまらず、表現の自由に関するさまざまな領域の問題に影響を与え、これを保護する理論を発展させていることが明らかとなった。これを同じ問題に関する我が国の法とごく大まかに比較してみよう。

(1)　我が国は名誉毀損の分野では民・刑両分野とも、真実はそれ自体では抗弁ではなく、公益目的の存在と公共の関心事であることが必要とされ、真実性の挙証責任（真実であること、または真実と誤信したことについての相当事由の存在についての立証）は被告の責任とされている[45]。この点アメリカ法は前述の如く公務員またはパブリックフィギュアについて原告に現実の悪意の挙証責任を課し、私人が原告になる場合でも、被告がメディアで事が公共の関心事である場合には、原告に事実の誤りについての挙証責任を課している。事実の真否についての挙証責任が正反対になっていることが大きな違いであり、米国では被告に真実性の挙証責任を課すると、被告が真実性の立証についての困難さや訴訟費用を恐れて報道を差し控えることになり、表現の自由に対しチリング・イフェクトを与えることがその理由とされている。

(2)　わいせつ文書の規制上の日米の違いは、文学的、芸術的、科学的価値を持つ文書をわいせつ文書として処罰することができるか否かであり、米国では文書がそのような価値を持つ限り、修正第一条の保護を受けるとするのに対し、我が国では右のような価値の存在は基本的にはわいせつ性の判断に関係がないとされている。(46)

(3)　事前の抑制については、米国の判例は、国家安全保障、名誉、プライバシー、フェア・トライアル等の利益を侵害する恐れがあるというだけでは簡単に差止めを認めない。軍隊の移動、諜報活動員の安全等、重大な国家安全保障上の利益に対する急迫かつ現実の危険がない限り差止めを認めないのである。我が国では名誉の侵害が問題となった北方ジャーナル事件大法廷判決が、表現内容が真実でなく、またはそれが専ら公益を図る目的のものでないことが明白であって、かつ、被害者が重大にして著しく回復困難な損害を被るおそれがあるときは差止めが認められるとしているほか、(47)プライバシー侵害の場合には「権利侵害の違法性が高度な場合」、「被害者が排除ないし予防の措置がなされないままで放置されることによって蒙る不利益の態様・程度と、侵害者が右の措置によってその活動の自由を制約されることによって受ける不利益との比較衡量」により差止めを認める下級審の判例(48)がある。

また、公職選挙において特定の候補者ないし政党を非難する文書の頒布禁止の仮処分命令が、口頭弁論を経ることもなく、かつ十分な理由も付せられることなく発せられた例が散見(49)される。

基本的には差止めを認めない米国に比し、我が国の場合には、やや容易に差止めを認める傾向があるように見える。

(4)　冒瀆的発言については、我が国では、軽犯罪法一条一三号が「公共の場所において多数の人に対して著しく粗野若しくは乱暴な言動で迷惑をかけ」ることを処罰の対象にしているが、これが米国のように表現の自由との関係で問題となった事例は見当たらないようである。

(5)　破壊活動的言論については、破壊活動防止法四〇条のせん動罪の合憲性が問題となった事件で、東京高裁は、破防法所定の教唆、せん動または文書活動は言論活動の本質をそなえているので、表現の自由と密接なかかわり合いを持つこと、表現の自由は特に重要な憲法上の権利として尊重されなければならないものであるから、破防法所定の表現犯罪の規制が合憲性を保持し得ているかは十分慎重な吟味を要することを指摘して、前記ブランデンバーグ対オハイオ事件の連邦最高裁判決の判旨を引きつつ、破防法のせん動罪は、違法行為の慫慂等を内容とする所定の表現行為があれば、それ自体で保護法益たる公共の安全に対する危険が発生しているとみなし直ちに犯罪が成立すると考える抽象的危険犯ではなく、表現行為がなされた当時の具体的事情のもとで、一般的ないし定型的に見て公共の安全を害する抽象的危険を感じさせることが必要であるとした。(50) しかし、最高裁は、表現行為が惹起する危険の問題は一顧だにせず、「破壊活動防止法三九条及び四〇条のせん動は、政治目的をもって、……文書若しくは図画又は言動により、人に対し、その犯罪行為を実行する決意を生ぜしめ又は既に生じている決意を助長させるような勢のある刺激を与える行為をすることであるから、……表現活動としての性質を有している。しかしながら、……右のようなせん動は、公共の安全を脅かす現住建造物等放火罪、騒擾罪等の重大犯罪をひき起こす可能性のある社会的に危険な行為であるから、公共の福祉に反し、表現の自由の保護を受けるに値しないものとして、制限を受けるのはやむを得ないものというべきであり、右のようなせん動を処罰すること（は）……憲法二一条に違反するものでない」としている。(51) ここでは害悪発生の切迫性や現実的可能性は全く必要とされていないのである。

(6)　プレスの特権については、(53) 刑事裁判においてはニュースソースの秘匿権は認められないが、(52) 民事訴訟においては限定的に認められる余地がある点がアメリカと異なる。

(45)　最判昭和四一年六月二三日民集二〇巻五号一一一八頁、なお、刑事につき最大判昭和四四年六月二五日刑集二三巻七号九

七五頁
(46)　最大判昭和三二年三月一三日刑集一一巻三号九九七頁、最大判昭和四四年一〇月一五日刑集二三巻一〇号一二三九頁
(47)　最大判昭和六一年六月一一日民集四〇巻四号八七二頁
(48)　東京地決昭和四五年三月一四日判例時報五八六号四一頁、東京高判昭和四五年四月一三日高民集二三巻二号一七二頁
(49)　佐賀地決昭和四八年九月四日、仙台地決昭和四九年一月一九日、佐賀地武雄支決昭和四九年二月二一日、いずれも判例時報七三二号三七頁。石川明「新聞・雑誌等の配布差止仮処分の問題点」判例評論一八三号二頁
(50)　東京高判昭和六二年三月一六日判例時報一二三二号四三頁
(51)　最判平成二年九月二八日刑集四四巻六号四六三頁
(52)　最大判昭和二七年八月六日刑集六巻八号九七四頁
(53)　札幌高決昭和五四年八月三一日判例時報九三七号一六頁

四　おわりに――相違をもたらすもの

以上のようにアメリカ最高裁は、この三〇年の間にさまざまな分野において、我が国裁判所よりは相当に広く表現の自由を保護する理論を発展させてきている。同じような民主政体をとり、相似た人権条項を持ちながら、なぜこのような顕著な違いが生じるのであろうか。

(1)　アメリカ憲法には我が憲法一三条の公共の福祉条項のような基本権制約の根拠となる一般条項はない。これは政府の権限を制約する定めとしてのビル・オブ・ライツにおいて当然のこととも考えられるが、連邦最高裁が州や自治体の立法の合憲性を考える際のステイト・インタレストは公共の福祉概念に対応するものと考えられる。従って、この点は決定的な違いのようには思われない。

(2)　両国の判例をながめて気がつくのは、我が国の裁判例が表現をもたらす弊害に極めてセンシティヴであり、弊害があると、表現が民主政治に果たす役割をさほど考慮することなく、その規制を比較的容易に認めることである。これに対し、米国の判例は表現に何らかの価値がある限り、それが他の利益と衝突したり、それを侵害したり

する場合でも表現を許容しようとすることである。名誉毀損、プライバシー、事前規制、わいせつ文書規制等に関する判例理論における日米の考え方の違いは明らかにこの点を示している。極端に言えば、米国は表現の価値に注目し、我が国は表現の弊害に注目して、それぞれ表現の規制の合憲・違憲を判断すると言えないだろうか。表現の自由の優越的地位という考え方は米国においては確立しているように見えるが、我が国においては未だ根付いていないばかりか、表現と他の法益が対立した場合にはしばしば表現の自由のほうが譲歩を迫られるのである。

(3)　なぜこのような違いが生じるのであろうか。

一つの理由は思想の当否は思想のマーケットにおける自由競争によって決せられるとの、思想のマーケット・プレイスに対する信頼の違いにあるように思われる。もっと極端に言えば、民主政治というものに対する考え方の違い、更には国民（人民）に対する信頼の違い、それと表裏をなすものとしての権力に対する信頼または不信の違いに起因するのではないだろうか。このことは経済活動の分野における日米の違いとも対応しているように思われる。即ち、政府の干渉や規制を嫌い、フリーマーケットにおける競争が、競争力の弱い産業を淘汰し、失業を生もうとも、結局は社会の全体としての生産性を高め、より良い商品と新しい雇傭を生み出すのだという、フリーマーケットに対する信仰ともいうべき思い入れの強い米国と、万事につけ法律や行政指導による政府の規制や企業間の協調を好み、産業政策を重視する我が国の違いである。この違いが近年行われた日米構造協議の主題となったことは周知の通りである。

もう一つは両国の社会の構成の違いである。今世紀の後半ますます多くの移民を受け入れ、地域的、人種的、宗教的、文化的、言語的多様性をますます強くする典型的な移民国家米国と、島国特有の閉鎖性に加えて、徳川二五〇年の鎖国政策の結果、人種的、宗教的、文化的、言語的均質性を強固に保持する我が国の違いが、表現の自由の保障についての考え方にも反映されるのではないだろうか。米国のように多様性を国家・社会の成り立ちの基礎とする社会においては、その構成員の価値観と行動様式の多様性を前提にせざるを得ないため、それらが極端なものであっても、国家や社会の安全を具体的に危機に瀕させない限り、社会の表面に出てくることを許容することが社会の円滑な機能のために必要なのではないかということである。即ち多様性はアメリカの文化を説明するものであるばかりでなく、社会の寛容さを要求するのであり、いわば言論の自由の最大限の保障がアメリカ社会の安全弁として不可欠の機能を営んでいるのである。[54] そればかりではなく、この多様性がアメリカ社会に活力をもたらし、新しい思想と価値を創造するという積極的役割を果たしていることも忘れてはならない。

これに比し、我が国は政治権力の側にも国民の側にも、人種的、文化的、社会的均質性をできる限り維持しようとの考え方が強い。これは外国人の帰化を容易に認めない上、帰化を認める場合にも日本名を用いることを強制することや、[55] 外国人の労働者の受け入れ可否をめぐる最近の議論の中にも見られるところである。このような風土の中においては、言論の場においても異説や異端を社会発展の契機となるものとしてよりは、社会のハーモニーを乱すものとして受け取り、秩序攪乱的なものと位置付けがちである。裁判所もこのような寛容さを欠く文化を反映して、容易に異端を排し、過激な言動を規制する方向に傾きがちである。多数による少数意見、異端の抑圧が法的にも容易に正当化されるのである。[56] そしてまた、このような法理論が文化と社会の均質性保持に寄与することにもなるのである。文化・社会と法は相互に規定し合うのである。最高裁を頂点として我が国の裁判所は、十分な自覚のないままに、結局は均質で寛容を欠く閉鎖的な社会システムの現状維持に動いているのである。このような役割が、国際化と開放を迫られている我が国の統治機構の一翼たる司法部の役割として正しいものであるのかどうか、そろそろ真剣な検討の必要があるのではないだろうか。

(54)　ちなみに人口の多い多様な社会における表現の自由の重要性を指摘する前出注(35)の Cohen v. California におけるハーラン判事の法廷意見。

(55) 明白な法的根拠はないが、法務省の指導により行われていた。

(56) 自衛官合祀拒否損害賠償等請求事件の最大判昭和六三年六月一日民集四二巻五号二七七頁における長島少数意見は、宗教的少数者への寛容を多数者に対し求めている。

第二部　日本法——アメリカ法との対比において

6　公正な論評

一　はじめに

言論の自由と個人の名誉の保護とは、しばしば衝突する。民主政治においては言論の自由が最大限に保護されなければならないが、同時に個人の価値と尊厳も民主政治の根底であり、かつ目標である以上、個人の名誉の保護もあたう限り保護しなければならず、言論の自由の名のもとに、個人の名誉の侵害をすべて正当化することはできないからである。したがって、対立する二つの重大な法益をいかに調和させ、どこに限界線を引くかはきわめて重要かつデリケートな問題となるのである。本稿はこの二つの法益の衝突する一つの場であるフェア・コメント（公正な論評）といわれる領域の言論について、若干の検討を試みようとするものである。フェア・コメントの問題は民主制をとる限り基本的には、いかなる国においても生じうる問題であり、したがって、英・米・独・仏等の諸国における理論と実際はわが国の問題を考えるにあたっても当然、参照・対比されてしかるべきものと考えられる。しかしながら、本稿においては、主として著者の能力の限界のためにに考察をわが国と米国の法制に限局しなければならない。それ故本稿は、フェア・コメントの法理についての、日米の比較法的研究の域を出ないことをお断りしておきたい。

二　フェア・コメントの概念

フェア・コメント——公正な論評という概念は、英米不法行為法中、名誉毀損の分野で認められる免責事由の一つのカテゴリーである。それは幾代通教授の簡にして要を得た言を借りていうならば、「公共の利害に関する事項または一般公衆の関心事であるような事柄については、なにびとといえども論評の自由を有し、それが公的活動とは無関係な私生活曝露や人身攻撃にわたらず、かつ論評が公正であるかぎりは、いかにその用語や表現が激越・辛辣であろうとも、またその結果として、被論評者が社会から受ける評価が低下することがあっても、論評者は名誉毀損の責任を問われることはないとする法理である(1)」といえよう。ここにいう「公共の利害に関する事項または一般公衆の関心事であるような事柄」とは、政府の政策・行為、公務員の資格・行為、学校・教会等の運営・活動、弁護士・医師の資格・活動等きわめて広範であり、文学作品等、一般人の鑑賞にさらされるものについての批評もこれに含まれる。右のような事柄についての論評が正当な目的で、かつ公正に行なわれたとの挙証責任は被告が負うが、論評の公正とは、意見・批判が客観的に正当である必要はなく、主観的に正当であると信じてなされればよいとされている(2)。ただし、「公正な論評」の法理による免責が、事実の誤りを含んでいる場合にも及ぶのかについては意見の分れがあった(3)。米国でも約四分の三の州では、このような免責特権は意見あるいは批評にのみ限定し、事実に誤りがある場合には適用がないとされた。その理由は、公職にある者が、事実に基づかない攻撃にさらされることを認めると、望ましい候補者が公職につくことをおそれるようになり、公務員の質の低下をもたらすというのである。

しかしながら、相当数の州裁判所は、事実に誤りのある論評といえども、それが相当の根拠に基づき真実であると信じてなされた場合には、免責を認められるべきだとの立場をとっていた。その理由としては、「事実」と「意見」の境界線はしかく明確に引きうるものではなく、新聞が事実の誤りを理由に名誉毀損の責任を負わされることになると、損害賠償を恐れて、公共の関心事についての報道を差し控えることになる、というのである。また、右の多数説から少数説への変更がなされたカリフォルニア、アリゾナの両州において懸念された公務員の質が低下したという証拠はないとの指摘もなされている。

以上がフェア・コメントに関する法理のきわめて大雑把なスケッチであるが、このような免責の法理が認められ、発展してきたのは、国民がその共通の関心事については、広く情報を与えられ、自由に批判・討論をなしうることが、国民や社会の利益であるとの考え方に負うのであり、そこには未だ深く掘り下げられたとはいいえないが、民主制下の言論の自由の意義と名誉毀損との関係についての正当な認識があったことは明らかである。

ところが、一九六四年合衆国連邦最高裁は、ニューヨーク・タイムズ社対サリヴァン事件(4)において、画期的判決を下し、公務員批判の自由を民主主義の根本原則と深くかかわらせた議論を展開したうえで、右に述べてきた伝統的なフェア・コメントの法理を根本的に書きかえたのである。そこで、フェア・コメントに関するわが国の判例・学説の検討に入る前に、この最新の発展を少しく詳細に探っておかねばならない。

（1）「アメリカ法における名誉毀損と Fair Comment」末延還暦記念論文集二六頁。なお、アメリカにおけるフェア・コメントの理論については、Prossor, Handbook of The Law of Torts, Vol 1 (1955), Torts, 4th Ed. (ch 21) Restatement (1st) Torts, Sec 606~610. 三島・人格権の保護一九六頁、河原「英米法における名誉毀損」法時二九巻六号二三頁。なお拙稿「報道の自由と名誉毀損」ジュリ四四三号八三頁

（2）Restatement, Sec 606 Comment c. 幾代・前掲二六頁

（3）Prossor, Torts, p. 819. 幾代・前掲二八頁

（4）New York Times Co. v. Sullivan, 376 U. S. 254

三　米国における新法理の展開

㈠　ニューヨーク・タイムズ事件

本件は米国南部、アラバマ州モントゴメリーにおける人種騒動から派生した。ニューヨーク・タイムズ紙は、この騒動の取締にあたった警察の行動を批判する著名人の署名入り広告を掲載したところ、モントゴメリー市警察の長であるサリヴァンが、警察の責任者として、右広告の掲載により名誉を侵害されたと主張して、訴を提起したのである。右広告の文中には警察の取締行動に関して二、三の事実上の誤りがあり、それは全くささいなものであったが、アラバマはフェア・コメントに関して前記多数説をとる州であったため、ニューヨーク・タイムズ側のフェア・コメントの免責抗弁は容れられず、陪審は同紙に五〇万ドルの賠償を命じ、同州最高裁もこれを維持したのであった。これはアラバマ州の刑事名誉毀損罪に科せられる罰金の最高限度額の千倍であった。

同紙は、人種・宗教・政治等の広い領域にわたる広告を掲載することが多いが、ことは米国社会の最も重要な政治的・社会的問題である人種問題に関するものであり、きわめてささいな事柄に関する誤りの故にかくも巨額の賠償を命じられることになると、新聞としての機能、さらには存立そのものが危うくなる惧れすらあった。同紙が連邦最高裁に上告した所以であるが、連邦最高裁は「我々は、憲法上の保障は、公務員はあるステートメントが現実的悪意――ステートメントが虚偽であることを知っているかあるいはそれが虚偽であるかどうかを無謀にも無視する態度――をもってなされたということを立証しない限り、自らの公務に関してなされた名誉毀損的な虚偽の陳述に関して、損害を回復することができないとする連邦ルールを要求しているものと考える」(5)と判示し、六対三の多数でアラバマ州最高裁判決を破棄したのである。

ブレナン判事の書く法廷意見は、まず、「当法廷で合憲性を争われた叛乱、侮辱、違法行為、弁護士業務〔註・非弁活動〕やその他もろもろの言論抑圧の公式的レッテルと同様、名誉毀損もまた、憲法上の制約からの魔術的免除を主張できるものではない。名誉毀損といえども、修正第一条の要求を満たす諸基準によってはかられねばならない。……かくしてわれわれはこの事件を、公の問題についての議論は禁圧されず、力強く、かつ辛辣であるべきであり、時として政府や公務員に対する不愉快な程に痛烈な攻撃であるべきだとする国家的コミットメントのバックグラウンドに照らして、考察しなければならない[(6)]」として、公の問題について、あたう限り自由な言論が許されるべきことを強調する。つづいて争点について次のように述べて、前記結論を導くのである。

「誤謬を含む陳述は自由な討議においては避けがたいものであり、表現の自由が息づくスペースを持つためにはそれも保護されなければならない……（被告が）挙証責任を負う『真実性』の抗弁を許すことは、虚偽の言論のみが抑制されるということではない。そのようなルールのもとでは、公務員の行為について批判をしようとする人達が、仮にその批判が真実であるとしても、それが法廷で真実であると立証されうるかどうかについて疑いを持ち、またそれに要する費用を恐れて、批判をさしひかえることになるかもしれない。彼等は違法とされる領域からはるかに遠いステートメントのみをなすようになりかねない。このルールはかくして批判をする活力を抑え、公の議論の多様性を制限することになる。それは修正第一条及び第一四条と両立しない[(7)]。」

すなわち、連邦最高裁は、公務員が自らの行為を批判した人達に対して提起する名誉毀損訴訟の要件を、修正一条との関係において厳しく制限し、従来の法理を大きく書きかえたのである。これまでの判例法においては、「真実性」あるいは「真実であると信ずるにつき相当の理由があったこと」の立証責任は被告にあった。しかし、いまや「虚偽性」の立証責任は、原告に移り、しかも原告は、虚偽の陳述が、それを知ってか、あるいは、それが虚偽であるか否か全くおかまいなしという意味における現実的悪意をもってなされたことをも立証せねばならないのである。そして、この限りにおいて、従来は州裁判所にすべてまかされていた名誉毀損法が、修正一条のもとに組みこまれて、連邦最高裁の監視下に置かれることとなったのである。

その意見の中ほどで、ブレナン判事は、マディソンが一七九八年治安法の制定に反対して「政府ではなく、人民が主権を有する」「もしわれわれが共和政府の本質に思いをいたせば、検閲の権限は人民の手にこそあって、政府が人民に対してもっているものではないことを見出すであろう」と述べたのを引きつつ、「かくして、マディソンの見方によれば、公務員のあり方についての自由な公の議論をなす権利は、アメリカの政治形態の最も基本的原理であった」[8]と述べているが、同判事によれば、政府と公務員についての自由な討論と批判の保障は、それなくしては、民主主義が機能しえない、その意味において修正一条の保護するものの中でも最も中核を占めるものであり、これが、言論・出版の自由を保障する修正一条の中心的意味であるとされたのである。[9]

この意味において、従来、フェア・コメントの一角を占めていた、政府や公務員についての批判・論評は民主政治と深くかかわることとなり、また単なる不法行為法の領域をこえて憲法問題化されたのである。最後に、前記の如く連邦最高裁は、自由な討議の過程で、事実の誤りを含む意見が時として避けがたいとしたのであるが、その基礎には、「人は意見の異なる他人を説得しようとする場合には時として誇張したり、教会や国家において卓越した地位を占める人をそしったり、あるいは偽りの陳述までずることがある」[10]との、白熱した議論の際の論者の心理についてのきわめて現実的な観察がある。これが、言論の保護が不十分にならないためには、言論を過剰なくらいに保護しなければならない、とのこれまた現実的な認識と相俟って、表現の自由についての憲法論議を単に観念的なレベルにとどめることなく、現実的なものとして、その説得力を一層増しているのである。[11]

(二)　その後の発展

ニューヨーク・タイムズ事件で打ち立てられたこのような新しい法理は、短期間のうちに拡張・発展させられた。まず、新法理は刑事名誉毀損罪にも等しく適用あるものとされ、[12]次いで公務員が自らの雇傭者である行政機関を批判したとして懲戒解雇されようとする場合にも解雇の要件として適用されることとなった。[13]

また、問題とされる公務員とは、「政府の行為についてコントロールの実質的責任を持っているか、あるいは持っていると一般人に見られる政府職員[14]」を指すものとされ、「現実的悪意」とは、「虚偽であるかも知れないことの高度の認識[15]」でなければならず、「害を加える意図だけでは不十分で、虚偽の事実を通じて害を加える意図が必要[16]」あるいは「自らの出版の真実性について、深刻な疑問を抱いたという結論を許す十分な証拠が必要[17]」とされている。この点の最高裁の解釈は相当に厳格で、現実的悪意における「真偽を全く無視する態度」というのは、わが国における未必の故意に近いものといえよう。

また直接的には、「公務員の公務」に関して打ち立てられたニューヨーク・タイムズ・ルールは公職の候補者について、その前科・前歴等を報道する場合にも適用される[18]。

㈢　パブリック・フィギュアへの適用

最大の問題は、いわゆるパブリック・フィギュア（Public Figure）――公的人物への適用である。パブリック・フィギュアとは、その業績・名声・生活様式により、あるいは公衆がその人の行動・人格等に正当な関心を持つような職業につくことにより、公の人物となった人といえよう。

連邦最高裁はまず、タイムズ社対ヒル事件[19]において、意に反して事件の過中の人となって公の関心の的となった私人のプライバシー侵害を理由とする損害賠償請求について、ニューヨーク・タイムズ・ルールの適用を肯定し、つづいて、パブリック・フィギュアと目される原告から提起された名誉毀損訴訟にも、ニューヨーク・タイムズ・ルールは公務員の場合と同様の理由で適用されるとした[20]。ここでは著名な大学フットボール・コーチと、人種差別撤廃問題で連邦政府の政策に強い反対の立場をとって論議の的となっていた退役将軍がそれぞれ原告であった。さらに最近の事件においては、猥褻と疑われるヌーディスト雑誌を出版して警察の逮捕・捜索を受けた小出版業者についても（ただし後に無罪となった）、国民は刑事法が適正に運用されると同時に、法が表現の自由を違憲に抑圧することのないことを見届けるという点において正当な関心を持つとして、彼はその限りでニューヨーク・タイムズ・ルールの適用を受けるとされた[21]。最高裁は問題が国民の正当な関心の対象となるものである限り、それにかかわる人が公務員であろうとパブリック・フィギュアであろうと無名の私人であろうと、自由で抑圧されない議論の必要性に変りはないとしたのである。

(四)　新法理の評価

以上の一連の判決によって、名誉毀損であれ、プライバシー侵害であれ、また、主体が公務員であれ、有名・無名の私人であれ、対象が公的・一般的関心の的でありさえすれば、ニューヨーク・タイムズ・ルールはすべての場合に適用されることが宣明されたといえよう。最近の発展は、パブリック・フィギュア（公的人物）を問題との関係で動的に把握して、無名の私人との境界をすらはずしはじめたのである。ここでは事件に関与する人が問題ではなく、むしろ事件の性質が問題となるのである。

そして、事実について、その「虚偽性」と「現実的悪意」の重い立証責任を原告に課すことによって、名誉毀損訴訟が成功するのは、きわめて困難となった。論評の公正ということも、主観的公正で足りるとされているのであるから、論評が名誉侵害のためのみになされたという場合でない限り（これはスキャンダル新聞・雑誌以外の通常の新聞・雑誌・放送等による報道の場合にはちょっと考えられないことである）、容易に認められるであろう。かくしてフェア・コメントが認められる場合は、ニューヨーク・タイムズ事件以後飛躍的に拡大されたといえる[22]。

右に見た展開は、報道の自由を高め、「公の問題についての議論は禁圧されず、力強くかつ辛辣であるべき」とする考えにそうものと高く評価されるのであるが、一点疑問が残るのは、プライバシー保護との関係である。ニューヨーク・タイムズ・ルールは全くの無名の私人に対しても、関係する事件の性質によっては、適用されることとなったのであるが、事柄は全く個人的なささいなことであっても、マスコミによって取り上げられることによって、逆に人の関心を呼びおこすという面があるので、公衆の関心事というのは、単にマス・コミが取り上げたとか、公衆が好奇心を持つからという理由で認められてはなるまい。そこには、「民主政治において国民の知るべきもの」というような価値判断によるスクリーニングが当然あるべきであって、事柄の本来的性質は重大なメルクマールとなるであろう。前述の事件においても、決定的であったことは、一つには猥褻文書頒布罪という刑事事件容疑であったことであり、もう一つには、米国では猥褻文書の取締とその限界は社会的・法律的に国民の重大な関心事になっているという事実である。判例の射程距離を考える際にこの点を無視してはなるまい。私人に対しても厳格な法理が適用されることになったといっても、そこには対象の性質による一定の限界があるのであり、軽々しく拡張すると、プライバシーの保護が無に帰するであろう。[23]

（5） 376 U. S., pp. 279～280
（6） 376 U. S., pp. 269～270
（7） 376 U. S., pp. 271～279
（8） 376 U. S., p. 275
（9） 本判決の秀れた分析として、William J. Brennan, Jr., "The Supreme Court and the Meiklejohn Interpretation of the First Amendment", 79 Harvard Law Review 1 (1965), Harry Kalvan, Jr., "The New York Times Case, A note on the Central Meaning of the First Amendment", Supreme Court Review (1964) p. 191. なお、Alexander Meiklejohn, "The First Amendment is Absolute", Supreme Court Review (1961) p. 245
（10） Cantwell v. Connecticut, 310 U. S. 296, 310 (1940) を二七一頁に引用
（11） 前掲 Kalvan, pp. 211～213
（12） Garrison v. Louisiana, 379 U. S. 64 (1964)
（13） Pickering v. Board of Education of Township Highschool District. 205, 391 U. S. 563 (1968)
（14） Rosenblatt v. Baer, 383 U. S. 75 (1966)
（15） Garrison v. Louisiana, 379 U. S. 64 (1964)
（16） Henry v. Collins, 380 U. S. 356 (1964)

(17) St. Amant v. Thompson, 390 U. S. 727 (1968)
(18) Monitar Patriot Co. v. Roy, 401 U. S. 265 (1971)
(19) Times Inc. v. Hill, 385 U. S. 374 (1967)
(20) Curtis Publishing Co. v. Butts, Associated Press v. Walker, 388 U. S. 130 (1967)
(21) Resenbloom v. Metromedia, Inc., 403 U. S. 29 (1971)
(22) New York Times, Weekly Ed. 1971. 6. 13 "Now the Private Citizen Is Fair Game, Too" はこれを指摘する。
(23) この点につき 85 Harvard Law Review 3. The Supreme Court, 1970 Term, p. 226

四　わが国における判例理論

わが国においても、フェア・コメントの考え方は学説の一般に認めるところである。[24] 判例も次に述べるとおり、一応これを認めている。しかしながら、フェア・コメントの法理・要件については、名誉毀損訴訟の少ないこともあって、学説・判例ともに未だ突っ込んだ議論をなしているとはいいがたく、判例の個々の事案についても、疑問のあるものがある。

以下にフェア・コメントが問題になった主要なケースをまず簡単にフォローしてみる。

① 福岡高裁昭和二六年九月二六日判決[25]は、小地方紙編集発行人がある刑事事件の公判に関する記事の中で、「弁護人Xは……との見当ちがいな事を述べ何等関係のない忘れられた問題を引出し第三者に影響するような珍妙な弁論をして傍聴人を噴飯せしめた」と述べたのが刑事名誉毀損罪に問われたものであるが、「新聞が社会の出来事に付事実を事実として報道し又は公正な評論をすることは新聞本来の使命であるのみならず一般に報道の自由として何人にも許容されるところである」としながら、問題となった記事は、「X弁護士の公判における弁論そのまゝを報道したものではなく、その弁論を評論したものであるが、その論旨は公正を欠き、その表現は侮辱的であって同弁護士の名誉感情を毀損するものであるから、かくの如き新聞記事は前叙新聞の使命に鑑るも到底正当な

業務行為として許容されるべきものではない」とした。また、弁護士の訴訟活動特に訴訟事件における意見の陳述は一般に「私行」であり、本件弁論の結果が公共の利害に影響を及ぼすものとは言えないから、刑法二三〇条ノ二にいう公共の利害に関する事実とはいえないとして、本件の場合には事実の真否は問題にならないとした。

② 東京地裁昭和三一年一一月五日判決[26]は、愛児を交通事故で失った両親と加害者側との賠償交渉が紛糾した事件について読売新聞が、「わが子ひとの子」、「愛児輪禍死の仕返し、母子れき殺図る。こじれた慰謝料百万円」という見出しで掲載した記事と、事件に関する著名な弁護士の「法律も信じられぬ世相が生んだ悲劇」との見出しの法律的見地からの論評、社会評論家の「一定期間を置けば冷静に」との論評が問題になった事件である。判決は「……新聞による自由且つ、公正な言論のためには、真実の報道によって仮面をはがれるようないつわりの名誉は、たとえそのために損害を蒙ったとしても損害賠償の請求をなし得ないものと解され、新聞がこのように損害賠償の責に任じないのを相当とする場合の範囲は、必ずしも刑法第三十五条或は同法第二百三十条の二の範囲と同一ではないが、右法条の趣旨を参酌して決定するのが妥当と解するので、新聞の報道もしくは評論が名誉き損もしくは信用失墜をもたらしても正当な動機と目的に出で、従って自由且つ、公正な言論である場合は、記事の内容が真実であること若くは真実であると信じるについて相当の理由があったことを立証して損害賠償の責を免れるものと解するのが相当である」とし、前記各論評を掲載した点については、「社会問題として世人に反省と批判とを求めようとする公正な動機と目的とに基いて、本件記事を編集掲載したものということができるので、本件記事は被告新聞社の自由且つ公正な言論の範囲に属するものと認められ、他にこれを疑わしめる証拠はない」としたが、記事部分には真実でない点があり、真実であると信じるについて相当の理由があったとも言えないとして、新聞社の責任を肯定した。東京高裁もこの判断を維持している[27]。

③ 東京地裁昭和三三年六月七日判決[28]は、毎日新聞が「町田博士に愛情の抗議」という主題と「自殺を図った一

未亡人」、「女心をふみにじった余りに冷たい仕打」等の副主題のもとに掲載した、弁護士であり、かつ私立大学教授でもある相当著名な男性と一女性の関係をめぐる記事およびこれに関する評論等が問題となった事件について、「……人の名誉を傷つける事実を公表したものは、その事実が真実でない限り、たとえそのことがらが公共の利害に関するものであろうともはたまたもっぱら公益を図る目的でしようとも、名誉き損の責任を免れることができないものといわねばならない。けだし、対象がどんなに重要なことであっても、また動機がどんなに立派であっても、真実でないことを述べて人の名誉を傷つけることは、許されないからである。……人の名誉を傷つけるような評論を発表した場合でも、その意見が正当な批判であり、しかもそれが公益に関することがらについて行われたときは、不法行為の責任を免れると解するのが相当である。というのは、公益に関することがらについて言論の自由を確保するためには、かような免責事由を認めることが必要だと考えるからである。しかしながら、こゝにいう正当な批判は、真実の事実に基く批判でなければならないことは、当然の事理である」としたうえ、記事に主要な部分において誤りがあったことを認定し、そうだとするとこれに基づく評論も正当な批判とはいえないとして、名誉毀損の責任を肯定した。

④　東京地裁昭和三六年九月二一日判決[29]は、菅生村巡査駐在所爆破事件についての刑事事件、いわゆる菅生事件の控訴審公判を傍聴した九州管区警察局長が、雑誌「中央公論」に寄稿して掲載された論文「菅生事件と警察の立場——私も菅生事件を傍聴した」において、証人戸高公徳（公判当時弁護人らが同人を真犯人と主張していた）に対する弁護人らの尋問について「中野氏（中野好夫氏を指す）は、弁護団側が、戸高証言そのものの信憑性を覆すために、戸高氏（証人戸高公徳をさす）の共産党入党申込書を持ち出して、戸高氏が非常にウソをつく男、とりわけ職務上の必要のためには、ウソをついてもよいと信じている男であることを立証したのは、成功だったというが、私の印象はちがう」。「この尋問をしたのは、正木ひろし弁護人だったが、そのやり方は、ソフィストの詭弁術とも

いうべきもので、共産党入党申込書を出したという事実について、『この本籍はウソだろう。この名前もウソだろう。……』という工合に、入党申込書そのものが、真意に基づくものでないという実質的には一度ですむ証言のかわりに、その一項目づつについて、一々『ウソです』と何回も何回も認めさせ、『ウソです』という証言の回数を多く得て行くことによって、『君は何てウソつきなんだ』ときめつけ、証人の人格を傷つけることによって、証言全体の信憑性を崩してゆこうとするものだった。私は『なるほど正木さんらしいやり方だ』と感心したものである。しかし私が感心したのは、こういう詭弁学派（ソフィスト）的な、形式論理の言葉のやりとりの巧さであって、決して真実を究めてゆく迫真力ではなかった」と書いたのが名誉毀損であると主張された事件である。判決は、右論文に指摘された部分の尋問を行なったのは原告ではなく、被告は過失により事実を間違えたと認定し、「ソフィスト的」との表現は原告の人格を誹謗するものであり、名誉毀損を構成するとした。そして、被告の、右表現はジャーナリズムの警察に対する非難にこたえ、かつ警察の威信を回復する目的でなされた公益擁護のための正当な批評で違法性を阻却されるとの主張に対しては、「被告の本件論文が、正当な批評として免責されるには、それが誤りのない事実を基礎とし、論理の法則に従って推論せられ、かつ公明であることを要する」としてこれを容れなかった。

しかし控訴審の東京高裁(30)は、問題となった尋問の主体について、被告が一部真実と相違する記載をしたことは認めつつ、これをさほど重大なものではないとし、前記ソフィスト的表現は、「単に抽象的に第一審原告を罵倒し、あるいは侮辱する意味合いのものではなく、たゞ戸高証人に対する尋問を直接に見聞することによって得た第一審被告の印象を、右証人尋問に関する具体的事実に即して率直に表明したに過ぎないものと解することができ……特にこれを取上げて問題としなければならないほどのものとは考えられない」「……いまだもって第一審原告の社会的評価に影響を及ぼしその名誉を傷つけるに足るほどのものとは認めがたい」として一審判決を破棄している。

(24) 注釈民法⒆債権⒇一九二頁、五十嵐・田宮・名誉とプライバシー一一六頁、三島・前掲二七七頁、団藤・刑法各論二九二頁
(25) 高刑集四巻一〇号一二五六頁
(26) 下民集七巻一一号三一〇八頁
(27) 東京高判昭和三二年一〇月一六日下民集八巻一〇号一九二三頁
(28) 下民集九巻六号九九〇頁
(29) 下民集一二巻九号二三三一頁
(30) 下民集一四巻九号一八五九頁。なお本件論文の表現が名誉毀損的であるか否かについて鑑定人の意見は三対三に分れている。

五　わが国判例理論の評価

(一)　フェア・コメントと真実証明

以上のとおりであるが、これらの判例に共通する考え方は、まずフェア・コメントは、真実の事実に基づくものでなければならないというものであり、事実が真実でない場合に、真実であると信ずるにつき相当の理由があった場合でも良いとするものは、前記②の東京地裁判決のみである（④の控訴審判決は重要な事実の誤りでない場合には、フェア・コメントを認めるものの如くである）。この点につき、学説は刑法二三〇条ノ二の事実証明に関する規定を類推しようとするものと、これを否定しようとするものとに分れる(31)。

事実証明に関しては、最高裁は、昭和四一年六月二三日判決(32)をもって、まず、民事上の不法行為たる名誉毀損について、「その行為が公共の利害に関する事実に係りもっぱら公益を図る目的に出た場合には、摘示された事実が真実であることが証明されたときは、右行為には違法性がなく、不法行為は成立しないものと解するのが相当であり、もし、右事実が真実であることが証明されなくても、その行為者においてその事実を真実と信ずるについて相当の理由があるときは、右行為には故意もしくは過失がなく、結局、不法行為は成立しないものと解するのが相当

である（このことは、刑法二三〇条ノ二の規定の趣旨からも十分窺うことができる）」とし、次いで、昭和四四年六月二五日大法廷判決[33]をもって、刑法二三〇条ノ二につき、「刑法二三〇条ノ二の規定は、人格権としての個人の名誉の保護と、憲法二一条による正当な言論の保障との調和をはかったものというべきであり、これら両者間の調和と均衡を考慮するならば、たとい刑法二三〇条ノ二第一項にいう事実が真実であることの証明がない場合でも、行為者がその事実を真実であると誤信し、その誤信したことについて、確実な資料、根拠に照らし相当の理由があるときは、犯罪の故意がなく、名誉毀損の罪は成立しないものと解するのが相当である」として、反対趣旨の昭和三四年五月七日第一小法廷判決を変更した[34]。

事実の記述とこれに基づく論評との境界は微妙で明確に区別しがたい場合の多いことを考えるならば、フェア・コメントの場合も真実証明についての右最高裁の判例の考え方を適用すべきであろう。

(二)　フェア・コメントの対象

次に「公共の関心事」の範囲についても、突っ込んだ議論はなされていない。刑法二三〇条ノ二が一つの有力な手がかりとなるであろうが、事例の集積に待つほかはないであろう。しかし①の判例が、弁護士の法廷活動は私行であり公共の関心事ではないとしているのは疑問である。医師や弁護士は国家試験のパスを必要とするプロフェッションであって、その活動が国民の生命・自由・財産に直接かかわるのであり、その限りで国民は正当な関心を持つのであるから、そのプロフェッションとしての法廷活動（そして法廷は公開である）を全くの私行とするのは正当ではないであろう。前述の如くアメリカの判例も医師や弁護士の資格・活動は公共の関心事であるとしている。したがって①の判例については、問題となった記事の内容が真実であったか否かを審理し、真実であったか、真実であると信ずるにつき相当の理由があった場合には、公正な論評の域を出ないとして、無罪とすべきであったように思われる。

この点は④についても同様であり、控訴審の結論を正当と考えるが、理由については、弁護士の法廷活動を公共の関心事とした上で、公正な論評として許容されるとするのが一層明快であったように考えられるのである。

③の判例は真実性の点で、原告勝訴の判決を下したので、弁護士でありかつ私立大学教授である人物の私行が公共の関心事であるか否かの判断はなされなかったのであるが、この点の判断は微妙である。刑法二三〇条ノ二第二項は「未タ公訴ノ提起セラレサル人ノ犯罪行為ニ関スル事実ハ公共ノ利害ニ関スル事実ト看做ス」としており、同条三項は、公務員または公選による公務員の候補者に関する事実は、当然に公共の利害に関する事実とみなす旨規定している。そして判例は、被疑事件に関連して、嫌疑の原因、犯罪の動機、容疑者の経歴・性格、家庭の状況、捜査当局の犯人検挙の活動状況等は公共の関心事であるとし(35)、また、国会議員候補者については、その適否の判断にほとんど全人格的な判断を必要とするからとして、学歴、出身地、前科、前歴等の報道を広く認めている(36)。しかし本件の原告は、犯罪に関与したわけではないし、公務員でも公職の候補者でもない。弁護士であり、私立大学教授であるからといってただちにパブリック・フィギュアになるわけではなく、一般にその私行がただちに公共の関心事になるとはいいがたいのではなかろうか（本件原告は先妻と離別した独身者であり、原被告の関係はいわゆる不貞ではない）。本件は、当事者の一人が戦争未亡人であり、事件も戦後比較的間もない頃に発生したものであるため、新聞も戦争未亡人の生活倫理という観点から取り上げたのであろうが、プライバシー保護の観点からも、私人の私行は一般に公共の関心事ではないとすべきではなかろうか。

何が公共の関心事であるかは、しばしばきわめて微妙で一般的には論じがたく、結局はケース・バイ・ケースで決しなければならないであろうが、三㈣の新法理の評価の項で述べたように一定の価値判断によるスクリーニングが必要であろう。

(31)　否定的なものとして、団藤・前掲二九三頁、肯定的なものとして、三島・前掲二八四頁

(32)　民集二〇巻五号一一一八頁
(33)　刑集二三巻七号九七五頁
(34)　刑集一三巻五号六四一頁
(35)　東京地判昭和二五年七月一三日下民集一巻七号一〇八八頁
(36)　前掲最判昭和四一年六月二三日。特にその一審東京地判昭和三三年一二月二四日参照

六　むすび

以上、米国とわが国におけるフェア・コメントの法理の現状を主として判例を中心に検討してきた。米国においては、ニューヨーク・タイムズ事件を機に、フェア・コメントの問題が憲法修正一条の保障する表現の自由とかかわらしめられて、原告に重い挙証責任が課せられるようになり、多少とも公的問題にかかわることとなった場合には、私人であれ、公務員であれ、名誉毀損訴訟による損害回復はきわめて困難になったといえよう。プレスの自由は大いに高められたのである。ここには制定法国には見られない見事な法の創造と変更の例が見られるといってよい。また、ほとんどすべての判例が、問題を単に不法行為法における免責の問題としてすませないで、名誉毀損を憲法上の表現の自由、さらには民主制の本質にまでかかわらせて深く議論しているのは、最高裁の表現の自由の問題にかける情熱を感じさせて、きわめて印象的である。

これに比し、わが国の場合には、事実証明に関する刑法二三〇条ノ二があるので、これが良きにつけ、悪しきにつけ、判例・学説のよりどころとなり、基準となるのは当然といえよう。わが国の法の現状は、ニューヨーク・タイムズ事件以前の少数説の立場とほぼ同様といいうるであろうが、それだけプレスに対する保障は低いわけである。彼我の違いは、結局は、それぞれの政治と社会においてプレスの果してきた役割と果すべき役割についての認識と評価の違いを反映しているのであろう。しかしながら、合衆国連邦最高裁が、前記一連の事件において、フェア・

コメントを論じ、免責を論じるときに見られる表現の自由およびこれと民主制とのかかわり合いについての格調高い議論と、表現の自由の保障をいかに有効ならしめるかについての、きわめて現実的な認識は、わが国の名誉毀損訴訟法、特にフェア・コメントの法理において大いに学ぶべきものであろう。前述したとおり、わが国における問題の掘下げは、裁判例の少ないこともあって、未だ十分とはいいがたいからである。

〔追記〕

本稿脱稿後、昭和四七年七月一二日東京地方裁判所は、新潟日報社が女子プロレスに関して掲載した論評記事について、

「これを読んだ一般読者は、一方において、女子プロレスのあるべき姿勢について関心をいだくと共に、本件記事の内容をなす、ギャラの不払いとか序列問題とかトルコブロでのアルバイトとかの女子プロレス内部の『みにくい争い』の原因が『日本女子』の会長である原告にあると理解するであろうことは、容易に認められるところである。従って、本件記事の掲載、発行によって、原告の社会的評価は当然害されるといえるから、右記事は原告の名誉を毀損するものと認めるべきである。」

とした。しかし

「右事実から、直ちに、被告が原告に対し、名誉毀損の責任を負うべきであると速断することはできない。何故なら、何人も、自己の名誉、すなわち、その社会的評価を不当に毀損されるべきではなく、不当な侵害から保護されるべきは勿論であるが、それと共に、何人も言論の自由を有し、自己の判断するところを自由に発表する権利を保障されなければならないからである。名誉毀損の責任を負うべきか否かは、この矛盾、衝突し易い二つの要請の調和のうえに求められなければならない。

そこで、この両者の関係についてさらに検討すると、言論・出版の自由は民主々義社会の基本的な前提の一つであり、その中には『論評の自由』すなわち、何人も、一定の事実に基づいて、自己の評価を発表する権利を包含している。

従って論評記事によって論評の対象となった者が社会から受ける評価を低下させる場合でも、『論評の自由』との関連において名誉毀損の責任を問われない場合があるというべきである。そしてその要件を考えるに当っては、論評が公

正であることを要するのは勿論であるが、『公正』といいうるためには必ずしも常に客観的な公正さであることを要請されない（例えば芸術的作品の評価については何が客観的に公正であるか決定することができないであろう）と同時に、論評の前提となる事実についてもそれが全くの虚偽であってはならないが、だからといって、すべてにわたって、客観的に真実であることまでも要求すべきでない。そうでなければ『論評の自由』を認めないに等しい結果を招来する虞れがある。他方『論評の自由』は公共の利害或は一般公衆の関心事である事項について認められるのであって、私生活の曝露や人身攻撃を許容するものではない。ことに論評が新聞記事によってなされる場合、読者啓蒙、社会正義実現などの使命感の行き過ぎが、人身攻撃による個人の名誉侵害を起しかねない。それが強大なマスコミニュケーションの前には殆ど無力に等しい個人を社会的に抹殺しかねないことが留意されるべきである。」と論じたうえ、新聞の論評記事によってなされた名誉毀損による不法行為の成否の基準として、「(イ)論評の前提をなす事実が、その主要な部分について事実であるか、少くも、真実であると信ずるにつき相当の理由があること、(ロ)その目的が、公的活動とは無関係な単なる人身攻撃にあるのではなく、それが公益に関係づけられていること、(ハ)論評の対象が、公共の利害に関するか、または、一般公衆の関心事であること」の三つをあげ、問題となった記事はこれをいずれも満たしているとして、不法行為の成立を否定した。

この判決は下級審のものながら、わが国でフェア・コメントの問題を言論の自由の観点から突っ込んで深く論じた初めての判決といいうるものであるが、ここに掲げる三つの基準は本文に論じたところからして、きわめて正当というべきである。

7 表現の自由と名誉毀損
――公共の関心事をめぐる問題

一 はじめに

この数年、名誉毀損をめぐる民事・刑事の裁判は、表現の自由に関するいくつかの重要な最高裁判決を生み出している。新聞記者のニュースソース秘匿権に関する最高裁第三小法廷昭和五五年三月六日決定（北海道新聞事件）[1]、私人の私生活上の行状（女性関係）と刑法二三〇条ノ二第一項にいう「公共の利害に関する事実」との関係に関する最高裁第一小法廷昭和五六年四月一六日判決（月刊ペン事件）[2]、名誉毀損を理由とする記事の販売・頒布等の差止仮処分の適否に関する最高裁第二小法廷昭和五六年一〇月二日判決（北方ジャーナル事件）[3]がそうである。北海道新聞事件は名誉毀損事件そのものではなく、その立証過程において派生したものであるが、憲法二一条の下でプレスのニュースソース秘匿権が認められるのか、という問題に関するものであり、月刊ペン事件は、刑事事件であるが、名誉毀損事件における真実証明、なかんずく事実の公共性の問題にかかり、北方ジャーナル事件は名誉毀損に対する救済として、司法による事前の抑制が、検閲を禁止する憲法二一条二項の下で認められるか、という問題に関するものである。

いずれも、最高裁がそれぞれの問題につき、初めてなした判断であり、表現の自由を考えるうえできわめて重要な意味を持っている。本稿は名誉毀損法にかかわるものであるので、ニュースソース秘匿権に関する北海道新聞事件判決を除き、月刊ペン事件と北方ジャーナル事件の判決を素材に、真実証明における「公共の利害に関する事実」の意味と、記事の販売等差止めの仮処分と憲法二一条との関係、の二点について若干の考察を加えようとするものである（なお、「公共の利害に関する事実」の意味は、民・刑に共通のものであるので、以下には、適宜、民・刑両方の判例を取りあげる）。

（1）　判例時報九五六号三二頁
（2）　判例時報一〇〇〇号二五頁
（3）　判例集未登載なるも、Law School 三八号四九頁に全文の掲載あり。

二　本稿の視点

最高裁は、真実証明に関しては、すでに第一小法廷昭和四一年六月二三日判決[4]をもって、民事上の不法行為たる名誉毀損について、「その行為が公共の利害に関する事実に係りもっぱら公益を図る目的に出た場合には、摘示された事実が真実であることが証明されたときは、右行為には違法性がなく、不法行為は成立しないものと解するのが相当であり、もし、右事実が真実であることが証明されなくても、その行為者においてその事実を真実と信ずるについて相当の理由があるときは、右行為には故意もしくは過失がなく、結局、不法行為は成立しないものと解するのが相当である（このことは、刑法二三〇条ノ二の規定の趣旨からも十分に窺うことができる）」とし、ついで、昭和四四年六月二五日大法廷判決[5]をもって、刑法二三〇条ノ二につき、「刑法二三〇条ノ二の規定は、人格権としての個人の名誉の保護と、憲法二一条による正当な言論の保障との調和をはかったものというべきであり、これら両者間の調和と均衡を考慮するならば、たとい刑法二三〇条ノ二第一項にいう事実が真実であることの証明がない場合でも、行為者がその事実を真実であると誤信し、その誤信したことについて、確実な資料、根拠に照らし相当の理由があるときは、犯罪の故意がなく、名誉毀損の罪は成立しないものと解するのが相当である」として、民刑両面において、真実証明の抗弁を従来よりいっそうゆるく解するようになった。それは、公共の関心事についての言論の自由をより活発にするのに資するもので、その意義は決して小さくない。しかしながら、これまでわが国における名誉毀損をめぐる諸問題についての議論には、表現の自由の視点からの掘り下げが不十分であったように思われる（私は昭和四七年に執筆した小論の中で、米国では、一九六四年のニューヨーク・タイムズ社対サリヴァン事件(6)についての連邦最高裁判決以降、名誉毀損をめぐる多くの連邦最高裁判決が、問題を単に不法行為法における免責の問題としてすませないで、名誉毀損を、憲法上の表現の自由、さらには民主制の本質にまでかかわらせて深く議論しており、最高裁の表現の自由の問題にかける情熱を感じさせて印象的であるのに比し、わが国における問題の掘り下げは、裁判例の少ないこともあって未だ十分とはいいがたい、旨指摘したことがある(7)）。しかしながら、前記各判決およびそれらをめぐる最近の論稿(8)をみるとき、わが国においても、名誉毀損の問題の、表現の自由の観点からの掘り下げがようやく深まりつつあることを感じるのである。

名誉毀損の問題は、個人の人格権の保護と表現の自由の保障という、いずれも民主制における最も根幹的な二つの価値が衝突し、対立する局面に関するものであるだけに、その調整には、さまざまな視点からのデリケートな判断が求められる。なかでも、言論の対象・人物が、社会において占める地位、問題の公共性、言論に対する制裁の性質（民事か刑事か、事前の制裁か事後の制裁か）等は、二つの価値の衝突を考える際に最も重要な点であると思われる。ごく図式的にいえば、言論の対象・人物の地位が公共的であればあるほど、個人の名誉の保護の要請よりも、表現の自由の保障の要請が優越し、また、事前の規制は、表現の自由の最もドラスティックな規制であるがゆえに（それは、表現が思想の自由市場に登場できないことを意味する）、事後の規制よりも、いっそうきびしい条件の充足を必要とする、といえるであろう。本稿はこのような視点から、前記二つの判決を素材に、名誉毀損をめぐる問題を掘り下げようとするものである。

（4）　民集二〇巻五号一一一八頁

（5）刑集二三巻七号九七五頁
（6）376 U.S. 254
（7）拙稿「公正な評論」現代損害賠償法講座2（日本評論社・一九七二年）所収
（8）平川宗信「名誉毀損罪の免責要件」判例タイムズ四四四号七頁。木谷明「『月刊ペン』上告審判決について」ジュリスト七四四号二八頁。阪本昌成＝藤田浩「表現の自由と名誉毀損」法学セミナー一九八一年八月号八九頁。福田平「刑法二三〇条の二第一項にいう『公共の利害に関する事実』」判例評論二七三号五三頁。古田佑紀「名誉毀損と表現の自由」Law School 一九八一年九月号四頁

三　公共の関心事と私人の私行

(一)　月刊ペン事件大法廷判決

月刊ペン事件大法廷判決は、雑誌「月刊ペン」が創価学会の教義やそのあり方を批判するにあたり、池田大作会長の女性関係を取りあげ、要旨「同会長の女性関係は乱脈をきわめており、同会長と関係のあった女性二名が同会長により国会議員として国会に送りこまれている」と記述したのが、同会長、創価学会、二名の国会議員らの名誉を毀損したとして、その編集局長が起訴された事件である。最高裁大法廷は、まず「私人の私生活上の行状であっても、そのたずさわる社会的活動の性質およびこれを通じて社会に及ぼす影響力の程度などのいかんによってはその社会的活動に対する批判ないし評価の一資料として、刑法二三〇条ノ二第一項にいう『公共ノ利害ニ関する事実』にあたる場合があると解するべきである」としたうえで、「同会長は、同会において、その教義を身をもって実践すべき信仰上のほぼ絶対的な指導者であって、公私を問わずその言動が信徒の精神生活等に重大な影響を与える立場にあったばかりでなく、右宗教上の地位を背景とした直接・間接の政治的活動等を通じ、社会一般に対しても少なからぬ影響を及ぼしていたこと、同会長の醜聞の相手方とされる女性二名も、同会婦人部の幹部で元国会議員という有力な会員であったことなどの事実が明らかである。このような本件の事実関係を前提として検討すると、

被告人によって、適示された池田会長らの前記のような行状は、刑法二三〇条ノ二第一項にいう『公共ノ利害ニ関する事実』にあたると解するのが妥当であって、それを一宗教団体内部における単なる私的な出来事であるということはできない」としたのである。

㈡　**従来の学説**

従来、何が公共の利害に関する事実であるかについて、学説は、「その事項の発表が他人の名誉を侵害するにかかわらずこれを許すだけの公益上の必要があるか否かによって決せられるべきものである」(9)とか、「多数一般の利害に関する事実をさす……。公共の利害に関するものであるかぎり、公生活上の事実であると私生活上の事実であるとを問わない。もっとも、私生活上の事実の場合には、とくにこの公表が公共の利益となるかどうかを慎重に判断する必要があろう」(10)とかいうように、きわめて一般的・抽象的な説明しかしておらず、わずかに故藤木教授の以下のような論述(11)が目をひく程度である。

「公共の利害に関する事実とは、この事実を公衆――不特定または多数人――に知らせ、この批判にさらすことが公共の利益増進に役立つと認められるものをいう。単に公衆の興味・好奇心の対象となるにすぎない人の私生活に関するスキャンダルの暴露は、公共の利害に関するとはいえない。しかし、私人の行動、あるいは私的企業者に関する事実であっても、公共的事業や、あるいは独占的色彩のある企業活動、一般大衆を顧客とする事業に関する事項、あるいは公衆の健康や生活にかかわる事項、たとえば、医師・教師・新聞記者の行状などについては、公共の利害に関する事項に含まれる」。

㈢　**従来の判例**

判例もあまり多くはないが、本稿との関係で主要なものをあげると、一般論を論じたものに東京高裁昭和二八年二月二一日判決(12)がある。これは、「『公共ノ利害ニ関スル事実ニ係ル』場合の意義、並びにこれに該当するものと認むべきか否かは、当該摘示事実の具体的内容、当該事実の公表がなされた相手方の範囲の広狭、その表現の方法等、右表現自体に関する諸般の事情を斟酌するとともに、一方において右表現により毀損され、または毀損さるべき人の名誉の侵害の程度をも比較考慮した上、以上の諸事情を参酌するもなお且、当該事実を摘示公表することが公益上必要又は有益と認められるか否かによりこれを決定すべきものと解するを相当とする」としたものである。

ほかには、

(1)　被疑事件に関連して、嫌疑の原因、犯罪の動機、容疑者の経歴、性格、家庭の状況、捜査当局の犯人検挙活動等は公共の関心事であるとする東京地裁昭和二五年七月一三日判決[13]

(2)　神社経営が当該神社の氏子および崇敬者の利害にかかわるもので、公共の利害に関する事項である、とした杵築簡裁昭和三六年一月三一日判決[14]

(3)　国会議員候補者について、「公務員はすべて国民全体の奉仕者であり、公務員の選定、罷免は、国民固有の権利であるから、主権者（選挙権者）である国民は、公務員またはその候補者の適否を判断するため、当該公務員またはその候補者について知る必要があり、また知る権利を有するものである。従ってその判断に全く関係のない私事に関してはとにかく、いやしくも右判断に関係がある限り、たとえ過去の私事にわたつたとしても、事実である限りその真実の公表は許されねばならず、その具体的な限界は、その公務員の職務の性質と相関的に決定すべきであるが、特に国会議員ないしその候補者については、他の一般公務員と異なり、その適否の判断には殆んど全人格的な判断を必要とするものと解される」としたうえ、学歴、経歴、犯罪の疑いによる警察の追及、前科等は、いずれも公共の利害に関する事実であるとした東京地裁昭和三三年一二月二四日判決[15]、およびこの判断を維持した前記昭和四一年六月二三日最高裁第一小法廷判決等がある。

他方、公共の利害に関する事実ではない、とされたものに、

(1)　芸能人の性に関する行状は公共の利害に関するものではない、とした東京地裁昭和五五年七月七日判決（いわゆるスター交歓図事件）(16)

(2)　前記月刊ペン事件について、被告人の適示した事実が、池田会長らの私生活上の不倫な男女関係の醜聞を内容とし、この表現方法も不当に屈辱的、嘲笑的で、文体、内容も不確実な噂、風聞をそのまま取り入れ、または他人の文章を摘切な調査もしないまま転写するなどして、一般公衆を対象とする雑誌に執筆、掲載して広く一般社会に公表したもので、これにより一般公衆に対する警告あるいは社会全般の利益増進に益する等の効果は認められず、反面、右醜聞を摘示された者の受ける名誉の侵害は重大であることなどを総合的に考慮すると、本件摘示事実を一般社会に公表することは公益上必要または有益と認められず、「公共の利害に関する事実」に当たらないとした、一・二審判決がある。(17)

(四)　大法廷判決の位置づけ

従来の判例・学説の主流は、公共の利害事実の判断に当たり、公益上の必要性、有益性の有無を合わせて考慮し、被害者の名誉侵害の程度とも比較衡量する、という方法をとっていたということができる。具体的には、表現方法や事実の調査の程度も公共の利害に関する事実であるか否かの判断資料として位置づけられていたのである。そしてこのような方法論の下に、公選の公務員については、その適否の判断に全人格的判断を要するところから、その判断に関係がある限り公共の利害に関する事実とされていたが（もっとも、公務員の私行がどの程度その適否の判断に関係するのかの事例は少ない）、私人の私行については、有名人であっても、犯罪を犯した場合でもない限りは公共の利害に関する事実ではないとされていた、といえよう。

月刊ペン事件の最高裁判決は、以上のような先例を参照しながらも、原判決の判断を正当とせず、一般論として、私人の私行ではあっても、その人物の地位、活動、社会的影響力次第では、公共の利害に関する事実になりうる、としたものである。池田氏についての摘示事実が公共の利害に関する事実であるとした点も、巨大な宗教団体の会長としての地位、影響力、それを背景とした政治的活動に基づく社会的影響力、相手方とされる女性二名が元国会議員で、学会の有力な会員であったこと等を考えると首肯できよう（判決はパブリック・フィギュアという言葉は使っていないが、池田氏は後述のアメリカ法流にいえば、全面的パブリック・フィギュアと目することができよう）。また、公共の利害に関する事実かどうかの判断は、摘示された事実自体の内容・性質に照らして客観的に判断さるべきであり、表現方法や事実調査の程度などは、公共目的の有無の認定等に関して考慮される事柄であって、公共の利害に関する事実か否かの判断を左右するものではない、とする新判断も正当である。表現方法のいかんにより、一定の事柄が、「公共の利害に関する事実」になったりならなかったりする、というのは論理的でないからである。このような解釈により、刑法二三〇条ノ二第一項の免責の範囲は広がる。本判決は、プレスの自由にとって重要な一里塚をなすものといえよう。

何が公共の関心事であるのかの判断基準は、国民の知る権利の対象であるか否か（政府の行為や公務員、その候補者等にかかわる言論の場合）、社会の諸制度の運営等に関係がある事柄であるか否か、多数の人に影響を及ぼす事柄であるか否か、というようなことであろうが（表現の自由の優越的地位を立論の前提として「市民自治のため知る必要がある事実」[18]とか、言論の価値序列に応じて、政治的言論、公共的言論、それ以外の言論、という類型化をする考え方[19]も基本的には同じ考え方といえよう）、このような基準も、微妙な事案について、常に明確な判断基準とはなりがたい。裁判例の集積が望まれるところである。

(9)　中野次雄『逐条改正刑法の研究』（良書普及会・一九四八年）一七五頁
(10)　団藤重光編『注釈刑法(5)』（有斐閣・一九六五年）三六四頁（福田平）
(11)　藤木英雄『刑法各論』（有斐閣・一九七二年）二二五頁
(12)　高刑集六巻四号三六七頁

(13) 下民集一巻七号一〇八八頁
(14) 下刑集三巻一―二号九三頁
(15) 民集二〇巻五号一一二五頁
(16) 公刊物未登載
(17) 一審東京地裁昭和五三年六月二九日、二審東京高裁昭和五四年一二月一二日
(18) 平川・前掲論文一二頁
(19) 阪本・藤田・前掲論文九二頁

四　アメリカ法

次に、わが国における問題解決に資する資料として、判例の数も多いアメリカの法についてみることとする。

(一)　伝統的フェア・コメントの法理と公共の関心事

一九六四年のニューヨーク・タイムズ事件以前、名誉毀損による不法行為の分野において、免責事由の一つとして認められていた伝統的なフェア・コメント＝公正な論評の法理は、公共の利害に関する事項または一般公衆の関心事であるような事柄について認められた。判例上これに当たるとされたものには、公務員の職務行為、公務員の資質・適性に関する事項、公費によりなされる事業、弁護士の資格の得喪、公衆が正当な関心を持つ学校・教会・慈善施設等の運営がある。私企業であっても、食料品の販売、水道の汚染、いかさま医療の提供、人種憎悪の増長、多数の人の雇傭、鉄道の経営等により地域社会の一般的利害に影響を及ぼし始めた場合等には、公共の関心事であるとされた。

さらに、著書・論文・宣伝広告、ラジオやテレビの番組、美術・音楽・演劇等の芸能、スポーツ、科学上の発見、公衆のサポートを求めるプロジェクト等、公衆の支持・賛同を求めて提示される作品や活動のすべてが公共の関心事とされた。

反面、公務員やその候補者についても、職務上の行為または適性に全く関係のない個人としての純粋の私生活は公共の関心事ではない。しかし、私生活上の事実も、公務員で、高位高官となればなるほど、公共の関心事とされる範囲は広がる。大統領やその候補者ともなれば、公共の関心事でない情報はほとんどないであろう（一八八四年の大統領選挙においては、候補者の若かりし頃の非嫡出子のことが取りあげられた）。

また、芸術作品の中味についての批判は許されても、剽窃であるとの非難は許されず、著書に何の関係もない著者の個人的人格を中傷することは許されない。議案についての連邦議員の投票ぶりに反逆行為や邪悪な動機を読みこむことも許されない。

プライバシーとの関係でいえば、有名人の伝記を書き、その人物や性格を細部までお世辞抜きで描写することはできるが、女優や野球選手の性関係は公共の関心事ではなく、発明家や交通事故の被害者の性関係についてももちろんである（以上はプロッサーの Torts, 4th ed., pp. 822-830による）。

(二)　ニューヨーク・タイムズ事件以後——公共の関心事か、パブリック・フィギュアか

(1)　ローゼンブルーム事件

一九六四年のニューヨーク・タイムズ事件判決は、公けの問題（公共の関心事、公共の利害に関する事実と同義）についての討論の自由を最大限に保障するという見地から、修正一条の下、「公務員は、あるステートメントが、現実的悪意——虚偽であることを知っているか、あるいは、それが虚偽であるかどうかを無謀にも無視する態度——をもってなされたということを立証しない限り、自らの公務に関してなされた名誉毀損的な虚偽の陳述に関して、損害を回復することはできない」との法理（現実の悪意の理論）を打ちたてた。この理論の適用が、当初の公務員からパブリック・フィギュアへ、[20]さらには不本意に公衆の関心の的となる事件にまきこまれた無名の私人のプライバシーにまで拡張される中で、[21]「公衆の関心事」はきわめて広く解釈されるようになった。さらに、一九七一

年のローゼンブルーム事件のブレナン判事の多数意見[22]（Plurality Opinion）は「国民の重要関心事は出来事であって、当事者がこれまで無名であったか、有名であったかによるのではない」としているが、問題は事件に関与する人ではなく、事件の性質であり、公共の関心事である出来事（たとえば刑事事件）に関係するものは（被害者であれ、被疑者であれ）無名の私人でも、いわば事件のあおりで、「現実の悪意」の理論の適用を受けることになったのである。

(2)　ガーツ事件

しかしながら、ニューヨーク・タイムズ・ルールの適用のこのような拡張は、批判を受け、修正を迫られることになる。すでに、前記のローゼンブルーム事件ではマーシャルほか二人の少数意見は、ニューヨーク・タイムズ・ルールは公務員とパブリック・フィギュアのみに適用され、私人については、州は被告に無過失責任を課すのでない限り、適当な過失基準を取りうるものとすべきである、としていた。

一九七四年のガーツ事件[23]は転換の一歩を画した。

この事件では、アメリカの極右団体ジョン・バーチ・ソサイアティの機関紙が、一青年を射殺した警察官が殺人事件で起訴され、有罪とされた裁判についての論文を掲載した。この論文は、地方自治体の警察の評判を落とそうとする全国的な共産主義者の陰謀があり、卓抜した自由主義的弁護士であるガーツが、警察官をでっちあげの罪におとし入れた中心的人物であること、ガーツはかつての共産主義者の前衛組織のメンバーであったことがあり、犯罪の前歴もあるかのように非難した。しかし、ガーツの殺人事件との関係はごく限られており、彼は被害者の家族から警察官に対する損害賠償訴訟を受任していただけであり、彼についての叙述のほとんどは真実ではなかった。彼は名誉毀損訴訟を起こしたが、連邦の一・二審は、ガーツは公務員でもパブリック・フィギュアでもないとしながら、ローゼンブルーム事件の判旨に従い問題の論文は重要な公共の関心事に関するものであり、ガーツはニューヨーク・タイムズ・ルールの適用を受けるとし、「現実の悪意」の存在を立証できなかった、としてガーツを敗訴させた。

連邦最高裁は、原判決を破棄差し戻した。パウエル判事の書く法廷意見は、ニューヨーク・タイムズ・ルールは公務員とパブリック・フィギュアに対して適用されるが、それ以外の私人に対しては、その名誉保護の観点から別異の基準が適用されるとする。すなわち、公務員やパブリック・フィギュアは、私人に比して一般的に有効な反論の機会を有しているが、私人にはそれがなく、名誉毀損に対しより弱い立場にある。また、公務員やパブリック・フィギュアはきびしい公衆の審査を受け、注意とコメントを招く立場に自らを置くことにより、虚偽の事実による名誉毀損のリスクの増大に自らをさらした、といいうるが（危険の引受け）、私人についてはそのようなことはなく、彼らは名誉保護の必要が大きい。メディアによる私人の名誉毀損について、ニューヨーク・タイムズ・ルールを適用することは、私人の名誉保護についての州の正当な利益を不当に制限し、かつ、どのような出版や放送が公共の利益にかかわるものであるのか、またはないのかのアド・ホックの判断を裁判官にさせるという別の困難をもたらす。それゆえ、州は、出版社や放送局の私人に対する名誉毀損については、厳格責任を課さない限り、自由に責任要件を定めうるとすべきである。

ついで、法廷意見はパブリック・フィギュアの定義に移り、パブリック・フィギュアには社会の出来事に顕著な役割を果たして広範に名声または悪名を達成し、すべての観点からパブリック・フィギュアと目される場合と、より一般的には、特定の論争に自発的に参加することによって限られた問題についてのパブリック・フィギュアと目される場合とがあるが、いずれの場合にも、パブリック・フィギュアは公的問題の解決に特別に目だつ役割を果たす人物であるとする（なお、このほかにきわめてまれではあるが、不本意にパブリック・フィギュアになる場合があるとする）。そして、ガーツは地域社会の活動や弁護士としての活動には積極的で、いくつかの著書や論文もあり、ある範囲ではよく知られていたが、地域社会で一般的名声を打ちたてていたとはいえず、あらゆる観点からパブリック・フィギュアということはできない。また、彼は民事訴訟に関係しただけで、問題の民事・刑事の裁判をプレスと議論したこともなければ、その発言が新聞に報道されたこともない。彼は公的問題の論争の渦の中に自らを投じたわけでもなければ、その結果に影響を与えようとして公衆の注意を引こうとしたわけでもない。それゆえに、問題の訴訟の目的からもパブリック・フィギュアであるとはいえない。

かくして、ガーツ事件はニューヨーク・タイムズ・ルールの適用を、公務員とパブリック・フィギュアのみに限定し、私人に対しては、仮に著名な事件に不本意に巻きこまれた場合でも、ニューヨーク・タイムズ・ルールの適用はないとしたのである。また、この判決は、パブリック・フィギュアに、あらゆる観点からみての全面的パブリック・フィギュアと、社会の特定の論争との関係でのパブリック・フィギュアとの二通りを考えたが、ガーツをパブリック・フィギュアとは認めない点からもうかがえるように、かなり厳格にパブリック・フィギュアを考えていることがうかがえる。いずれにしろ、ガーツ判決は、ローゼンブルーム事件判決のように「公共の関心事」であるか否かを基準にしてニューヨーク・タイムズ・ルールの適用の有無を決定するのは、私人の名誉保護のために不適切であるとし、原告を類型化することによって名誉毀損の責任要件を使い分けようとしたのである（この判決はほかにも、現実的悪意の立証がない限りメディアに対しては懲罰的あるいは推定的賠償を認めてはならない、との新しい判示もあるが、本稿ではふれない）。

(3)　パブリック・フィギュアとは

(a)　それでは右判決のいうパブリック・フィギュアとは、具体的にいかなる人物を指すのか。その後の二つの事件が手がかりを与えてくれる。

一つは、タイム社対ファイアストーン事件[24]である。この事件は、アメリカでも有数の富豪一族の離婚裁判の報道にかかわるものである。雑誌タイムは、離婚を命じた判決につき、離婚原因は残酷さと姦通である、との誤った報道をした。連邦最高裁は原告のファイアストーン夫人はアメリカ有数の富豪の一族の妻で、その住むフロリダ州パームビーチ（高級避寒地として知られる）の社交界ではよく知られ、その離婚訴訟も社会の注目を浴びていたとしても、パブリック・フィギュアとはいえない、とした。彼女は、州法上、離婚を得るための唯一の救済手段としてやむなく裁判手続を利用しただけであり、公共的問題の解決に特別顕著な役割を果たしたとはいえない、というのである。裁判所は、やむなく法廷に引き出されたという事実のみによって、人は名誉毀損法により通常与えられる保護を失うものではない、と述べている。

もう一つは、ウォルストン対リーダーズ・ダイジェスト社事件(25)である。

米国内のソ連スパイに関する一九五七年〜八年のニューヨーク大陪審の捜査の結果、ウォルストンのおじとおばは逮捕され、後に有罪である旨を認めた。ウォルストンはこの捜査の関係で大陪審への出頭を命じられたが、一度メンタル・コンディションを理由に出頭せず、そのため法廷侮辱罪に処せられた（刑は執行猶予）。この間の経緯は、当時、ニューヨークおよびワシントンの新聞に数多く報道されたが、ウォルストンが法廷侮辱罪に処せられた後はそのような報道は収まり、ウォルストンは事件前と同様の静かな生活に戻った。このような事件の一六年後、リーダーズ・ダイジェスト社は、ソ連スパイの米国における組織と第二次世界大戦後の活動状況を描いた本を出版した。その一節に、ウォルストンは米国内にいるソ連スパイの一人で、スパイ罪で起訴されたあと法廷侮辱罪で処罰された、との記述があった。ウォルストンは、この記述が誤りで名誉毀損であるとして提訴した。連邦最高裁は、ウォルストンはパブリック・フィギュアではなく、したがって「現実の悪意」を立証する必要はない、と判示した。ウォレーンキスト判事の多数意見は、大陪審への不出頭とその結果の法廷侮辱による処罰も、広範な報道もいずれも彼が招いたものではなく、単に健康がすぐれなかったということの結果にすぎない。彼は公共的関心事に何らかの影響を及ぼそうと意図して、その中に飛びこんだとはいえず、むしろ逆に不本意にその渦中に引きずりこまれたのである、と。多数意見はまた、犯罪を犯した者はその処罰に関する限られた論評の観点からパブリック・フィギュアになるとの被告の主張をも排斥している（ブラックマン、マーシャルの二判事は、ウォルストンはかつてのパブリック・フィギュアだったが、一六年の時の経過により、もはやそうではなくなっているとして結論のみ同調している）。

(b)　以上三つの判例を見ると、連邦最高裁はパブリック・フィギュアを、全面的パブリック・フィギュア、特定の論争との関係でのパブリック・フィギュア、不本意のパブリック・フィギュアの三つに類型化し、第二のカテゴリーのパブリック・フィギュアについては、「公けの論争」が存在し、「その解決に影響を与えるべく、その論争の最前線に自発的に参加すること」の二つの要件を満たすことを求めていることが明らかとなる。しかし、この類型のパブリック・フィギュアは容易には認められないようである（ファイアストーン事件では離婚訴訟は公的関心事ではない、とされたし、ファイアストーン夫人が離婚訴訟中、数回の記者会見をしている事実も、彼女をパブリック・フィギュアにするものではないとされた）。

最高裁がニューヨーク・タイムズ・ルールによる保護を Subject Matter Classification によらず、原告の Classification によろうとする理由は、前述のごとく、国民にとって何が公共的関心事であるのかを決定するのは、裁判所をいわば検閲機関にするに等しい、というものであり、それなりに理解できないわけではない。また原告のクラス分けという、より形式的な基準によって名誉毀損の要件を変えるというほうが司法審査としては容易であるとの点も理解できる。しかし、パブリック・フィギュアとは公的問題の解決に特に顕著な役割を果たした人物というとき、何が公的問題であるかという判断を避けることはできない。かくして、パブリック・フィギュアであるか否かの判断は、つまるところ何が公的問題であるかの判断に戻っていかざるをえないのであり、パブリック・フィギュアは公的関心事の一つの場合にすぎないことがわかるのである[26]。

(c)　公共の関心事か、パブリック・フィギュアか、という連邦最高裁の考え方の対立は、ニューヨーク・タイムズ・ルールの適用の範囲を決定するうえでの対立であって、直接的にはわが国刑法二三〇条ノ二第一項の「公共の利害に関する事実」の解釈の問題ではない。しかしながら、ニューヨーク・タイムズ・ルールは公けの問題についての論争の自由を最大限に保障する、という民主制における自治の観点から樹立された憲法ルールであり、その適用範囲をどうするかは、「公共の関心事」といい、「パブリック・フィギュア」といい、つまるところは社会における公けの問題とは何かの問題に帰着するのである。その意味において、伝統的フェア・コメントの理論の下で公共の関心事とされた事項と合わせ、「公共の関心事」か、「パブリック・フィギュア」かという論争も、わが刑法二三〇条ノ二の解釈の参考にはなるのである。

(20)　Curtis Publishing Co. v. Butts, Associated Press v. Walker, 388 U.S.130 (1967)
(21)　Times Inc. v.Hill, 385 U.S.374 (1967)
(22)　Rosenbloom v. Metromedia, Inc., 403 U.S.29 (1971)
(23)　Gertz v. Robert Welch, Inc., 418 U.S.323 (1974)
(24)　Time Inc. v. Firestone, 424 U.S.448 (1975)
(25)　Wolston v. Readers Digest Association, Inc., 443 U.S 157 (1979)
(26)　この点を指摘するものに
Tribe, "American Constitutional Law", p.644.
Christie, "Injury to reputation and the Constitution : Confusion and Conflicting Approaches", 45 Mich L.R.43, pp.55–59　阪本＝藤田・前掲論文九二頁、古田・前掲論文一三頁もこの点を指摘する。

五　名誉毀損と差止請求

(一)　「エロス＋虐殺」事件裁判の問題点

名誉毀損あるいはプライバシーの侵害のおそれを理由とする出版・販売の差止めを論ずる際に、必ずといってよいほどに引用されるのは、「エロス＋虐殺」上映差止事件である。著名な事件であり、論評も多いので、事実関係を述べる必要もないであろう。一審決定[27]、二審判決[28]ともに上映禁止を求めた仮処分申請を却下したのであるが、重要なのは一・二審ともに一定の場合には事前の差止めが認められるとした点である。一審決定は、「権利侵害の違法性が高度な場合」を、二審判決は、「被害者が排除ないし予防の措置がなされないままで放置されることによって蒙る不利益の態様・程度と、侵害者が右の措置によってその活動の自由を制約されることによって受ける不利益との比較衡量」をその要件としている。このような考え方に賛成の学説は多いが[29]、私はいくつかの疑問をいだいている。第一は、一・二審とも、問題の映画によって神近氏の名誉・プライバシーが侵害されるとはたやすく断じえず、被保全権利の疎明が十分でない、とするのであるから、そもそもどのような場合に差止めが認められるか、の一般論を論ずる必要なく事案の処理が可能であったのではないか、ということである。その意味で一・二審の一般論は、厳密にいえば傍論にすぎない、といえよう。第二は、仮にそうでないとしても、差止めの仮処分は検閲を禁止する憲法二一条二項の下では許されないのではないか、ということであるが、この点は学説上論議がつくされているので[30]、詳しくは述べない。第三は、特に高裁判決のとる比較衡量論についてであり、被害者の人格権と表現の自由というように、全く異質の法益を比較衡量するのは、不可能ではないかということである。

この点、わが憲法二一条一項と同旨の修正一条を持ちながら、検閲の禁止については、わが憲法二一条二項のごとき明示の禁止を持たない合衆国憲法の下で、事前の差止めについては違憲性の推定の下、きわめてきびしい態度がとられていることが想起される[31]。総じていえば、「エロス+虐殺」事件の一・二審は事前の差止めの危険性について判断が甘い、との感を否めないのである。

㈡　**北方ジャーナル事件判決**

そこで次に、北方ジャーナル事件をみてみよう。この事件の事実関係は、月刊誌「北方ジャーナル」が、かつて北海道旭川市長を一一年余つとめ、その後昭和五〇年四月の北海道知事選挙に立候補し、さらに昭和五四年四月施行予定の道知事選に再度立候補予定であった、北海道の有力政治家五十嵐広三氏を口汚なく非難攻撃する「ある権力主義者の誘惑」と題する記事を発行・販売しようと準備中、これを知った五十嵐氏が、右雑誌の販売等を禁止する仮処分を求めたものである。札幌地裁はこの申請を認容し、北方ジャーナルの異議申立を容れず仮処分決定を認可した[32]。札幌高裁は、札幌地裁判決の理由を全面的に引用して、北方ジャーナル社の控訴を斥けた[33]。前記最高裁判決はこの高裁判決に対する特別上告に関するものであるが、上告人の上告理由の実質は、事実誤認または単なる法令違背を主張するものにすぎず、適法な上告理由（憲法解釈の誤りその他憲法違背のあること）に当たらない、として上告を棄却した。上告審判決は、適法な上告理由に当たらない、とするだけで具体的判断を示していないが、原判決の判断が憲法違反の場合には、最高裁は破棄することができるのであり、これをせずして原判決を維持したことは、出版・販売等の差止めの仮処分の合憲性を間接的に肯定したことになる。この判決が注目される所以はここにある。

そこで、上告審、控訴審がともに維持した異議申立事件の判決（以下判決という）の内容をみてみよう。

判決は、まず本件記事を、「きわめて下品なといわざるを得ない表現でもって五十嵐氏の人物評価をし、その表現どおりとすれば、同氏は人倫の道をはずれた犯罪者的人物である、とみるほかないことになる内容を読者に与える表現をとり、政治姿勢についても品のない用語を使って論を進めているのであり、五十嵐氏の社会的評価を著しく低下させるもの」とする。そして、現行法上、名誉侵害を予防する私法上の請求権が生ずる場合のあることを肯定し、その要件は、侵害者と被害者双方の利害の慎重な比較量により決しなければならない、としたうえ、①明らかに名誉毀損に当たる行為が行なわれようとしており、かつ、②その名誉毀損に当たる行為が行なわれると被害者の受ける損失がきわめて大きく、③その回復が事後では不能ないし著しく困難になること、の三つをあげ、本件は右各要件を満たしている、としたのである。

(三) 判決の問題点

私も、判決文からうかがう限り、本件記事は、「不必要に下品な表現をとって債権者の名誉をことさらに著しく傷つける」ものであると思う。これが、事後的になされる損害賠償請求訴訟でならば、五十嵐氏の請求を認めるにさほどの問題はないであろう。また、北方ジャーナルは本件記事につき、何度も差止めの仮処分決定を出されながら、ゲラの表紙だけを取り換えて印刷して、仮処分命令を潜脱しているのであるから、本件は「きわめて特殊なケース」ということもできよう(34)。

しかしながら、すでに「エロス＋虐殺」事件判決に関連して提起した、そもそも憲法二一条二項の下で出版・販売等の差止めの仮処分は認められるのか、という点をさておいても、本判決には重大な疑問を感ずるのである。疑問の一は、本判決は侵害者、被侵害者の双方の利害の慎重な較量をいうが、その直後に述べる三つの要件はすべて被侵害者側の事情であるということである（しかも、被害者側の事情としてあげられる名誉回復の困難さ、というのも、人の社会的評価はいったん傷つけられると、回復がむずかしいのが一般であるから、差止めの要件としてはあまりしばりの効果はない。また被害の重大性という要件については、あまりに下品で低劣な批判はかえって荒唐無稽として、読者から信用されにくい面があるから、表現の下品さ＝被害の重さ、とはならないこともありうることに留意すべきであろう）。

一体、差止めによって失われる出版側の利益の考慮はどうなったのであろうか。五十嵐氏は道知事という強大な権限を持つ、公選による公務員の候補者であり、前記昭和三三年一二月二四日の東京地裁判決もいうとおり、国民からその人格、識見、適性等の判断のため、公私の側面にわたって広範にかつきびしく審査を受けるべき立場にある。道民は、五十嵐氏について全人格的判断をなすに必要な資料を知る権利があるのである。本件記事は確かにきわめて下品な表現を用いてはいるが、一応具体的事実をあげて五十嵐氏の人格、識見、適性を手きびしく批判する資料を道民に提供するものとはいえる。ここでは、表現行為は出版社の利益にとどまらず、情報の受け手たる国民の利益ともつながっているのである。そのような内容の表現行為を、名誉毀損的だとして言論の自由市場に全く登場させないことが許されるのであろうか。しかも、批判を受ける立場にある候補者の申立によってである。前述したように、アメリカの判例は、公務員やパブリック・フィギュアは自らを公衆のきびしい審査を受ける立場に自発的に置くことによって、名誉毀損の危険をいわば引き受けたとみられること、さらに一般の私人に比して、メディアへのアクセスを含め有効な反論の機会を有していること、の二点を理由に名誉毀損による損害賠償の要件をすら一般私人よりも一段ときびしくしている。右に述べた二つの点は、わが国においても五十嵐氏のごとき政治家やパブリック・フィギュアにはほぼ同様に当てはまるのである。そうだとすれば、本件判決は被害を強調するのあまり、被害者が道知事という公選の公務員の候補者であること、および、差止めの仮処分は、適性判断のための資料を選挙民の目に届く前に抹殺してしまい、その限りで国民の知る権利を損うものであることを全く看過しているとのそしりを免れないのである。本件仮処分は無審迅でなされたようであるが、私は以上の点を考えるとき、このような仮処分を認めることに重大な疑問を感じるのである。

(四)　差止請求の要件

これまでの裁判例の考え方が適切でないとすれば、名誉毀損・プライバシー侵害を理由とする差止めはいかなる場合にも認められないのか、もし認めるとすれば、そのきびしい要件は何か。竹田判事は、これまでの裁判例が違法性の強弱を中心に考えるのに批判的な立場から、名誉毀損・プライバシー侵害の差止請求権の要件として、①公共の利害に関する事実を含まないこと、②摘示された事実が真実に反すること、③侵害行為が故意または現実的悪意（虚偽であることを知っているか、あるいはその点を無謀にも無視する態度）によるものであることの三要件を提示し、かつ、その挙証責任は差止めを求める側が負う、との説を唱えている。[35] 刑法二三〇条ノ二の真実証明の考え方と、ニューヨーク・タイムズ・ルールの考え方を一本にして、差止訴訟に適用しようとするもので、傾聴すべきものである。この説は、表現の自由の価値と人格権の価値を、表現の価値にウエイトをおいて調整しようとするもので、私も強い共感を覚える。唯一の難点は、民事の条文上の根拠がやや薄弱であるということである。私は、さしあたり、刑法二三〇条ノ二第三項が、公務員または公選による公務員の候補者に関する論評の自由を一段と広く認めようとしている点、および国民の知る権利を念頭において、少なくとも公務員または公選の公務員の候補者については、その職務や適性に関するものである限り、名誉毀損やプライバシーを理由とする差止めは認められないのではないか、と考えている。しかし、その他の場合はどうか等、必ずしも考えがまとまっていない。今後の研究の課題としたいと思う。

(27) 東京地決昭和四五年三月一四日（判例時報五八六号四一頁）
(28) 東京高判昭和四五年四月一三日（高裁民集二三巻二号一七二頁）
(29) 座談会「マスコミをめぐる諸問題」ジュリスト四四九号二一―二四頁。久保田きぬ子「『エロス＋虐殺』上映事件」ジュリスト昭和四五年度重要判例解説一二頁、五十嵐清＝藤岡康宏「人格権侵害と差止請求」判例評論一三九号一〇八頁
(30) 伊藤正己『言論出版の自由』（岩波書店・一九五九年）一二二頁、河原畯一郎『言論及び出版の自由』（有斐閣・一九五四年）一一〇頁等
(31) Near v. Minnesota, 283 U.S.697 (1931), Organization for a better Austin v. Keefe, 402 U.S.415 (1971)（本件はプライバシー侵害を理由とするビラ配布等の差止めを違法とするものである）。New York Times Co.v.U.S., 403 U.S.713 (1971)
(32) 札幌地判昭和五五年一一月五日（判例時報一〇一〇号九一頁）
(33) 札幌高判昭和五六年五月一九日
(34) この点を強調するのは堀部政男「『北方ジャーナル』事件と司法的事前抑制」ジュリスト七五三号六七頁。
(35) 竹田稔「司法による表現の自由の事前抑制」Law School 一九八一年一一月号三八頁、同『名誉・プライバシー侵害に関する民事責任の研究』（酒井書店・一九八二年）二一三頁

8　真実証明および相当性についての考え方

名誉毀損が法定で争われる時、それが刑事事件であれ、民事事件であれ、ほとんどの事件の中心的争点は、「真実性の証明」があるのか否かの問題にある、といっても過言ではない。「真実性の証明」とは、記事の内容が真実であるのかどうか、もし真実でないとしても、新聞社が取材により一定の事実が真実であると信じたのがもっともだと判断される理由があったかどうか、という問題である。法廷ではこの点を新聞社側が立証しようとし、名誉を毀損されたとする原告側が、記事は間違いである、真実と信ずべき理由もなかったと反論することになる訳である。

近時、この真実性の証明をめぐる裁判所の判断がきびしくなったのではないかと指摘され、筆者もそのように思っている。しかし、このような裁判所の考え方は正しいのだろうか。裁判例は名誉の保護との関係で報道・表現の自由に正当な考慮を払っているのだろうか。本稿の目的はこの点の検討にある。

一　裁判所の相当性判断

真実証明の問題を考える際の出発点となるのは、公然事実を適示して人の名誉を傷つけた場合でも、それが公共の利害に関する事実に関係し、その目的がもっぱら公益を図るためであるときは、「事実の真否を判断し、事実なることの証明ありたる時は之を罰せず」とする刑法二三〇条ノ二の規定である。

「真実なることの証明ありたる時」というのがどういうことを意味するのかについて、最高裁第一小法廷の昭和四一年六月二三日判決[1]は次のように述べている。

「新聞記者が、他人の名誉を毀損する場合であっても、右記事を掲載することが、公共の利害に関する事実に係り、専ら公益を図る目的に出た場合には、適示された事実が真実であることが証明されたときは、右行為には違法性がなく、不法行為は成立しないものと解するのが相当であり、もし、右事実が真実であることが証明されなくても、その行為者においてその事実を真実と信じるについて相当の理由があるときには、右行為には故意若しくは過失がなく、結局、不法行為は成立しないものと解するのが相当である」

この事件は民事事件についてのものであるが、続く昭和四四年六月二五日の最高裁大法廷判決[2]は刑事名誉毀損事件について、次のように述べた。

「刑法二三〇条ノ二の規定は、人格権としての個人の名誉の保護と、憲法二一条による正当な言論の保障との調和をはかったものというべきであり、これら両者間の調和と均衡を考慮するならば、たとい刑法二三〇条ノ二第二項にいう事実が真実であることの証明がない場合でも、行為者がその事実を真実であると誤信し、その誤信したことについて確実な資料・根拠に照らし相当の理由があるときは、犯罪の故意がなく、名誉毀損の罪は成立しないものと解するのが相当である」

二つの判決を対比してすぐ明らかになるのは、刑事に関する昭和四四年の判決が真実証明について、名誉の保護と憲法二一条による正当な言論の保障との調和をはかったものであることを指摘している点および、真実であると誤信した場合に、単に「相当な理由があるとき」としないで、「確実な資料・根拠に照らし相当の理由があるとき」としている点である。しかし、この二つの判決により、真実証明については、民事でも、刑事でも、基本的に同じ考え方がとられることが明らかとなった。

「相当な理由があるとき」というのは、抽象的で漠然とした言い方で、個別の事件ごとに取材の経過・内容に則して判断されるべきものだが、この二つの判決後の裁判例は、取材についてきびしい要求をして、「相当な理由」の存在を容易に認めない態度をとっている。それは最高裁自らの判決の中にも示されているように思われる。以下に重要と思われる二つの判決を見てみよう。

㈠　「下野新聞」事件

第一は昭和四七年一一月一六日第一小法廷判決(3)である。この事件は下野新聞が「口を押さえ殺す、えい児変死、近く家族調べる」との見出しのもとに、いわゆる三つ口で生まれた嬰《えい》児の死亡事件を報道し、その中で、警察が捜査を開始し、これまでの調べでは、嬰児の口の形が生まれながらに変わっており、これを悲観して家族のだれかが口や鼻をおおって殺した疑いが強まっており、近く家族を取り調べることとなった、と書いたところ、その家族が名誉を毀損されたとして損害賠償と謝罪文の掲載を求めたものである。最高裁は、「本件記事の内容は、生れつき口の形が変っている生後三か月の嬰児（次郎）の窒息による変死に関するものであるところ、捜査当局においてはその屍体解剖を終ったばかりで、未だ家族に対する事情聴取もすんでおらず、次郎の死が単なる事故死であるという可能性も考えられ、捜査当局が未だ公の発表をしていない段階において、上告人らの誰かが次郎を殺害したものであるというような印象を読者に与える本件記事を新聞紙上に掲載するについては、右記事が原判示の如く解剖にあたった黒須医師及び神山刑事官から得た情報に基づくものであり、同刑事官が署長と共に捜査経緯の発表等広報の職務を有し、右報道することについて諒解を与えたとしても、被上告人新聞社としては、上告人らを再度訪ねて取材する等、更に慎重に裏付取材をすべきである。これをしないで被上告人新聞社の各担当者がたやすく本件記事の内容を真実と信じたことについては相当の理由があったものということはできず、同人らに過失がなかったものとはいえない」として被告の「真実と信ずるについて相当の理由があった」とする抗弁を排斥した。記事が解剖医および刑事官から得た情報に基づいて書かれ、広報権限のある刑事官が報道内容について了解を与えていたとしても、なお再度家族を訪ねて裏付け取材を尽くすべきであったとしている点がきびしい要求である。記者の取材をいったん拒否している家族を訪ねろ、という点については意味のないことを強いるとの異論も十分ありうる。現にこの事件の高裁判決(4)は、同じ事実を前提に真実と信じるについて相当の理由があった、として新聞社を勝たせているのである。

㈡　**「スロットマシン」事件**

その二は同じく、第一小法廷の昭和五五年一〇月三一日判決(5)である。この事件はスロットマシンの販売を業とする会社の代表取締役（原告）が、スロットマシンを賭博用に改造して販売したとして、賭博幇《ほう》助罪容疑で会社内の捜索を受けたうえ、逮捕されたが、即日釈放され、後日の取り調べでもなく不起訴処分となった事件について、読売新聞が「とばくスロットマシン」「〝地下工場〟を摘発」「百円玉使えるよう改造」「二ケ所捜索日系アメリカ人逮捕」などの見出しのもと、原告がこの会社の工場でスロットマシンを大量に賭博用に改造し暴力団に売り渡した旨の報道をしたのが、事実に反し名誉を毀損したとして提訴されたものである。最高裁は、被告敗訴とした高裁判決をその通りに維持したものである。高裁判決は、問題の記事は会社がスロットマシンの賭博用改造工場を有し、原告が工場で大量のスロットマシンを賭博用に改造しこれを暴力団員に売り渡し賭博幇助罪を犯したような印象を与える点で真実とかけ離れた内容であるとしたうえで、新聞社が真実と信じた相当の理由の有無について大要次のように判断している。

すなわち、記者は捜索の責任者からあらかじめ、スロットマシンを原告から買い受けた人物の被疑事実と同人が逮捕されていること及び原告が逮捕、捜索されることをその被疑事実と共に聞いており、原告が逮捕、捜索されているところを現認し、かつマシンのリール絵およびメダルを発見した現場の捜査官からそれが原告の犯行を裏付ける証拠である旨の説明を受け記事を執筆したものである。しかし、さらに原告の供述の結果を聞く等の裏付けをとることをせず、いまだ捜査当局が正式の発表をしていない段階で直ちに本件記事を作成掲載したものであるから、たとえ記事の一部が捜査の責任者から得た情報に基づくものであっても、記事掲載を急ぐのあまり軽率に走ったとのそしりを忘れて免れないと。

この判決は、逮捕・捜索の現場で捜査の責任者から報道内容どおりの犯罪事実ありとの説明をうけ、それを裏付ける証拠として現場にあった物を示されたとしても、また、現場捜査官だけでなく、捜査当局自体が逮捕、捜索時点では報道内容と同一の判断を有していたにもかかわらず、なお相当の理由があったとはいえない、とするもので、相当性について、きわめてきびしい考え方をとっている。報道機関には捜査権限のごときものはなく、私企業として事実調査能力に限界があるにかかわらず、判決は警察の判断以上に事実を究明することを求めているともいえる訳で、きわめてきびしい要求といえる。また逮捕時点で被疑者が即日釈放されるとの予測も困難であったと思われる。

(三)　学説と下級審のとらえ方

「下野新聞」事件については、「本判決は、公式発表があったわけではないにしても、捜査当局の見解を発表する権限を有する刑事官から直接説明をうけ、しかも再度にわたり取材の結果を報道するにつき同刑事官から諒解を得ている場合である。裁判所が重要視したのは、家族に対する事情聴取も済んでおらず、単なる事故死であるという可能性も考えられるという点であるが、取材の経緯を考えると、かなり厳格な注意義務を課したものといえよう。(中略)新聞による誤報はその影響するところ大であるゆえ、『相当の理由』が厳格に解されるのは止むをえないところと考えられる」との肯定的解釈がなされ[(6)]、読売新聞の「スロットマシン」事件についても、「新聞社には捜査権限がなく私企業として事実上の調査能力に限界があることからすると、新聞社に酷とも考えられる(上告理由はこの点をつく)。しかし、実名入りでの広範な報道は、もしもそれが真実でないとなれば、被疑者の人権(名誉権)

を著しく害するおそれがある。それだけに最大限の慎重さが要求されてしかるべきともいえる。本判決は、かような見地から、新聞社に高度の注意義務を課したもの、とみてよいであろう。（中略）損害賠償については、誤報のもたらす被害の甚大さを考えると、報道機関には最大限の高度の注意義務が課せられてしかるべきと思う（公共性の程度がきわめて低いなど、事情いかんによっては、殆ど無過失責任に近い厳しい責任が課せられてよい）。その意味で、本判決の態度は歓迎される」との評釈がなされている。(7)

以上のような最高裁の判決を受けて下級審判決の中にも、相当性の判断を極めて厳格に解釈しようとするものがふえている。(8)最近の例をあげれば、東京地裁昭和六三年七月二五日判決(9)が、真実証明について次のような一般論を述べているのが目をひく。

「……民事責任の有無を判断する場合、右の違法性阻却事由の要件については、刑事罰によって違法な報道を抑制する場合とは異なり、報道された者の社会的地位、特に公人性の程度、報道された内容の右の者に対する影響の重大性、及び報道された者の受けた被害の回復の可能性と、報道された内容自体の客観的重要性及び民事責任を課せられることによって報道者側が被る打撃との均衡等を考慮し、特に懲罰的な損害賠償責任を課する場合でない限り、違法性阻却要件を厳格に解すべきであって、報道事実の公共性、報道された者の公人性と個々の報道記事の公共的正当性とを短絡的に結合させて論ずるべきものではない。即ち、報道内容の真実性の確保若しくはその根拠の相当性についていえば、報道内容が十分に推定できる程度の確実な資料を数量及び質の両面において収集し、これを根拠にすることが必要であり、これによらず、単に報道内容に沿う伝聞を主張する者あるいは主観的憶測の域を出ない解釈や推定をなす者の供述や情報、報道の前若しくは後において信憑性を吟味する機会（特に裁判手続きにおいて）の与えられない匿名者の供述やいわゆるオフレコの情報を根拠にするだけでは不足というべきである。特に、報道される当事者が報道内容事実を事前に否定している場合には、右否定を虚偽、架空と断じ得る資料が必要であり、これがなされていない限り、報道される当事者の主張を記事内に併記したからといって、報道者の不法行為責任を阻却し得るものではない」

「特に懲罰的な損害賠償責任を課する場合でない限り、違法性阻却要件を厳格に解すべき」であるというような考え方は、最高裁判決の判文からは出てこない独自のものである。

二　表現活動への影響

しかし、以上のようなきびしい考え方に問題はないのであろうか。真実証明の成否が問題となった多くの判決を読んで直ちに明らかなのは、真実証明の問題が表現の自由と名誉権の保護とをどう調和させるかの問題であるにもかかわらず、判文中に表現の自由の保護という考えや言葉が全然あらわれてこないことである。この点は前述の評釈についても同様である。

そもそも刑法二三〇条ノ二は、憲法二一条の保障する表現の自由と人格権の保障との対立を調整する規定として現行憲法制定に伴い設けられたものである。すなわち、表現の自由、特に民主主義会社において重要な公的関心事についての言論・表現の自由を保障する場合、時として名誉権の侵害が起こるが、これをどのような場合には許されないものとするか、とりわけ言論・表現の中に事実の誤りがあり、それが名誉を侵害する時に、いかなるものが許され、いかなるものが許されないかを決する基準が刑法二三〇条ノ二なのである。それは単に消極的に一定の場合には名誉毀損が成立しない要件を定めるものではなく、むしろ、言論の自由の外延を定めるものと考えるべきである。相当性の判断に当たって考慮すべきは、人間のなす言論においては、誤謬《びゅう》が不可避的に起こるものであることであり、あまりにきびしい考え方をとる時は真実の立証そのものを求めるに近くなり、報道機関は将来争いが起こった場合、相当性の立証が極めて困難であることを恐れて、報道そのものを控えることになりかねないのである。

それは公共の関心事についての活発な議論を不可能にし、刑法二三〇条ノ二が現行憲法制定に伴い新設された趣旨および憲法二一条の保障を無意味にすることになりかねないのである。

この点想起されるのは、アメリカ合衆国最高裁が、公務員が原告となって提起する名誉毀損訴訟について「公務員はあるステートメントが現実的悪意――ステートメントが虚偽であることを知っているか、あるいはそれが虚偽であるかどうか全く無視する態度――をもってなされたということを証明するのでない限り、自らの公務に関してなされた名誉毀損的な虚偽の陳述について損害を回復することができない」とする理論を樹立したサリバン対ニューヨーク・タイムズ事件[10]において述べた次のような言葉である。

「誤謬を含む陳述は自由な討議においては不可能であり、表現の自由が息づくスペースを持つためには、それも保護されなければならない。（中略）

（被告が）挙証責任を負う『真実性』の抗弁を許すことは、虚偽の言論のみが抑制されるということではない。そのようなルールのもとでは、公務員の行為についての批判をする人たちが、彼にその批判が真実であるとしても、それが法廷で真実であると立証されうるかどうかについて疑いを持ち、またそれに要する費用を恐れて、批判をさしひかえることになるかもしれない。彼らは違法とされる領域からはるかに遠いステートメントのみをなすようになりかねない。このルールはかくして批判をする活力を抑え、公の議論の多様性を制限することになる」[11]

「現実の悪意」の理論はその後、パブリック・フィギュア（公人）にも適用されることとなっているが、右に引用したような、言論の自由の保障についての、きわめて現実的な考え方はわが国の裁判例には見られないのである。

しかし、わが国の学説中にも、名誉毀損法を表現の自由の観点から考え直してみようとするものがあらわれている。その代表的論者として、名古屋大学の平川宗信教授は、刑事名誉毀損についてではあるが、憲法二一条を前面に押し出して刑法二三〇条ノ二について次のような考えを主張している。すなわち、「それが公的問題に関する討論・意思決定に必要・有益な報道の流通を確保するのに必要な限りでは、他人の名誉を侵害する事実を摘示することも正当とされなければならず、言論は違法とされてはならない」「『自己検閲』を防止し、討論を可能にするためには、誤った言論をも許容することが必要である。人間に誤謬は不可避であるから、誤謬を禁じたならば市民は『自己検閲』を強制され、自由な討論は成り立たなくなる」。このような観点から、「事実の真実性を一応推測させる程度の相当な合理的根拠があり、それに基づいてなされた言論」は保護される、「しかし真実であることの蓋然性が高度であり、その事実を真実と判断しても無過失であるといえる程度の確実な資料・根拠は必要でない。それだけの根拠はなく、真実と判定するにはなお疑問の余地を残していたとしても、この程度に相当な合理的根拠があればよいと解するべきであろう」としている(12)。

私はこの平川教授の考え方は報道の自由と名誉の保護を正しく調整するものとして、これに賛成である。そして、このような考え方は民事についてもひとしく妥当するものと考える（刑事の名誉棄損犯罪については、言論に対して刑事罰を加えることは抑制的に考えるべきであるから、真実証明の抗弁をゆるやかに認めるべきだとの考え方もありうるが、冒頭に対比した二つの最高裁判決では刑事事件における真実証明についてのみ「確実な資料・根拠に照らし」との文言で加えられており、民事事件の場合に比し、真実証明の抗弁が認められにくい感じを与えている）。

下級審の民事判決の中には、相当性について少しゆるやかな考えをとるものもあらわれている。

地方自治体や地方議員の汚職や不正に関する報道が問題となった事件で、東京高裁昭和五三年九月二八日判決(13)は、相当性の立証につき、「ところで、取材に係る事実が真実であると信じるについて相当の理由があるというためには、新聞の社会に与える影響の甚大であることに鑑み、右の事実が単なる風聞や憶測に依拠するだけでは足らず、それを裏付ける資料又は根拠がなければならないことはいうまでもない。しかし、もともと、報道機関だからといって取材活動につき特別の調査権限が与えられているわけではなく、また、報道に要求される迅速性のために、その調査にも一定の限界が存することに思いを致せば、裏付資料や根拠に高度の確実性を要求することは許されず、殊に、当該記事が本件のごとく政治に関するものである場合には、個人の名誉侵害に対する責任を追及するに急なあまり、報道機関を萎縮させて民主主義政治の支柱たる報道の自由を損なわないよう配慮すべきであるから、民事上の不法行為の責任阻却事由として一応真実であると思わせるだけの合理的な資料又は根拠があることをもって足りるものというべきである。それればかりでなく、新聞が一般社会に与える影響は、記事掲載の仕方や表現の方法によっても異なることは、みやすいところであるから、取材に係る事実の真実性の有無、程度も、単に客観的事実の証明度のみによって決すべきでなく、記事掲載の仕方や表現の方法をも顧慮し、これとの相対的判断によって決定するのが相当である」と判示し、大阪地裁昭和五九年七月二三日判決[14]もほぼ同旨の判断を示している。

これらは、日刊新聞における迅速性の要求と価値（迅速な報道が現下の情報社会において極めて重要な価値と役割を果たしていることおよび速報のための競争が報道機関のバイタリティーを生み出していることは自明といえる）と報道機関が、しょせん民間企業として特別の調査権限を有していないことをふまえたうえで表現の自由と人格権の保護とを調和・均衡させせようとするもので、平川教授の考え方にも通じるように思われる。

こう考えてくると、表現の自由と名誉権の保護とを調和させるものとしての「相当性」としては、「一応真実であると思わせるだけの合理的な資料又は根拠が存在すること」が必要であって、かつそれをもって足りるとするのが正しいのではなかろうか。この考えによれば、通常は記事の対象になってその名誉が傷つけられる人に取材して、この弁明を聞き、それを考慮したうえで記事の内容を決めるというのが報道あるべき姿だといえるが、記事の対象となる人が身柄を拘束されていてその話を聞けない場合とか、取材を断った場合等は、本人の弁明や言い分なしで事実を認定しても、それ以外に一応真実であると思わせる合理的根拠があれば、真実証明ありと判断されることになろう。冒頭の「下野新聞」事件や「スロットマシン」事件も本人の取材はなされていないものの、それ以外の具体的取材内容に照らせば、おそらく真実と信ずるについて相当の理由があったとして反対の結論が導かれるのではないかと思われる。

報道の自由と名誉等の人格権の保護は究極的には対立し、衝突する。従ってどちらかの保護を強く主張すれば、他方の権利は縮小・制限される関係にある、このバランスの取り方は難しいのである。私は最近の裁判例に見られる考えが名誉権の保護を強調するのあまり、報道の自由についての配慮がやや軽んじられているのではないかと危惧《ぐ》している。人格権の保護はもちろん重要であり、写真週刊誌などによる名誉やプライバシーの無責任な侵害をきびしく批判すべきはいうまでもない。報道機関が真実の報道を目ざしての努力を怠ってはならないことも当然である。しかし他方、表現の自由、報道の自由も民主主義社会の根幹をなす価値であることを忘れてはならない。あまりにきびしい真実証明の要求は報道機関を萎《い》縮させ、ひいてはそれが国民の得るべき報道の縮小につながっていくことに十分に留意すべきである。

（1）民集二〇巻五号一一一八頁
（2）刑集二三巻七号九七五頁
（3）民集二六巻九号一六三三頁
（4）東京高判昭和四六年四月九日判例時報六八七号四八頁
（5）判例時報九八六号四一頁
（6）別冊ジュリスト『マスコミ判例百選（第二版）』18事件についての神田孝夫小樽商科大教授の評釈、五十嵐清、『民商法雑誌六八巻五号七八五頁および能見善久・法学協会雑誌』九一巻五号八二九ページも同旨
（7）別冊ジュリスト『マスコミ判例百選（第二版）』19事件についての神田教授の評釈
（8）東京地裁昭和五八年六月一〇日判決（「月刊ペン」事件差戻後第一審判決）判例時報一〇八四号三七頁、大阪高裁昭和六〇年六月一二日判決（判例時報一一七四号）
（9）判例時報一一九三号一〇五頁
（10）Sulivan vs. New York Times 376 U.S. 254（1964）

(11)　この点については山川洋一郎「報道の自由と名誉毀損」ジュリスト四四三号（本書2参照）

(12)　『名誉毀損罪と表現の自由』（昭和五八年）八六、八七、九二頁

(13)　判例時報九一五号六二一頁

(14)　判例時報一一六五号一四二頁

9　プライバシー侵害と差止請求

一　はじめに

本項においては、プライバシーの定義として「宴のあと」事件判決（東京地判昭和三九年九月二八日下民集一五巻九号二三一七頁）の

① 私生活上の事実又は事実らしく受け取られるおそれのあることがらであること

② 一般人の感受性を基準にして、当該私人の立場に立った場合、公開を欲しないであろうと認められることがらであること

③ 一般の人々に未だ知られていないことがらであること

を用いる。最高裁判所は未だプライバシーを定義したことはないが、右の定義は、その後の下級審判決でしばしば用いられ、少なくともそのようなプライバシーの侵害に対し、損害賠償が認められることは多くの判例の一致するところであるからである。

二　プライバシー侵害行為に対し差止請求は認められるか——判例の流れ

(一)　映画「エロス＋虐殺」上映禁止事件

プライバシー侵害行為に対する差止請求が認められるか否かについて未だ最高裁の判断は示されていないが、名

誉権に基づく差止請求を認めた北方ジャーナル最高裁判決以前の事件として、映画「エロス＋虐殺」上映禁止事件がある。

本件は婦人解放運動家、社会主義運動家として著名な元衆議院議員神近市子氏が、吉田喜重監督の作にかかる映画「エロス＋虐殺」が、神近氏と社会主義者大杉栄の恋愛関係の葛藤、その中で起こった日陰茶屋事件を描いており、同氏の名誉を毀損し、あるいは同氏の私生活をみだりに公開されない権利、いわゆるプライバシーの権利を侵害するとして、その差止めを求めたものである。

一審東京地決昭和四五年五月一四日判時五八六号四一頁は、「人格権の侵害に対し事前に差止請求権を認めうるか否かについては議論の存するところであるが、これを積極的に解しても、表現の自由に対する重大な制約である点に鑑み検閲を禁じた憲法二一条二項の精神を考慮して、権利侵害の違法性が高度な場合にのみ差止請求を認めるべきものと解するのが相当である。」とし、問題となった部分については多数の伝記、小説等として公刊され、世上公知の事実となっているばかりでなく、神近氏自らが事件等の概要を著述していること、さらに自らが著名人で、ごく最近、政界の第一線を退いたばかりであること等に徴し、もはやプライバシーの要件である秘匿性はない、とし、「プライバシーの侵害の違法性も表現の自由との比較衡量ないし価値選択の問題であることに鑑みれば、少なくとも本件映画についてその上映差止請求権を生ずべき高度のプライバシー侵害の違法性があるとは断定できない。」とした。

控訴審の東京高決昭和四五年四月一三日判時五八七号三一頁は、人格的利益の侵害を理由とする差止請求権の存否は、「具体的事案について、被害者が排除ないし予防の措置がなされないままで放置されることによって蒙る不利益の態様、程度と、侵害者が右の差止めによってその活動の事由を制約されることによって受ける不利益のそれとを比較衡量して決すべきである。」とした上、「本件映画の公開上映によって、当然に抗告人がその名誉、プライバシー等人格的利益を侵害されるとは、たやすく断じ得ないから、現在抗告人に本件映画の公開上映を差止めなければならない程度にさしせまった、しかも回復不可能な重大な損害を生じているものと認めることはできない。」とした。

一、二審共結論は正当だったと思われるが、「権利侵害の高度の違法性」は基準としてあいまいであるとか、ケース・バイ・ケースでプライバシー侵害による不利益と差止めによる不利益を比較衡量するアプローチは表現の自由の優越的地位を否定し、裁判官の裁量に委ねるところが大きすぎ、基準としての意味がなく、表現の自由の保護に不適切であるとかの批判があった（竹田稔『プライバシー侵害と民事責任〔初版〕』一五二～一五三頁）。

㈡　**北方ジャーナル事件**（**最大判昭和六一年六月一一日民集四〇巻四号八七二頁**）

本件は月刊誌『北方ジャーナル』が、北海道旭川市長を一一年余つとめ、その後北海道知事選挙立候補を経て、昭和五四年四月施行予定の同知事選に再度立候補予定であった北海道の有力政治家五十嵐広三氏を、知事としての適格要件を備えていないとして口汚く非難攻撃する「ある権力主義者の誘惑」と題する記事を出版しようとしたことに端を発する。

同氏は右記事の販売等禁止仮処分命令を得たが、その適否が後に同氏及び国に対する損害賠償請求事件において問われた事件である。最高裁は、裁判所による差止めは、憲法二一条二項前段にいう「検閲」には当たらない、とした上、人格権としての名誉権に基づく差止請求について、「人の品性、徳行、名声、信用等の人格価値について社会から受ける客観的評価である名誉を違法に侵害された者は、損害賠償（民法七一〇条）又は名誉回復のための処分（同法七二三条）を求めることができるほか、人格権としての名誉権に基づき、加害者に対し、現に行われている侵害行為を排除し、又は将来生ずべき侵害を予防するため、侵害行為の差止めを求めることができるものと解するのが相当である。けだし、名誉は生命、身体とともに極めて重大な保護法益であり、人格権としての名誉権は、物権の場合と同様に排他性を有する権利というべきであるからである。」とした。

しかしながら、裁判所の行う出版物の頒布等の事前差止めは、表現行為に対する事前抑制であるから、表現の自由を保障し、検閲を禁止する憲法二一条の趣旨に照らし、厳格かつ明確な要件のもとにおいてのみ許容されうるとし、「とりわけ、その対象が公務員又は公職選挙の候補者に対する評価、批判等の表現行為に関するものである場合には、そのこと自体から、一般にそれが公共の利害に関する事項であるということができ、前示のような憲法二一条一項の趣旨に照らし、その表現が私人の名誉権に優先する社会的価値を含み憲法上特に保護されるべきであることに鑑みると、当該表現行為に対する事前差止めは、原則として許されないものといわなければならない。ただ、右のような場合においても、その表現内容が真実でなく、又はそれが専ら公益を図る目的のものでないことが明白であって、かつ、被害者が重大にして著しく回復困難な損害を被る虞があるときは、当該表現行為はその価値が被害者の名誉に劣後することが明らかであるうえ、有効適切な救済方法としての差止めの必要性も肯定されるから、かかる実体的要件を具備するときに限って、例外的に事前差止めが許されるものというべきである。」とした。

この最高裁判決は、「エロス＋虐殺」事件の一、二審判決に対する批判をふまえて、公務員又は公職選挙の候補者に対する評価、批判の自由と名誉の保護という対立利益を、表現の自由の優越性を十分考慮した上、類型的に衡量することにより調整しようとしたものと評価されるが、右の考え方は、プライバシー侵害にもそのまま当てはまるのであろうか。

以下、北方ジャーナル事件最判後の主要な下級審判決を見てみよう。

(三)　東京地決平成元年三月二四日判タ七一三号九四頁

学校法人に勤務していた元教諭が、この法人の運営する高等学校においては生徒の教育がなおざりにされて、同法人及び理事長の私益を図ろうとする傾向にあること並びに理事長は教育者として不適格な人物であることを暴露的、批判的に記述した「虚妄の学園」と題するブックレットを出版しようとしたところ、その出版・販売等の差止めが人格権に基づき求められた事件である。

裁判所は審尋手続を経た後、「高等学校教育の有する公共教育としての性格及び社会的使命（教育基本法六条、学校教育法一条、私立学校法一条等参照）に鑑みると、高等学校を設置運営する学校法人又はその経営者の高等学校の教育活動、経営及びこれに関連する公的な行為に関する評価、批判等の表現行為は、それが私立の高等学校であってもなお、公共の利害に関する事項として憲法上十分に保護すべき社会的価値を含むものであるというべきであるから、その事前差止めについては慎重に判断すべきであって、事前差止めのためには、その表現内容が真実でなく、又はそれが専ら公益を図る目的のものでないことが明白であって、かつ、被害者が重大にして著しく回復困難な損害を被るおそれがあることを要するものと解するのが相当である。」として、差止めを認めなかったが、理事長の私生活における女性関係にわたる記述については、「私立高校の経営者については、公共的性格が高いとはいえ、なおその社会的性格は、公職選挙の候補者等に極めて公共性の高い人物の場合とは異なるというべきであり、したがって、私立高校の経営者の行為であっても、公共的性格の希薄なプライバシーにわたる事項については、高等学校の教育活動、経営及びこれに関連する公的な行為の場とは異なり、憲法上保護された私人の権利である人格権について考慮する必要性がより高いものということができる。したがって、その表現内容の真実性と公益目的について仮処分の当事者双方を審尋した結果、表現内容が真実でないこと又は専ら公益を図る目的のものでないことの疎明があった場合であって、かつ、債権者が重大にして著しく回復困難な損害を被る虞があることの疎明がなされた場合には、なおこれの事前差止めをなしうるものと解することができる。」とした上、右疎明がなされたとして差止めを認めた。

㈣　神戸地尼崎支決平成九年二月一二日判時一六〇四号一二七頁

宝塚歌劇団の生徒らが、その生年月日、血液型、身長、出身地、出身校、入団年、初舞台、特技、趣味、性格等のほか、その住所の表示、私鉄駅から住所に至る道順を示した地図、居住する住宅の写真を掲載した「タカラヅカおっかけマップ」の出版・販売等の差止めを求めたものである。

裁判所は、右のうち債権者らの住居情報以外の情報については、「著名な芸能人に関しては一般の芸能関係の情報雑誌でも紹介を行っているところであり、債権者らが宝塚歌劇団のスターであって、生年月日、趣味、嗜好等がひろく諸雑誌等で紹介されることが一面では債権者らの周知、人気の上昇、保持に役立つ事柄であるともいえるのであって、右記述部分が債権者らのもっぱら私的に属する事柄をみだりに公開し、プライバシーを侵害したものとまでは言い難い。」としたが、住居情報については、「有名スターないしタレントといえども、平穏に私的生活を送る上でみだりに他人によって公表されない利益を有し、この利益はプライバシーの権利として法的保護が与えられる」とした上、「本件債権者らはいずれも独身、一人住まいの若い女性であって、私的生活のうえで不必要にファンの押しかけ、付きまといを受けたり、職業がら深夜帰宅が稀ではないところ正体不明のものに追尾されることなどを切実に危惧し、債権者の一部には現実に種々の嫌がらせ行為をうけていることが窺われ、……本件書籍出版、販売が継続されて住居情報の公開がさらに続けられるときは回復困難の損害を受ける虞があると認めることができる。」として差止めを認めた。

㈤　東京地判平成九年六月二三日判時一六一八号九七頁

本件は㈣事件と同じ出版社による、人気タレントグループ、ジャニーズに関する『ジャニーズ・ゴールド・マップ』の出版差止めがジャニーズのメンバーらから求められたものである。この出版社は、右出版の前に既にジャニーズ所属のタレントの実家や自宅の所在地を市区以下の町名まで特定して示し、その場所を示す地図と自宅等の写真とを掲載した『ジャニーズおっかけマップ』を発行していたが、さらに詳細なマル秘データ、カラー写真を加えた決定版として『ジャニーズ・ゴールド・マップ』を販売しようとしたものである。

判決は、プライバシー権という表現は、必ずしも一義的なものではないので、私生活の平穏を享受するという人格的な利益としてとらえるとした上、本件書籍を芸能人である原告タレントらの承諾なく営利の目的で出版・販売する行為が、この人格的利益を違法に侵害するかどうかが判断の対象であるとして、おっかけマップによって4事件で認定されたと同様の被害が既に発生しているところ、おっかけマップよりもさらに詳しい情報が掲載される本件書籍の出版・販売によって、原告タレントらの私生活の平穏を享受するという人格的利益にさらに大きな被害が発生する可能性が高く、そのような被害は回復が極めて困難な性質のものである、として差止めを認めた。

本判決は、㈣事件とほぼ同じ理由付けで差止めを認めたものであるが、本件書籍の内容は公益を目的とするものでないことを指摘した上、そのような書籍の出版・販売という表現・出版の自由よりもタレントの人格的利益の方が優先するとしたものである。

㈥　**東京地判平成一〇年一一月三〇日判タ九五五号二九〇頁**

本件の対象となった書籍『ジャニーズおっかけマップ・スペシャル』は、㈤事件が控訴審係属中に同じ出版社から出版・販売されたものである。

ジャニーズ事務所所属のタレントらは本件書籍の出版・販売によってプライバシーの権利が侵害され、その侵害は継続しているとして、本件書籍の出版・販売の差止めを請求し、更に被告会社は将来、書籍の名前や体裁を変えて本件書籍と同様の出版物を出版・販売する虞が強いとして将来にわたり同種の出版物一般の出版・販売等の差止めを請求した。

判決はまず、「宴のあと」事件判決の三つの要件を満たすような「他人に知られたくない私的事項」がプライバシーの利益として法的保護を受けるとした上、個人の住居情報は、そのようなものとして法的に保護される利益であり、これを正当な理由なく一般に公表する行為は、プライバシーの利益を侵害する違法な行為であるとした。

そして、「一般的に、プライバシーの利益は、その性質上、いったんメディアによる公表という態様で侵害されるとその回復が極めて困難なものであることが多い。もとより、表現の自由の人権体系上における優越的地位からみて、表現行為の事前差止めについては極力謙抑的でなければならないが、右プライバシーの利益の原状回復の困難性に鑑みると、個人のプライバシーの利益を違法に侵害する表現行為については、その表現行為の内容が専ら公益を図る目的のものでないことが明白であり、かつ、被害者が重大にして著しく回復困難な損害を被る虞がある場合に限って、例外的にその事前差止めが許されるものというべきである。」とした。そして本件書籍については、「原告らは芸能人ではあるが、その私生活についてはそれが特に社会的な出来事や犯罪行為等と関連しない限り、その公表に何ら公益目的は認められないものと解する。（中略）

また、本件書籍の出版、販売によって、多数の原告らの熱狂的なファン等が原告らとの接触を切望して本件書籍を購入し、そこに記載のある原告らの自宅又は実家の所在地に赴いたり、郵便物を送りつけたりするような事態、更に、そのようなファン等の行動によって原告らの私生活の平穏が具体的に害されるような事態が生じるであろうことは、容易に想像できるところであり、原告らが重大にして著しく回復困難な損害を被る虞があることも明らかである。」として差止めを認めた。

(七)　東京地判平成一一年六月二二日判時一六九一号九一頁

芥川賞作家柳美里が月刊誌『新潮』に発表した小説「石に泳ぐ魚」の登場人物のモデルにされた無名の在日韓国人女性が、顔面の腫瘍や父親が韓国においてスパイ容疑で逮捕された事実等を小説中で暴露されたのが同人のプライバシーを侵害するとして、損害賠償、謝罪広告、単行本化、放送、映画等一切の公表の禁止を求めたものである。

判決は、プライバシー侵害を認めて、損害賠償と出版その他一切の方法による公表の差止めを命じた。しかし、この判決は、プライバシー侵害に加えて、当事者間に不公表の合意があったと認定し、この合意に基づいて差止めを認めたもので、プライバシー侵害による差止め事件として報道されたのは正確ではない。

三　差止めの実体的要件

(1)　以上にみたように、下級審判例はプライバシー侵害を理由とする差止めについて、北方ジャーナル事件最判のたてた基準をそのまま、あるいはそれから「表現内容が真実でない」という部分を除き、少し修正して適用し、これを認めようとするもの（五、六）と、それにはよらず、私生活の平穏な享受という利益の侵害と回復困難な損害という要件を満たせば認めるもの（四、五）とに分かれている。

しかし、北方ジャーナル事件最判は公務員又は公職の候補者に対する名誉毀損を理由とする差止めに関するものであり、プライバシー侵害に対する差止めを、同じ人格権侵害として認めうるとしても、名誉毀損の場合の要件が、そのままプライバシー侵害を理由とする差止めに適用できるかは問題である（五十嵐清『人格権論』一九〇頁は、ほぼプライバシー侵害に適用できるとする）。なぜなら、名誉権とプライバシー権は同じ人格権であるといっても、性質は異なるのであり（例えば、名誉毀損については事実の摘示に対する救済として、謝罪と反論がありうるが、プライバシー侵害にはそれがあり得ない）、しかも北方ジャーナル事件最判については、表現内容の真実と公益目的を「又は」で結び、いずれかの要件を具備していれば良いとするのは、表現の自由に対する保護として不十分であり、「専ら公益を図る目的」という点も基準としての明確性に問題がある、等の批判もあったからである（竹田稔「北方ジャーナル事件判決の民事上の諸問題」ジュリ八六七号二七頁）。

(2)　北方ジャーナル事件最判を前提にすれば、人格権侵害としてのプライバシー侵害についても差止めがみとめられるべきだということにはなろう。

では、いかなる要件の下にか。まず考慮すべきは対象人物の職業、地位、性格と公表されようとした情報の内容・性質である。対象人物の職業、地位、性格等を考慮した上で公表されようとした情報が正当な社会的関心の対象事である場合には、公益目的の存否を問うまでもなく、その差止めは認められるべきではあるまい（また、営利目的の公表が直ちに公益目的を欠くことにはなるまい）。ここに正当な社会的関心の対象事とは公共の関心事と同義であるが、公衆が単に好奇心を持つ事柄と同じではない。この点については刑事事件ではあるが、池田大作創価学会会長（当時）についての女性関係の記述が問題になった月刊ペン事件において、最高裁（最判昭和五六年四月一六日刑集三五巻三号八四頁）が「私人の私生活上の行状であっても、そのたずさわる社会的活動の性質及びこれを通じて社会に及ぼす影響力の程度などのいかんによっては、その社会的活動に対する批判ないし評価の一資料として、刑法二三〇条ノ二第一項にいう『公共ノ利害ニ関スル事実』にあたる場合があると解すべきである。」と判示しているのが考え方の基準になろう。そのような表現は、広い意味で自由な民主主義社会の運営に必要かつ有益だからであり、言論の自由市場への登場を禁止さるべきではないからである。換言すれば、ある事柄が社会の正当な関心事である場合、その公表には客観的な価値があるのであり、仮に主観的に公益目的がない場合であっても、公表は差止められるべきではないのである。

正当な社会的関心事であっても、公表内容の真実性が問題となる場合については、差止め側が公表内容の虚偽性を主張・立証し、公表側は真実又は真実と信ずるについての相当の理由の存在を積極否認として主張・立証することを許されるべきであろう。この点、公表内容に事実でない部分がある場合は、その部分はプライバシーの問題ではなく、名誉毀損の問題として処理すれば良いとの見解もあるが（竹田一六二頁）、冒頭に述べたように、「私生活上の事実又は事実らしく受け取られるおそれのあることがら」をプライバシーの一要件とすれば、事実の真偽もプライバシー侵害の考察中に含めることになる。

更に公表により、対象人物に重大な損害が生じることは差止めの要件（被保全権利の存在）として必要であるが、損害が回復不能か否かは、仮処分による場合の保全の必要性の問題である。プライバシー侵害による損害は多くの場合回復不能であり、保全の必要性はほとんどの場合に肯定されよう。

右の要件を挙証責任の観点から整理してみると、差止めを求めるものは、被保全権利としてプライバシーの侵害があること、即ち、正当な社会的関心事でない私事が暴露されようとしており、これにより重大な損害を受けること、保全の必要性としてその損害は回復不能であることの立証を求められ、公表側は積極否認として、公表内容は正当な社会的関心事であり、損害も重大ではないということを主張することになろう。事実の真偽が問題になる時には、事実が誤りであることの立証責任は差止め側が負い、公表側が積極否認として、真実又は真実相当性の主張をすれば良い。差止めが仮処分手続により求められる場合は、立証の程度は高度の疎明ということになる。

このように考えると前記下級審判決は、問題となった表現（理事長の個人生活における女性問題や芸能人の住居情報）がその職業、地位に照らして、正当な社会的関心事といいうるか、問題の公表により、彼等が受ける損害が重大であるか否か、により決せられることになり（四、五、六事件では事実の真偽は問題ではなかった）、結論はいずれも正当であったが、三、五、六事件では公表に公益目的があったか否かは改めて論ずる必要がなかったということになるのである。

(3)　この点、阪本昌成教授は「名誉かプライバシーかによって、差止め要件がどう違うかという論点にエネルギーを向けるべきであろう」として、アメリカの判例・学説を検討した上、「①損害回復の困難性という要件は特に重視される必要はなく、それよりも②侵害行為の危険の緊急性、③損害の重大性、④当該表現内容に正当な公衆の関心事が含まれないこと、を中心に考察すべきであろう」としており（「プライバシー権と事前抑制・検閲」ジュリ八六七号一二頁以下、特に二一頁）、私見とほぼ同様である。

裁判官時代から長くこの問題を研究してこられた竹田稔弁護士は、プライバシー侵害の場合の事前差止めの要件として、表現行為の内容が社会の正当な関心事でないことと、表現行為が現実的悪意によってなされたものであること、の二つをあげられる。ここに現実的悪意とは「プライバシー侵害となることを知って、又はプライバシー侵害になることを無謀にも無視する態度をもって表現行為をすることを意味する」とされる（『プライバシー侵害と民事責任〔増補改訂版〕』二三一〜二三四頁）。この考えは公務員又は公的人物に対する名誉毀損は、事実が虚偽であることを知ってか、事実の真偽を無謀にも無視する態度を以って表現行為をなしたことを要するという、ニューヨーク・タイムズ社対サリバン事件（New York Times v. Sullivan, 376U.S.254（1964））以降のアメリカ連邦最高裁判例の考え方をプライバシー侵害にも当てはめようとするものである。しかし、「現実的悪意」の理論は事実の真偽に関する認識、主観的態度に関するものであり（日本法の故意及び未必の故意に近い）、プライバシー侵害になるか否かは微妙な法律的判断の問題であるから、これに現実的悪意の理論はそのまま当てはめにくいし、表現内容を認識している以上、常にプライバシー侵害の認識があり、現実的悪意ありとされることにならないであろうか。むしろ、事実の真否について争いがある場合にのみ「現実の悪意の理論」をもともとの意味で使えばよいのではなかろうか。表現の自由の優越的地位を認めた上で、差止めの要件をきびしく考えよう、との意図を理解しつつも、果たしてこの要件が適切であるのか、若干の疑問が残るのである。

四　差止請求権行使の手続的要件

前記北方ジャーナル事件最判は、差止めを仮処分手続によって求める場合は、

「一般の仮処分命令手続のように、専ら迅速な処分を旨とし、口頭弁論ないし債務者の審尋を必要的とせず、立

証についても疎明で足りるものとすることは、表現の自由を確保する上で、その手続的保障として十分であるとはいえず、しかもこの場合、表現行為者側の主たる防禦方法は、その目的が専ら公益を図るものであることと当該事実が真実であることとの立証であるのであるから、事前差止めを命ずる仮処分命令を発するについては、口頭弁論又は債務者の審尋を行い、表現内容の真実性等の主張立証の機会を与えることを原則とすべきものと解するのが相当である。ただ、差止めの対象が公共の利害に関する事項についての表現行為である場合においても、口頭弁論を開き又は債務者の審尋を行うまでもなく、債権者の提出した資料によって、その表現内容が真実でなく、又はそれが専ら公益を図る目的のものでないことが明白であり、かつ、債権者が重大にして著しく回復困難な損害を被る虞があると認められるときは、口頭弁論又は債務者の審尋を経ないで差止めの仮処分命令を発したとしても、憲法二一条の前示の趣旨に反するものということはできない。」とした。

右原則はプライバシー侵害を理由とする差止めについても、ひとしく適用さるべきであり、無審尋はきびしく例外とすべきであろう。㈢事件も審尋を経ている。立証の程度は、疎明では足りないとされているのであるから、高度の疎明が求められることになろう（疎明とは、ある事実の存在又は不存在について、裁判官が一応確からしいとの心証を得ること、高度の疎明とは、「仮処分債務者に反証を許したとしても心証が覆る可能性が極めて小さい程度の疎明をいう」とされている。谷口安平「手続法から見た北方ジャーナル事件」ジュリ八六七号四〇頁）。

単なる疎明で足りるとしている前記㈢の決定は、この点表現の保護のために十分でないと評されよう。

10 利益衡量論

一 はじめに

合憲性判定の基準としての利益衡量とは、一言にして言えば、基本的人権の制限が問題となる場合に、その制限によって得られる利益とその制限によって失われる利益を比較衡量し、前者が大きい場合には基本的人権の制限を合憲とし、後者が大きい場合には違憲とする判断方法と言えよう。右のような利益衡量は二つのレベルでなしうる。一つは基本権を制限する法令自体の合憲性が問題となる場合であり、ここでは当該法令の立法事実の問題として、当該制限立法によって得ようとした利益は何か、逆にそれによって失われる利益は何か、その衡量は適正になされたか等が問題となる。その限りでそれは事実判断を抜きにしてはありえず、同じく法令自体の合憲性判断基準である「漠然性の理論」、「過度の広汎性の理論」等とは異なる。右の衡量については議会が一定の裁量権を持つが、この裁量権行使の結果について、裁判所はどの程度の敬譲を払うのか、は問題となった人権の性格、憲法上の位置付けに関係すると共に、司法積極主義、消極主義の哲学の問題とも関係してくることである。

もう一つは、適用されるべき法令自体の合憲性に問題はないが、その具体的適用が当該具体的事実関係において問題となる場合であり、当該適用によって得られる利益と失われる利益はそれぞれ何か、その衡量は適正であるか等が問題となる。

いずれのレベルの利益衡量においても事実の認定（前者においては立法事実、後者においては司法事実の違いはあるが）と共に、得られる利益と失われる利益の比較衡量に際しての価値判断及びその基準が問題となる。なぜならば基本権の制限によって得られる利益と失われる利益は質的に同一のものでないことが一般であり（例えば公安条例の場合の得られる利益は地方公共の安寧と秩序の維持とされ、失われる利益は表現の自由としての集団行動の自由であり、わいせつ文書頒布処罰規定の場合の得られる利益は性生活に関する秩序及び健全な風俗の維持、失われる利益は表現・出版の自由である）、性質の異なる対立利益の比較衡量は、利益、価値の何らかの序列・基準なしには困難だからである。右の比較衡量につき、何らかの価値基準を考えて範疇的に行うのか、あるいはそのような価値基準なしにその都度諸般の事情を総合勘案して行うのか、それにより比較衡量はデフィニショナル・バランシング(1)（definitional balancing）ともなり、アド・ホック・バランシング（ad hoc balancing）ともなる。

価値の序列を考える一つのメルクマールは表現の自由の経済的自由に対する優越的地位であり、もう一つは、思想・良心、学問の自由等の内面的自由及び表現の自由の保障の、それらを表現する行動の自由の保障に対する優越の問題である。

利益衡量は法の一つの機能が社会における対立利益の調整にある以上避け難く、かつ普遍的に行われるものであるが、本稿のテーマとしての利益衡量論は、右に述べたような基本権を制約する法律または処分の合憲・違憲を判断する基準としてのそれである。本稿ではまず、我が国の判例において利益衡量論がどのように用いられているかを、最高裁の判例を中心に概観して、分析し、アメリカ憲法における利益衡量論の展開、これをめぐる論争、更には我が国における学説もふまえて、我が国憲法訴訟における利益衡量論のあり方を批判的に検討しようとするものである。但し、本稿で取り上げる各判例は、我が国憲法判例の中にあって、いずれも重要な位置を占めるものであり、一個の判例の分析、評価自体が優に一個の論文をなす類いのものであるが、本稿においては利益衡量の観点からのみ取り上げざるを得ないことをおことわりする。

（1）　本稿ではデフィニショナル・バランシングをニンマー教授の言う「一定の価値判断に基づき、修正一条の下で保護される言論を定義づけること」にならい、「憲法訴訟における利益衡量において、保護される憲法上の自由又は権利（必ずしも言論の自由に限られない）を一定の価値判断により定義づけること、範疇化すること」の意味で用いる。

See Melvin B. Nimmer, "*The Right To Speak From Times to Time ; First Amendment Theory Applied To Libel and Misapplied To Privacy*," 5 CALIF. L. REV. 935（1968）. ニンマーは、New York Times Co. v. Sullivan, 376 U. S. 254（1964）が、「現実の悪意」を以ってなされたのでない限り、公務員に対する名誉毀損的言論は修正一条下で保護される、としたのを、デフィニショナル・バランシングの例としてあげ、これを評価している。

なお、Brandenburg v. Ohio 395 U. S. 444（1969）が「切迫した違法行為をそそのかし又は生み出すことに向けられ、かつそのような行為をそそのかし、又は生み出すような唱道のみが修正一条の保護を受けない」としたのも、デフィニショナル・バランシングの例と言えよう。

二　判例における利益衡量論の展開

一で述べたような利益衡量のアプローチは我が国の裁判例上は昭和四〇年代になって始めて登場する。それまでは憲法一二条、一三条等にある「公共の福祉」を理由に基本権制限立法を簡単に合意であると割り切るのが常であった。食料緊急措置令一一条の定める、食糧管理法の規定に基づく命令による主要食糧の政府に対する売渡をなさざることの扇動の処罰規定の合憲性が問題となった事件において、「国民はまた、新憲法が国民に保障する基本的人権を濫用してはならないのであって、常に公共の福祉のためにこれを利用する責任を負うのである（憲法一二条）、それ故、新憲法下における言論の自由といえども、国民の無制約な恣意のままに許されるものではなく、常に公共の福祉によって調整されなければならぬのである」とされ[2]、また政令二〇一号による公務員に対する争議行為禁止の合憲性が争われた事件において[3]、「国民の権利はすべて公共の福祉に反しない限りにおいて立法その他国政の上で最大の尊重をすることを必要とするものであるから、憲法二八条が保障する勤労者の団結する権利及び団体交渉その他の団体行動をする権利も公共の福祉のために制限を受けるのは已を得ないところである」とされているのがその典型的な例である。ここにおいては、表現の自由や労働基本権の制限を正当化する公共の福祉の具体的内容は何かについての掘下げは全くなく、「公共の福祉」という抽象概念がマジック・ワードのように基本権の制約を正当化するのに常用されていた。

しかし、昭和四〇年代になると、学説やアメリカ法の影響もあり、利益衡量のアプローチをとる判例がさまざまの分野で見られるようになる。これらを最高裁の判例を中心に（適宜、下級審判決も交えつつ）、第一節で見たように法令自体の合憲性が問題となったケースと具体的適用の合憲性が問題になったケースに分けて、年代順に見てみよう。

(一)　法令自体の合憲性が問題となったケース

〔1〕　最大判昭和四一年一〇月二六日(4)

いわゆる全逓東京中郵事件判決であるが、事案は春闘の際に全逓の役員が郵便物取扱従業員に対し職場大会参加のための職場離脱を説得したのが、郵便法七九条一項の郵便物不取扱罪の教唆罪に問われたものである。争点は、(イ)三公社五現業の職員及びその組合に対し争議行為を禁止している公労法一七条一項の合憲性如何、(ロ)この禁止違反の争議行為に対する労組法一条二項による刑事免責の有無であった。

最高裁は、「憲法自体が労働基本権を保障している趣旨にそくして考えれば、実定法規によって労働基本権の制限を定めている場合にも、労働基本権保障の根本精神にそくしてその制限の意味を考察すべきであり、ことに生存権の保障を基本理念とし、財産権の保障と並んで勤労者の労働権・団結権・団体交渉権・争議権の保障をしている法体制のもとでは、これら両者の間の調和と均衡が保たれるように、実定法規の適切妥当な法解釈をしなければならない」とした上で、「これらの権利（労働基本権――著者注）であっても、もとより、何らの制約も許されない絶対的なものではないのであって、国民生活全体の利益の保障という見地からの制約を当然の内在的制約として内包しているものと解釈しなければならない。しかし、具体的にどのような制約が合憲とされるかについては、諸般の条件、ことに左の諸点を考慮に入れ、慎重に決定する必要がある」として以下の四点をあげている。

①　労働基本権の制限は労働基本権を尊重確保する必要と国民生活全体の利益を維持増進する必要とを比較衡量して、両者が適正な均衡を保つことを目途として決定すべきであるが、労働基本権が勤労者の生存権に直結し、それを保障するための重要な手段である点を考慮し、その制限は合理性の認められる必要最小限度にとどまること。

②　労働基本権の制限は、勤労者の提供する勤務または業務の性質が公共性の強いものであり、したがってその職務または業務の停廃が国民生活全体の利益を害し、国民生活に重大な障害をもたらすおそれがあるものについて、これを避けるために必要やむを得ない場合について考慮されるべきこと。

③　労働基本権の制限違反者に対して課せられる不利益、特に刑事制裁は必要やむを得ない場合に限られるべきこと。

④　職務または業務の性質上からして労働基本権を制限することがやむを得ない場合には、これに見合う代償措置を講ずること。

この判決は以上の四点に照らし、公労法一七条一項の違反者に対し、民事責任を伴う争議行為を禁止することは憲法二八条、一八条に違反しないとしたものの、刑事責任については、争議行為が政治目的のために行われた場合、暴力を伴う場合、社会通念に照らし不当に長期に及ぶとき、のように国民生活に重大な障害をもたらす場合等に限定されるべきである、としたものである。

この判決は刑事罰を科しうる公共企業体労働者の争議行為を限定するのに、「国民生活全体の利益」と「労働基本権の保障」を比較衡量して両者の適切な均衡をはかるという方法をとったものであり、同じ問題を扱った最大判昭和三〇年六月二二日が[5]「公共企業体の国民経済と公共の福祉に対する重要性」だけを合憲の理由にしているのとは顕著な対比をなしている。

〔2〕　最大判昭和四四年四月二日[6]

いわゆる都教組事件判決である。本件は地方公務員法三七条の定める争議行為の禁止と同六一条四号の定める争議行為のあおり行為等の処罰規定の合憲性が争われた事案であるが、右判決は、地公法の規定が「文字どおりに、すべての地方公務員の一切の争議行為を禁止し、これらの争議行為の遂行を共謀し、そそのかし、あおる等の行為……をすべて処罰する趣旨と解すべきものとすれば……違憲の疑いを免れない」が、「法律の規定は、可能なかぎり、憲法の精神にそくし、これと調和しうるよう、合理的に解釈されるべきもの」とし、右各規定は合理的な解釈によって規制の限界が認められるから違憲とはいえない、とする。

そして地公法三七条一項の禁止する争議行為に該当するかどうかは、「争議行為を禁止することによって保護しようとする法益と、労働基本権を尊重し保障することによって実現しようとする法益との比較衡量により、両者の要請を適切に調整する見地から判断することが必要である」とし、更に、地方公務員の行為が、地公法三七条一項の禁止する争議行為に該当する違法な行為と解される場合であっても、それが直ちに刑事罰をもってのぞむ違法性につながるものでなく、地公法六一条四号は、「争議行為自体が違法性の強いものであることを前提とし、そのような違法な争議行為等のあおり行為等であってはじめて、刑事罰をもってのぞむ違法性を認めようとする趣旨と解すべきであ」るとし、また、あおり行為等自体についても、違法性の強いものであることが必要であり、「争議行為そのものを処罰の対象とすることなく、あおり行為等にかぎって処罰すべきものとしている地公法六一条四号の趣旨からいっても、争議行為に通常随伴して行なわれる行為のごときは、処罰の対象とされるべきものではない」とした。この判決は〔1〕の全逓東京中郵事件判決を受けて、公務員についても労働基本権の保障は原則として及ぶ

（ただ「公務員の職務には、多かれ少なかれ、直接または間接的に、公共性が認められるとすれば、その見地から、公務員の労働基本権についても、その職務の公共性に対応する何らかの制約を当然の内在的制約として内包していると解釈しなければならない」とする）とした上で、禁止される争議行為及び処罰されるあおり行為等の双方を制限しようとしたもので、右限定解釈の手段として利益衡量論を用いたところが特徴的である。尚、同じ日になされた全司法仙台事件判決(7)は国家公務員の争議禁止とあおり行為等の処罰について同旨の判断を示している。

〔3〕　最大判昭和四八年四月二五日(8)

いわゆる全農林警職法事件判決で、国家公務員法の定める争議行為禁止とそのあおり行為等の処罰の合憲性を肯定し、〔2〕の判決を実質的に覆したものである。(9)

この判決は冒頭、憲法二八条の労働基本権の保障は公務員に対しても及ぶとしながら、「ただ、この労働基本権は……勤労者の経済的地位の向上のための手段として認められたものであって、それ自体が目的とされる絶対的なものではないから、おのずから勤労者を含めた国民全体の共同利益の見地からする制約を免れないものであり、このことは、憲法一三条の規定の趣旨に徴しても疑いのないところである（この場合、憲法一三条にいう「公共の福祉」とは、勤労者たる地位にあるすべての者を包摂した国民全体の共同の利益を指すものということができよう。）」とし、公務員の地位の特殊性と職務の公共性、公務員の勤務条件の決定が私企業の如く団体交渉によってではなく、国会の定める法律・予算によって定められること、政府に対する争議行為は政府の解決できない立法問題を投げかけるものであり、議会制民主主義に背馳すること、私企業においては使用者にロックアウトの手段があり、かつ争議行為に対する市場の抑制力が働くのに、公務員はこのようなことがないこと、等から公務員は一般私企業における労働者とは異なる制約に服することは当然であり、これは国際的視野に立っても肯定されること、等を強調する。

しかし、「公務員についても憲法によってその労働基本権が保障される以上、この保障と国民全体の共同利益の擁護との間に均衡が保たれることを必要とすることは、憲法の趣意であると解されるのであるから、その労働基本権を制限するにあたっては、これに代わる相応の措置が講じられなければならない。」そこで、「公務員の勤務関係における具体的措置が果して憲法の要請に添うものかどうかについて検討を加えてみるに、」「法律によりその主要な勤務条件が定められ、身分が保障されているほか、適切な代償措置が講じられているのであるから、国公法九八条五項がかかる公務員の争議行為およびそのあおり行為等を禁止するのは、勤労者をも含めた国民全体の共同利益の見地からするやむをえない制約というべきであって、憲法二八条に違反するものではないといわなければならない。」

つづいて、あおり行為等の処罰規定の合憲性については次のように判示する。

「前述のように、公務員の争議行為の禁止は、憲法に違反することはないのであるから、何人であっても、この禁止を侵す違法な争議行為をあおる等の行為をする者は、違法な争議行為に対する原動力を与える者として、単なる争議参加者にくらべて社会的責任が重いのであり、また争議行為の開始ないしはその遂行の原因を作るものであるから、かかるあおり等の行為者の責任を問い、かつ、違法な争議行為の防遏を図るため、その者に対しとくに処罰の必要性を認めて罰則を設けることは、十分に合理性があるものということができる。」

そして〔2〕判決の如く、違法性の強い争議行為について、違法性の強いまたは社会的許容性のない行為によりあおる等した場合に限って刑事制裁を科すべき趣旨であると解することは、違法性の強弱の区別があいまいであるから刑事裁判を科しうる場合と科しえない場合との限界が不明確となるとし、このような不明確な限定解釈はかえって犯罪構成要件の保障的機能を失わせることになり、憲法三一条に違反する疑いすらある、として⑵判決の限定解釈を否定したのである。

〔4〕　最大判昭和五二年五月四日(10)

いわゆる名古屋中郵事件判決であり、(3)判決を受けて(1)判決の見直しを行い、これを覆したものである。

この判決は、(イ)公務員及び三公社その他の公共的職務に従事する職員は、財政民主主義に表れている議会制民主主義の原則により、その勤務条件の決定に関し国会又は地方議会の直接、間接の判断を待たざるをえない特殊な地位に置かれていること、(ロ)そのため、これらの者は、労使による勤務条件の共同決定を内容とするような団体交渉権ひいては争議権を憲法上当然には主張することのできない立場にあること、(ハ)さらに、公務員及び三公社の職員は、その争議行為により適正な勤務条件を決定しうるような勤務上の関係にはなく、かつ、その職務は公共性を有すること、を強調し、他方法律によりその主要な勤務条件が定められ身分が保障されているほか、適切な代償措置が講じられているとして、全勤労者を含めた国民全体の共同利益の保障という見地からその争議行為を禁止しても憲法二八条に違反しないとした。そして、公労法一七条一項違反の争議行為については労組法一条二項の刑事免責の適用の余地はないとして、この点において〔1〕東京中郵事件判決を変更したのである。

〔5〕　最大判昭和四九年一一月六日(11)

いわゆる猿払事件で、事案は郵政事務官が衆院選において候補者の選挙用ポスターを掲示、配布したのが国公法一〇二条一項、人事院規則による「特定の政党を支持する政治的目的を有する文書の掲示又は配布の禁止」にあたるとして、同法一一〇条一項一九号の罪で起訴されたものである。一、二審判決は、民主主義国家における表現の自由の重要性にかんがみ、公務員に対し、その職種や職務権限を区別することなく、また、行為の態様や意図を問題とすることなく、右文書の掲示や配布を一律に違法と評価して禁止することの合理性に疑問があり、右被告人の行為に右罰則を適用することは憲法二一条、三一条に違反するとして、無罪としていた。

本判決はこれを破棄し有罪とした。

判決は、公務員に禁止されている政治的行為は多かれ少なかれ政治的意見の表明を内包しているから、これを国民一般に対して禁止するなら憲法違反の問題が生ずるが、「行政の中立的運営が確保され、これに対する国民の信頼が維持されることは、憲法の要請にかなうものであり、公務員の政治的中立性が維持されることは、国民全体の重要な利益にほかならないというべきである。したがって、公務員の政治的中立性を損うおそれのある公務員の政治的行為を禁止することは、それが合理的で必要やむを得ない限度にとどまるものである限り、憲法の許容するところである」とした上、右限度にとどまるか否かを判断するにあたっては、禁止の目的、この目的と禁止される政治的行為の関連性、政治的行為を禁止することにより失われる利益との均衡の三点から検討することが必要であるとする。そして、公務員の政治的中立性を損うおそれのあると認められる政治的行為を禁止することは行政の中立的運営とこれに対する国民の信頼を確保するための措置としてその目的は正当であり、かつ禁止目的との間に合理的関連性もあるとする。第三の利益の均衡については、「公務員の政治的中立性を損うおそれのある行動類型に属する政治的行為を、これに内包される意見表明そのものの制約をねらいとしてではなく、その行動のもたらす弊害の防止をねらいとして禁止するときは、同時にそれにより意見表明の自由が制約されることにはなるが、それは、単に行動の禁止に伴う限度での間接的、付随的な制約に過ぎず、かつ、国公法一〇二条一項及び規則の定める行動類型以外の行為により意見を表明する自由までをも制約するものではなく、他面、禁止により得られる利益は、公務員の政治的中立性を維持し、行政の中立的運営とこれに対する国民の信頼を確保するという国民全体の共同利益なのであるから、得られる利益は、失われる利益に比してさらに重要なものというべきであり、その禁止は利益の均衡を失するものではない」と判断して、国公法一〇二条一項及び人事院規則の定めは合理的で必要やむを得ない限度をこえるものとは認められず、憲法二一条に違反するものということはできない、と結論している。

〔6〕　最判昭和五六年六月一五日[12]

戸別訪問を禁止する公職選挙法一三八条一項の規定が憲法二一条に違反しないかについては、最高裁は古くから合憲説をとっているが[13]、学説、下級審は必ずしもこれに納得せず、実務の上でもしばしば合憲性が争われて来た。本判決は戸別訪問禁止の合憲性を、猿払事件判決をふまえ、これと同様の理由づけにより再確認したものである。

即ち、「戸別訪問の禁止は、意見表明そのものの制約を目的とするものではなく、意見表明の手段方法のもたらす弊害、すなわち、戸別訪問が買収、利害誘導等の温床になり易く、選挙人の生活の平穏を害するほか、これが放任されれば、候補者側も訪問回数等を競う煩に耐えられなくなるうえに多額の出費を余儀なくされ、投票も情実に支配され易くなるなどの弊害を防止し、もって選挙の自由と公正を確保することを目的としているところ……右の目的は正当であり、それらの弊害を総体としてみるときには、戸別訪問を一律に禁止することと禁止目的との間に合理的な関連性があるということができる。そして、戸別訪問の禁止によって失われる利益は、それにより戸別訪問という手段方法による意見表明の自由が制約されることではあるが、それは、もとより戸別訪問以外の手段方法による意見表明の自由を制約するものではなく、単に手段方法の禁止に伴う限度での間接的、付随的な制約にすぎない反面、禁止により得られる利益は、戸別訪問という手段方法のもたらす弊害を防止することによる選挙の自由と公正の確保であるから、得られる利益は失われる利益に比してはるかに大きいということができる。以上によれば、戸別訪問を一律に禁止している公職選挙法一三八条一項の規定は、合理的で必要やむをえない限度を超えるものとは認められず、憲法二一条に違反するものではない。」

〔7〕　最大判昭和五〇年四月三〇日[14]

本件は薬局の解設等の許可基準の一つとして地域的制限を定めた薬事法六条二項、四項（これらを準用する同法二六条二項）が、職業選択の自由を保障する憲法二二条一項に違反するとして争われたものであるが、最高裁は、右規定は不良医薬品の供給の防止等のために必要かつ合理的な規制を定めたものということはできない、として原判決を覆して違憲の判断を示したものである。

法律の定めが違憲とされた数少ない例の一つである。判断の骨子は以下のようなものである。

① 職業の自由に対する規制措置が憲法二二条一項にいう公共の福祉のために要求されるものとして是認されるかどうかは、一律に論ずることができず、具体的な規制措置について、規制の目的、必要性、内容、これによって制限される職業の自由の性質、内容及び制限の程度を検討し、これらを比較衡量したうえで慎重に決定されなければならない。右のような検討と衡量をするのは、第一次的には立法府の権限と責務であり、裁判所としては、規制の目的が公共の福祉に合致するものと認められる以上、そのための規制措置の具体的内容及びその必要性と合理性については、立法府の判断がその合理的裁量の範囲にとどまるかぎり、立法政策上の問題としてその判断を尊重すべきものである。しかし、右の合理的裁量の範囲については、事の性質上おのずから広狭がありうるのであって、裁判所は、具体的な規制の目的、対象、方法等の性質と内容に照らして、これを決すべきものである。

② 一般に許可制は、狭義における職業の選択の自由そのものに制約を課するもので、職業の自由に対する強力な制限であるから、その合憲性を肯定しうるためには、原則として、重要な公共の利益のために必要かつ合理的な措置であることを要し、また、それが社会政策ないしは経済政策上の積極的な目的のための措置ではなく、自由な職業活動が社会公共に対してもたらす弊害を防止するための消極的、警察的措置である場合には、許可制に比べて職業の自由に対するよりゆるやかな制限である職業活動の内容及び態様に対する規制によっては、右の目的を充分に達成することができないと認められることを要する。

③ 適正配置の観点からなされる薬事法上の許可側の合憲性は、このような許可条件の設定とその目的との関連性、及びこのような目的を達成する手段としての必要性と合理性を検討し、この点に関する立法府の判断がその合理的裁量の範囲を超えないかどうかにより決せられる。

④　適正配置規制の立法目的の主たるものは、薬局等の乱設による過当競争のために一部業者に経営不安定を生じ、その結果、施設の欠陥等による不良医薬品の供給の危険が生じるのを防止することであり、補充的目的として薬局等の一部地域への偏在を阻止し、分布の適正化を助長することとされているが、これらの目的に対処するためには、他の方法が存するのであり、設置場所の地域的制限のような強力な職業の自由の制限措置をとることは目的と手段の均衡を失し合理性を認めることができない。

本判決は憲法二二条一項の保障する職業選択の自由は、狭義における職業選択の自由のみならず、職業活動の自由をも包含するとし、狭義における職業選択の自由に対する規制措置の合憲性については、単なる職業活動の内容及び態様に対する規制措置の場合に比べてより厳格な基準によって判断されなければならないとし、いわゆるＬＲＡ（Less Restrictive Alternative）の原則を用いたものであるが、その際、規制の目的、必要性、内容、これによって制限される職業の自由の内容及び制限の程度を検討し、これらを比較衡量することを求めている点で、比較衡量論に立つ判例とも言える。

(二)　法令の具体的適用の合憲性が問題となったケース

〔8〕　最大判昭和四四年一〇月一五日(15)

本件はマルキ・ド・サドの原作「悪徳の栄え」の日本語訳が刑法一七五条わいせつ文書頒布罪にいう「猥褻の文書」にあたるか否かが問題となった事件である。多数意見はチャタレー事件判決(16)を再確認し、猥褻性と芸術性・思想性とは次元を異にする概念であるから、芸術的・思想的価値のある文書であっても、これを猥褻性を有するものとし、処罰することは何らさしつかえがないとし、「文書の芸術性・思想性を強調して、芸術的・思想的価値のある文書は猥褻の文書として処罰対象とすることができないとか、名誉毀損罪に関する法理と同じく、文書のもつ猥褻性によって侵害される法益と芸術的・思想的文書としてもつ公益性とを比較衡量して、猥褻罪の成否を決すべしとするような主張は、採用することができない」としたものである。

しかし、五人の裁判官からなる反対意見及び岩田裁判官の意見は、猥褻性と芸術性・思想性とが次元を異にする概念であることは認めつつ、「その作品の猥褻性によって侵害される法益と、芸術的、思想的、文学的作品として持つ公益性とを比較衡量して、なおかつ、後者を犠牲にしても、前者の要請を優先せしめるべき合理的理由があるときにおいて、始めて猥褻罪として処罰さるべきものであると解する」とする奥野裁判官に代表される比較衡量のアプローチをとるべきだ、としていることは注目に値する。チャタレー事件判決が全員一致で「芸術といえども、公衆に猥褻なものを提供する何らの特権をもつものでない」として、猥褻罪の適用にあたって作品の芸術性を一顧だにしようとしなかったのから見れば大きな違いである。

〔9〕 最大決昭和四四年一一月二六日(17)

いわゆる博多駅事件を収録した取材フィルムの刑事裁判（付審判請求事件）のための提出命令が、報道機関から、報道の自由、取材の自由を侵害するものとして争われた事件である。最高裁は「報道機関の報道が正しい内容をもつためには、報道の自由とともに、報道のための取材の自由も、憲法二一条の精神に照らし、十分尊重に値いする」ことを認めた上、公正な刑事裁判の実現を保障するために、報道機関の取材活動によって得られたものが、証拠として必要と認められるような場合には取材の自由がある程度制約を蒙ってもやむを得ないとし、ただ取材活動によって得たものを、刑事裁判の証拠として提出を求める場合には、「一面において、審判の対象とされている犯罪の性質、態様、軽重および取材したものの証拠としての価値、ひいては、公正な刑事裁判を実現するにあたっての必要性の有無を考慮するとともに、他面において取材したものを証拠として提出させられることによって報道機関の取材の自由が妨げられる程度およびこれが報道の自由に及ぼす影響の度合その他諸般の事情を比較衡量して決せられるべきであり、これを刑事裁判の証拠として使用することがやむを得ないと認められる場合においても、それによって受ける報道機関の不利益が必要な限度をこえないように配慮されなければならない」として、公正な刑事裁判の実現の要請と取材の自由とを具体的に比較衡量すべきことを命じた。そして、本件では、問題のフィルムが証拠上きわめて重要な価値を有し、付審判請求事件の被疑者らの罪責の有無を決定するのにほとんど必須のものと認められるのに比し、本件フィルムは放映済のものを含む放映のために準備されたものであり、それが証拠として使用されることにより報道機関が蒙る不利益は、報道の自由そのものではなく、将来の取材の自由が妨げられるおそれがあるというにとどまる、刑事裁判の公正を期するためには、この程度の不利益は、報道機関の立場を十分尊重すべきものとの見地に立っても、なお受忍されなければならない程度のものである、と結論した。

〔10〕　最決昭和五三年五月三一日(18)

本件は沖縄返還交渉をめぐる日米政府間の交渉にかかわる外務省の秘密電信文の入手のための新聞記者の取材活動が、国家公務員法にいう職務上秘密の漏洩のそそのかしにあたるとして起訴されたものである。第一審東京地裁(19)は、外形的事実を認めながらも、被告人の行為は報道機関の取材活動の一環としてなされたものであり、手段方法において女性公務員との肉体関係を利用したという不相当の面はあるけれども、目的の正当性及びしょうよう（取材）行為によって外交交渉の能率的効果的遂行が阻害される危険性と、取材行為によってもたらされる国民的利益や将来の取材活動一般によって支えられる国民的利益の比較衡量等を総合的に判断すれば、被告人の行為は正当行為であり、処罰できない、と判断した。

しかし、第二審東京高裁(20)は、「原判決のごとく（そそのかしについて）広義の解釈を採りながら、個々の事案ごとに刑法三五条の正当行為、あるいは、他の違法阻却事由にあたるか否かの判断をすることとし、漏示されまたは漏示の予想された秘密の価値の程度と、その漏示を通して得られる利益の程度の衡量という煩瑣で、ともすれば客観性に欠け、恣意的判断に陥りやすい手法をもちこむことは、司法判断の方法として好ましくないばかりでなく、報道目的のための取材活動として公務員に対し秘密漏示をしょうようする行為の、どの範囲のものが犯罪として処罰されるかについての基準が不明確となり、可罰性についての客観的判定基準の予測が困難になるから、構成要件の不明確な場合と同様、憲法三一条に違反する疑いが濃厚である」として、そそのかしについて、「秘密漏示行為を実行させる目的をもって、公務員に対し、右行為を実行する決意を新たに生じさせてその実行に出る高度の蓋然性のある手段方法を伴い、または自らの影響力によりそのような蓋然性の高い状況になっているのを利用してなされるしょうよう行為を意味すると解すべきである」との限定解釈をとり、結論的に被告人の行為はこれに当るとして原判決を覆えした。

最高裁は原判決を維持したが、高裁のとった限定解釈がスパイによる秘密漏洩のそそのかしにも適用されることを恐れてか、右解釈を採用しなかった。しかし、報道の自由の前提となる取材の自由が憲法二一条の精神に照らし、十分尊重に値すること及び報道機関による国家秘密の探知と公務員の守秘義務とは対立拮抗するものであり、時として誘導・教唆的性質を伴うことを認めた上、「報道機関が取材の目的で公務員に対し秘密を漏示するようにそそのかしたからといって、そのことだけで、直ちに当該行為の違法性が推定されるものと解するのは相当ではなく、報道機関が公務員に対し根気強く執拗に説得ないし要請を続けることは、それが真に報道の目的からでたものであり、その手段・方法が法秩序全体の精神に照らし相当なものとして社会観念上是認されるものである限りは、実質的に違法性を欠き正当な業務行為というべきである」とした。

〔11〕　札幌高決昭和五四年八月三一日(21)

本件は民事訴訟における新聞記者の取材源に関する証言拒否の正当性が争われた事案であるが、札幌高裁は、新聞記者の取材源は民事訴訟法二八一条一項三号にいう「職業の秘密」にあたるとした上、この点を理由とする証言拒否が肯認される基準につき、次のように判断したものである。「しかしながら他方、民事訴訟においては、公正な裁判の実現という制度的目的が存するのであるから、職業の秘密を理由とする取材源に関する証言拒絶権は、民事訴訟における公正な裁判の要請との関連において、制約を受けることがあることも否定することはできない。そして、右制約の程度は、公正な裁判の実現という利益と取材源秘匿により得られる利益との比較衡量において決せられるべきであり、そのうち公正な裁判の実現という点からは審理の対象である事件の性質、態様及び軽重（事件の重要性）、要証事実と取材源との関連性及び取材源を明らかにすることの必要性（証拠の必要性）が問題にされるべきであり、一方取材源に関する証言の拒絶という点からは、取材源を明らかにすることが将来の取材の自由に及ぼす影響の程度、更に右に関連する報道の自由との相関関係等が考慮されるべきであり、これらをそれぞれ慎重に比較衡量して、取材源に関する証言拒絶の当否を判断すべきである。そして、右証拠の必要性は、当該要証事実について、他の証拠方法の取調がなされたにもかかわらず、なお取材源に関する証言が、公正な裁判の実現のためにほとんど必須のものであると裁判所が判断する場合において、はじめて肯定されるべきである。」

右判決は公正な裁判の実現という利益と取材源秘匿によって得られる利益との比較衡量により、取材源について証言拒否が認められる範囲を画そうしたものである。この決定に対する特別抗告につき、最高裁は「抗告理由は違憲をいうが、その実質は原決定の単なる法令違反を主張するものにすぎない」として却下した[22]。右高裁決定には違憲とされる点はないとされた訳で、実質的に肯認されたと言ってよいであろう。

〔12〕　最判昭和五四年一〇月三〇日[23]

本判決は労働者が組合活動として行う企業施設へのビラ貼りの当否（懲戒処分の前提として）について判断したものである。

学説においては、我が国の労働組合の大多数が企業別に組織されているため、組合活動にとって企業施設の利用が必要不可欠であるという観点から、憲法二八条の労働基本権の保障によって使用者の施設管理権が制約を受け、使用者は労働者が組合活動として行う企業施設へのビラ貼りについて一定の限度で受忍義務があるとし、具体的には、施設利用が組合活動にとって不可欠の必要性を持つか否か、ビラ貼りが業務遂行に及ぼす支障の程度等を具体的かつ総合的に判断する必要がある、とするものが通説であり[24]、本件の原審判決を含む下級審判決の多く[25]はそのようなアプローチを採っていた。それは使用者の所有権に基づく施設管理権と労働基本権を個別に調整する利益衡量のアプローチであったが、最高裁は使用者の企業秩序維持権を強調し、「利用の必要性が大きいことのゆえに、労働組合又はその組合員において企業の物的施設を組合活動のために利用しうる権限を取得し、また、使用者において労働組合又はその組合員の組合活動のためにする企業の物的施設の利用を受忍しなければならない義務を負うとすべき理由はない……労働組合又はその組合員が使用者の所有し管理する物的施設であって定立された企業秩序のもとに事業の運営の用に供されているものを使用者の許諾を得ることなく組合活動のために利用することは許されない」と判示した。

〔13〕　最大判昭和六一年六月一一日[26]

この事件は、月刊誌「北方ジャーナル」が、かつて北海道旭川市長を一一年余つとめ、昭和五四年四月施行の道知事選に二度目の立候補を予定していた有力政治家を口汚なく非難攻撃する記事を掲載した雑誌を発表しようと準備中、これを知った政治家が名誉毀損を理由に該雑誌の販売等禁止の仮処分を求めたことに端を発する。地裁がこの申請を認容し、北方ジャーナル側の異議申立、控訴、特別上告はいずれも斥けられた。

控訴審、上告審がともに維持した異議事件の判決は、名誉侵害を予防・差し止める私法上の請求権が一定の場合に認められるとし、その要件は、侵害者と被侵害者双方の利害の慎重な比較衡量により決しなければならないとし、具体的には①明らかに名誉毀損に当る行為が行われようとしており、②その名誉毀損に当る行為が行われると被害者の受ける損失が極めて大きく、かつ③その回復が事後では不能ないし著しく困難になること、の三つをあげた。

本大法廷判決は北方ジャーナル側が右処分命令を違法とし、政治家と国とを相手取って起した損害賠償請求事件(一、二審共請求棄却)にかかるものである。判決は、まず、仮処分による事前差止めは司法裁判所が個別紛争について審理判断してなすものであるから検閲には当らない、とした上、名誉は生命・身体とともに極めて重大な保護法益であり、人格権としての名誉権は、物権の場合と同様に排他性を有するので、人の品性、徳行、名声、信用等の人格的価値である名誉を違法に侵害されようとしている者は加害者に侵害行為の差止めを求めることができる、とする。

しかし、差止要件については、「言論、出版等の表現行為により名誉侵害を来す場合には、人格権としての個人の名誉の保護(憲法一三条)と表現の自由の保障(同二一条)とが衝突し、その調整を要することとなるので、いかなる場合に侵害行為としてその規制が許されるかについて憲法上慎重な考慮が必要であ」り、「表現行為に対する事前抑制は、表現の自由を保障し検閲を禁止する憲法二一条の趣旨に照らし、厳格かつ明確な要件のもとにおいてのみ許容されうるものといわなければならない。出版物の頒布等の事前差止めは、このような事前抑制に該当するものであって、とりわけ、その対象が公務員又は公職選挙の候補者に対する評価、批判等の表現行為に関するものである場合には、そのこと自体から、一般にそれが公共の利害に関する事項であるということができ……その表現が私人の名誉権に優先する社会的価値を含み憲法上特に保護されるべきであることにかんがみると、当該表現行為に対する事前差止めは、原則として許されない……」、ただその場合でも、「表現内容が真実でなく、又はそれが専ら公益を図る目的のものでないことが明白であって、かつ、被害者が重大にして著しく回復困難な損害を蒙る虞があるときは、当該表現行為はその価値が被害者の名誉に劣後することが明らかであるうえ、有効適切な救済方法としての差止めの必要性も肯定されるから、かかる実体的要件を具備するときに限って、例外的に事前差止めが許される……」と判示した。

右最高裁判決は公務員又は公職選挙の候補者に対する名誉毀損を理由とする仮処分による事前差止めにかかるものであるが、映画「エロス＋虐殺」上映差止仮処分事件はプライバシー等の人格的利益の侵害が小説、演劇、映画等によってなされたとされる場合の差止めにかかるものである。東京高裁昭和四五年四月一三日決定[27]は個人の尊厳及び幸福追求の権利の保護と表現の自由（特に言論の自由）の保障との関係に鑑み、いかなる場合に差止めを認むべきか慎重な考慮を要するとした上、「一般的には、右請求権の存否は、具体的事案について、被害者が排除ないし予防の措置がなされないままで放置されることによって蒙る不利益の態様、程度と、侵害者が右の措置によってその活動の自由を制約されることによって受ける不利益のそれとを比較衡量して決すべきである」としている。

原決定（東京地決昭和四五年三月一四日[28]）は、「権利侵害の違法性が高度の場合」を差止請求の要件としたが、右抗告審決定は人格権と表現の自由との比較衡量をより強く打ち出している点が注目される（ただし原決定、抗告審決定とも差止を認めなかった点は同じである）。

（2）　最大判昭和二四年五月一八日刑集三巻六号八三九頁
（3）　最大判昭和二八年四月八日刑集七巻四号七七五頁
（4）　刑集二〇巻八号九〇一頁
（5）　刑集九巻八号一一八九頁
（6）　刑集二三巻五号三〇五頁
（7）　刑集二三巻五号六八五頁
（8）　刑集二七巻四号五四七頁
（9）　判決を主質的にも形式的にも覆したのは、岩手県教組事件についての最大判昭五一年五月二一日刑集三〇巻五号一一七八頁である。
（10）　刑集三一巻三号一八二頁
（11）　刑集二八巻九号三九三頁
（12）　刑集三五巻四号二〇五頁

(13) 最大判昭和二五年九月二七日刑集四巻九号一七九九頁。最大判昭和四四年四月二三日刑集二三巻四号二三五頁
(14) 民集二九巻四号五七二頁
(15) 刑集二三巻一〇号一二三九頁
(16) 最大判昭和三二年三月一三日刑集一一巻三号九九七頁
(17) 刑集二三巻一一号一四九〇頁
(18) 刑集三二巻三号四五七頁
(19) 東京地判昭和四九年一月三一日刑裁月報六巻一号三七頁
(20) 東京高判昭和五一年七月二〇日高刑集二九巻三号四二九頁
(21) 判時九三七号一六頁
(22) 最決昭和五五年三月六日判時九五六号三三頁
(23) 民集三三巻六号六四七頁
(24) 本多淳亮・業務命令・施設管理権と組合活動一八四頁（一九六四）、外尾健一・労働団体法三四三頁（一九七五）
(25) 札幌高判昭和四九年八月二八日判時七六四号九二頁
(26) 民集四〇巻四号八七二頁
(27) 高民集二三巻二号一七二頁
(28) 下民集二一巻三・四号四一三頁

三　判例における利益衡量論の分析

(一)　法令自体の合憲性が争われた事件における利益衡量

(1)　〔1〕及び〔3〕事件が公共企業体労働者の争議行為禁止と刑事罰の問題にかかり、〔2〕及び〔4〕事件が公務員の争議行為禁止と争議行為のあおり行為等処罰の問題にかかる。〔5〕事件は公務員の政治活動禁止と刑事罰の問題であり、結局、問題は公共企業体労働者の争議権及び政治活動の自由の制限に集中しており、他の憲法上の自由の規制にかかるのは、国民一般の戸別訪問禁止にかかる〔6〕事件と職業選択の自由の規制にかかる〔7〕事件のみであ

る。

〔1〕及び〔2〕の判決は争議行為の禁止自体を合憲としている点では〔3〕及び〔4〕判決と同様であるが、争議行為の制約を「国民生活全体の利益の保障」という見地から権利自体の内在的制約としてとらえ、「国民生活全体の利益」と「労働基本権の保障」を比較衡量して両者の適切な均衡を図るという姿勢が強く見られる。

「地方公務員の職務は、一般的にいえば、多かれ少なかれ、公共性を有するとはいえ、さきに説示したとおり、公共性の程度は強弱さまざまで、その争議行為が常に直ちに公務の停廃をきたし、ひいて国民生活全体の利益を害するとはいえないのみならず、ひとしく争議行為といっても、種々の態様のものがあり、きわめて短時間の同盟罷業または怠業のような単純な不作為のごときは、直ちに国民全体の利益を害し、国民生活に重大な支障をもたらすおそれがあるとは必ずしもいえない」との判示（〔2〕事件）は、「国民生活全体の利益」の内容が極めて具体的なものとして把握されていることを示している。更に、「労働基本権が勤労者の生存権に直結しそれを保障するための重要な手段である」ことの認識に立ち、その制限は「国民生活全体の利益を害し、国民生活に重大な障害をもたらす」ことを避けるため、「必要やむを得ない場合」に必要最小限度にとどめると共に、違反に対する制裁は特に「合理性の認められる必要最小限度」の制約にとどめることが強調されている。このような見地から、公共企業体労働者の争議行為に刑事罰を科しうるのは、争議行為が政治目的であるか、暴力を伴うか、不当に長期に及ぶかして国民生活に重大な障害をもたらす場合であるか（〔1〕事件）、争議行為の違法性が強く、かつあおり行為自体も違法性の強いものであることが必要であり、争議行為に通常随伴する行為は処罰すべきではない（〔2〕事件）、との限定を付したのである。

ここでは労働基本権の権利としての重要性（表現の自由のような優越的地位とまでは言えないにしても）を前提とし、国民生活全体の利益と労働基本権の保障とをできるだけ具体的に比較衡量して両者の均衡をはかり、国民生活に重大な障害を与えることを避けると共に労働基本権の制約、特に刑事罰は必要最小限度にとどめようとの意図が明白である。

これに対比し、〔3〕及び〔4〕事件では、まず勤労者を含む国民全体の共同利益の擁護が大前提とされ、この観点から「公共企業体労働者の憲法上の地位の特殊性」、「社会的経済関係の特殊性」、「職務の特殊性」がくり返し強調される。ここで用いられた「国民全体の共同利益」なる語は〔1〕及び〔2〕事件で用いられた「国民生活全体の利益」「国民生活に支障を及ぼさないこと」等の表現に比し、はるかに抽象的、イデオロギー的なものであることに注意を要する。従って、「国民全体の共同利益」と労働基本権とを比較衡量して、両者の均衡をどうはかるかは最早問題とならず、争議権の禁止は当然に合憲とされ、ただ制限を前提にして両者の均衡を保つために相応の措置が講じられているか否か、が問われなければならない、とされるにすぎない。そして、この点も勤務条件の法定及び人事院、公労委の制度等が適切な代償措置として講じられているから、憲法二八条違反の問題は生じない、と簡単に片付けられる。

即ち、比較衡量論は最早、基本権の制限の合憲性を判断するために用いられることはなく、わずかに基本権の制限の合憲なることを前提に、代償措置が十分であるかどうかを判断するのに両者の均衡を考える必要がある、という限りで用いられているにすぎないのである。代償措置があれば何故基本権の制限が許されるのか、代償措置が権利を剝奪する補償として十分であるかについて、その運用の実状（たとえば公労委の仲裁裁定が長らく政府によって履行されなかったこと）についてのつっこんだ批判的検討は判文中に全くなく、制度を概観的に記述しているのみである。

(2)　〔5〕事件でも行政の中立的運営の確保とこれに対する国民の信頼＝国民全体の共同利益、という〔3〕及び〔4〕事件で用いられたと同じ抽象的な利益が強調され、公務員の政治的行為の禁止は、合理的で必要やむを得ない限度にとどまる限りは合憲であるとされる。ここでは、政治的行為を禁止することによって得られる利益と、禁止することにより失われる利益との均衡は独立した憲法判断の基準ではなく、右のいわゆる合理的関連性の基準の下での判断の一要素にすぎない。そしてこの均衡も、禁止により失われる利益は、「行動の禁止に伴う限度での間接的・附随的制約に過ぎず、かつ、国公法一〇二条一項及び規則の定める行動類型以外により意見を表明する自由までを制限するものではない」、いわば軽いものである、として簡単に肯定されている。

比較すべき一方の利益が極度に抽象化されるとき、比較衡量はそもそも成り立ち難いが、本件では禁止により失われる利益の把握の仕方にも問題がある。即ち、本件で問題となった人事院規則五項三号、六項一三号の「特定の政党を支持することを目的とする文書の掲示、又は配布」という行為は、政治的表現の中核的行為であり、政治的表現の自由は表現の自由の中核をなすものであるから、右規則の禁止を以て「単に行動の禁止に伴う限度での間接的・附随的な制約に過ぎず」などというのは正しくない。右規則五項及び六項による禁止の包括的、網羅的なことを見る時、これにより禁止された行動類型以外の行為により意見を表明する自由は制約されていない、というのには強い異論がありえよう。禁止されていない行動類型はほとんどが政治活動としては控え目なプライベートなコミュニケーションだからである。

〔5〕事件の判断方法は、合衆国連邦最高裁のオブライエン事件[29]等に見られる判断方法に影響されたものと思われるが[30]、オブライエン事件判決の考え方が本件に適切とは思われない。オブライエン事件はベトナム戦争反対の意思を表明し、他人にもそのような反戦の信念を採用させようとして徴兵登録カードを燃やしたのが、右カードの破棄を処罰する法律の条項に違反するとして訴追された被告が、右のような徴兵カードの破棄はシンボリック・スピーチであるから、これを処罰するのは修正一条に反する、として争ったものである。

多数意見は、連邦最高裁の先例は一つの行為に言論の側面と非言論の側面が併存するとき、非言論の側面を規制する十分に重要な政府の利益が存在する時は修正一条の自由の附随的制約は正当化される、と判示して来たとした上、「我々は、もし政府の規制が憲法上政府に与えられた権限の範囲内にあり、重要又は実質的な政府の利益を助長するものであり、政府の利益が自由な言論の抑圧とは関係のないものであり、かつ、修正第一条の自由であると主張されるものに対する附随的な制約が、政府の利益の助長にとって必要不可欠なものをこえないならば、政府の規制は十分に正当とされることは明白であると考える」と判示した。そして徴兵カードの諸機能に照らし、その破棄を防止することについて、議会は正当にして重大な利益を有し、かつ法律による処罰はこの利益を保護するための適切な限定された手段であり、オブライエンの意見表明自体を禁止するものではなく、その行為の非言論的な側面のみを処罰しようとするものにすぎない、この事件は行為に不可欠の意見表明自体が有害であるとして規制された事件[31]とは異なる、として徴兵登録カードの破棄の処罰を合憲としたのである（ハーラン判事の同意意見は、政府の重大な利益を守るための規制が表現の自由に対し附随的に制限を課するにすぎないとされる場合でも、それが実際にはスピーカーの意見伝達手段を全面的に禁止することになるような場合は、本件の結論は直ちには維持されない。オブライエンはカードの破棄を禁止されても他に多くの意見表明の手段があったので、本件は右のような場合には該当しない、としている）。

オブライエン事件で問題とされたのは、たまたまベトナム戦争反対という象徴的意味を持たされたものの、本来は表現に該当しない単なる物理的行為にすぎない。しかしながら猿払事件で問題となった人事院規則の禁止はそのほとんどが、本来的な表現行為の禁止である。これを「単に行動の禁止に伴う限度での間接的、附随的制約に過ぎ」ないというのは明らかに間違いである。

猿払事件判決の考え方は〔6〕事件において戸別訪問禁止を合憲とする理由づけにそっくりそのまま用いられた。ここでも戸別訪問禁止によって失われる利益は単に手段方法の禁止に伴う限度での間接的、附随的な制約にすぎない、とされる一方、禁止により得られる利益は、戸別訪問という手段方法のもたらす弊害を防止することによる選挙の自由と公正の確保であり、得られる利益は失われる利益に比してはるかに大きい、といとも簡単に利益衡量の結論が出されている。猿払事件における行政の中立的運営の確保とこれに対する国民の信頼という利益は、ここでは選挙の自由と公正、に置きかえられたが、その抽象的なることは全く同様であり、最早、比較衡量というのは言葉だけのものとなっている。

(3)　〔5〕及び〔6〕事件判決と顕著な対比をなすのが〔7〕事件判決である。〔7〕事件で問題となったのは職業選択の自由であり、それは憲法の文言上も、「公共の福祉に反しない限り」において認められるものである。それは経済活動の自由に近く、そのような留保の付せられていない、憲法上優越的地位を有するとされる表現の自由と比するとき、価値の序列において低位にある自由である。この点は〔7〕事件が「もっとも、職業は、……本質的に社会的な、しかも主として経済的な活動であって、その性質上、社会的相互関連性が大きいものであるから、職業の自由は、それ以外の憲法の保障する自由、殊にいわゆる精神的自由に比較して、公権力による規制の要請がつよく、憲法二二条一項が『公共の福祉に反しない限り』という留保のもとに職業選択の自由を認めたのも、特にこの点を強調する趣旨に出たものと考えられる」としているところである。

にもかかわらず、この判決は、薬局の距離制限について、その立法事実を合理性と必要性という観点から極めて具体的、かつ厳格に判断して、より制限的な規制手段によっては立法目的を達成することができない、とはいえない、として、違憲の判断を導き出したのである。優越的地位を有するとされる表現の自由、中でも、表現の自由の中核をなすとされる政治的表現の自由（前述した北方ジャーナル事件の多数意見も、「表現の自由、とりわけ、公共的事項に関する表現の自由は、特に重要な憲法上の権利として尊重されなければならないものであり、憲法二一条一項の規定は、その核心においてかかる趣旨を含むものと解される」としている）の刑事罰による禁止が問題になった〔5〕及び〔6〕事件では、行政の中立的運営の確保とこれに対する国民の信頼、更には選挙の自由と公正＝国民全体の共同利益という抽象的利益が強調されて、公務員の政治活動の禁止と戸別訪問の禁止は合理的で必要やむを得ない限度にとどまるものとして簡単に合憲とされた。それは、二審判決のとった、特定の表現行為を許すとどのような具体的弊害をもたらすのかというような個別・具体的衡量のアプローチを拒否し、又より制限的でない代替手段はないのか、の検討も全くしなかった。経済的自由に比して優越的地位を有するとされる表現の自由の規制の合憲性の判断の方が、経済活動の規制の合憲性判断より緩くなされるというのはどう考えても背理である。最高裁は、一方で、公務員の政治活動禁止や戸別訪問禁止による自由の侵害を間接的、附随的とし、他方、薬事法による許可制を職業選択の自由そのものの侵害＝重大な侵害ととらえることにより、この矛盾をクリアしようとしたものと思われるが、〔5〕及び〔6〕事件と〔7〕事件の判旨、判断方法にはなお大きな矛盾が残ると言わざるを得ない。(32)

(二)　法令の具体的適用の合憲性が争われた事件における利益衡量

(1)　利益衡量自体が否定された事例

文面上合憲の法令の具体的事案への適用が利益衡量の観点から違憲ではないかと争われた事件は多岐にわたるが、わいせつ罪の文学的、思想的価値ある作品への適用が問題となった〔8〕事件では、利益衡量論は多数意見の採るところではなく、五人の裁判官の少数意見にとどまった。また、〔12〕事件の国鉄庁舎内におけるビラ貼り事件においては、最高裁は多数の下級審判決と通説を斥けて利益衡量論の採用を明白に否定した。作品の芸術的、思想的価値は性に関する社会秩序の保持という利益と、また、組合活動の自由の保障は、使用者の企業秩序維持権・所有権と、いずれも衡量の余地のない、いわば劣位の価値とされたわけである。

特に〔12〕事件では、企業秩序維持権というような実定法上何らの定めもない抽象的な「権利」の下に、多数の学説、下級審判決が認めていた、施設管理権と組合活動の自由との具体的な利益衡量のアプローチを明確に否定したことが注目される。学説、下級審判例とも、アド・ホック・バランシングであり、ビラ貼りが認められる範囲について不明確さが存在していたことは事実であるが、最高裁が企業秩序維持権というような抽象的な「権利」の下に、労働基本権、表現の自由に対する考慮の余地を一切否定した点は、都教組事件、全農林事件、猿払事件等において、「国民全体の共同利益」、「行政の中立的運営の確保と国民のこれに対する信頼」等という極めて抽象的利益を措定して、利益衡量の余地を大きく制限したことに通じるものといえる。企業秩序維持を優越的価値として利益衡量を否定する、ということ自体に最高裁の価値判断が示されているのである。

〔10〕事件の外務省秘密漏洩事件では、最高裁は公務員の職務上秘密の保護と取材の自由の利益衡量を実質的には考慮しながら、構成要件該当行為に違法性を推定しないというアプローチをとっている。従って利益衡量論は法理論としては適用されていない。前述のように、一審判決がとった秘密保持の利益と取材によってもたらされる利益をアド・ホックにバランスする方法は、最高裁判決がこれを否定したのであるが、個別的バランシングには高裁判決が批判するように明確な基準がないから、取材の自由の保護という点で不十分な点があることは否めない。この点を高裁は構成要件論により、最高裁は違法論によりそれぞれ克服しようとしたものと評価できるが、その基準は未だ主観的で明確さを欠く点があり、具体的適用に当っては問題を残すであろう。

(2)　利益衡量が行われた事例

〔11〕事件は最高裁が積極的判断を示してはいないが、公平な裁判の保障と取材・報道の自由の利益衡量を図ろうとする一、二審の判断を黙示的に承認したものといえる。利益衡量が正面切って論じられたのは、〔9〕事件及び〔13〕事件、「エロス＋虐殺」事件である。博多駅事件判決は、公正な刑事裁判実現のための証拠入手の必要と取材の自由とを素材に利益衡量を始めて具体的に行ったものであり、北方ジャーナル事件、「エロス＋虐殺」事件は、名誉、プライバシー等の人格権の保護と表現の自由との利益衡量が、片や公職の候補者、他方は著名人の場合にど

うなさるべきか、を突っ込んで論じたものである。

特に北方ジャーナル事件では、仮処分による事前差止めを認めるべきでない言論の範疇化の試みがなされているのが注目される。ただ「公務員又は公職選挙の候補者に対する評価、批判等の表現行為」については事前差止めは原則として許されない、としながらも、「右のような場合においても、その表現内容が真実でなく、又はそれが専ら公益を図る目的のものでないことが明白であって、かつ、被害が重大にして著しく回復困難な損害を被る虞があるとき」は例外であるとするのは問題がある。例外の定め方が「真実でないこと」と「専ら公益目的でないこと」とを「又は」で結んでいる点に加えて、専ら公益を図る目的であるか否かの解釈が厳格に行われると、例外に該当することが極めて容易なこととなるからである。

差止要件を定めるについて、どう利益衡量を行うかについては補足意見でも活発な議論がなされた。即ち、伊藤裁判官は、精神的自由権にかかわる場合には、事件ごとに利益衡量によって判断することは適当でないとして、衡量の際の指標となるべき基準を求めるべきことを強調し、大橋裁判官も、同様の考えから表現行為を類型化し、類型化された表現行為の一般的利益とこれと対立する名誉の一般的利益とを比較衡量して判断する類型的衡量を行うべきであるとしている。

そして谷口裁判官は、公務員、公選による公職の候補者等の公的人物の名誉毀損が問題となる場合で表現内容が公的問題に関する場合には、「現実の悪意」が存在するとき、即ち、表現にかかる事実が真実に反し虚偽であることを知りながらその行為に及んだとき、又は虚偽であるか否かを無謀にも無視した場合にのみ差止めを認めるべきである、としている。(33)

(3)　以上のように見てくると、利益衡量論が採用され、対立する利益の具体的衡量、調整が行われたのは、公正な裁判の実現と取材の自由（〔9〕及び〔11〕事件）、名誉、プライバシー等の人格権の保護と報道の自由（〔13〕事件及び「エロス＋虐殺」事件）とがそれぞれ対立する極めて限られた局面であることがわかる。そして、公正な裁判の実現と取材の自由との衡量においては衡量の方法、基準については何ら述べられる点がなく、アド・ホック・バランシングに委されている。プライバシーの権利と報道の自由とが衝突する場合も同様である。これは、公正な裁判の確保と報道の自由、人格権の保護と表現の自由、とが対立する場合には、それぞれの利益又は自由が憲法上対等のものと考えられるが故に範疇的な価値衡量が困難でありやむを得ない面があり、また、法令の具体的適用の合憲性が問題となる場合の利益衡量は、具体的事件毎に異なる事実関係が問題となり、そのため衡量がアド・ホックになることが避け難いからだと思われる、アド・ホック・バランシングは利益の対立を具体的に調整して、自由を保護することに役立つ面があるが、反面、結果の予見性が低くなり、それだけ表現の自由の保護のためには不明確さ、不確実さを残すことになる（ちなみに博多駅事件で提出を求められたフィルムが、すべて未放映であって、証拠価値も極めて高いものであったとしたら、裁判所の判断はどうなっていたのであろうか。この場合でも、取材の自由に対する影響は所詮将来の不確定なものでしかないが故に、公正な裁判実現のための証拠確保の方が優先するとされる可能性が大きいように思われる。しかし、すべての未放映報道フィルムについて証拠価値さえあれば、提出命令が認められるということにもなるまい）[34]。

事案のつみ重ねはこの点を解決する一つの途ではあるが、衡量を恣意的なものにおち入らせないためには、衡量の際のメルクマールをできるだけ明確化すると共に、価値の範疇化を行う必要がある。この点、前述のように北方ジャーナル事件は、事前の抑制としての差止要件の明確化を、表現行為を類型化して利益衡量することにより果たそうとしたもので、「エロス＋虐殺」事件におけるようなアド・ホックの利益衡量を避けようとしたものである。これは前述した外務省秘密電信文漏洩事件において、そそのかし罪の構成要件に該当する、公務員に対する取材行為について直ちには違法性を推定しない、としたアプローチに通ずるものであり、また、一注(1)で述べたアメリカにおけるデフィニショナル・バランシングの例とされるニューヨーク・タイムズ事件、ブランデンバーグ事件の考え方にも通ずるものである。

以上、判例における利益衡量論の展開を見、これを分析した。最後にこれをどう評価するか、また、そもそも憲法訴訟における利益衡量論をどう位置づけ評価すれば良いか、の問題があるのであるが、その前提として、我が国の学説、判例が大きく影響を受けた米国における利益衡量論をめぐる論争を概観し、次に我が国の学説を概観する必要があろう。

(29)　United States v. O'brien, 391 U. S. 367 (1968).
(30)　最高裁判所判例解説刑事編昭和四九年度一九二頁（香城調査官解説）。
(31)　Stromberg v. California, 283 U. S. 359 (1931).
(32)　これらの点を論ずるものに、研究会「憲法判断の基準と方法」ジュリ七八九号一四頁（一九八三）、研究会「憲法裁判の客観性と創造性」ジュリ八三五号六頁（一九八五）。
(33)　この考え方は、New York Times Co. v. Sullivan, 376 U. S. 254 (1964) の考え方である。
(34)　横田耕一「取材フィルムの提出命令と取材の自由」憲法判例百選Ⅰ八〇頁（一九八〇）。

四　米国における利益衡量論の盛衰

(一)　利益衡量論の展開

米国において判例上、明確に利益衡量論が打ち出されたのは一九五〇年のダウズ事件(35)である。この事件は、労組役員に共産党員でない旨の宣誓を義務づけるタフト・ハートレー法の合憲性が争われたものであるが、多数意見は、それまで支配的であった表現の自由の優越的地位の理論と、それと一体をなす明白かつ現在の危険の理論の適用を排して、言論に対する制約が間接的、部分的である場合には、言論に対する制約と公共の秩序維持の必要とを比較衡量して、合憲、違憲を決するものとし、同法を合憲としたものである。

この考え方は翌一九五一年、暴力による政府顚覆の必要、その望ましいこと等を唱道することを禁止するスミス法の合憲性が争われたデニス事件[36]において更に進められた。連邦最高裁は、同法の保護法益は政府顚覆活動の防止という重大な利益であるとした上、明白かつ現在の危険の原則の意味するところは「それぞれの事件においては、害悪の重大性が、起こらないかも知れない可能性で割り引かれても、なお危険を避けるために必要な言論の自由の制約を正当化するかどうか」である。即ち、害悪が重大であれば、その発生の可能性が小さくても言論の自由の制約が正当化されるとして、スミス法の保護法益＝政府顚覆活動の防止の必要と表現の自由とを比較衡量して、同法を合憲としたのである。

このように利益衡量論は明白かつ現在の危険の理論の修正、骨抜きと表裏一体をなして登場するのであるが、その後、共産党規制を中心的ねらいとする反体制運動規制立法、国政調査権の下になされる連邦・州議会非米活動委員会における証言強制、職業規制等の合憲性が争われた諸事件[37]において、広く法律又は処分の合憲性を判断する手段として用いられた。その典型的な例の一つであるバレンブラット事件[38]は、下院の非米活動委員会が教育界への共産主義の浸透状況を調査するために行った審問に召喚された大学講師が、「共産党員であったか否か」という質問に対し修正一条を根拠に答えを拒否した事件である。多数意見は、「修正第一条が一定の状況の下では、個人を、強制的にその結社関係を公開されることから保護していることは否定出来ない。しかし、（それは）修正第五条に基づく不利益証言拒否の特権の適正な主張とはちがって、証人に対し、いかなる状況のもとでも質問に異議を唱える権利を与えるものではない。修正第一条の権利が政府の質問を阻止するために主張される場合、問題の解決には、常に裁判所による、具体的状況の下での、あい競う私的利益と公的利益との衡量が含まれている。問題は、証言を好まない証人に証言を強制するだけの議会の利益の存在とその重要性である」とした上、連邦議会の調査権限は国家の究極の価値である自己保存の権利に基づくもので、これは思想、信条、結社の自由等の私的利益に優先する、と結論したのである。

一連の判決に見られる共通点は、片や国家の自己保存＝安全保障という、いわば究極的価値を定立する一方で、表現の自由、結社の自由、職業の自由ばかりでなく、思想・信条の自由というような内面的自由についてまで、これを全く個人的、私的利益と見なして、党に国家利益を優先させる、という判断パターンであり、もう一つは右の利益衡量を第一次的に行った立法府の判断に対する敬譲、司法消極主義の哲学であった。かくして利益衡量論は冷戦下の一九五〇年代、六〇年代の前半において、米国における共産主義者取締りを正当化したのであった。

(二) 利益衡量論批判

しかしながら、このような考え方は最高裁の少数派からはきびしい批判をあびた。最高裁内の代表的批判者として、一連の事件の少数意見において、利益衡量論のアプローチをきびしく批判しつづけたブラック判事の意見を見ておこう。それは、表現の自由を保障する修正一条は、憲法起草者達が憲法制定過程における利益衡量において、政府による制約を一切許さないと結論した結果の産物であるから、政府は、更に利益衡量をして表現の自由の制約を認めることは許されない、とする、いわば絶対主義の立場に立つものである。しかし、ブラックの利益衡量論批判は、この点にとどまらず、多数意見の利益衡量の仕方、衡量すべき対立利益の理解の仕方にも及んでいる。

この点について、彼は前述のバレンブラット事件の少数意見において、修正一条の権利が議会又は裁判所における利益衡量により制限可能であるとするバランシング理論に反対である、との基本姿勢を明らかにした上で、要旨次のように述べている。即ち、仮に本件においてバランシングが必要だとしても、法廷意見はバランシングを完全に無視している。法廷意見は、国家の自己保存の権利とバレンブラット個人の結社の自由とを比較しているが、それは誤りで、比較されるべきは、「組織に参加し、主義を唱道し、更に自らが考えたことを理由に後に政府により刑罰を科せられることなく政治的誤りを犯すことができる、という全体としての国民の利益」である。片や政府の利益を「自己保存」などと誇張し、他方でこのような国民的利益を無視する時、バランシングは単なる言語の遊戯に堕してしまう、と。

また、学界においても、利益衡量論をめぐっては大きな論争がなされ、有力な学者から強い批判がなされた。その代表的論者の一人、エマーソン教授は個別衡量論の問題点を次のように指摘している。[39]

① このテストは裁判所が判断をなすための判断基準たるべき核心を持っていない。そのため裁判所はその場、その場の利益衡量を迫られる。

② もし、真に利益衡量を行おうとすれば、事実の判定は困難で司法過程には不適切である。現実には、このテストは裁判所が真に独立した判断を行使することを許さず、裁判所は立法府の判断に決定的な重要性を置くことになる。

③ この理論は修正一条に対して現実的意味を与えない。このテストは立法部がそうすることが合理的であると考えたときは、いつでも表現を制限でき、裁判所は立法部の判断が不合理でない限り立法部を抑制することはない、ということを述べるにとどまる。この程度の保障は修正一条がなくても、適正手続条項だけで可能である。

④ このテストは法執行者及び国民に対して、いかなる権利行使が保護されるのかについて適切な事前の予告を与えることができない。要するに事件毎に最高審級の裁判所の比較衡量に関する最終判断を待つより外ない、ということになる。

(三) 利益衡量論の衰退

一九五〇年代から六〇年代の前半にかけて連邦最高裁を支配した利益衡量論は、しかし、一九六〇年代後半以降は、合憲性判断の方法としては用いられなくなる。一九六〇年代に入ると、最高裁は各種の共産党規制を漠然性の

理論、規制が広範にすぎる故の違憲論の採用等の方法により、一定の範囲で制限しはじめるのである。(40)

そして、最高裁は軍事産業施設におけるサボタージュを防ぐために共産党員の防衛施設における雇傭を禁止する法律の合憲性が問題となったロベル事件(41)では、国家安全保障上の利益と修正一条の結社の自由との利益衡量によりその合憲性判断をすべきである、との政府の主張をはっきりと斥けて、議会はより限定的な方法により立法目的を果すことが可能である、として違憲の判断を下した。そして、これ以降、アド・ホック・バランシングは最高裁では使われなくなったのである。(42)

最高裁のこのような態度変更は、直接的にはウォーレン・コートにおけるリベラルな裁判官の増加によるものといえるが、その背後には米ソの冷戦の緩和と共産主義の〝脅威〟についての米国内の認識の変化があるものと思われる。

(35)　American Communications Association v. Douds, 339 U. S. 382 (1950)

(36)　Dennis v. United States 360 U. S. 494 (1951)

(37)　Communist Party of the United States v. Subversive Activities Control Board, 367 U. S. 1 (1961)（共産党の登録命令）; Uphaus v. Wymen, 360 U. S. 72 (1959)（州法務長官の調査と証言拒絶）; Konigsberg v. California, 366 U. S. 36 (1961)（弁護士登録の際の共産党員であったか否かの質問に対する回答拒否）

(38)　Barenblatt v. United States, 360 U. S. 109 (1959)

(39)　Toward a General Theory of the First Amendment 53-56 (1967)（小林直樹＝横田耕一訳・表現の自由九五頁以下〔一九七二〕）。ほぼ同様の批判は、Frantz, *The First Amendment in the Balance,* 71 YALE L. J. 1424 (1962)

(40)　Aptheker v. Secretary of State, 378 U. S. 500 (1964).; Keyishan v. Board of Regents of the University of the State of New York, 385 U. S. 589 (1967)

(41)　United States v. Robel, 389 U. S. 258 (1967)

(42)　刑事訴訟の分野においては、違法収集証拠の排除法則の採否が、排除によるコスト（明白な犯罪者の証拠排除による放免）とベネフィット（違法捜査の抑制）のバランスにおいて考えられている。その代表的判例の一つとして、United States v.

Calandra. 414 U. S. 338 (1974). 米国における利益衡量論の盛衰を詳細に分析する論文として、山口和秀「アメリカにおける表現の自由と利益衡量論」岡山大学法学会雑誌二〇巻三号五九頁（一九七一）

五　我が国の学説

先に見たように、我国の最高裁では、昭和四〇年代に入って、それまでの公共の福祉論に代って、利益衡量論が登場して来たのであるが、学説においても昭和三〇年代の終り頃から、抽象的な公共の福祉論を批判しつつ、利益衡量論に立つ米国の一連の裁判例とこれをめぐる論争を紹介し、表現の自由の規制の合憲性をめぐる訴訟における利益衡量論の位置づけ、あり方に批判的に論及するものが現れてくる。その代表的なものにごく簡単に触れよう。

まず伊藤教授は昭和三四年初頭に出版された「言論・出版の自由」において、アメリカ憲法の下における言論・出版の自由に関する判例や学説を、我が国憲法に妥当するか否かという問題意識に立って分析し、「自然法による制約の理論」、「事前の抑制の理論」、「明確性の理論」、「言論の類型別にもとづく諸理論」等を検討した後に、「明白にして現在の危険の理論」を最も詳細に分析している。時期的にはデニス事件後（但しバレンブラット事件判決の前）に刊行されたものであり、連邦最高裁においては、既に「明白にして現在の危険の理論」は修正を受けて、衰退し、利益衡量論の時代となっているにもかかわらず、利益衡量論を独立の理論としては取り上げていない。そして、「明白にして現在の危険」の理論は、「言論に含まれる価値と言論を制約することによってえられる社会的価値が抵触する場合にいずれをとるべきかを衡量するためのものである」とした上、「言論の実質を考慮し、対立する社会的価値を較量して、その制約の有効性を判断するには、最もすぐれた基準である」として日本国憲法にもそのままもちこんでよい理論である、としている。(43) それは言論の自由も対立する社会的価値との衡量により制約されることを認めつつ、何らの基準のない単なる利益衡量は憲法判断の方法として拒否するということをはっきりと示したものといえる。

そして利益衡量の仕方、基準については、後の論文において、「まず、憲法の定立した価値評定とくにその序列を確定し、それを前提にした衡量であることを要する。その序列を無視し、つねに個々の場合に応じて諸利益を衡量することは、（衡量が無原則・無定量に行われるという——著者注）前に指摘されるような批判が適合し、その弊害が増幅するのであり、正当な憲法解釈といえないであろう」として、二重の基準論に立ちつつ、価値序列の低い人権の制限については合理性の基準が妥当し（合理的であるかどうかの判断は、個別的な利益衡量が有効に働くとする）、言論の自由と人格権、報道の自由と公正な裁判の保障というような価値序列において同等の利益が衡突する場合も、個別的な利益衡量に委ねられるが、精神的自由権などのように価値序列の高い権利を規制する場合には合理性の基準が妥当せず、個別的利益衡量は採用することができない。ここでは「明白かつ現在の危険」のテスト、「合理性の認められる必要最小限度」及び「より制限の少ないそれに代る手段」等の基準、「漠然性の理論」等の基準が精密に構成され、それに従った利益衡量が行われるべきである、とする。(44)

芦部教授は表現の自由の優越的地位を認めた上で、その制約が許されるかどうかを具体的に決する場合に、相対立する利益の衡量が不可能であるとするが、このことは「アメリカ最高裁のフランクファータ裁判官に代表される衡量論者の主張するような、優越的自由の理論を前提としない『個別的比較衡量』（ad hoc balancing）のテスト……が、言論の自由と規制の憲法適否を判定する一般的基準として妥当することを認める趣旨でないことは、いうまでもない。ところが、わが国の最高裁判決ないし学説のとる比較衡量論には、実質的にアメリカの『個別的比較衡量』のテストとほとんど異ならない見解が少なくない。そこにわが国の憲法訴訟の一つの大きな問題が存する……」としている。(45)

具体的には、表現の自由の優越的地位を前提に利益の衡量を行う「明白かつ現在の危険の理論」については、すぐれた特色を認めつつも、過大評価することなく、適用範囲を一定の分野の問題に限定するのが妥当である、とし[46]、単純な比較衡量論は裁判所が表現の自由と名誉・プライバシー権のような同じ程度に重要な権利を、第三者的な立場で調整する場合に原則として限定される、とする[47]。

奥平教授も、利益衡量論と明白かつ現在の危険の理論を峻別すべきこと、及び、表現の自由の制約を考える場合に多かれ少なかれ、何らかの比較衡量が必要であるということと、規制権力と表現の自由とをフラットに等置し、両者を何らの基準なしにケース・バイ・ケースで衡量する比較衡量論とを峻別すべきことを強調する。そして、「利益衡量説は、このように、結果的・傾向的には、精神的自由規制領域についても、他の諸自由の規制領域と基本的にことならないアプローチをとるものであるがゆえに、その終局形態においては、広義における優越的地位も否定されるし、その個々の現象形態たる諸理論も、多かれ少なかれ特定事件の比較衡量の下で修正・破棄されるということになるであろう。かくて、ある論者のいうごとく『このアプローチをとれば、自由がこれ以上沈んではならないという最低線がありえない』ということを意味し、結局、表現の自由領域における憲法原則の理論化は不可能である、ということになるであろう」とし、我国の判例は、「相対立する諸利益の『比較衡量』さえもせずにすませてきた。ここでは、『公共の福祉』の安易な読み取りによって、規制権力の利益の存在が支持されてきたのに対し、合衆国では、相対立する諸利益の比較衡量の結果、規制権力の利益の存在が一方的に確認される傾向にあるということになるであろう」としている[48]。

このように我が国の代表的学説は、いずれも単純な利益衡量論には否定的であり、表現の自由の優越的地位を認めた上で規範的な衡量を行うべきことを主張し、その観点から「明白かつ現在の危険」の理論に一定の評価を与えるものであったといえる。

(43)　伊藤正己・言論・出版の自由三〇六頁（一九五九）

(44)　伊藤正己「憲法解釈と利益衡量論」ジュリ六三八号一九八頁（一九七七）
(45)　芦部信喜「現代における言論・出版の自由」現代人権論一七〇頁（一九七四）
(46)　芦部・前田注(3)一六九頁
(47)　芦部信喜・憲法の焦点　パート1基本的人権六四～六五頁（一九八四）
(48)　奥平康弘・表現の自由Ⅰ五六～五八頁（一九八三）（初出は日本国憲法体系(7)一一〇～一一一頁（一九六五））

六　むすび――判例の利益衡量論の評価

(1)　先に見たようにアメリカ連邦最高裁においてはアド・ホックな利益衡量論は一九六〇年代の終りから用いられなくなり、表現の自由の規制領域においては法文の漠然性の故の無効、広範にすぎる故の違憲、ＬＲＡの理論等がとって代った。

これに比し、我が国における利益衡量論の展開は、学説上も判例上も米国とはいささか異なっている。まず学説が利益衡量論を紹介し始めた時期が、米国では利益衡量論が判例上用いられなくなった一九六〇年代の後半であり、しかも、それはそれまで我が国の裁判所で合憲判断のマジック・ワードの如くに用いられた「公共の福祉」論を批判し、これを克服する、代りの理論として、米国のさまざまな憲法判断の基準論を紹介する中で、米国における利益衡量論批判を十分ふまえた上で主張された。即ち、価値衡量は対立する利益の価値序列を確定した上で、それを前提において行うべきものとして唱えられた点において、米国最高裁を一時期支配したアド・ホックの利益衡量論とは明らかに一線を画する理論として主張されたのである。言ってみれば、米国の利益衡量論は表現の自由の優越的地位を否定する理論として登場し、その役割を果したが、我が国のそれは表現の自由の優越的地位の理論とワンセットをなすものとして登場したといえよう。

判例においても利益衡量論が用いられるようになったのは一九六〇年代の後半になってからである。そして当初は全逓中郵事件判決、博多駅事件判決に見られるように、基本的人権の制限の合憲、違憲を判断する場合に、対立する利益を具体的に措定して、その衡量を具体的事実に即して行うことによって、制限の当否を具体的に考える理論として、それまでの「公共の福祉」優先論に対する批判をふまえて、これに代る人権保障の理論として登場したのである。

(2)　しかしながら、このようにして登場した利益衡量論は、その後の判例の展開の中で、学説が主張したものとも、また、当初の判例が示した方向とも異なる展開をとげる。

即ち、昭和四〇年代の終り頃からは、基本的人権を制限する法令の合憲性が争われた一連の事件において、人権と対立衡量される利益が、極めて抽象化された絶対的なものにされ、そのため衡量の結果は、いわば先取りされ、先験化されたものとなって来ている。「国民全体の共同利益」、「行政の中立的運営の確保とこれに対する国民の信頼」、「選挙の自由と公正の確保」等という概念は、その中味の具体的検証と分析を要しないマジック・ワードとして、かつての「公共の福祉」と同様に人権の規制を一方的に合憲とする役割を果たしているのである。ここでは、表現の自由の優越的地位という考え方は全くでてこないし、利益衡量自体も実のあるものとして行われていない。それは言葉の上で用いられるだけであり、言葉と表現は変ったものの、実質はかつての公共の福祉論に逆もどりしていると評せよう。(49)

この点はビラ貼り事件において使用者の企業秩序維持権を強調して、利益衡量そのものを否定したアプローチにも通じる。それは、かつて一九五〇年代から六〇年代にかけてアメリカ最高裁を支配した、人権の対立利益として国家の安全保障を考える利益衡量論が、本家で衰退をとげた後、一〇年余にして我が国最高裁に姿を変えて再登場して来た感がある。これに対してはブラックを始めとするアメリカにおける批判がほとんどすべて当てはまる。法令の合憲性判断の場における利益衡量論は、憲法訴訟理論の深化と発展のために、昭和四〇年代初頭の判例が持った前向きの意味をもはや果していないのである。

かくして我が国においても、「人権制限の許否は利益衡量論＝価値判断によって決定されるという前提のもとで、衡量＝価値判断の基準を問題にしても、その基準は、論者にとっての基準でしかないことにならないであろうか。重要なのは、価値判断の基準を確立することではなく、価値観の相違を超えて承認されうる憲法原則を確認し、その原則から出発して、憲法解釈への主観的な価値判断の混入を可能な限り抑制することであるように思われる(50)」というような利益衡量論に否定的な意見が表われるのも故なしとしないのである（しかし、このような見解に立つとしても、「価値観の相違を超えて承認されうる憲法原則を確認」することは、しかく容易なことではあるまい）。

(3)　しかしながら、二(二)で見たように、法令の具体的適用の場における利益衡量論は、対立する利益に優劣をつけ難い、名誉、プライバシーの保護と表現の自由の対立、裁判の公正の保障と報道の自由の対立、といった限られた局面においてではあるが、具体的衡量を行うことによって対立を調整する一定の役割を果しているといえる。逆に言えば利益衡量論は法令の合憲・違憲を離れて、このような限られた分野においてのみ機能すべきものと言えよう。問題はこのような衡量をアド・ホックなものに堕さしめないためにどう範疇化の努力を行うかである。北方ジャーナル事件はその一つのこころみといえようか。

(49)　大野正男「最高裁判所の思想と論理」法セミ増刊・最高裁判所一〇八頁（一九七七）参照

(50)　浦部法穂「憲法解釈における利益衡量論」憲法の争点〈増補〉二二〇頁（一九八〇）

第三部　判例評釈

11 意見広告と政党に対する名誉毀損
——サンケイ新聞意見広告仮処分事件
東京地決昭四九・五・一四判タ三〇八号一〇八頁

一　はじめに

昭和四九年五月一四日、東京地方裁判所民事第九部は、サンケイ新聞が掲載した自民党の意見広告について、日本共産党が産業経済新聞社を相手どり、名誉毀損を理由に反論の掲載を求めていた仮処分申請事件で、申請却下の決定を下した。

それは、新聞記事による名誉毀損を回復するための反論権が認められるかという我国の学説上、実務上も新しい問題についての判断を示しはしなかったが、従来、先例も学説も乏しい意見広告の憲法上の地位、政党に対する政策論争・批判の自由と名誉毀損の成否に関して、画期的な判断を示した。戦後の我国の新聞は、後に述べるように意見広告の掲載に消極的であったが、最近、意見広告は各紙において解禁されつつあり、この決定はこのような動きにも拍車をかけることになろう。また、政党に対する論争と批判の自由を広く認めようとする態度は、民主政治下における政党のあり方、特に政党とプレスの関係についても大きな意味を持つであろう。

従来、我国においては名誉毀損訴訟の数自体が少なく、名誉毀損の問題が憲法二一条との関係において論じられるようなケースはほとんどなかったのであるが[1]、本件は仮処分事件として争われたものとはいえ、この問題を真正面から扱ったもので注目に値すると思われる。

そこで、編集部の求めに応じ、以下に本件決定を紹介しつつ、意見広告の憲法上の地位、政党に対する名誉毀損の問題等について若干のコメントを加えてみたい。

いわゆる反論権を法的にどう考えるかの問題は、今回、実務上始めて提起されたもので、理論上も大いに興味をひき、意見広告の運営を考えていく際にも重要な問題となるものと思われるが、決定が触れていないし、筆者の研究も不十分であるので、本稿では触れない。ただ、米国でも、反論権を認めるフロリダ州法（新聞が公職の候補者の人格、公職にあった間の業績等を攻撃した時は、当該候補者は反論の為の無料のスペースを新聞に要求できる）が、報道の自由を保障する合衆国憲法修正第一条に反するのではないかとして争われている事件が連邦最高裁に係属中であり、その弁論が今春行われていることを付記しておこう(2)。

二　事案の概要

本件は、昭和四八年一二月二日付サンケイ新聞朝刊が半面大に掲載した自民党のイラストの意見広告が日本共産党の名誉を毀損するとして、同党が仮処分により反論の掲載及び遅滞一日につき金三〇万円の損害金の支払いを求めたものである。名誉毀損の理由は右広告は日本共産党に対する批判・攻撃だけを目的とするものであり、日本共産党の当面の政治活動の方針を示す民主連合政府綱領と同党の存立の基礎を示す党綱領との間に、国会、自衛隊、安保、国有化、天皇の各項目について矛盾しているところがあるとするのが誤りであり、その見出し、イラスト等と相まって、日本共産党に対する国民の政治的信頼を傷つけ、その名誉を毀損するというのである。

保全の必要性としては、サンケイ新聞が、日本共産党の無料の反論掲載の要求に応じないこと、本年六月の参議員選挙を控えて緊急に名誉を回復する必要があること、自由民主党は同様の広告を各紙に出す形勢でありサンケイ新聞は本件広告に関連して自己を正当とし日本共産党の態度を非難しているので、日本共産党に対する同様の中傷名誉侵害がくり返えされる危険があること等が主張された。

これに対し、サンケイ新聞側は、保全の必要性がない、反駁権は民法七二三条の処分としては認められず、反論が掲載されるまで遅延一日につき金三〇万円の支払いを求めるのも不適法であると主張し、名誉毀損の点については、①昭和四七年七月二日東京地裁判決をひきつつ、本件広告は、論評の前提事実がその主要部分につき真実であるか少なくとも真実であると信ずるにつき相当の理由がある、その目的が公的活動には無関係な単なる人身攻撃にあるのではなく、公益に関係づけられている、論評の対象が公共の利害に関する、論評の内容・表現が公正である、からいわゆる「公正な論評の法理」により保護される、②刑法二三〇条ノ二の規定の趣旨から免責される、と主張した（なお、その準備書面(二)の末尾には後述する米連邦最高裁のニューヨーク・タイムズ社対サリバン事件についての簡単なレファランスがあり、この判決のルールはそのまま我が国においても妥当すべきものといえよう、としている）。

三　決定の内容

これに対する裁判所の判断は、以下の通りである。

まず、本件広告が申請人の名誉を毀損するおそれがあるか否かの点につき、裁判所は、本件広告はそのスローガン、イラスト等を合わせ考えると、

「暗に申請人は、『連合政府綱領』では革新三目標の実現をめざす民主的政府を樹立するがごとき言動を示しているが、連合政府樹立の暁には、申請人の本来の目標ともいうべき『党綱領』に則り一挙にプロレタリア独裁、革命への途を歩み社会主義社会ないし共産主義社会を建設してもはやいわゆる『自由社会』を守らず、国民の権利・自由を抑圧する社会を実現するのではないか、との『不安』を購読者に示し、購読者が申請人の甘言に偽まんされないようにと訴えているものといいうる。

したがって、本件広告は、購読者に対して申請人の採択した『党綱領』と『連合政府綱領』との間に『矛盾』があり、申請人の言動については『疑問』『不安』があることを強く訴えることにより、申請人の政党としての社会的評価、すなわち名誉を低下（いわゆるイメージダウン）させるおそれのあるものと認められる。」とする。そして、申請人のような、法人格のない団体といえども個々の構成員とは独立の存在を有し、社会生活上も独立の活動をなし社会的評価を有するものであるから、この社会的評価＝名誉も法律上保護をうけることを肯定する。

次いで、報道機関の報道につき、

「国民主権を基調とする民主主義社会において、国民が国政に関与するにつき、重要な判断資料を提供し、国民のいわゆる『知る権利』に奉仕するものであるから、思想表現の自由とならんで、広く社会の出来事を事実として報道し、公正な論評をし、または報道機関としての意見を表明することのみならず、他人の各種の意見を広告として掲載する自由も、憲法二一条の精神に照らし、十分尊重されなければならないというべきである。」として、意見広告が報道の自由の一環として憲法二一条の精神に照らし、尊重さるべきことを認め、更に次のように続ける。

「ことに、国民主権の原理に立脚する日本国憲法下にあっては、国民は、絶えず国や地方の政治に直接参画する国会議員や地方議員あるいはその者や支持者の所属する政党の政策・活動および政党相互間に交される政策論争・批判を知ることによって、自らの国政に関する意見を形成し、意見の過誤を是正し、政党の政策・活動を批判・支持し、それにしたがった意見を表明し、行動することによって、国や地方の政治に参加する権利と責務を有するものというべきであるから、前示のごとき公共的使命を持つ報道機関としての新聞が、政党の政策・活動および政党相互間に交される政策論争・批判を報道記事・論評・意見広告として掲載する自由も憲法上最大限に保障されなければならないことは多言を要しないところである。」

即ち、ここでは、政党の政策・活動及び政党相互間に交される政策論争・批判についての意見広告を掲載する自由は、憲法上最大限の保障をうけることを宣明する。

他面、政党間の政策論争・批判は、

「対立政党の政策・活動の欠点を暴露し、自己の見解に共鳴させるよう説得するものである性質上、不可避的に辛辣・痛烈に過ぎ、時に誇大・侮辱・誹謗中傷的に走り、さらに虚偽の内容を述べ、多かれ少なかれ、穏当を欠く内容と表現に陥り易いものともいうべきものであるから、この論争・批判を報道・論評・広告という形式で新聞に掲載することは、対立政党の名誉を毀損するおそれが生じ、ここに名誉毀損と表現・報道の自由という二つの法益の衝突が起こりうる。」

しかし政党は、議会制民主政治の下においては極めて重要な役割を果たし、かつそれを期待されていることは明らかであるから、政策論争や批判に対しても特別な寛容さを要求されるとする。即ち、

「政党は、政治上の主義もしくは施策を推進し、支持し、もしくはこれに反対し、または公職の候補者を推薦し、支持し、もしくはこれに反対することを本来の目的とする高度に公共的な団体であって、国民の厳粛な信託による国民の代表者として国や地方の政治に参画する議員をもってその主要な構成員とするものであるから、対立政党や国民からの政策論争・批判に対しても、これが国民一般に政党の政策・活動に対する認識を深め、国民の『知る権利』や意見表明の自由に奉仕するものとして最大限これを甘受すべく、仮にその論争・批判が対立政党の名誉を毀損するような内容であったとしても、政党という高度な公共性に鑑み、その論争・批判を好ましからざるものとして排斥することなく、謙虚に耳を傾け、国会、地方議会という公の場あるいは選挙や日常の政治活動の場における公の論議を通して、対立政党や国民に対し自己の確たる政治的見解を開陳し、その論争・批判

に対して再批判・反駁を試み、その過誤を是正せしめ、もってよりよき政策の樹立とその実現に努力することが公党に課せられた政治的責務であるといわざるを得ない。」

かくして、本決定は、政党の政策や政治的姿勢に対する論争・批判等は「たとえ当該政党の名誉を毀損する場合であっても、㈠これが故意もしくは真偽について全く無関心な態度で虚偽の事実を公表することによってなされたことまたは、㈡その内容や表現が著しく下品ないし侮辱・誹謗・中傷的であって社会通念上到底是認し得ないものであることが立証されないかぎり、違法と評価しえない。」と結論する。

そして、本件広告の内容はイラストがいささか不真面目で被申請人が万全の注意を払ったものとは認められないが、右二つの要件を満たしているとはいい難いから、サンケイ新聞の本件広告による名誉毀損行為は違法性を欠く、として日本共産党の仮処分申請を却下したのである。

この決定に対し日本共産党は昭和四九年五月一八日付赤旗紙上で、本件広告が新聞倫理綱領及び新聞広告倫理綱領に違反しているかどうかに触れていない、報道論評記事と有料の広告との違いを無視している等として批判し、サンケイ新聞は同年五月一五日付朝刊主張欄で意見広告の社会的な意義を認め、言論の自由についての確たる骨組みを示した、として高く評価している(3)。

そこで次に、意見広告の憲法上の地位、政党に対する名誉毀損の順に、この決定の判旨について若干のコメントを加えて見たい。

四　意見広告の憲法上の保障

今回の決定は、「他人の各種の意見を広告として掲載する自由も、憲法二一条の精神に照らし、十分尊重されなければならないというべきである。」とし、更に、「政党の政策・活動および政党相互間に交される政策論争・批判を報道記事・論評意見広告として掲載する自由も憲法上最大限に保障されなければならないことは多言を要しないところである。」とした。意見広告一般と政党の政策・活動および政党相互間に交される政策論争・批判の意見広告とで、本決定は微妙に用語を使い分けているが、意見広告一般について憲法二一条の傘がかぶるとされた点が重要と思われるので、この点を検討する。

㈠　意見広告の定義

意見広告は商品広告に対する概念であり、広告大辞典によれば、「特定の個人またはグループが、特定の諸問題、たとえば社会問題、経済問題、政治問題、国際問題などについて、個人またはグループの考え、主義、主張などを訴える広告」とされている。「広義の意見広告とは、過去、現在、未来にわたる〝思考〟や〝思想〟〝主義〟〝主張〟などを主たる内容とする広告の総称ともいえよう。より具体的にいえば、自分の考えや理念を述べる純粋あるいは狭義の意見広告はもちろん、政策や主張等を内容とする政治広告、立候補の趣旨や公約を述べる選挙広告、さらには教義や信仰心の開発をアピールする宗教広告、精神的あるいは物的社会環境向上を訴える公共広告等々すべてを包含するものと解釈しても間違いではあるまい。」(4)とするのも同趣旨である。

意見広告をこのようなものと理解するなら、その内容は憲法が伝統的に表現の自由の保障対象としてきたものであることは明らかである。

㈡　意見広告の解禁とその機能

ところで、戦後我が国の新聞は意見広告の掲載について消極的な態度をとっていた。昭和三三年一〇月七日日本新聞協会制定の新聞広告倫理綱領が、その2項において、「新聞広告は報道の自由をおかすものであってはならない。」とするのをうけて、昭和四一年一〇月二六日制定の同細則が、

「(6)　新聞社の編集方針に反する内容・表現のもの

(7)　政治・宗教・社会問題などの主義主張の広告で、新聞社の編集方針などについて読者に誤解を与えるおそれがあるもの」

は掲載を拒否又は保留するとし、また同綱領3項「新聞広告は、他の名誉を傷つけ、あるいは不快な印象を与えるものであってはならない。」をうけて同細則が

「⒁　事実の有無にかかわらず、一方的・暴露的な内容・目的をもったもの

⒂　係争中の事件についての一方的声明や表現・または後日紛争の起こるおそれがあるもの」

は掲載を拒否・保留するとしているのは、いずれも意見広告を考慮してのものである。

その理由は、我が国の新聞が伝統的に「厳正中立」、「不偏不党」を旗印にしていることと関係がある。即ち、ある問題について、意見が対立している場合、両者の意見が平等に掲載されるのならまだしも一方だけを掲載すれば、新聞が一方に偏するおそれがあり、また読者も、新聞がある団体なり人なりの意見広告を掲載すると新聞がその団体・人を支持しているかのように誤解するおそれがあるので、慎重にならざるを得ないというのである。これは、大正から昭和にかけて我が国の新聞には、相当に政治上の意見広告が掲載されていたのと対比される。(5)

しかしながら、最近になってこのような新聞の姿勢は徐々に変って来た。ニューヨーク・タイムズ紙は一九六一年一二月二六日付社説を以って、「憲法修正一条の目的を推進するためには、たとえタイムズが強く否定するものであろうと、あらゆる立場の意見に広告面を公開すべきである。」と宣言して、意見広告解禁にふみ切り、我国新聞界の注目をひいた。そして、一九六五年一一月一七日ベ平連が市民から募った広告料金でこのニューヨーク・タイムズ紙に出したベトナム反戦広告が一般読者にも意見広告について強いインパクトを与え、これが新聞界内部においてもあらためて意見広告を独立したジャンルの広告として考えなおす機会になったといわれている。また、一九六九年一月八日の読売新聞等に出た東大卒業生有志会の東大救済アピール広告も意見広告の存在を世に知らし

める契機になったといわれている。(6)

これらは公の問題・争点について意見の対立がある場合に、市民が自己の意見・立場を世にアピールしてその支持・理解を求めるために、従来のビラ配布・デモ等に加えて新聞意見広告をもその有力な手段として認識し始めたことを示すものと考えられるし、他面、受け手の側にも新聞広告を新聞社の立場・考え等からは切り離して独立のもの、新聞は有償で紙面を提供しているにすぎないと受けとめる理解が成長してきたこともあるのであろう。

これらを受けて、各紙は一九六八年頃から広告掲載基準を改訂し、漸時意見広告への紙面の原則的開放にふみ切って来た。ちなみに朝日新聞は一九七三年三月、意見広告掲載基準の中に意見広告を一項目として新設し、

「1、表現が妥当なものは掲載する。ただしこの意見について署名者が責任を持ち得ないと判断されるものは掲載しない。
2、広告および広告の機能を否定するものは掲載しない。
3、紛争中の意見は、公共性が高いもので表現の妥当なものに限り掲載する、ただし裁判中の関係者の意見は掲載しない。」
とし、毎日新聞も同年四月、基準を改訂し、

「意見広告は次の条項にそって掲載する。
イ、関係諸法規に牴触しないもの、
ロ、内容が真実であり、他を中傷、ひぼうしないもの
ハ、品位をそこなわず、良識にそったもので目的のはっきりしたもの
ニ、本社の社是（毎日憲章、編集根本方針）、広告倫理綱領に触れないもの」
と定めている。

本件の産経新聞社も一九七三年八月、意見広告掲載基準を定め

「意見広告は掲載する

意見広告掲載の趣旨は、本紙編集の姿勢・立場とは関係がなく、すべての個人・団体のどのような主張・意見についても、これが責任のある発言であるかぎり、広告欄を開放して自由に意見を述べる機会を提供するものである。」

とし、意見広告掲載運用規則で、内容が事実に反するもの、関係諸法規に牴触するもの等を掲載しないとしている。このような新聞側の態度の変更に伴い、環境、公害、福祉、政治等の国民生活に深い関係を有する問題についての意見広告が漸増して来ている。広告の主体も市民団体に限られず、企業、労働組合、政党、地方自治体等多様であり、今春闘時には国鉄と国鉄労働組合がいずれもストライキの問題をめぐって、それぞれの立場を説明し国民の理解と支持を競い合ったのであった。

また、広告の実務担当者も、「意見広告開放の精神には、いわゆる読者の〝媒体〟への接近を積極的にはかろうという意図がある」とし、あるいは(7)「意見広告を前進させて、見せかけの言論の自由でなく、実質的な言論を豊かにして行きたい。(8)」等として、意見広告の解禁を言論の自由という観点からとらえている。即ち、意見広告は、情報の受け手としての市民または団体が自ら情報の送り手として登場し、新聞の側もこれにより国民の多様な意見・思想をくみあげて、国民の受ける情報を豊かにするものとして受けとめているのである。それは掲載のため一方は有償、他方は無償という違いはあれ、基本的には各紙に見られる投書欄と同じ機能をいとなむものと言えよう。

(三)　**意見広告と憲法二一条**

意見広告の定義内容、現実、機能が以上に見てきたとおりのものであるとすれば、新聞社が意見広告の掲載につき、憲法二一条の保護を受けるとするのは極めて正当といえよう。ちなみに後に述べるニューヨーク・タイムズ事

件において米連邦最高裁は、この事件で問題となった意見広告はニューヨーク・タイムズ社にとって有償の、その意味でコマーシャルな広告であったから、米連邦憲法修正第一条の言論・出版の自由の保障は及ばない、との主張に対し、問題は広告が伝えようとする情報の内容であって、広告掲載に金が払われたかどうかは、新聞や本が売られているのと同様無関係であるとして、修正第一条を問題の意見広告に適用ありとしている。(9) また、一般広告については あるが、伊藤正己教授が、もっぱら純粋の営利活動と見られるものについては本来の表現と区別し、経済的自由と同じ性質のものと考えて良いであろう、とされつつ、「ある表現が営利的目的のものであっても、同時に表現の自由によって保護されるべき社会的利益をも含むときは、憲法二一条の保障をうけ、このような利益と、これを規制することによって得られる利益を衡量して、この規制が合憲かどうか決すべきであり、この較量において表現の自由の重要性を高く評価しなければならない、と考える。(10)」とされるのは、意見広告についてはより強くあてはまるであろう。

(四)　意見広告とその問題

ただ意見広告については、金のある者しか広告を掲載できないから、社会の強者のみの意見が掲載されることになる、との「金権主義」の観点からする批判があるので、この点について触れておこう。確かに社会的な問題や争点についての一方の側のみの意見広告が多量に掲載されるというような事態になれば、新聞の影響力からいっても国民の受けとる情報が一面的になり、新聞自体の公正、信頼も疑われることになろう。

この点、奥平教授が、「体制に基づく金権主義ですから、現体制に満足している筈の金持は、金を出してまでみずからの意見を発表しようとする必要性は感じないのではないか。むしろ意見を述べたいという人びとは現体制またはそのもとでの個々の制度や政策に多かれ少なかれ不満を持つ者でしょう。意見広告はかならずしも金権主義に陥らないという制度内安全弁があるように思う。いわば少数意見だからこそ広告を出したい、または、マスコミがかならずしも十分にとりあげてくれない論点があるから発表したいということなので、そういうものとして意見広告の発展性が見出せるでしょう。[11]」とされるのは、示唆に富む。

また、ニューヨーク・タイムズ等の経験でも意見広告を出す人は金持ではなく、むしろ、金持ではない人がカンパし合い自らの意見を強くアピールする例が比較的多い由である。[12] しかしこの点をさておいて、金権主義の問題は意見広告の全体としての運用における公正の確保——それは少数者及び経済的弱者の発言権の確保ともいえるだろう——の問題であり、それは重要な問題であるが、個々の意見広告が法律上どのような保護を受けるかの問題とは別の次元の問題であるように思われる。ここでも法律的にはニューヨーク・タイムズ事件判決が述べる如く、広告の伝えんとする情報の内容のみが問題を決するのではなかろうか。

(五)　意見広告と新聞社の責任

意見広告あるいは広告一般につき、なお一点考えておくべき点は、名誉毀損等の問題につき誰がどのような責任を負うかである。この点、新聞の側からは広告主がすべて責任を負うことを前提に、掲載者の責任は「善良な管理者の責任」で足りるとし、その内容を、「新聞社はスペースの提供者であり、広告掲載の管理者である。したがって新聞社には広告掲載管理者としての注意が要求される。そこで新聞社に責任ありとされるのは広告掲載に当って、読者に迷惑を与える法律違反の広告を、新聞社の故意又は過失により掲載し、その掲載した広告によって読者に損害を与えた場合であると考えられる。[13]」、としている。

この問題は、媒体が広告のために名誉毀損等で第三者に責任を問われた場合に、広告主と媒体との間でこの責任を最終的にどちらが負担するかの問題とは別個の問題である。右の意見は広告主の責任と媒体の責任は異なり、媒体の責任は「善良な管理者の責任」であるとするのであり、広告は広告主による紙面の買い切りという発想に根ざすものであろうが、その法律的な意味合いは必ずしも明確でない。名誉毀損者の責任は不法行為責任であるから、基本的には名誉毀損について故意又は過失があったか否かによって決せられるが、新聞広告が有償であり、新聞社はその情報の内容を自社広告掲載基準等により十分審査検討した上で掲載を決定し、これを広範囲に拡播するのであるから（逆にいえば広告主は一定の情報の拡播のために広告料を支払う）、その注意義務は広告主と同じに考えられるべきであろう。また、一般的にいって、新聞の調査能力を考えれば、広告内容の真偽、表現等について名誉毀損の観点から広告主と同程度の確認義務を課しても格別の困難を強いるものとはいえないであろう。[14]

問題はむしろ、広告主、新聞がどのような注意義務を負うかであろう（この点を決するについては、新聞倫理綱領、及び新聞広告倫理綱領、各社の広告掲載基準等が手がかりとなるであろうが、これらも、他の名誉を毀損しないこととか、関係諸法規に抵触しないこととかの抽象的基準をしか掲げていないので、結局、注意義務の内容・程度は裁判所の判断にまつより外ない）。この点については、刑法二三〇条ノ二的考え方、フェア・コメントの法理等種々のルールがあるが、ここで項を改めて、本決定が打ちたてた政党に対する論評・批判（意見広告によるものも含めて）が名誉毀損を構成する場合の基準の検討に移ろう。

五　政党に対する論争・批判と名誉毀損

㈠　問題の所在

本決定は政党が民主政治において高度の公共性を有することを理由に、政党の政策や活動に対する論争・批判等（政党相互間のものも含めて）はたとえ当該政党の名誉を毀損する場合であっても、それが故意もしくは真偽について全く無関心な態度で虚偽の事実を公表することによってなされるか、その内容・表現が著しく下品ないし侮辱・誹謗・中傷的であって社会通念上到底是認し得ないものであるかが立証されない限り違法と評価しえない、とした。

この基準の前者は、ニューヨーク・タイムズ社対サリヴァン事件[15]において、米連邦最高裁が、「公務員はあるステートメントが現実的悪意―ステートメントが虚偽であることを知ってか、あるいはそれが虚偽であるかどうかを全く無視する態度をもってなされたということを立証しない限り、自らの公務に関してなされた名誉毀損的な虚偽の陳述に関して損害を回復することはできない、とするのが言論出版の自由を保障する米連邦憲法修正第一条の要求するところである。」としたのにならったもの、後者は、本決定が独自にかかげたものである。いずれも名誉毀損成立の要件を通常の場合に比してきびしく限定するもので、特に第一の要件は、従来刑法二三〇条ノ二との関係で真実性の立証責任が被告側にあったのを転換し、虚偽性と共に「故意又は真偽について全く無関心な態度」という主観的要件の立証責任をも原告に負わせることにしたもので、我国の判例・学説に見られなかったものである。

また、サンケイ新聞側も本件において、名誉毀損者が立証責任を負うものとしてのフェア・コメントの法理（米国ではニューヨーク・タイムズ事件判決以前の有力少数説の立場）及び刑法二三〇条ノ二の規定の趣旨による免責を主張したのみで、本決定のかかげる基準を積極的に主張してはいなかった。

ニューヨーク・タイムズ事件は市民の出した意見広告に関連して、公務員の公務について批判する自由を画期的に広げたものであるが、裁判所がこのルールと第二の基準を本件において取り入れた理由とその妥当性をどう考えればよいか。

㈡　**政党の公共性と政党批判**

本決定は政党の高度の公共性をあげる。我が国法上は政党についての実体規定は何らなく、わずかに政治資金規正法三条一項に、「この法律において政党とは、政治上の主義若しくは政策を推進し、支持し、若しくはこれに反対し、又は公職の候補者を推薦し、支持し、若しくはこれに反対することを本来の目的とする団体をいう。」とされているのみである。

しかしながら、議会制民主主義体制をとる国における政党が直接国政にかかわり、その政策及び活動が国民の生活・権利・自由等に多大の影響を持つことはいうまでもない。それは、政治上の意見を同じくする者が団結して、国民の意見を国政に反映させ、かつ実現させようとする、あるいは散発的な国民の意思を結集させてこれと国家権力とを結合する媒介機関である、ともいえよう。ちなみに小林直樹教授は、政党の機能は第一に民意を媒介して議会内に導入し、そこでの討議や交渉を通じて、全体としての意思の統合を果たすこと、第二に政権を掌握して、自らの政策を実現する目的で活動し、それによって、公共的利益に奉仕すること、第三に世論の形成と伝達の機能を営むこと、にあるとされている(16)。

従って政党が高度の公共性を持つことは明白であり、その公共性、国民への影響は公務員の場合よりはるかに高く大きいといえる。このような政党に対しては最大限の批判と論評の自由を保障し、いわば国民の側からの政党への影響力の行使を広く認めることは、民主政治によっては表現の自由の重要な部分を占めるものといってよいであろう。ニューヨーク・タイムズ事件は、政府と公務員のあり方についての自由な討論と批判の保障は民主主義が機能するために必須であり、言論・出版の自由を保障する修正第一条の中心的意味である、としたのであるが、本決定も政党について同様の考えをとったのであろう。そして、このような自由は批判者が個人であれ、団体であれ、その団体が政党であれ、原理的に変ることはない。

㈢　**論争の自由**――自己抑制の回避

他方、論争の場合には、本決定が述べるように、相手を説得し、あるいは論破しようとして、その言論が辛辣、痛烈にすぎ、あるいは事実をねじまげ、誇張したり、更には相手を中傷・誹謗することまでしばしばおこる。このことは、論争の対象が私的な個人の人格や名声ではなく、公的な、政党の政策や活動で、それにより国民の支持を自らに引きつけようとする場合には一層強く、問題が政党の命運を決するような重要なものである場合には尚一層強いといえるであろう。このような場合、厳格な名誉毀損の責任を負わせようとすれば、論争や批判は勢いを失い、また事実の誤りをも犯さないようにとの注意からは、自己抑制もかけられるであろう。それは主権者たる国民にとって、さまざまな情報、意見に接する機会の減少を意味する。かくして自由な論争に価値を認め、これを推奨すべきものとすれば、仮にある程度の自由の行きすぎや濫用があっても、それをも含めてすべてを保護することが必要ではないか、真にまもるべき言論の自由を十分に保障しようとすれば、あるいは保護不十分にならないためには言論を過剰な位に保護しなければならないとする米連邦最高裁の考え方が出てくるのである。

ニューヨーク・タイムズ事件において、米連邦最高裁がこのような考えをとった背後には、ワイセツ文書を販売の為に所持する者を処罰する市条例による処罰は、売主が本の中味がワイセツだということを知っている必要はなく、所持の事実だけで十分としていたのに対し、このような要件による処罰は売主が自ら中味をチェックした物のみを売らせることになって自己検閲を課することになり、結局自由な情報の流通——修正第一条の権利の行使——を阻害することになるとした Smith v. California 事件[17]、破壊主義者には州の一定の免税特権を与えないとするカリフォルニア州法につき、免税を申請しようとする者に破壊主義者ではないことの立証責任を負わせるのは、市民の自由な言論活動を阻害することになり、デュー・プロセスに反するとした Speiser v. Randall 事件[18]等の一連の判例の流れがある。ちなみに、これら二つの多数意見もサリヴァン事件の多数意見を執筆したブレナン判事であるが、ここには言論活動を直接制限しないでもこれを萎縮させるような政府の措置を斥けようとの考えが一貫して示されている。そしてこのような考え方は公の関心事についての議論にからむ名誉毀損の成否と論争・批判の自由の関係についても等しく当てはまるであろう。

更に我が国の現実を見ても、新聞、雑誌上には政党や政治家に対する痛烈な批判・諷刺・政治マンガ等が数多くのせられており、また各政党の間においても、その機関紙を通じ、声明あるいは記者会見での発言等を通じ、通常の市民生活では見られない激烈な論争・批判・攻撃の応酬がなされている。それにもかかわらず、名誉毀損が法律上の問題となることはほとんどないようである。

(四) 本決定理論の位置づけ

これらの点からして、本決定が政党に対する論争・批判が名誉毀損を構成する要件を他の場合に比し一段ときびしくしようとしたのは十分理解でき、基本的に正しいと思われる。

問題は、本決定のたてた前記基準と従来の判例理論との関係である。思うに、本件はサンケイ新聞が主張したフェア・コメントの法理、あるいは刑法二三〇条ノ二の趣旨（あるいは昭和四一年六月二三日の最高裁判決の理論）の適用によっても十分解決されたのではないかと思われるし、本件広告の内容の程度では未だ政党の名誉を毀損するおそれはない、とすることも可能であったようにも思われる。本決定がそれをしなかったのは、おそらく名誉を毀損されたと主張しているのが政党であり、これについては、(二)、(三)で述べたように、論争・批判の自由を特に強く保障すべき理由があるので、名誉毀損について特別のルール（要件）を打ち出す必要があると考えたからではなかろうか。また巨大な力と組織を持つ団体の社会的評判や信用は個人の名誉とは性質を異にし、個人の程には傷つきやすいものでもない、との観察もあったのかもしれない（法人または団体に名誉毀損を認めるのは通説であるが、名誉毀損が自然人と同じレベルで成立するのか否かについて、学説は説くところがない）。そうすると、本決定のたてた基準は、申請人が政党という団体であり、批判の内容がその政策批判という最も公的なものであったところから出て来た、従って、決定の射程距離もまた、そのようなものとして理解されるべきだということになるであろう。こう見れば、本決定は名誉毀損法理の被害者及び侵害行為の性質による類型化と見られるのである。

ただ、このような名誉毀損要件の緩和については、政党間の論争を泥試合に陥らせるのではないか、との危惧はある。[19] しかし、政党間の批判・論争は、前述の如く、個人に対する批判・論争とは自ずと異なるものと見られるし、問題は本決定の基準が事例の蓄積の中でどう適用されるかにもよるが、第一の要件によっても故意または、未必の故意により虚偽の事実を述べた場合には（米最高裁の判例上は、「真偽を全く無視する態度」は我が国における未必の故意に近いものと解釈されている(20)）、名誉毀損が成立するし、第二の要件によるしばりもあるから、論争や批判が全く野放しにされることはないであろう。

六　むすび

結局のところ、本件の争点は政党批判の自由と政党の名誉の保護のどちらを優先させるかであった。そして裁判所は前者を優先し、新しい法理を打ちたてた。その法理は、事件の具体的解決には必ずしも必要でなかったようにも思われるし、新法理と従来の法理との関係についての説明もやや不十分であるように思われる。この点は仮処分決定という制約上やむを得ないとも思われるが、それならば、仮処分においては判例・学説も未開拓の問題については手がたく行くべきではないか、との批判もあろう。

本件については既に共産党から本訴が提起された由であり、本訴でも本決定のような法理が採用されるか否かは不明である。しかし、私は基本的には本決定を正当と評価したい。民主主義政治における報道の自由と政党のあり方についての本決定のとくところ――それは開かれた民主主義政治への期待といってもよいであろう――に共感するからである。

言論の自由、報道の自由は民主政治の根幹である。しかし、その保護は言論・報道の対象とされる側の寛容をしばしば要求する。それだけに自らが論争・あるいは批判の当事者となった時にもその保護を全うすることは容易でない。本件で報道の自由を真正面からかかげた産経新聞社は、昭和四五年九月週刊ポスト誌が書いた、同社の経営状態が苦しい、との趣旨の記事を名誉毀損だとして告訴し、ポスト誌の編集長が起訴された。しかし、裁判所は刑法二三〇条ノ二による免責を認め、無罪の判決を下した(21)。産経側の名誉毀損の主張は皮肉にも表現の自由を理由に容れられなかったのである。ここには言論・報道の自由に対し自ら寛容であることの困難さが示されているといえないだろうか。自由の主張は自己をも規定するのであり、言論の自由は自らが嫌悪する意見や見解を他者が発表する自由でもあることを忘れてはなるまい。

（1）その数少い例が、映画「エロス＋虐殺」上映禁止仮処分事件についての東京地決昭和四五年三月一四日判時五八六号四一頁及び東京高決昭和四五年四月一三日高民集、二三巻二号一七二頁、新潟日報の女子プロレス論評記事にかかわる東京地裁昭和四七年七月一二日判決（判夕二八二号一九六頁）である。
（2）The Miami Herald Publishing Co. v. Tornillo, No. 73-797 U. S. Law Week Vol. 42, p. 3589.418u.s.241（1974）
（3）なお、毎日、朝日等の新聞はいずれも五月一六日付朝刊論説において、民主政治における政党及び新聞の役割・機能にてらし、本決定を妥当なものと評価している。
（4）角五郎「やぶにらみ意見広告論」日本新聞協会発行・新聞経営 No. 44 六頁
（5）山本武利「新聞に見る政治広告の歴史」一九七二年朝日新聞社刊
（6）山本武利「意見広告と『不偏不党紙』」日本新聞協会発行・新聞研究一九七三年七月号五〇頁。藤原繁明「『意見広告』解禁へ向かう新聞界の現状」宣伝会議一九七三年九月号二八頁
（7）新聞広告報一九七四年六月第二〇四号「意見広告の問題点を探る」中のサンケイ新聞丸山安彦広告局次長の発言
（8）朝日新聞社発行・広告月報一九七二年九月号、岡本敏雄氏の巻頭言
（9）376 U. S. 255
（10）「広告と表現の自由」同教授の「現代社会と言論の自由」所収
（11）広告月報一九七二年九月号座談会「表現の自由と意見広告」一〇頁
（12）右座談会一〇頁司会者の発言
（13）瀬戸文永「意見広告の現状と考え方」前記「新聞経営 No. 44」一頁
（14）この点につき、日本新聞協会発行「法と新聞」二二六〜二三一頁参照
（15）New York Times Co. v. Sullivan376 U. S. 254（1964）
（16）「憲法講義　下」四九九〜五〇一頁

（17）　361 U. S. 147（1960）
（18）　357 U. S. 513（1958）
（19）　本決定に関する三島宗彦教授の評釈・法律時報四六巻八号一〇三頁
（20）　拙稿「公正な論評」現代損害賠償法講座2所収参照
（21）　東京地裁昭和四九年六月二七日刑事四部判決

【後記】　注（2）に関連して

本稿脱稿後、新着の The United States Law Week により、連邦最高裁が、この事件について本年六月二五日判決を下したことを知った（42 LW 5098）。

ここで、その内容を詳しく述べる余裕はないが、連邦最高裁は、新聞の寡占状態が現出している今日の状況においては、国民の側に反論権という形でのプレスに対する積極的なアクセスを認めることが国民の受けとる情報を豊かにし、真の言論・出版の自由の保障になるとの原告側の主張を斥け、フロリダ州法の定める反論権は編集の自由を侵害するので違憲としたのである。即ち、最高裁は修正第一条について、伝統的立場に組したのである。

なお、本件では、Access to the Press――A New First Amendment Right 80 Harv. L. Rev. 1641（1967）の著者である George Washington Law School の Jerome A. Barron 教授が上告人 Tornillo の代理人として説を展開していることを付記しておこう。

12 公正な論評の法理

――長崎教職員批判ビラ配布事件

最一小判平成元年一二月二一日、破棄自判、判例時報一三五四号八八頁、損害賠償請求事件

【事実】 一　小学校における通知表は法定褒簿ではないが、文部省初等中等教育局長通知により作成されている。この通知表の様式及び評定記載方法をめぐって、長崎市内の公立小学校において論争が起った。昭和五三年度、一部の学校において三段階絶対評価方式を五段階相対評価方式に改めたのを契機とし、これに反対する教師が終業式当日に通知表を児童に交付しないなどの混乱を生じ、昭和五五年度には両方式を併用した長崎市小学校校長会作成の通知表の新様式（校長会案）が三二校で採用されたが、うち二十数校の担任教師が到達度評価欄の記載方法について反対し、第一学期及び第二学期の各終業式当日に一部の学校で通知表が児童に交付されず、昭和五六年一月の第三学期開始時になお七校五六クラスで交付されなかった。

被上告人ら（五〇名）は、長崎市内の公立小学校に勤務する教師であるが、長崎県教職員組合に所属し、校長は各教師の教育活動について指示権を有するものではないとの立場に立ち、昭和五五年度の第二学期に校長会案に反対して通知表を各校長の指示どおりに記入せず、その決済を得られないため児童に交付しなかった。

右のような事態は長崎市内の教育関係者のみならず一般市民の間でも大きな関心事になっていたところ、かねて教育問題等について言論活動をしていた上告人は、自己の収集した資料に基づき、被上告人らが右のとおり通知表を交付しなかった事実を確認し、これが組合の指示の下に組合所属の教師が学校当局に対して行う抗争であるとの認識に立ち、昭和

五六年二月、長崎県教育正常化父母の会なる実体のない団体の作成名義をもって、「父母の皆さん、そして市民の皆さん」と題するビラ約五千枚を作成し、これを被上告人らの勤務する学校の児童に手渡し、各校区内の家庭の郵便受に投函し、更に長崎市内の繁華街で通行人に手渡して配布した。

右ビラは通知表の交付をめぐる混乱の経過、通知表の性格、被上告人らが校長会案に反対して各勤務先学校の校長の決済を得られない立場にあったことなどについて上告人の立場からする詳細な記述がされている一方、本文中に「教師としての能力自体を疑われるような『愚かな抵抗』」、「教育公務員としての当然の責任と義務を忘れ」、「お粗末教育」、「権力亡者」等の表現を用いて被上告人らの行動を強く非難していた。そして、本文に続いて「通知表問題でわかった有害無能な教職員の一覧表」として被上告人らの各勤務先学校名、担任クラス・氏名・年令・住所・電話番号が記載されていた。

被上告人らは右ビラの配布ののち、担任クラスの児童、その父母及び隣人等から、ビラの内容につき質問や誤解を受けて困惑し、中には、深夜等に非難攻撃の匿名電話や嫌がらせの無言電話が自宅に繰り返し掛かり、「無能先生は再び氏名公表」などと印刷した差出人名のない葉書が舞い込み、勤務先学校及び自宅付近で右翼団体の宣伝カーのスピーカーにより氏名等を連呼され、家族に対してまで非難の宣伝をされた者がおり、その余の者も、右事実を知り、同様の攻撃を受けるのではないかと落ち着かない気持ちで毎日を送った。

被上告人らは右ビラの配布によりその名誉感情及び教員としての地域社会の信頼と評価を傷つけられると共に、嫌がらせの電話がかかったり郵便物が舞い込んだり、宣伝カーによる騒音や氏名連呼等により精神上多大の苦痛を受けたとして、各自金一〇万円の慰謝料の支払いと長崎新聞への謝罪広告の掲載を請求した。

上告人は本件ビラは人身攻撃のためではなく専ら公益を図る目的で作成、配布したもので、その内容は表現の自由に基く論評である、問題とされている文言は批判的立場からの言葉のあやにすぎず、ビラの中から部分部分の文言のみを取り出して不法行為を云々するとすれば、民主主義社会の根幹を形成する政治的言論のほとんどは民事制裁の対象となり、表現の自由は封殺される、と抗弁した。

二　第一審　長崎地裁昭和五八年三月二八日判決（判例時報一一二一号一〇六頁）は、本件ビラは通知表をめぐる学校教育問題に関するもので、一応公共の利害に関するものと言えるが、①ビラの内容が、評価方式をめぐっての論争・混乱について、現在いかなる点につき対立があり、その原因はどこにあって誰がその責を負うべきか等について何らふれることがないこと、②通知表不交付の事実の外、被上告人個々人の本件通知表問題にかかる具体的言動については何ら事実の調査をすることもなく、被上告人らが県教組の組合員であるとの認識から、マスコミによる情報を十把ひとからげに原告らの行為と結びつけ、有害無能とまで決めつけ人格に対する非難攻撃にまで及んでいること、③文書作成者として自己の氏名は勿論責任者の記載もない何ら実体のない、いわば架空の団体名義を用いていること、④本件ビラは、組合に対する批判的態度をとる上告人の思想、信条を世に訴えようとする動機も含まれていたことは否定できないが、組合所属教師に対する非難は、その言動に論理的な反駁を加えるというより、「ケチをつけて反対」「屁理屈をこねて」「愚かな抵抗」「教育権だ評価権だと次々に新型の用語を造り出す権力亡者」などの表現で専ら揶揄誹謗するもので、被告の組合教師に対する反感ないし敵意の表出というものであって、到底、主として公益を図る目的の下になされた公正な論争ないし真摯な意見の陳述ということはできない、として原告各自につき、五万円の慰謝料支払い及び謝罪文の掲載を命じた。

三　第二審　福岡高裁昭和六〇年七月一七日判決（判例タイムズ五六七号一八〇頁）は以下の理由により第一審判決を維持した。即ち、本件ビラの内容は公教育ないし教育行政に関する公正な論評、真摯な意見の陳述というより、専ら被控訴人らを揶揄誹謗するものであることに加え、被控訴人らの職務と関係のない住所、電話番号まで明記し、はがきによる非難攻撃のようなことが立場を異にする側から被控訴人らに加えられるよう期待していたことが推認でき、本件ビラの作成配布が専ら（もしくは主として）公益を図る目的において為されたとは認められない。本件ビラが被上告人らの行為を校長の職務命令に違反する行為として、批判するに止まるものであれば刑法二三〇条の二第三項に照らし、公益目的の存否にかかわらず事実の証明があるとして違法性が阻却されるとの判断もありうるが、本件ビラは教師個人の行動や教育内容を「反対のための反対」、「有害無能」、教育活動が「お粗末」、「県教組の組織的統一行動」とか批判するものであり、真実の証明があったとは言えない。

【判旨】　破棄自判

最高裁は二つの判断を示した。

一　上告人の名誉侵害の不法行為責任を肯認した原審の判断は正当でないとして以下の通り判示した。

公共の利害に関する事項について自由に批判、論評を行うことは、もとより表現の自由の行使として尊重されるべきものであり、その対象が公務員の地位における行動である場合には、右批判等により当該公務員の社会的評価が低下することがあっても、その目的が専ら公益を図るものであり、かつ、その前提としている事実が主要な点において真実であることの証明があったときは、人身攻撃に及ぶなど論評としての域を逸脱したものでない限り、名誉侵害の不法行為の違法性を欠くものというべきである。このことは、当裁判所の判例（最高裁昭和三七年(オ)第八一五号同四一年六月二三日第一小法廷判決・民集二〇巻五号一一一八頁、昭和五六年(オ)第六〇九号同六一年六月一一日大法廷判決・民集四〇巻四号八七二頁、昭和五五年(オ)第一一八八号同六二年四月二四日第二小法廷判決・民集四一巻三号四九〇頁）の趣旨に徴して明らかであり、ビラを作成配布することも、右のような表現行為として保護されるべきことに変わりはない。

本件において、前示のような本件ビラの内容からすれば、本件配布行為は、被上告人らの社会的評価を低下させることがあっても、被上告人らが有害無能な教職員でその教育内容が粗末であることを読者に訴え掛けることに主眼があるとはにわかに解し難く、むしろ右行為の当時長崎市内の教育関係者のみならず一般市民の間でも大きな関心事になっていた小学校における通知表の交付をめぐる混乱という公共の利害に関する事項についての批判、論評を主題とする意見表明というべきである。本件ビラの末尾一覧表に被上告人らの氏名・住所・電話番号等が個別的に記載された部分も、これに起因する結果につき人格的利益の侵害という観点から別途の不法行為責任を問う余地のあるのは格別、それ自体としては、被上告人らの社会的評価に直接かかわるものではなく、また、本件ビラを全体として考察すると、主題を離れて被上告人らの人身攻撃に及ぶなど論評としての域を逸脱しているということもできない。そして、本件ビラの右のような性格及び内容に照らすと、上告人の本件配布行為の主観的な意図及び本件ビラの作成名義人が前記のようなものであっても、そのことから直ちに本件配布行為が専ら公益を図る目的に出たものに当らないということはできず、更に、本件ビラの主題が前提としている客観的事実については、その主要な点において真実であることの証明があったものとみて差し支えないから、本件配布行為は、名誉侵害の不法行為の違法性を欠くものというべきである。

二　しかしながら上告人がそのビラ中に被上告人らの氏名・住所・電話番号等を記載した点は以下の通り不法行為にあたるとして、被上告人各自に金二万円の慰謝料を認めた。

上告人の本件配布行為ののち、被上告人らの中には、電話、葉書、スピーカーによる嫌がらせや非難攻撃を繰返し受け、家族に対してまで非難の宣伝をされた者があり、その余の者も右事実を知り同様の攻撃等を受けるのではないかと落ち着かない気持ちで毎日を送ったことは前示のとおりである。被上告人らの社会的地位及び当時の状況等にかんがみると、現実に右攻撃等を受けた被上告人らの精神的苦痛が社会通念上受忍すべき限度内にあるということはできず、その余の被上告人らの精神的苦痛も、その性質及び程度において、右攻撃等を受けた被上告人らのそれと実質的な差異はないというべきところ、原審が適法に確定したところによると、被上告人らの氏名・住所・電話番号等を個別的に記載した本件ビラを大量に配布すれば右のような事態が発生することを上告人において予見していたか又は予見しなかったことに過失がある、というのであるから、被上告人らは上告人の本件配布行為に起因して私生活の平隠などの人格的利益を違法に侵害されたものというべきであり、上告人はこれにつき不法行為責任を免れないといわざるを得ない。

評　釈

本件はビラの配布による名誉毀損の成否に関する初めての最高裁判決である。ビラが全体として正当な論評といえるか（人身攻撃ではないか）、ビラの作成名義が架空の団体であること、及びビラの末尾等に氏名、勤務先、住所、電話番号等を記載してあるところからいやがらせを予期しえた状況で、尚公益目的があると言えるのかについて最高裁はいずれも肯定の判断を示した。

一　公共の利害に関する事項についての表現行為が刑事上、民事上の名誉毀損に当たる場合でも、人格権としての個人の名誉の保護と表現の自由の保障との調和を図る観点から、当該表現行為が公共の利害に関する事実にかかり、その目的が専ら公益を図るものである場合には、当該事実が真実であることの証明があれば、右行為には違法性がなく、また真実であることの証明がなくても、行為者がそれを真実であると誤信したことについて相当の理由があるときは、右行為には故意又は過失がないと解すべきであるというのが、判文も引用する昭和四一年六月二三日第一小法廷判決（民集二〇巻五号一一一八頁）、同四四年六月二五日大法廷判決（刑集二三巻七号九七五頁）により打ちたてられた考え方であり、この考え方は北方ジャーナル事件に関する大法廷昭和六一年六月一一日判決（民集四〇巻四号八七二頁）、サンケイ新聞反論文掲載請求事件に関する第二小法廷同六二年四月二四日判決（民集四一巻三号四九〇頁）等により確認・踏襲され、今や確立した判例となっている。

本判決も基本的にはこの考え方に立っているが、一、二審判決は本件ビラは個人攻撃であり、その作成・配布が専ら（もしくは主として）公益目的でなされたものとはいえないとしたのに、本判決はこの点を反対に解した。一、二審判決は、上告人がビラの作成名義人を架空の団体名義とする一方、ビラに有害無益な教職員一覧表として被上告人らの氏名・住所・電話番号等を記載して、さまざまないやがらせや非難攻撃を誘発したこと及びビラ中に「ケチをつけて反対」「屁理屈をこねて」「愚かな抵抗」「教育権だ評価権だと次々に新型の用語を造り出す権力亡者」

「有害無能な教職員」などと揶揄誹謗する表現を多用したことをきびしく見たのに対し、最高裁は右一覧表については、私生活の平隠などの人格利益を侵すことにつながる別個の不法行為であるとしたものの、名誉毀損の関係ではそれ自体被上告人らの社会的評価に直接かかわるものではないとし、ビラの内容についても地域社会の大きな関心事になっていた公共の利害に関する事項についての批判・論評を主題とする意見表明であり、「全体として考察すると、主題を離れて被上告人らの人身攻撃に及ぶなど論評としての域を逸脱しているということもできない」とした。そして上告人のビラ配布についての主観的な意図（いやがらせを予期し望んでいた）や架空の作成名義を使ったことも直ちに公益目的を否定するものではないとしたのである。

最高裁は教育問題という公共の関心事についての論評を広く認めるべきだとの態度をとったのであるが、これは、公共的事項に関する表現の自由は特に重要な憲法上の権利として尊重されなければならないとする前記北方ジャーナル事件判決、サンケイ新聞意見広告事件判決の流れの上に立ち、それ自体は誠に正当である。又、名誉毀損の免責要件としての公益目的は、主たる動機が公益目的であれば良いとされており、この判断を余りきびしくしないことが公共の関心事についての論争の自由を確保するために望ましいこともそのとおりである。

公共の関心事についての論争の自由を広く認める考え方に賛同しながら、筆者は二点につき本判決に若干の異和感を禁じ得ない。ビラに用いられた用語・表現の適切さと一覧表を公益目的の判断から切り離したことである。それぞれの点について以下敷衍する。

二　論評の自由については、英米法上公正な論評（フェア・コメント）の法理が認められており、「公共の利害に関する事項または一般公衆の関心事であるような事柄については、なにびとといえども論評の自由を有し、それが公的活動とは無関係な私生活曝露や人身攻撃にわたらず、かつ論評が公正であるかぎりは、いかにその用語や表現が激越・辛辣であろうとも、またその結果として、被論評者が社会から受ける評価が低下することがあっても、論評者は名誉毀損の責任を問われることはない」とされている。ここにいう論評の公正とは、意見や批判が客観的に正当である必要はなく、主観的に正当であると信じてなされればよいとされている（拙稿「公正な論評」損害賠償法講座2・一六　五頁）。

我が国の下級審判例もこのような考えをとっている。即ち東京地裁昭和四七年七月一二日判決（判例時報六八八号七九頁）は、「論評記事によって論評の対象となった者が社会から受ける評価を低下させる場合でも、『論評の自由』との関連において名誉毀損の責任を問われない場合があるというべきである。そしてその要件を考えるに当っては、論評が公正であることを要するのは勿論であるが、『公正』といゝうるためには必ずしも常に客観的な公正さであることを要請されない（例えば芸術的作品の評価については何が客観的に公正であるか決定することができないであろう）と同時に、論評の前提となる事実についてもそれが全くの虚偽であってはならないが、だからといって、すべてにわたって、客観的に真実であることまでも要求すべきでない。そうでなければ『論評の自由』を認めないに等しい結果を招来する虞れがある。他方『論評の自由』は公共の利害或は一般公衆の関心事である事項について認められるのであって、私生活の曝露や人身攻撃を許容するものではない。ことに論評が新聞記事によってなされる場合、読者啓蒙、社会正義実現などの使命感の行き過ぎが、人身攻撃による個人の名誉侵害を起しかねない。それが強大なマスコミュニケーションの前には殆ど無力に等しい個人を社会的に抹殺しかねないことが留意されるべきである」と詳細な判示をしたうえ、(イ)論評の前提をなす事実が、その主要な部分について真実であるか、少くも、真実であると信ずるにつき相当の理由があること、(ロ)その目的が、公的活動とは無関係な単なる人身攻撃にあるのではなく、それが公益に関係づけられていること、(ハ)論評の対象が、公共の利害に関するか、または、一般公衆の関心事であることの三つの要件を具備する場合には、その論評によって、人の名誉を毀損しても、論評者はその責任を問われるべきではない、とした。

また、前記サンケイ新聞事件では政党に対する批判と名誉毀損というコンテクストにおいてではあるが、「その内容や表現が著しく下品ないし侮辱・誹謗・中傷であって社会通念上到底是認しえないものであることが立証されないかぎり違法と評価しえないものと解するのが相当である」として、顔の右半分が支離滅裂に歪んだ福笑いのイラストのある自由民主党の「前略日本共産党殿　はっきりさせて下さい」と題する共産党批判の意見広告を名誉毀損ではないとし（東京地裁昭和四九年五月一四日決定・判例時報七三九号四九頁、同地裁同五二年七月一三日判決・判例時報八五七号三〇頁）、動労の実施した順法ストに対し、週刊誌が「目黒今朝次郎（参議院議員に当選した動労の委員長―筆者注）当選御礼スト」「順法ストの悪逆無道もヘイチャラのサディスト集団」などと批判したのが問題となった事件では、「いかに批判の自由があり、かつ現になされた批判にそれ相当の根拠があるとはいえ、それを表現する方法には自から限界があり、特に不特定多数の大衆に目のふれる機会の多い雑誌に記事としてこれを掲載する場合には、発行者、記事作成者、編集者は批判される側の立場にも配慮を及ぼし、真面目さ、慎重さを失うことなく極端な揶揄、愚弄、嘲笑、蔑視的な表現をさけなければならないことは、言論人として当然のことである」として名誉毀損の成立を認めている。（東京地裁昭和五四年二月二六日判決・判例時報九一七号二三頁）。論評が「著しく下品ないし侮辱・誹謗・中傷であって社会通念上到底是認しえないもの」とか、「極端な揶揄・愚弄・嘲笑・蔑視的な表現をさけなければならない」などが論評の適正さを判断する基準にされていると言ってよい（詐欺罪で逮捕直後の司法書士について、「悪徳司法書士を逮捕」の見出しが不適法とされた事例として仙台高裁昭和四七年三月二七日判決・判例時報六七八号五〇頁、「クサイ大阪の貿易会社」との新聞見出しが正当とされた事例として仙台高裁昭和五八年九月三〇日判決・判例時報一一九号八六頁、なお、モスクワ駐在特派員についてソビエト当局に迎合し、ゴマをすったなどと批判したのが正当とされた事例として東京地裁昭和六二年一月二六日判決・判例時報一二六五号一二五頁）。

以上のような下級審判決の流れに照らし、かつ被上告人らが通知表記載の評価についてとった行動は校長の職務権限や教育活動についての考え方の相違に基くものと見られること（原判決はそう認定している）をも考えれば、本件ビラ中の「有害無能な教職員」「ケチをつけて反対」「屁理屈をこねて」「権力亡者」などの表現は行きすぎで、「極端な揶揄・愚弄・嘲笑」あるいは「著しく下品ないし侮辱・誹謗・中傷」であるとすることも可能だったと思われる。

三　最高裁が被上告人らの氏名・住所・電話番号等を一覧表に記載した点を、被上告人らの私生活の平隠などの人格的利益を違法に侵害したとした判断は、それ自体には格別の問題はなく正当である。人格的利益のうち名誉やプライバシーが法的保護をうけることは既に確立した考え方であるし、容貌・姿態をみだりに撮影されない利益（最高裁大法廷昭和四四年一二月二四日判決・刑集二三巻一二号一六二五頁、判例時報五七七号一八頁）、氏名を正確に呼称される利益（最高裁第三小法廷昭和五六年四月一四日判決・民集三五巻三〇号六二〇頁、判例時報一〇〇一号三頁）、平穏安全な私生活を営む権利（横田基地騒音公害訴訟についての東京高裁昭和六二年七月一五日判決・判例時報一二四五号三頁）等が民法七〇九条、七一〇条により保護される人格権の内容として認められている。

問題は一つのビラの一部をこのように形式的に分離して判断することの当否である。一覧表によるいやがらせの発生が予測され上告人がそれを望んでいたこと、そして自らは架空の団体名を使ったことなど本件ビラは前記の問題的表現を別にしても、論評の仕方としてはフェアネスを欠く点があるにもかかわらず、本判決がそのことから直ちに公益目的でなかったとはいえないとしたのはいささか無理な判断であると思われる。この点の無理が一覧表をビラの本文から切り離して別個の不法行為を認定するという別の無理をおかさせたと思われる。最高裁は「本件ビラを全体として見れば……」といいながら、結局ビラを全体として判断しなかったのである。技巧的との印象を禁じ得ない。「有害無能」などの表現をとがめなかった点も合わせ考えると、被上告人らの陰に見え隠れする日教組の陰を意識してこのような判決になったのではないかと推測されるのである。

13 プライバシーの侵害と差止め
――「週刊文春」差止め請求事件

一 事件の経緯

(一) 事件の概要

株式会社文藝春秋の出版する週刊文春平成一六年三月二五日号（以下「本件雑誌」という）は、「独占スクープ田中真紀子長女わずか一年で離婚　母の猛反対を押し切って入籍した新妻はロスからひっそり帰国」（以下「本件記事」という）と題する右長女の離婚に関する記事を三頁にわたって掲載、出版、販売しようとしたところ、右長女と元夫が、本件記事は同人らのプライバシーの甚大な侵害であるとして、本件記事の切除または削除をしないままに本件雑誌の販売等をすることの差止めを仮処分手続により求めた。

本件記事の内容は、後述する抗告審決定が要約するように、長女が母である田中真紀子衆議院議員（田中角栄元総理の娘で、前外務大臣、夫も衆議院議員）の反対を押し切って、当時勤めていた会社の同僚と結婚し、その米国勤務に伴って米国に渡ったものの、単身帰国し、一年ほどで両者は離婚するに至った、というものである。

(二) 仮処分決定

東京地方裁判所民事第九部は単独の裁判官が審理し、双方の審尋を経た上、即日無担保で、理由を付することなく、申立てを認める決定をなした。

更に、東京地方裁判所民事第二一部は、債権者らの申立てにより、債務者が仮処分決定の送達の翌日以降、前記仮処分決定に違反して本件記事を切除または抹消しないまま本件雑誌の販売等を継続した時は、債権者各自に対し、違反行為をした日一日につき金一三七万円の割合による金員の支払いを命ずる間接強制命令を発した。

債務者は、本件雑誌は約七七万部印刷されたが、仮処分決定の送達を受けた時点で、約七四万部は出荷・販売されており、残り三万部のみが出荷されずに、債務者が保管しているとして、三万部の販売を再開しても、債権者らに新しいプライバシー侵害が生ずる可能性は消滅しており、原決定を維持すれば、原決定により保護される債権者らのプライバシー権とこれにより制限される債務者の表現の自由との均衡を欠き、債務者に償うことができない損害を与えることになると主張して、民事保全法三八条（事情変更による保全取消し）および同三九条（特別の事情による保全取消し）による保全取消しを求めた。しかし、東京地方裁判所民事第九部は「プライバシー権は、被申立人らがそのプライバシーに属する事項を他人に知られない権利であって、そのような事項を知る者が増えれば、その都度、新しい侵害が生ずる性質の権利である」として約三万部という軽視できない部数の販売が解禁され、出荷されることとなれば、出荷済みの雑誌の販売増などと相まって、被申立人らのプライバシーに決定的な被害が生ずるおそれがあるとして取消しを認めなかった。

㈢　**異議審決定**

原決定に対し、債務者は異議申立てし、被保全権利につき、「債権者田中は、……二代にわたる著名な政治家を輩出した家系に属しており、債権者の夫もその配偶者であったものであるから、債権者らの離婚は、著名な政治家の後継者の可能性に影響を与え得るものであり、これを報道した本件記事は、公共の関心事に係り、公益を図る目的に出たものである。離婚という事実はいずれは周囲の者に知られていくものであって、債権者らの離婚を報道する本件記事が仮に債権者らのプライバシーを侵害しているとしても、少なくとも重大にして著しく回復困難な損害を被るおそれはない。このような場合には、仮処分手続をもって、出版物の販売を差し止めることはできない」と主張し、「保全の必要性についても、既に七四万部が取次業者に出荷済であり、原決定の差し止めの対象とならない以上、一般読者に販売されるものであるから、原決定を維持しても債務者らのプライバシー被害を防止することはできない」と主張した。

異議審決定は、まず、「プライバシー権は、いまだ十分に議論が成熟していない権利であるが、他人に知られたくない私的事項をみだりに公表されない権利を含むものであって、憲法一三条に由来し、名誉権などとともに人格権の一部を成している。同条が『立法その他の国政の上で、最大の尊重を必要とする。』と規定していることに照らしても、プライバシーは、極めて重大な保護法益であり、人格権としてのプライバシー権は、物権の場合と同様に排他性を有する権利として、その侵害行為の差止めを求めることができるものと解するのが相当である」とする。

そしてプライバシー侵害を理由とする出版物の販売等の事前差止めの要件を考えるにあたっては、「北方ジャーナル」事件　最大判昭和六一年六月一一日判決（民集四〇・四・八七二）および「石に泳ぐ魚」事件　最三小判平成一四年九月二四日判決（判例時報一八〇二・六〇）を参照すべきであるとした上、プライバシー権は名誉権に比し、侵害されてしまった場合の回復が不可能であることから、事前の差止めの必要が一層高く、「特に本件のような週刊誌の記事による侵害の場合には、販売開始から短期間のうちに販売が終了してしまうのであるから、販売開始後相当期間経過後でも差止めをすることにより、一定程度救済を図る余地のある小説等による侵害とは異なり、事前差止めを認めない限り救済方法がないという特質を有する。このような事情を考慮すると、プライバシー権に基づく出版物の事前差止めについて、名誉権に基づく出版物の事前差止めに関する最高裁昭和六一年判決の要件よりも厳しい要件をもって臨む理由はないというべきである」、「本件のように、プライバシー侵害を理由とする出版物の印刷、製本、販売、頒布等の事前差止めは、当該出版物が公務員又は公職選挙の候補者に対する評価、批評等に関するものでないことが明らかで、ただ、当該出版物が『公共の利害に関する事項』に係るものであると主張されているにとどまる場合には、当該出版物が公共の利害に関する事項に係るものといえるかどうか、『専ら公益を図る目的のものでないこと』が明白であって、かつ、『被害者が重大にして著しく回復困難な損害を被るおそれがある』といえるかどうかを検討し、当該表現行為の価値が被害者のプライバシーに劣後することが明らかであるかを判断して、差止めの可否を決すべきである」とする。

そして、この基準に基づき、「本件においては、債権者らは公務員ないし公職選挙の候補者ではなく、過去においてその立場にあったものでもなく、これに準ずる立場にある者というべき理由もないから、債権者らの私事に関する事柄が『公共の利害に関する事項』に当たるとはいえない。

債務者は、債権者田中が二代にわたる著名な政治家の家庭の娘であることをもって、債権者らは常に政治家となる可能性を秘めているという。しかしながら、著名な政治家の家系に生まれた者であっても、政治とは無縁の一生を終わる者も少なくないのであり、そのような者の私事が公共の利害に関する事項でないことは明らかである。そのような者と債権者らを区別する理由は、何ら具体的に示されていない。たとえ、多数の人々の関心事であるということができても、そのような具体的根拠のない抽象的一般的な理由をもって、債権者らを上記のような立場にあり、その私的事項も『公共の利害に関する事項』であるということは、法的にはできないものというべきである。このことは、たとえ将来において、債務者の予測するように、債権者らが政治家の道を選択することがあるとしても、現在における債権者らの立場を上記のように見るべきことに影響するものではない」とする。

次に「専ら公益を図る目的のものでないこと」が明白であるか否かについては、「債権者らが私人にすぎないことからすると、本件記事を『専ら公益を図る目的のもの』とみることはできないといわざるを得ない。この点の判断は、債務者の主観のみをもって行うのではなく、本件記事を客観的に評価して行うべきである」とした。

最後に、「重大にして著しく回復困難な損害を被るおそれがある」か否かについては、本件記事は離婚原因について触れるところはあるものの、おおむね、離婚の事実とその経過を報じる内容にとどまり、その原因にまで具体益に踏み込んだものではないことをみとめつつ、「本件記事は、公務員でも公職選挙の候補者でもなく、過去にこれらの立場にあったこともなければ、政治家の親族であることを前提とした活動もしておらず、純然たる私人として生活してきた債権者らの私的事項について、毎週数十万部が発行されている著名な全国誌を媒体として暴露するものである。しかも、本件記事は、単に債権者らの離婚の事実に言及があるというものではなく、ことさらに債権者らの離婚自体を主題とし、『独占スクープ　田中真紀子長女わずか一年で離婚　母の猛反対を押し切って入籍した新妻はひっそり帰国』という表題のもと、『アメリカではすれ違いの生活』、『〝本当に特別なお嬢さんですから。〟』との中見出しを付けて、三頁にもわたって、債権者らの離婚について読者の好奇心をあおる態様で掲載されているものと認められる。その上、本件記事は、債権者の離婚後わずか約一か月という離婚そのものによる精神的負担が残っていると推認される時期に掲載されたものである。これらのことからすれば、全くの私人の立場に立って考えれば、上記のような態様により私的事項を広く公衆に暴露されることにより債権者らが重大な精神的衝撃を受けるおそれがあるということができる」として、これを肯定した。

決定は、以上のように、被保全権利の存在を肯定した上、既に取次業者に渡った七四万部は、返品または買戻し条件付の売買がなされたものと見るべく、差止めの仮処分の対象外であるとし、債務者の手許に保管されている三万部については差止めの必要性はないとの債務者の主張については、仮処分の取消しを認めなかった前記東京地裁九部の決定と同様の判断を示してこれを斥けた。

㈣　抗告審決定

右異議審決定に対し、債務者は東京高等裁判所に抗告し、プライバシー侵害を理由とする事前の差止めが認められる為には、

① 当該記事が「公共の利害に関する事項に係るものでないこと」
② 当該記事が「専ら公益を図る目的のものでないことが明白」であること
③ プライバシーを侵害されるとする者が「重大にして著しく回復困難な損害を被るおそれがあること」

という三つの要件がすべて充足されることが必要であるが、本件ではいずれの要件も充足されていないと主張した。

抗告審は、本件記事は右①、②の要件を満たすものの、③の要件は満たさないとして原決定を取り消し、東京地裁の差止めの仮処分命令を取り消した。

その理由は以下のとおりである。

まず、本件記事が人格権としてのプライバシーの権利を侵害するか否かについては、「……離婚という事実は、それ自体、本人にとって重大な苦痛を伴うであろうことはいうまでもないことであろうし、まして、それを、いわば見ず知らずの不特定多数に喧伝されることにより更なる精神的苦痛を被るであろうことは、当然の事理というべきである

したがって、ある人の離婚とそれを巡る事情といったものは、守られるべき私事であり、人格権の一つとしてのプライバシーの権利の対象となる事実と解するのが相当である。

そうすると、本件記事は、将来における可能性といったことはともかく、現時点においては一私人にすぎない相手方らの離婚という全くの私事を、不特定多数の人に情報として提供しなければならないほどのことでもないのに、ことさらに暴露したものというべきであり、相手方らのプライバシー権を侵害したものと解するのが相当である」とする。

そして、異議審決定の定立したプライバシー侵害を理由とする事前差止めの三つの要件について、「それは、名誉権の侵害に関する事前差止めの要件として樹立されたものを斟酌して設定されたものと解されるところ、名誉権

に関するものをプラバシーの権利に関するものに直ちに推し及ぼすことができるかどうかについては疑問がないわけではない」としつつも、上記の三つの要件は、それ自体として、本件における事前差止めの可否を決める基準として相当でないとはいえないし、当事者双方が、これらの要件自体については格別の異議を唱えておらず、かつ本案事件とは異なる手続的・時間的制約等の下に置かれている本件保全抗告事件においては、上記三要件を判断の枠組みとするのが相当であるとした。

そして、異議審決定とほぼ同じ理由で、本件記事は、①公共の利害に関する事項に係わるものとはいえず、②専ら公益を図る目的のものでないことが明白である、とした。特に①については、「確かに、両親・祖父といった最も近い身分関係にある者を高名な政治家として持つ者は、そうではない境遇の者の場合と比べて、将来、政治家を志すかもしれない確率が高いと考える余地もあり得るであろう。しかし、その者が自ら将来における政治家志望等の意向を表明していたり、あるいはそのような意図ないし希望をうかがわせるに足りる事情が存する場合は格別、そうでない時点においては、その者が、将来、政治活動の世界に入るというのは、単なる憶測による抽象的可能性にすぎない。このような抽象的可能性があることをもって、直ちに、公共性の根拠とすることは相当とはいえない。しかも、本件記事の内容が、婚姻・離婚という、それ自体は政治とは何らの関係もない全くの私事であることをもって『公共の利害に関する事項に係るもの』と解することはできない。また、（母親の政治家としての外国出張や行動に参加したという）相手方田中の行動は、将来政治の世界に入ることを意識してのものというよりは、家族ゆえのことと考えられるところであり、以上のような事実があるからといって、同相手方を田中眞紀子衆議院議員あるいは田中直紀参議院議員の後継者視して、同相手方の婚姻・離婚を『公共の利害に関する事項に係るもの』とみるのは相当とはいえないというべきである」としている。

しかしながら、要件③については、「本件記事が、単なる婚姻・離婚の事実だけではなく、その経緯等についての言及によって、相手方らの性格といった人格そのものをも記事の内容の一部としていることにはなるにしても、その内容及び表現方法において、相手方らの人格に対する非難といったマイナス評価を伴ったものとまではいえない」とした上、「本件記事は、相手方らのプライバシーの権利を侵害するものではあるが、当該プライバシーの内容・程度にかんがみると、本件記事によって、その事前差止めを認めなければならないほど、相手方らに、『重大な著しく回復困難な損害を被らせるおそれがある』とまでいうことはできないと考えるのが相当である」とした。

二　解　説

抗告審決定の結論に賛成である。以下、

㈠　プライバシー侵害に事前の差止めは認められるか

㈡　仮に認められるとした場合の要件は何か

㈢　本件ではその要件は満たされたのか

の三点にわけて分説する。

㈠　プライバシー侵害に事前の差止めは認められるか

①　プライバシーの権利がわが国判例において初めて認知されたのは、三島由紀夫の小説「宴のあと」事件に関する東京地裁昭和三九年九月二八日判決（下民集一五巻九号二三一七頁）においてであるが、そこでは「私生活をみだりに公開されないという法的保障ないし権利」とされた。

最高裁は、政令指定都市の区長が弁護士法二三条の二に基づく照会に応じて、前科及び犯罪経歴を報告したことが過失による違法な権力行使に当たる、とし（最三判昭五六年四月一四日民集三五巻三号六二〇頁）、また、ある人の前科等にかかわる事実が小説中で実名を使用して公表された場合に、「前科等にかかわる事実をみだりに公表されない利益は法的保護に値する」と判示しているが（最三判平六年二月八日民集四八巻二号一四九頁）、「プライバシー」という表現を使ってはいない。しかしながら、最高裁もプライバシーを法的に保護しない趣旨ではないと解されていた（滝澤孝臣　最判解民平六・一二〇）。最高裁が始めてこの言葉を使ったのは、最三判平七年九月五日（判例時報一五四六号一一五頁）であり、会社が職制等を通じて、特定政党の党員またはその同調者である従業員を監視し孤立させるなどした行為が人格的利益を侵害する不法行為に当たるとされた事件で、プライバシーを侵害するものであるとしている。(1)

② 以上のように、プライバシー侵害について、事後的に損害賠償を認めることについては、学説・判例ともに異論はなかった。そして、事前の差止め、特に仮処分手続による事前の差止めについても、これを認める下級審の決定が相当数あった。(2)前記北方ジャーナル事件は、名誉毀損を理由とする仮処分による事前差止めの適否が、後に別訴たる国家賠償請求事件の中で争われたものであるが、最高裁大法廷は、裁判所の行う出版物の頒布等の事前差止めは、表現行為に対する事前抑制であるから、表現の自由を保障し、検閲を禁止する憲法二一条の趣旨に照らし、厳格かつ明確な要件のもとにおいてのみ許容されるとし、「とりわけ、その対象が公務員又は公職選挙の候補者に対する評価、批判等の表現行為に関するものである場合には、そのこと自体から、一般にそれが公共の利害に関する事項であるということができ、前示のような憲法二一条一項の趣旨に照らし、その表現が私人の名誉権に優先する社会的価値を含み憲法上特に保護されるべきであることに鑑みると、当該表現行為に対する事前差止めは、原則として許されないものといわなければならない。ただ、右のような場合においても、その表現内容が真実でなく、又はそれが専ら公益を図る目的のものでないことが明白であって、かつ、被害者が重大にして著しく回復困難な損害を被る虞があるときは、当該表現行為はその価値が被害者の名誉に劣後することが明らかであるうえ、有効適切な救済方法としての差止めの必要性も肯定されるから、かかる実体的要件を具備するときに限って、例外的に事前

差止めが許されるものというべきであり、このように解しても上来説示にかかる憲法の趣旨に反するものとはいえない」と判示し、また、前記「石に泳ぐ魚」事件は小説の出版後、本訴手続により名誉、プライバシー、名誉感情等の侵害を理由に損害賠償及び差止めが求められたものであるが、最高裁第三小法廷は「原審の確定した事実関係によれば、公共の利益に係わらない被上告人のプライバシーにわたる事項を表現内容に含む本件小説の公表により公的立場にない被上告人の名誉、プライバシー、名誉感情が侵害されたものであって、本件小説の出版等により被上告人に重大で回復困難な損害を被らせるおそれがあるというべきである。したがって、人格権としての名誉権等に基づく被上告人の各請求を認容した判断に違法はない」と判示していた。

このような判例の流れを見るとき、プライバシー侵害のみを理由とする仮処分による差止めを厳格な要件の下に認めることも肯定されよう。

(二) 事前差止めの要件は何か

問題はその要件である。

本件では、異議審決定、抗告審決定ともに、プライバシーを侵害する出版について、一定の要件のもとに仮処分により事前の差止めを認めるとする点では共通している。

その基準は、異議審決定は北方ジャーナル事件を斟酌し、

① 当該記事が「公共の利害に関する事項に係るものといえないこと」

② 当該記事が「専ら公益を図る目的のものでないことが明白であること」

③ 当該記事によって「被害者が重大にして著しく回復困難な損害を被るおそれがあること」

の三つの要件を満たすこと、とし、抗告審決定もこの三要件を判断の枠組みとするのは相当である、としている。

異議審決定も言うように、名誉毀損の場合には、事後の訂正・謝罪等による被害回復もありうるのに比し、プライ

バシー侵害については事後の措置による被害回復は考えられず、一旦侵害されたプライバシーを回復することは極めて困難である。従って、異議審決定も述べるように、プライバシー侵害を理由とする仮処分による事前の差止めは、名誉毀損を理由とする事前差止めの要件よりも厳しい要件をもって臨む理由はない、というべきであろう。

しかしながら、表現の自由の優越的地位を考える時、ある表現が国民の目に届く前に差し止めてしまうことは軽々に許されるべきことではない。事前の差止め、特に仮処分という簡易な手続によるそれは、例外中の例外である。異議審決定及び抗告審決定が掲げた三つの要件は、正当であると考えられる。

特に、要件①の「公共の利害に関する事項に係わるもの」は、「社会の正当な関心事」と同義であり、表現の自由が民主主義社会において果たす役割の重要さに照らし、広く考えるべきである。社会の正当な関心事であることが肯定される場合には、②の「公益目的」は、余程のことがない限り、「存在しないことが明白」とされることはないであろう。そして、③の「重大にして著しく回復困難な損害を被るおそれがある」といえる為には、公表される事柄が前科・前歴、健康、家族の問題等、通常人にとって極めてセンシティブなものであり、その表現方法も極めて不相当（highly offensive and objectionable）なものであることが必要である、と考える。(3)

㈢　**本件では右要件は満たされたのか**

それでは以上の基準の本件記事への当てはめは正しくなされたであろうか。理由が付されていない仮処分決定は別として、異議審決定も抗告審決定も本件記事の内容は、公共の利害に関する事項にかかるものとはいえず、かつ、専ら公益を図る目的のものでないことが明白であるとした。違いは三番目の要件「本件記事によって被害者が重大にして著しく回復困難な損害を被るおそれがある」か否かについての判断である。そこで、三つの要件について順次検討する。

まず、公共の利益に関する事実に関わるといえるか。著者が本件記事を一読した印象は「どうでもいい話。文春が良くこんな記事を載せたな」というものであった。

問題は債権者らを社会的にどのような存在と見るべきかによる。債権者らは、両親、祖父と二代にわたる著名な政治家の家庭の娘と元夫であるが、現在私人であることは明らかである。妻の方は結婚前に母親の政治家としての行動に同行したりしたものの、自ら政治家になることを表明したり、そのための準備と見られるようなことをしたことはない。特に元夫の方には著名な政治家一族の娘とたまたま結婚したという以上に、社会の関心をひく理由は何らない。そうだとすれば、そのような二人の離婚は、公共の利害に関する事項に係るものと見ることはできないと言えよう。

離婚は結婚と共に戸籍に記載されるが、戸籍謄本の請求は、法務省令で定める一定の場合を除き、その理由を明らかにしてしなければならず、市町村長は不当な目的による請求の場合にはこれを拒否できるとされている。社会生活上、離婚は、近親者、知人、近隣に徐々に知られていくのが普通ではあるが、通常、結婚の場合のように、披露されたり、アナウンスされたりすることはない。それは、離婚が、当事者やその家族にとっては、慶賀すべきことではなく、悲しい、不幸な事柄であることが通常であるからである。そうだとすれば、離婚の事実を単に報じたということにとどまらず、その経過にまで触れつつ、当事者の意思に反して、大々的に公表し、報道することは、その程度は別にして、意に反する私事の公表としてプライバシーの侵害になるとされるのは、やむを得ないのではなかろうか。債務者は、債権者田中が、現に国会議員である両親の後継者になる可能性があると考えるのが相当であるから、本件記事は「公共の利害に関する事項に関わる」と主張したが、この主張は、元夫には当てはまらないばかりでなく、抗告審決定も述べるとおり、婚姻や離婚は政治とは関係のないことであるばかりでなく、右可能性が具体的なものでない以上、公共性の根拠にするのは無理があろう。

公益を図る目的の存否は、表現者の主観、意図も考慮されるべきものではあるが、それだけで決定されるものではないとの裁判所の判断は正当である。公表された事柄が私的事項である場合には、特別の事情がない限り専ら公益を図るものでないことは明白であろう。

それでは、被害者が重大にして、著しく回復困難な損害を被るおそれがあるか？

異議審認定と抗告審認定は、この点について判断がわかれたものであるが、本件記事の内容は、その見出しこそ仰々しいものの、本文の内容、および表現方法は離婚原因の詳細を述べるものではなく、債権者双方の人格に対する否定的評価につながるような記述もない。記述方法もアメリカ法でいう"highly offensive and objectionable"なものではなく、プライバシー侵害の度合いは比較的軽微であるといえよう。したがって、債権者らに、「重大な著しく回復不能な損害を被らせるおそれがある」とまでいうことはできないと考えられる。

著者は抗告審決定が正しいと考える。

三　むすび――若干の感想

本件では、第三者にとっては、どうでもいい話を、仰々しく記事に仕立てた出版社のニュース価値の判断力がまず疑われる。

東京地裁が、このような出版を重大かつ回復困難な損害を与えるプライバシー侵害であるとして差し止め、異議審も差止めを正当としたところから、大騒ぎとなった。しかし、東京高裁は、プライバシー侵害ではあるものの、重大な損害を与えるものではないとして、差止めを取り消し、ほぼ常識的な結論に落ち着いた。表現行為の事前差止めは検閲を禁止する憲法二一条の下、厳格な要件の下で例外的にのみ認められるものであることが確認されたといえる。東京地裁の二つの決定は（間接強制を認めた決定と共に）、表現の事前の差止め、特に仮処分によるそれについて、いささか判断が甘かったと言える。

わが国では表現の自由が、公共の安寧、性秩序の維持、国家秘密、名誉・プライバシー等の人格権の保護等と対立し、調整を迫られる時、表現の自由の方が譲歩させられ、制約されることが多い。表現の自由がやせ細る危険があるのである。(4) 表現の自由と対立する利益や他の人権との調整にあたっては、民主政治において表現の自由が占める特別の地位——優越的地位を十分に考慮することが望まれるが、事前の差止めについては、このことが一層強くいえるのである。

(1)　学説はプライバシーを「自己の情報についての情報コントロール権」(佐藤幸治ら『注釈日本国憲法(上)』二九一)等とし、その法的保護を認めることに異論はなかった。

(2)　詳細につき、拙稿「プライバシー侵害と差止請求」新・裁判実務体系　竹田稔・堀部政男編『名誉・プライバシー保護関係訴訟法』二五二頁所収。

(3)　この点につき竹田稔、増補改訂版「プライバシー侵害と民事責任」二二五頁以下は、極めて示唆に富む見解である。なお、"Prosser And Keeton On Torts" 5th West Publishing Co., 八五四頁以下参照。

(4)　拙稿「表現の自由に関する米国最高裁の判例の展開——その概観と若干の考察」芦部信義先生古稀祝賀「現代立憲主義の展開　下」六九一頁(本書5参照)。

14 免責による証言強制
――ロッキード事件嘱託尋問調書の証拠能力

① 東京地裁昭和五三年九月二一日刑事第二五部決定（昭和五一年(特わ)第四九五号議院証言法違反、所得税法違反事件）、刑裁月報一〇巻九・一〇号一二五六頁、判例時報九〇四号

② 東京地裁昭和五三年一二月二〇日刑事第一部決定（昭和五一年(刑わ)第三九三六号受託収賄、外為法違反、贈賄、議院証言法違反事件）、刑裁月報一〇巻一一・一二号一五一四頁、判例時報九一二号

③ 東京地裁昭和五四年一〇月三〇日刑事第一二部決定（昭和五一年(特わ)第一八三五号等受託収賄、外為法違反、議院証言法違反事件）、刑裁月報一一巻一〇号一二六九頁、判例時報九四七号

一 事実の概要

いわゆるロッキード事件の捜査の過程で、検事総長および捜査を直接担当した東京地検検事正は、贈賄側にある米国在住のコーチャン、クラッターほか一名について不起訴の宣明をした上、東京地裁に対して刑事訴訟法二二六条による証人尋問の請求および嘱託の申立をした。東京地裁裁判官は同条により米国の所轄裁判所に証人尋問の嘱託をし、この嘱託は外交ルートを通じ、同国カリフォルニア州中央地区連邦地方裁判所に伝達された。同地裁はアメリカ合衆国法典二八編一七八二条(a)項に基づき証人尋問手続を行おうとしたところ、コーチャンらが日本国において刑事訴追を受けるおそれがあることを理由に証言を拒絶したため、同地裁は非公開の証言録取を直ちに

命じる一方、「本件証人らがその証言において明らかにしたあらゆる情報、また証言の結果入手される情報を理由として、日本国領土内において起訴されることがない旨を明確にした日本国最高裁判所のオーダー、又はルールを日本国政府が当裁判所に提出するまで、本件嘱託書に基づく証言を伝達してはならない」旨命令した。

そこで再度検事総長は先に発した宣明書の内容を確認し、改めて本件証人らに対する公訴の提起はしない旨確約するとの宣明書を最高裁に提出し、最高裁は裁判官会議の議を経て「検事総長の右確約が将来にわたりわが国のいかなる検察官によっても遵守され、本件各証人らがその証言およびその結果として入手されるあらゆる情報を理由として、公訴を提起されることはない」との宣明書を発した。これにより、証人尋問は施行され、尋問調書は日本側に引き渡された。

コーチャン、クラッター両名の証人尋問調書はロッキード事件を審理する東京地裁一二五部（児玉・小佐野ルート）、同一部（丸紅ルート）、同一二部（全日空ルート）に昭和五二年秋頃から検察官により次々と証拠請求された。各部においては各担当弁護人から右調書がさまざまの理由により証拠能力を有しないとする詳細な意見が提出された。各意見書の内容はそれぞれに異なるところがあるが、主要な争点は以下のように要約できる。

一、米国裁判所に対する本件証人尋問の嘱託及びその手続は適法であるのか

二、不起訴宣明による証言強制は適法であるのか

三、本件証人尋問調書を被告人らの断罪の証拠とすることが被告人らの反対尋問権を侵害しないか

四．本件証人尋問調書は刑訴法三二一条一項一号又は三号の要件を満たしているのか

右のうち最初の二点は証拠の収集過程に違法の問題がなかったか否かの問題であり、広義の違法収集証拠の証拠能力の問題である。本稿では紙数の制限もあるので、二について論ずる。

二　決定要旨

東京地裁各部は、いずれも弁護人の反対意見を斥けて証人尋問調書の証拠能力を認めた。各決定の主題についての判断の要旨は以下の通りである。

〔① 二五部――児玉・小佐野ルート決定、以下半谷決定という〕

(1) 検事正の不起訴宣明は検察官による公訴権放棄の意思表示であり、本件四つの宣明書のうち法律関係に変動を生じる処分的意義を有するのはこれのみである。(検事総長の第一次宣明は、検事正の処分が検察部内の統一的意思に基づくものであることを明らかにしたもので処分的意義を有せず、第二次宣明は検事正の処分とその法的効果の確認にすぎず、又最高裁判所の宣明は米国内法上の要請を満たすためのもので、国内法上は全く不必要なものである)。

(2) 検察官はその訴追裁量権に基づき適法に公訴権の放棄をなし得るが、その根拠は、刑訴法が検察官に対し広範な訴追裁量権を与えていること、公訴権の不行使は個人の基本的人権に直接影響を及ぼすところがなく、他の公益を優先させる必要がある場合には公訴権の不行使を認めても弊害の生ずるおそれは少ないこと、刑訴法二四八条は起訴猶予の要件を定めていると同時に、検察官の裁量による公訴権放棄を認める個別的規定の根拠となる大原則(起訴便宜主義)を宣明する機能をも営んでおり、かかる個別的規定を欠く場合でも、合理性と必要性が肯認される限りにおいて、解釈上、検察官による公訴権放棄を認める直接の法律的根拠となり得ること等である。

(3) 公訴権放棄は合理的かつ真にやむを得ないとする特段の事情のない限り許されず、一種の緊急事態としてより大なる法益を護るため他に方法のない場合にのみ許される。一国の政治をあずかる最高責任者らによる職務犯罪の解明が問題となっていた本件は右の要件を満たす。

(4) 証人の供述拒否権を消滅させる目的でなす公訴権の放棄は、当該証人の供述拒否権の存否を判断する立場にある証人尋問を主宰する裁判官に対しなすべきである。

(5)　公訴権放棄の効果として、公訴権は絶対的に消滅し、その意思表示は検事正の後継者を拘束する。又、憲法上の証言拒否権も「自己が刑事訴追を受け、又は有罪判決を受ける虞れ」の消滅により、消滅する。

〔②　一部――丸紅ルート決定、以下岡田決定という〕

(1)　東京地検検事正の宣明は検察官の有する訴追裁量権（刑訴法二四八条）を行使し、捜査途中で、将来当該犯罪の嫌疑が明白になった場合にも公訴提起を猶予する旨の意思表示をなし、かつ右意思表示の内容が以後の事情の変化によってもくつがえし得ない性質のものとする意図を示したもの、検事総長の二度にわたる宣明のうち前者は検事正の意思表示が検察全体の意思によるものであることを示し、後者はその遵守を最高裁判所に確約したもの、である。最高裁の宣明は検察官の一連の措置により証人らがこの証言及びこれに基づいて入手される情報につき公訴を提起されることはないとの事実認識を表明したのにとどまり、検察官の措置の適法性ないし効力について何ら付加するものはない。

(2)　検察官の一連の措置は公訴権を消滅させるものでも、その後の起訴を不適法とする羈束的効力を有するものでもないから、証人らが将来起訴される可能性が我が国法制度上全く考えられなくなったとはいえない。しかし、当時米国在住の証人らについて公訴権を行使しうる事実上の可能性はそもそも皆無に等しく、これに一連の検察官の不起訴宣明を考えれば、公訴提起を妨げる事実上の要因が幾重にも累積し、証人らが起訴される事実上の可能性の全く存在しない状況が保障されるに至ったといえる。このような事情の下では、証人らが自己負罪拒否特権を行使する余地はなくなったものと解することができる。

(3)　自己負罪拒否特権の侵害の問題は、証人らの権利に対する侵害の問題であり、被告人らは、証人に対する自己負罪拒否特権の侵害を理由に証人尋問調書の証拠能力を争う適格を原則として有しないが、ただ右特権を強制、拷問、脅迫ないし欺罔という態様において剝奪した場合や、これに準ずるような重大な基本的人権の侵害を伴い、あるいは虚偽誘発の危険が高い状況が存するなど不公正な方法によって行われた場合には、被告人らも証拠の許容性を争うことができる。

（4）　事件関係者の一部に対し免責を付与して証言を強制することは我が国法制上定められておらず、取引の観念を強調すれば不公正感を免れず、利益誘導、虚偽誘発を入りこませる可能性を含むので一般的には違法の措置であるとの疑いを免れず、このようにして取得された証拠の証拠能力を認めることにも疑問の余地がある。しかし、個々の具体的事情のもとで必要性があり、このようにして証言を強制しても特段不公正感ないし虚偽誘発のおそれを生ぜしめない情況的保障のある例外的場合には適法として許容される。本件の場合は、証人に対して公訴権を行使しうる可能性はもともとないに等しく、免責制度に慣熟している証人に対し、免責制度が確立し、この健全な運用に努めて来た米国裁判所の手続の下で行われ、証人らも起訴猶予の条件として一定の内容の証言を強制されていたわけではなく、その任意性を疑う余地もないから、我が法制の下で証拠として許容するにつき困難さを感じるような不公正さ、ないし虚偽誘発状況はない。

〔③　一二部――全日空ルート決定、以下金決定という〕

（1）　各宣明の中で証人らに対する我が国内における刑事訴追のおそれの存否に関連して法律上根拠を有し、直接の影響を及ぼすのは検事正のそれであり、他はその趣旨を補強するものである。検事正の宣明は通常の不起訴処分であり、公訴権放棄であるとか、宣明後のこれに反する不起訴を直ちに不適法とするような法律上の効力を有すると解釈したりすることはできない。最高裁宣明は、我が国の司法慣行上各証人が証言した事項に関して将来公訴を提起されることはあり得ないとの常態的判断を認知して明らかにしたものにすぎない。

（2）　米国における嘱託証人尋問手続において、証人が自己負罪のおそれを理由に証言を拒否した場合、自己負罪のおそれを法的に除き、少なくとも実質的に取り除いてそのおそれがないと同じ状態を保障して供述を命じて作成された尋問調書でなければ、我が国の憲法・訴訟法の趣旨に反し、右調書を訴訟上の証拠として許容することはできない。検事正の宣明は処分後の起訴を一切不適法とする法律上の効力は有しないが、証人らに対し現実に公訴権を行使しうる見込みはなく、刑事訴追のおそれは半ば消滅しかかっていた素地があった上、検察官による一連の不起訴宣明が対外的にかつ公式に何度も確約され、最高裁の宣明書も伝達されたので、検察官が将来証人らに対し公訴提起をすることは国際上の信義則に照らしてもあり得ないと考えられる事態に立ち至ったものと理解され、これを「累積した全体」として考察する際には、それはもはや個々の措置を越え、刑事訴追のおそれを消滅させる保障に準ずる効果を有するに至ったものと認められる。それ故証人らの自己負罪のおそれによる証言拒否権を消滅させるに足りる。

(3)　以上に加えて自己負罪拒否特権を侵害しないで供述を得ようとする本件手続的便法が我が国訴訟法上許され、調書が証拠として許容されるか否かは別個に判断されねばならない。強制、拷問又は脅迫、その他これに準ずる基本的人権の侵害を伴うような手段によって供述拒否特権を事実上剝奪したり、欺罔ないし利益誘導その他の虚偽誘発の危険が高く、あるいは社会的に不公正と考えられる手段を用いて供述拒否権を放棄ないし消滅させた場合にはわが訴訟法上許容できないし、その結果得られた証拠についても証拠能力は認められない。

(4)　共犯者の一部にだけ刑事免責を与えその者から得た供述を他の者に対する刑事責任追及の証拠として使用することは、刑事司法における公正感を損ね、刑事責任についての「取引」の印象を生じ、あるいは虚偽を誘発する危険を高める可能性を生じさせるものとして我が刑訴法上許容できない。しかし、免責を与える者の選定についても止むを得ない事情があり、免責を与えてでも供述を求めねばならない合理的必要性が強く、又、その尋問手続も適正で、とくに信用するに足りるというような事情が備わっている場合等不公正感が全く存しない場合には免責による供述強制、その結果としての尋問調書の証拠能力は認められる。本件はその要件を満たしている。

三　解　説

外国裁判所への証人尋問の嘱託が稀有のものであるところに加えて、本件証人尋問調書が検察官、最高裁判所による四次にわたる異例の宣明書により入手されたものであるところから、その適法性、我が国法制との適合性等をめぐって広範な議論が起った。ここで論ずる問題点は

1　検察官の宣明の性質及び効力如何
2　最高裁の宣明の性質及び効力如何
3　宣明により証人の供述拒否権を消滅させ証言を強制できるか
4　免責を付与して証言を強制することが我が国法制上許されるか

等である。そこで順次、各決定の判旨に触れつつ検討する。

1　検察官の宣明の性質及び効力

各決定とも処分的あるいは法律上根拠を有するのは東京地検検事正の宣明であり、検事総長のそれは、その趣旨を補強するものであり、我が国内法上はこれと別個独立の法律的根拠ないし効果を有するものではないとする点では一致している。妥当といえようが、検事正の宣明の性質、効力については、半谷決定は既存の法律知識に対して挑戦し、これを公訴権の放棄とし、公訴権が将来確定的に消滅する、その根拠は刑訴法二四八条にある、としたが、岡田、金決定は、いずれも起訴猶予とする（金決定は公訴権放棄とは解釈することはできないことを明言する）。

「証言およびその証言の結果として入手されるあらゆる情報を理由として公訴を提起しないことを確約する」検察官の宣明は、文言からして後に述べる「強制証言及びそれから派生する証拠の使用禁止」（use and delivative use immunity）でしかないと思われるのに、半谷決定がこれを公訴権の絶対的放棄とするのはそもそも疑問であるが、(1) その根拠として刑訴法二四八条は刑事政策上の起訴猶予処分とこれとは全く性格を異にする公訴権放棄の両方を定

めたものとするのは、同決定が自らいうようにこれまでの同条に関する学説及び実務上の共通の理解に反する。これまで検察側の論者の説くところも、我が刑訴法にイミュニティ制度のないことを問題として指摘するものであったからである。(2) また、二四八条を根拠に刑事免責を適法として証言の強制を可能とするならば、我が国では証人からの供述の強要を合法とするのは、つねに訴追免除の形式の場合に限られ、供述の証拠利用の禁止の形式は用いられないということになるが、いずれの刑事免責を用いるかについて立法府が何の考慮もしない状況で法律が刑事免責（訴追免除？……筆者注）を適法としていると解するのは疑問とする批判もある。(3) 更に、公訴権放棄の効果発生時期については裁判所に対して不起訴宣明書が提出された時とするようであるが、それならば、裁判所が事後に公訴権放棄の有効であることの要件を判断することの意味は何なのか。裁判所が要件不充足と判断した場合不起訴宣明の効果は一体どうなるのか、等の問題も指摘されるのである。(4)

検察官の宣明は厳密に言えば「証言及び派生的証拠の使用禁止」であるが、これを強いて日本法に当てはめれば起訴猶予処分というべきであろう。

2　最高裁の宣明の性質及び効力

各決定は最高裁宣明を「米国内法上の要請を満たすためのもので、国内法上全く不必要なもの」（半谷決定）、「一連の検察官の措置により証人らが証言及びこれに基づき入手される情報につき公訴を提起されることは事実上あり得ないという事実認識を表明したにとどまり、検事正及び検事総長の意思表示の適法性ないし効力について付加するものではなく、本件証人尋問調書の証拠能力につき予め判断したものでもない」（岡田決定）、「我が国の司法慣行上各証人が証言した事項に関して将来公訴を提起されることはあり得ないとの常態的判断を認知して明らかにしたもの」（金決定）等いずれも国内法上何ら問題はないとして、その意味を極めて軽く考えている。これが司法行政としてなされ、訴訟上の処分としてはなされていない点を考慮してのことと思われる。しかしながら、本件証人尋問調書の証拠能力について遠からぬ将来判断を迫られることが予想される最高裁が、検察官の宣明を受けて「公訴提起をされることはないことを宣明する」のに全く問題はないのだろうか。次に触れるように、我が法上検察官が証言と引きかえに免責を付与するのには問題があり、少なくともその適法・違法が上訴審で争われることはほぼ必至と思われるケースである。

司法行政という形をとったにせよ最高裁が右のような宣明をすることは、少なくとも検察官の措置が国内法上違法ではないとの判断を前提にしていることを意味する。そうだとすれば、将来上級審として関与せざるを得ない最高裁が、未だ捜査の過程で特定の証拠の証拠能力につき、あるいはそれに関連して一定の判断を示したことにならないのか。そのようなことは許されるのか。問題の存するところである。(5) 証人尋問調書の引渡しについて最高裁の宣告又はルールを求めたファーガソン決定は日本の司法制度についての無知又は誤解に基づくものであると考えられるが、検察又は最高裁はこのような無知又は誤解を解消させるためにどのような努力を払ったのであろうか。最高裁の宣明は異例のもの、としてだけ片づけられない問題点を包含しているのである。

3　我が国の法制上いわゆる刑事免責の付与による証言強制について定めるものはない。刑事政策上の起訴猶予処分を認める刑訴法二四八条を根拠に本件宣明がなされたのはまさに苦肉の策といえよう。果して刑訴法二四八条による刑事免責付与は適法といえるのか。

本件嘱託尋問を機に米国における刑事免責制度、それと修正第五条との関係についてスポットが当てられた。(6) 免責に関する連邦最高裁の最初の判例は Counselman v. Hitchcock. 142 U.S. 547 (1892) であるが、これは一八六八年免責法が免責によって得た証拠の使用だけを禁止していた (use immunity) のに対し、免責の範囲は自己負罪拒否特権の範囲と同じでなければならず、免責法が合憲であるためには使用免責では足りず、絶対的免責が必要であるとしたものである。これを受けてその後の立法は行為免責 (transactional immunity) を規定するようになった。

しかし一九七〇年には「当該証拠及びそれを手がかりに直接、間接に得られた証拠」の使用を禁止すること（use and delivative use immunity）を内容とする新立法が制定された。そしてこの立法は Kastiger v. U.S., 406 U.S. 441（1972）で合憲とされた。つまり、特権の保障は刑事訴追の手がかりとなる事実にまでは及ぶが、それ以上ではなく、従って独立のソースから入手した証拠による訴追は妨げられない。行為免責は修正五条の要求するところより広く、修正五条との関係で使用及び派生的使用からの免責で十分であるとするのである。

しかし、これらの判例はいずれも一定のイミュニティ法を前提にその免責範囲と修正五条の保障の範囲とが同じであるかを問題にするもので、免責立法によらずして行った本件免責付与の適法性の判断には直接の参考にならないものである。そこでイミュニティ法がない場合の検察官の免責付与と証言強制が米法上どう解されているかが検討されねばならないが、検察官は立法による権限付与なしには免責を与える権限がない、とするのが一致した見解である。(7) この趣旨の州の判例は多く、連邦最高裁もその旨判示していることが注目される（U.S. v. Ford, 99 U.S. 594（1879））。この事件はカウンセルマン事件より以前のものであるが、検察官が共犯者に対する証言と引きかえに証人に書面で一定範囲の行為免責を与える旨約束したことの有効性が別訴で争われたものである。最高裁はその旨の立法による権限付与なしには検察官はそのような免責を与える権限を有しないことを明言し、従って証人は約束に反して起訴されても、別訴でその合意の履行を積極的に求めることはできず、できるのは恩赦を衡平法上主張することだけであり、この場合裁判所は恩赦を申請する時間を与えるため審理を延期するだけである、と判示した。

立法上の根拠なしに検察官が証言と引きかえに行為免責を与えることはできないとする理由は、後任検察官や大陪審が別途起訴することができるという理由の外、イミュニティの付与は本来立法府の権限である、というのである。アメリカ法のこのような考え方は、イミュニティについての立法を有しない我が法にもそのまま当てはまるのではないだろうか。自己負罪拒否特権が憲法上の権利であるだけに、これを消滅させるにはその必要性を十分考慮した上、要件・手続を明確に定める法律が必要だと思われる(8)。捜査終了後に検察官に刑事政策上の考慮から認められている起訴猶予権限は、証言強制のためのイミュニティ付与とは本来目的を異にし、そこで考慮される事情も異なるのであるから、これをいわば流用し、その上に検事総長の宣明やその性質、適法性に疑問のある最高裁の宣明を事実上累積しても、これを立法によるイミュニティと同視することはできないのではなかろうか。

4　3に述べたところからして、我が国においても明示の立法なしに検察官がイミュニティを与えて自己負罪拒否特権を消滅させ、証言を強制することは許されない、というべきである。

（1）この点を指摘するのは森下忠「嘱託尋問調書の証拠能力」法学セミナー二八五号一二頁、同「再び嘱託尋問調書の証拠能力について」同二八九号一二頁

（2）この点につき横山晃一郎「刑事免責」刑事訴訟法の理論と実務（別冊判例タイムズ）一八四頁、三井誠「ロッキード事件嘱託尋問調書の証拠能力」ジュリスト六九三号二一〇頁、安倍治夫・刑事訴訟法における均衡と調和一二頁以下、本田正義「捜査の構造について」刑法雑誌一五巻三・四号一四〇頁以下

（3）渥美東洋「訴追免除を与えて取得した供述の証拠能力」刑事訴訟法の争点二三四頁

（4）前掲・横山論文一八五頁

（5）この点につき前掲・横山論文一八七頁

（6）早川武夫「アメリカの証言拒否権と刑事免責」法学セミナー二五八号一〇頁、田宮裕「刑事免責について」ジュリスト六七六号一六三頁、飯田英男「アメリカ合衆国におけるイミュニティ法の運用と問題点（上）（下）」警察研究四九巻八号二五頁、九号一九頁等

（7）McCormick, On Evidence. 2nd ed.（1972）. American Law Reports, Annotated, 2nd vol. 13, p.1439

（8）前掲・田宮論文一六八頁

第四部　その他

15 違法捜査とその規制・救済
——弁護の立場から

一 違法捜査とはなにか

「違法捜査」という言葉は広く使われうる言葉である。それは大きく分ければ、対人的な違法捜査と対物的違法捜査に分けられ、対人的違法捜査は被疑者・被告人に対する取調べの違法が問題になる場合とそれ以外の参考人の取調べの違法が問題となる場合に分けられる。対物的違法捜査は主として押収・捜索の違法が問題となる場合である。

対人的違法捜査のうち、共犯者を除く純粋の参考人の取調べでは違法捜査が問題になることは実務上ほとんどないので、問題になるのは、被疑者・被告人の身柄拘束中の取調べの違法性が問われる場合がすべてである、といっても過言ではない。この問題は「自白の任意性」の問題であり、任意性について疑いのある自白の証拠排除（証拠能力）の問題や、違法な押収・捜索により得られた証拠の証拠能力の問題については本稿では比較的簡単に触れるにとどめる。

以上を前提にして、本稿では、被疑者の違法取調べの当該刑事手続内における規制・救済と違法な押収・捜索の当該刑事手続内の規制・救済について論じ、最後に両者について当該刑事手続外の規制・救済の問題を論ずるが、かぎられた紙面では論述がスケッチ的なものとなることをお断わりする。

二　被疑者の違法取調べはどのように規制・救済すべきか

(一)　違法取調べの背景

憲法は公務員による拷問を絶対に禁止し（三六条）かつ、「①何人も、自己に不利益な供述を強要されない。②強制、拷問若しくは脅迫による自白又は不当に長く抑留若しくは拘禁された後の自白は、これを証拠とすることができない」と定め（三八条一項、二項）、これを受けて三一九条は「強制、拷問又は脅迫による自白、不当に長く抑留又は拘禁された後の自白その他任意にされたものでない疑のある自白は、これを証拠とすることができない」と定めている。これらの定めを受けて、被疑者の違法な取調べとは、一応、任意性を欠き、または欠く疑いのあるような自白を得るような取調べ、と定義できる。違法な被疑者取調べは、政治的・社会的に嫌悪された少数派による犯行である場合、重大事件であったり、社会的注目をあびた事件であって、捜査当局が社会から事件解決に向けて強い期待と圧力を受けたり、あるいはその反面として、事件解決に捜査当局のメンツがかけられている場合等に最も行われやすいといってよかろう。(1) 長時間にわたる苛酷な取調べが行われやすいのが重大否認事件であることは間違いなく、その規制を考えるにあたってはこの点を忘れてはならない。

(二)　任意性なき証拠の排除

任意性に疑いある自白の証拠能力を否定することが、違法な取調べを禁遏し、抑止する重要な手段であることは明らかであり、憲法・刑訴法の定めるところであるが、自白の任意性判断は審理の実際問題としては、容易なことではない。取調べにあたった警察官、検察官が証人として喚問され、取調状況、時間等について詳しく尋問されるが、その証言は記録に残っている取調時間を除き、苛酷な取調べを受けたとする被告人の供述と真向うから反し、違法と非難されるような取調方法は全て否定するのが通常のパターンである。(2) そして、それらの証言は、組織的な打合わせに基づいてなされていると見られることがしばしばである。

真向うから対立する供述のうち、いずれを信用すべきかの判断を迫られる裁判所は中立的証人のいない状況のもと、きわめて難しい立場におかれるが、このような場合、一般的にいって、裁判所は取調官の証言を信用して自白の任意性、信用性を肯定するに傾きがちであるといってよいであろう。

自分と同じ法曹資格を有する検察官が取調状況について故意にウソを言っているという判断を下すには強い心理的抵抗が働くのであろうし、被告人は罪責を免れるためのウソをつきやすいとの思いも強いものと思われる。このような判断態度は弁護人の立場から見るときわめて問題のあるものであり、裁判官は勾留中の取調べの実態を十分に知らないのではないかとの思いを強くする。裁判官が否認事件に見られるきびしい取調べの実態を知るとともに、きびしい取調べにさらされる被疑者の自白心理にも透徹した理解を持つことが望まれる。

(三)　取調過程の客観化

違法取調べを抑止するとともに裁判所の任意性判断をも適正なものとするためには取調過程を客観化する方策が考えられるべきであろう。アメリカのウォーレン・コートはこの問題を、被疑者の希望により、取調べに弁護人の立会いを認めるというミランダ・ルールにより解決しようとしたのであるが、わが国においても立法論としてではあろうが、同様の弁護人立会権を検討してしかるべきである（国選弁護人制度の被疑者段階への拡張は重要な第一歩でありうる）。そこまで至らなくても、取調状況をすべて（自白している場合だけでなく）テープレコーダーにとっておくということも検討されるべきであろう。そして自白の任意性が問題となった時はこのテープをすべて証拠調べすればよいのである（最近、検察側が被疑者が自白した時の取調状況を録音したテープを証拠として提出する例が増えているが、このような部分的録音は、かえって取調状況の真実についての判断を誤らせることになり、適切でないと思われる）。これにはテープの改竄を防ぐため、録音の実施、テープの保管を誰が行うか等の問題があるが、それとて解決できぬことはあるまい。

また、捜査官と弁護人の間でしばしば尖鋭な対立を来たす接見交通権の制限問題、とくに最判昭五三・七・一〇（民集三二巻五号八二〇頁）以後も行われている一般指定は違法取調べの規制の観点から改めて見直さるべきであろう。検察官は弁護人の接見交通権を捜査妨害、証拠湮滅の観点から見がちであるが、弁護人の立場からいえば、接見交通は違法な取調べの看視とチェックの側面をも有するのである。最近続いた再審無罪事件および無罪事件のほとんどは捜査官による違法取調べ——自白の任意性および信用性の欠如、が理由となっていることを捜査官は肝に銘じるべきであろう。(3)

（1）　無罪判決が続いた日石・土田邸事件、ピース缶爆弾事件等はその端的な例である。その取調状況については、日石・土田邸事件の証拠法定——東京地決昭五六・一二・一八判時一〇二七号三頁参照

（2）　最近の一事例として、芸大海野教授事件の自白調書採用決定に対する異議申立てを棄却した東地決昭五九・六・一九判タ五八九号八一頁

（3）　ちなみに大阪高判昭六一・一・三〇判時一一八九号一三四頁（貝塚元ホステス殺人事件）

三　違法な押収・捜索はどのように規制・救済すべきか——排除法則

憲法三五条は、一項「何人も、その住居、書類及び所持品について、侵入、捜索及び押収を受けることのない権利は、第三三条の場合を除いては、正当な理由に基いて発せられ、且つ捜索する場所及び押収する物を明示する令状がなければ、侵されない」、二項「捜索又は押収は、権限を有する司法官憲が発する各別の令状により、これを行ふ」と定め、これを受けて刑訴法二一八条以下は押収・捜索の要件・手続を詳細に定めている。これら憲法・刑訴法の定めに反する押収・捜索が違法な押収・捜索である。

押収・捜索も捜査当局が事件解決のプレッシャーを受けることの強い社会的重大事件や過激派関係の事件等においてその違法性が問題とされることが多いが、麻薬事犯についてもしばしば問題にされている。違法な押収・捜索

の規制・救済の手段として論じられる中心的なものが違法収集証拠の排除法則である。一概に違法収集証拠といっても、違法が問題とされるのにはさまざまの場合があり、井上正仁教授によれば、(1)令状に基づく捜索・押収、(2)逮捕に伴う無令状の捜索・押収、(3)職務質問に伴う所持品検査、(4)令状によらない体液（血液・尿）の採取の四つに分類される。(4) 最判昭和五三・九・七（刑集三二巻六号一六七二頁）は、「証拠物の押収等の手続に、憲法三五条及びこれを受けた刑訴法二一八条一項等の所期する令状主義の精神を没却するような重大な違法があり、これを証拠として許容することが、将来における違法な捜査の抑制の見地からして相当でないと認められる場合においては、その証拠能力は否定されるものと解すべきである」として、違法収集証拠の証拠能力を否定すべき場合のあることを宣明した始めての最高裁判例であるが、事案としては、右(3)の分類に属するものである。

㈠　**アメリカ法の展開**

違法収集にかかる物的証拠について証拠能力を否定しようとの考えは、アメリカ合衆国最高裁が発展させたものであり、戦後わが国学界がこの影響を受け、これが下級審裁判所の判決に採用され、ついに右最高裁判決に至ったものと見ることができる。そこで、右最高裁判決について論ずる前に、この問題についてのアメリカの議論を概観しておくことが有益であろう。

(1)　排除の論拠

違法収集証拠排除の論拠としてアメリカで論じられたものは、

①　憲法修正四条の権利の侵害に対する救済であるとする考え

②　違法に収集された証拠を有罪立証のために用いることは訴訟手続の公正を損ね（デュー・プロセス違反）、ひいては司法の廉潔性（judicial integrity）を損なうとする考え

③　将来の違法捜査を抑制するとする考え

等さまざまであり、違法収集証拠の排除が修正四条の直接に要求するところであるのか、裁判所が政策的に作り出したものであるのか、についても意見の対立があった。初期の判例においては第一、第二の論拠が重視され、憲法上の原則であるとする考えが強かった(5)が、排除法則の適用を修正一四条を通じて州にまで拡張した画期的判決、Mapp v. Ohio（376 U.S. 643（1961））では、三つの理由が並べられている。

(2)　バーガー・コートの排除法則批判——抑止効説の帰結

しかし、バーガー・コートになってからは後述のキャランドラ事件をはじめとして、排除法則を抑止効の観点から裁判所が政策的に創り出した手段と位置づけ、その抑止効に見るべきものがないとの理由で、排除法則をきびしく批判し、その射程距離を制限しようとの態度が鮮明になっている。最もきびしい批判者はバーガー自身であるが、彼は違法収集証拠を排除してその結果犯罪を犯した者を放免するという高い代価を払っても、違法捜査が抑制されたという証拠はないとし、排除法則が所期の抑止効をもちえなかった理由を、つぎのように分析するのである。すなわち、排除法則が違法行為を犯した捜査官に直接制裁を加えるものでないこと、このルールにより直接影響を受けるのは公判維持の責任を負う検察官であるが、検察官には警察官の違法捜査を矯正・チェックする手段はほとんどないこと、捜査の違法が裁判上確定するのは問題の捜査が行われて数年以上も経ってからのことであり、判決に捜査官に対する教育的効果があるとしても、時間の経過ゆえにこの効果は大きく減殺されること、証拠排除に至らない多数の事件の捜査になんらの影響ももちえないこと等の理由によるものであるという(6)。

しかしながら右反対意見において、バーガーも直ちに排除法則を全面的に廃止すべきだとまでは主張していない点が注意をひく。それは排除法則の無条件の廃止が、警察の捜査等に対するすべての憲法上の制約をなくするものであるとの誤った印象を警察官に与えかねないからである。彼は個々の警察官に対する損害賠償請求訴訟が違法捜査に対する適切な救済になっていないことを認めたうえで、議会が有効な代替的救済制度、すなわち、修正四条の権利を侵害された者に対する政府の損害賠償を認める行政上または準司法的救済手続を制定すべきであるとし、このような救済手続が整備されたあかつきには、排除法則を全廃するのになんらの障害もないとするのである。(7)

排除法則に抑止効がないとの右のような批判は、オークス教授の研究等(8)によるのであるが、アメリカにおける犯罪事情をも受けて、排除法則の適用は近時一歩一歩制限されてきている。すなわち一九七三年のキャランドラ事件(9)は排除法則の適用はこの抑止効が最も効果的であると考えられる手続にのみかぎられていたとして、捜査機関である大陪審手続への適用を否定し、一九七六年の前記ストーン事件は、人身保護令状請求の手続における証拠排除の主張を厳しく制限した。また、一九八四年のレオン事件およびシェパード事件(10)は、のちに欠陥があると判断された令状を捜査官が善意で有効だと信じて行った捜索により得られた証拠に排除法則は適用されないとの「客観的善意の例外」を認めて排除法則を大きく修正し、さらに同年のニックス事件(11)は、違法に収集された証拠でも、別途合法的手段により不可避的に発見・入手されえたであろうものは排除法則の適用を受けない、としていわゆる「不可避的発見」の例外を設けたのである。かくして憲法を離れて、抑止効によっていわば功利的に基礎づけられた排除法則は、そのことのゆえにその骨抜き化を一歩一歩進められているのであり、排除法則自体が全面的に廃止されることも考えられないではない状況である。

(3)　バーガー・コート判決に対する批判

このように違法捜査の規則・救済手段としての排除法則はアメリカでも大きなゆり戻しの渦中にあるが、このような動きに対しては、また、有力な反論のあることも指摘しておくべきであろう。それは、排除法則に抑止効がないとした前記オークス等の研究には、より新しい、より広範な実証的研究に照らし、重大な疑問があるとするものであり(12)、より根本的には、排除法則の主たる目的は――それは当初の理由づけでもあったのだが――抑止効ではなく、司法手続の廉潔性にあることの強調である(13)。論者は排除法則の採否をコスト（明白な犯罪者の証拠排除による放免）とベネフィット（違法捜査の抑制）のバランスにおいて考える考え方は、そのようなバランシングはそもそも不可能であるから適正に機能しえず、結局つねにコストのほうが大きいと判断されると批判している[14]。

そして排除法則を批判するのあまり、それに代わる有効な方法なしに排除法則をすべて廃止することは、違法捜査抑制のための代替方策を生み出すインセンティブを消滅させることになるとも主張されている。この点は排除法則の廃止論者バーガーと同じである。しかし、以上の考えは今や少数説なのである。

(二)　わが国の行き方——昭和五三年最判後の展開

抑止効を論拠とする最近のアメリカ最高裁の排除法則理解とその射程距離の制限に対し、わが国の最高裁の判例は、排除法則を憲法問題とせず、刑訴法一条の解釈問題としたうえ、令状主義の精神を没却する重大な違法の存在プラス将来の抑止効を証拠排除の要件としている。そのかぎりで、デュー・プロセスの要求も排除法則の根拠とされているわけである。右のような要件の立て方には、あいまいさが残り排除法則の射程距離を狭めるとの批判があるが[15]、法律違反をも要件とした点は、測定不能の抑止効とコストとのバランスにかかずらって、排除法則否定の途を一歩一歩、歩み出しているバーガー・コート以降の混迷を避けるうえでは、すぐれているといえよう。

問題は右の抽象的規準が具体的事件にどう適用されるかである。具体的には、法違反の性質、程度、関係者の権利侵害の程度、態様、捜査側の法軽視的態度の有無、同種違法捜査の前例等が総合考慮されるのであろうが、手続違反の意味を軽く考えるべきではあるまい。下級審判決には押収の違法を認めながらも重大な違法ではないとして証拠排除には至らないものが多いが[16]、違法と判断されても証拠には採用されるということになれば、違法捜査はやり得ということにもなりかねまい。違法捜査の抑制のためにも証拠排除をあまりに厳格に考えすぎるのは適切ではあるまい。

（4）　井上・刑事訴訟における証拠排除四四頁

（5）Boyd v. United States. 116 U.S. 616（1886）. Weeks v. United States. 232 U.S. 383（1914）
（6）Bivens v. Six Unknown Named Agents. 403 U.S. 388（1971）における反対意見
（7）しかしバーガーも五年後の Stone v. Powell, 428 U.S. 465（1976）の同意意見においては、裁判所が排除法則を維持し続けるかぎり、議会は代替的手段を制定しようとはしないとして　即時の排除法則廃止を主張している
（8）Oaks, *Studying the Exclusionary Rule in Search and Scizurc.* 37 U.Ch.L.Rev. 665（1970）
（9）United States. v. Calandra, 414 U.S. 338（1974）
（10）United States. v. Leon, 104. S. Ct. 3405. Massachusetts v. Sheppard, 104 S. Ct. 3424
（11）Nix v. Williams, 104 S. Ct. 2501
（12）Canon, *Is the Exclusionary Rule in Failing Health? Sonic New Data and a Plca Against a Precipitous Conclusion,* 62 Ky.L.J. 681（1974）: Canon, *Testing the Effeci@@ness of Civil Liberlies Policies at the State and Fedeval Levels.* 5 Am. polQ.57.71-75（1977）
（13）Kamisar, *Is the Exclusionary Rule an "Illogical" or "Unnatural" Interpretation of the Fourth Amcndmcnl?.* 62 Judic. 67（1978）: Schrock & Welsh, *Up from Catandra: The Exclusionary Rule as a Constitutional Requirement* 59 Minn. L. Rev.251（1974）
（14）Kamisar, Docs（*Did*）（*Should*）*the Exclusionary Rule Rest on a "Principlcd Basis" Rather than on "Empirical proposition"?* 16 Creighton L. Rev. 565（1983）: White, *Forgollen points in the "Exclusionary Rule" Dcbate.* 81 Mich. L. Rev. 1273（1983）
（15）三井誠「所持品検査の限界と違法収集証拠の排除（下）」ジュリ六八〇号一〇七頁
（16）石井一正「違法収集証拠排除の基準」判タ五七七号八頁

四　当該刑事手続外の規制・救済方策はなにか

違法捜査の規制・救済についてはむろん、当該刑事手続外でさまざまの手段・方策が考えうる。捜査機関内部の教育、研修は捜査官の法遵守意識の向上のために必要であるし、学界を含む世論の批判・論議も外からの抑制として重要な役割を果す。

しかし、これらは法律外的規制なので、ここでは右の点を指摘するにとどめ、以下には違法捜査行為におよんだ捜査官に対する刑事、行政上の処分、および国家賠償法による損害賠償請求について簡単に触れることにする。

㈠　**刑事処分**

問題となった捜査官の行為が職権濫用の罪、暴行陵虐罪等の刑罰法規に触れる場合には刑事訴追の可能性があるが、極端な場合を除いて検察庁は捜査および訴追に熱心ではない。それは違法捜査を、身内の捜査官が職務熱心のあまりついワクをはみ出したものとみて身内をかばいがちとなるばかりでなく、訴追というような強い手段をとると、警察の反発、意気阻喪を招きかねない、との配慮、遠慮も当然働くからであろうと思われる。職権濫用罪の「嫌疑無し」による不起訴率および「嫌疑有り」と認められた事件の起訴猶予率のいずれもが他の刑法犯の場合に比して著しく高いことも指摘されている。(17)

このような点を考慮して職権濫用罪については付審判請求の途も設けられているが、実際には、裁判所がきわめて慎重な態度をとるため、その請求が認容されるのはごくわずかである。(18)したがって、刑事処分は違法捜査の規制・救済手段としては、あまり機能していないといえよう。

㈡　**懲戒処分**

違法な捜査活動は「職務上の義務に違反し、又は職務を怠った」ものとして、捜査官の身分により国家公務員法八二条（検察官、検察事務官、国家公務員たる警察官）、または地方公務員法二九条（地方公務員たる警察官）により懲戒処分の対象になりうる。しかし、ここでも、身内をかばう意識、刑事処分の項で述べた配慮等が働いているように思われ、懲戒処分が厳正に行われているとの印象を与えない。

㈢　**国家賠償請求**

㈠、㈡と異なり、国家賠償請求は違法捜査により権利を侵害されたものが、国または都道府県を相手に単独にとりうる手続であるばかりでなく、裁判所においては、一私人も国や自治体と形式的には対等であるから、違法捜査の有効な救済手続たりうる。

しかしながら、現実には国や自治体は国家賠償訴訟においては、敗訴の場合の上訴を含めて、全力をあげて違法行為の存在または不成立を争うのが常であり、捜査官が組織的に供述合わせや偽証に近い証言を行っているのではないかと疑われる例がしばしばある。[19]とくに中立の第三者のいない密室の取調室における違法行為の立証はきわめて難しい。原告一人の供述に対し、これを否定する数名の捜査側証人があらわれるのが通常だからである。ここでも自白の任意性判断の際と同様、裁判所は対立する証言の採否に苦しみつつ、複数の捜査側証人の証言をとることに傾きがちである。[20]勝訴の場合の認容額も数十万円程度の低額であることが多く、弁護士費用も原告の負担である。

このように見てくると挙証責任を負う原告が、マンパワーと資力を投入でき、組織をあげて防戦に努める国や自治体に対し、訴訟を成功裡に遂行することは容易なことではなく、それは長年の訴訟遂行に耐える強固な意思と費用負担、献身的な弁護士の存在等、いくつもの条件が満たされて始めて可能となるといえる。

(17)　井上・前掲三八九頁
(18)　三井誠「準起訴手続」ジュリ四三九号五四頁
(19)　取調べではなく、機動隊員によるデモ隊への暴行となった事件ではあるが、最近の例として、東京地判昭六一・二・一四判時一二〇七号八一頁
(20)　最近の一事例として東京高判昭六一・一・三〇判時一一四六号六六頁

五　わが国の取調べの現実は特殊ではないか

以上、違法捜査の規制と救済について、当該刑事手続の内外に分けて検討したが、いずれの手段も、決定的に有効というようなものではないことが明らかである。結局、それは捜査機関の内部規律、世論や専門家による外部からの批判等と相まち、相互補完的に一体となって機能すべきものなのであろう。

最近、とくに検察の論者から、わが国の捜査官が規律も高く優秀であり、アメリカに比すと問題となるような違

法捜査はほとんどないと主張されることがふえている。しかし、被疑者の身柄を最大二三日間も捜査機関の支配下におき、裁判所の看視も、弁護人の立会いもなく朝から晩まで長時間の取調べを行うなどということは、わが国以外の先進国ではありえないのであり、この点のわが国の問題は、はるかに重大である。誤判・再審の問題も、ほとんどすべてが勾留中の被疑者・被告人の違法取調べ・自白に帰着することを忘れてはなるまい。弁護人の取調べ立会い、取調状況の録音等が実現しないかぎり、裁判所が勾留中のきびしい取調べの実態、被疑者の心理状態等に鋭い目を向け、違法取調べをチェックすることが何より望まれるのである。

16　今、報道の自由を語る意味〈講演〉

——取材源秘匿に関する最高裁決定に読み込むＮＨＫの役割

今日はＮＨＫの研修会の講師にお招きいただきまして、皆さまにお話をさせていただく機会が得られましたこと、大変うれしく思っています。私のつたない話が皆さまの日々のお仕事の何らかのお役に立つことができれば幸いだと思っています。よろしくお願いします。

私は弁護士になって四一年になります。その間ずっと民主主義社会における表現の自由だとか、報道の自由というテーマに関心を持ってきました。三〇数年前のアメリカ留学中もこのテーマを中心に勉強しました。

弁護士になって六年目に毎日新聞の外務省秘密漏洩事件に出くわすことになりまして、まだ駆け出しでしたが、新聞社から依頼を受けた五人の弁護士のうち二番目に若い弁護士としてこの重要な事件にも関与させていただきました。

以後、主として新聞を中心に、またその関係で新聞協会の研究会にもかかわるようになりまして、ずっとこのテーマに関心を持ってきました。

そういうことで、私は仕事の上ではプリント・メディア（新聞）のほうに縁があったので、放送は経験が少ないほうです。今年の春、九年間勤めた日本テレビの番組審議会の委員を終えましたが、それが唯一の経験でした。

ＮＨＫとのご縁は、今も裁判継続中の女性戦犯法廷の損害賠償の裁判の弁護団会議に参加させていただいて、主として法律問題について、多少なりとも意見を申し上げるということです。

そういうご縁があったからかと思いますが、今般、ＮＨＫ記者証言拒絶事件について代理人を依頼されまして、幸いにもよい結果を得ることができました。今日は、このＮＨＫ記者証言拒絶事件を中心に、その他もう少しサブジェクトを広げてお話をさせていただきたいと思います。

一　ＮＨＫ記者証言拒絶事件の背景と事案の概要

日米租税条約に基づく日米共同税務調査における米側納税者情報の我国税務当局への提供これを違法とする米国における国家賠償請求訴訟の日本における嘱託証人尋問中の証言拒絶

ＮＨＫ記者証言拒絶事件は、健康食品のアロエを世界中で売っているアメリカのアロエベラ社という会社がありますが、これがアメリカ政府を相手に起こした裁判の関係で起こったことです。

その発端は今から九年以上前になりまして、平成九年一〇月九日、ＮＨＫが午後七時のニュースで次のようなニュースを流したところから始まります。ニュースのテキストは以下のとおりです。

「次にアメリカや日本でアロエジュースなどを製造販売している多国籍の企業グループが原材料のアロエの価格を水増しして、七七億円余りの巨額の所得隠しをしていたことが日本とアメリカの国税当局が協力した初めての日米同時税務調査で明らかになりました。東京国税局は重加算税を含めておよそ三五億円を追徴課税しました」。

あと少し続きますけれども、基本的にはアメリカの食品会社アロエ・ベラ・オブ・アメリカ・インクの日本法人が仕入れ価格を水増しして高くして、七七億円分所得を少なくして過少納税していた。そして、重加算税を含めて三五億円の追徴課税を受けた。こういう趣旨のニュースですが、国税クラブに所属していました本件の当事者となるＮＨＫ記者のスクープ記事だったのです。

あとで聞いたところによりますと、この七時のニュースを見た国税のクラブ所属の他社の記者諸公はびっくり仰天して、それぞれの取材先にはせ参じて確認をして、翌日に一日遅れで各社がほぼ同旨の追っかけ記事を書いたということです。

日米合同の税務調査の結果、日本の税務当局による課税ということになったわけですが、ここで脱税だといって報道されましたアロエベラ社はこの報道をアメリカ及び日本（これはＮＨＫの配信を通じてアメリカの一部でも見られたようです）の両方で見て、面白いことに、と言うと変ですが、ＮＨＫや日本の報道機関を訴えるのではなくて、アメリカ政府に対する損害賠償訴訟を起こしたわけです。場所はアリゾナ州の連邦地方裁判所、共和党の次の有力大統領候補だと言われているマケイン上院議員の故郷のアリゾナ州です。

裁判の理由は、アメリカの内国歳入庁（ＩＲＳ）が、法律に違反して虚偽の内容を含むアロエベラ社に関する納税情報を日本の税務当局に渡した。これが一点です。

もう一つは仮に虚偽の情報でなかったとしても、日本の税務当局はプレスによくしゃべって納税者の秘密情報をきちんと秘密に保たないということで、悪名高い。したがって日本の税務当局に税務情報を提供した場合には新聞に漏れる可能性が高いということがわかっていたのに、日本の税務当局に対してＩＲＳが情報提供したのはけしからん、というのが二番目の請求原因です。

アメリカでは裁判が起こりますと、準備書面のやりとりがあったあとにすぐ「ディスカバリー」といって、お互いがどういう手持ち証拠を持っているかということを開示し合う手続きがあります。そして、そのディスカバリーが終わったところで、陪審裁判の場合には、陪審の前で本当のトライアル（証人尋問）が行われるということになります。本件でも、ディスカバリーの一部として、なぜ日本でこのような報道が行われたのか、日本のメディアは原告であるアロエベラ社の納税情報をどこから仕入れて報道したのか、ということを確認したいということになったわけです。

彼らは「アメリカの連邦税務当局（ＩＲＳ）↓日本国税庁↓メディア」という図式で情報が漏れたと思っているものですから、これらの報道をした、あるいは記事を書いた日本のプレス各社の取材記者、その名前がわからないときにはその上司、キャップ、社会部長、編集局長、あるいは社長、および日本の国税当局のうち、この国際税務調査に関係したと思われる担当官、東京国税局と国税庁の両方にいる可能性があるわけですが、それらを合わせて実に五四名もの証人尋問を日本でやるよう申請したわけです。

アメリカの連邦地方裁判所に、日本の証人は日本の裁判所に頼んで証人尋問してくれという申請をしますと、連邦最高裁判所、国務省、日本の外務省、日本の最高裁判所を通じて日本の地方裁判所が尋問を行うことになります。

そういうことで五四人のメディア関係者と国税関係の公務員が地裁に証人尋問に呼ばれたのですが、ＮＨＫの記者の方はそのうちの一人でした。ＮＨＫではその記者以外に、報道担当の理事でいらっしゃった石村さんと当時の会長であった海老沢さん、このお二人も証人として呼ばれました。

海老沢さんや石村さんはこの特ダネ記事のソースが誰であるかということを知るわけもなく、法廷に出て、「私は一切職務上知る立場にはない。そういう組織にもなっていない。国税のニュースは、会長がいちいち知って報道されるようなことはない」と言って簡単に終わったのですが、一番最初に呼ばれたＮＨＫ記者は特ダネの取材記者であったわけでして、当然のことながら、誰から聞いたのかを聞かれました。

このような税務調査の関係の特ダネがある場合には、普通はソースの範囲はだいたい見当はつきますよね。日本で言えば税務調査をされた対象の会社の役職員の方、弁護士がいる場合には顧問弁護士。それから会社の会計や監査に関する公認会計士等の外部専門家と、国税の中のしかるべき部署の人ではないかと思われるわけです。アメリカ側についても同様の立場にある人がソースであり得るわけです。アロエベラ社は日本でも弁護士を依頼しまして、ＮＨＫ記者をきびしく尋問してソースを何とか明らかにして、日本のメディアに漏れた経過を明らかにして、最終的にはアメリカ政府から巨額の賠償を取ろうというのがねらいでした。

担当したＮＨＫ記者は取材当時は東京でしたが、尋問当時は東京から新潟へ転勤していたものですから、新潟地方裁判所の裁判官の証人尋問を受けることになりました。

質問事項はすべてアメリカの弁護士が用意して、アリゾナの連邦地方裁判所に提出したものが翻訳つきで日本の裁判所に回ってきました。日本の裁判官はアメリカの裁判の具体的内容は詳しくはわからないものですから、その質問事項を読み上げるようなかっこうで質問をしていくわけです。ＮＨＫ記者は、ソースが誰であるのかを聞く四つの質問について、それは取材源の秘密にあたるから言えないと拒絶をしました。

実はその前に私は相談を受け、法廷でもめることになっては嫌だと思いましたので、あらかじめ私ども代理人の名前で新潟地方裁判所に、ニュースソースが誰であるかを聞く質問については民事訴訟法上の職業の秘密にあたり、これについては証言の拒絶が認められるので証言をしないつもりなのでご理解いただきたい、という趣旨の意見書を出しておきました。裁判所はここが問題になるというのはあらかじめ承知していたわけです。法廷ではアロエベラ社の弁護士から相当しつこく聞かれましたが、ＮＨＫ記者は当然のことながらソースを明らかにすることはなく、四つの質問については、取材源の秘密を理由に証言拒絶をしました。

二　本件に関する裁判所の判断

(一)　地　裁

民事裁判の場合、証言拒絶について正当な理由がない場合には、科料だとか、一〇万円以下の罰金を科せられる可能性があります。そこでアロエ側の弁護士は、証言拒絶の正当な理由がないからその旨を判断せよ、という申立てを裁判所にしたのですが、一審の新潟地方裁判所の担当裁判官は、NHK記者が証言拒絶をしたニュースソース（取材源）は民事訴訟法一九七条に言う職業の秘密にあたる。それについては裁判の重要性だとか、その証言の必要性、必須不可欠であるかどうかということを一方では判断し、もう一方では取材源を明らかにした場合には、今後、当該記者の取材活動さらにはNHK全体の取材活動においてどういう悪い影響があるのかということを比較して考えようという一般論を言ったあとで、本件については、アメリカの裁判はどういう裁判なのか詳しくはわからない。その中でNHK記者がニュースソースについて証言を求められているわけだけれども、ニュースソースがその裁判においてどれぐらい重要なのかもよくわからないが、他方取材源を明らかにした場合の将来の取材に対するマイナスの影響自体は非常にはっきりしているので、比較衡量をすると、証言拒絶は正当であると結論しました。

実はあとでもうちょっと詳しくお話ししますが、この新潟地裁の判断の前提として昭和五四年に札幌高裁が下した一つの先例があります。札幌高裁は比較衡量というアプローチを取って証言拒絶を認めていたわけですが、新潟地裁はその判断に全面的に依拠した判断をしたのでした。

(二)　高　裁

新潟地裁の決定にアロエベラ社側は承服せず、東京高裁に不服の申立て（「即時抗告」）をしましたが、東京高裁もNHK記者の証言拒絶は正当であるとしました。高裁決定の要旨は以下のとおり。即ち、報道機関の取材活動は、民主主義社会の存立に不可欠な国民の知る権利に奉仕する報道の自由を実質的に保障するための前提となる活動であって、取材した相手方（取材源）が秘匿されなければ報道機関と取材源との信頼関係が失われてしまい、報道機関のその後の取材活動が不可能ないし、著しく困難になるという性質を有する。そういう意味で取材源は民事訴訟法一九七条に言う職業の秘密にあたり、原則としてこれを秘匿するための証言拒絶は正当である、と。

アロエベラ社は、取材源の秘匿を認めると、公正な裁判を受ける権利が侵害されるという主張をしたわけですが、その点については、右のような取材源を秘匿することの意義にかんがみると、取材活動の持つ価値に匹敵する以上の社会的公共的な利益が害される特段の事情が認められない限り、取材源秘匿のための証言拒絶は許されるのだとした上、本件ではそのような特段の事情は認められないという判断をしました。

先ほど申しました昭和五四年の札幌高裁では、公正な裁判と報道の自由とを比較してどちらが大きいかによって決めようと言いましたが、全く種類の違う利益の比較衡量が、そもそも可能なのかという批判がありました。今回の高裁の判断では、取材活動の持つ価値に匹敵する以上の社会的、公共的な利益が害されるような特段の事情が認められない限り原則として証言拒絶は認められるのだ、ということで、取材の自由をより重要なものと考えるという意味で、札幌高裁の決定を一歩進めたものだと思います。アロエベラ社側はもちろん納得せず、最高裁に不服申立てをしました。

(三)　最　高　裁

それを受けて、最高裁は本年の一〇月三日に最終の決定を下したわけですが、最高裁もなかなかよい決定をしてくれました。

最高裁は、報道関係者の取材源は一般にそれがみだりに開示されると、報道関係者と取材源となるものとの間の信頼関係が損なわれ、将来にわたる自由で円滑な取材活動が妨げられることになるので、報道機関の業務に深刻な影響を与え、以後その業務遂行が困難になると解されるので、取材源の秘密は職業の秘密にあたる、ということをまず述べます。

そして、当該取材源の秘密が保護に値する秘密であるかどうかは、一方で報道の内容、性質、その持つ社会的な意義や価値、当該取材の態様、将来における同種の取材活動が妨げられることによって生ずる不利益の内容程度と、他方、証言を求められている民事事件の内容、性質、その持つ社会的な意義や価値、当該民事事件において証言を必要とする程度、代わりの証拠がないのかどうかという事情等を比較衡量して決めるべきだとします。

そして、最高裁はさらに踏み込みまして、次のように述べます。報道機関の報道は民主主義社会において国民が国政に関与するについて重要な判断の資料を提供し、国民の知る権利に奉仕するものである。したがって思想表明の自由と並んで事実報道の自由は表現の自由を規定した憲法の二一条の保障の下にあることは言うまでもない。そして、このような報道機関の報道が正しい内容を持つためには、報道の自由とともに取材のための取材の自由も憲法二一条の精神に照らして十分尊重に値するものである。このような取材の自由の持つ意義に照らして考えれば、取材源の秘密は取材の自由を確保するために必要なものとして重要な社会的価値を有するものである。そうすると、当該報道が公共の利益に関するもので、その取材の手段・方法が一般の刑罰法令に触れるとか、取材源となった者が取材源の秘密の開示を承諾しているというような事情がなく、しかも当該民事事件が社会的意義や影響のある重大な民事事件であって、そのために取材源の秘密の社会的価値を考慮してもなお公正な裁判を実現すべき必要性が高く、そのためにニュースソースについての証言がぜひとも必要である、そういう事情が認められない限りは、当該取材源の秘密は保護に値すると解すべきであって、証人は原則として証言拒絶ができるのだと。

最初、一応、公正な裁判と取材の自由と比較衡量しようと言っていますが、さらに踏み込んで証言拒絶権が原則であって証言拒絶が認められない場合は例外である、ということを言ったわけです。

最高裁が言った例外（証言拒絶権が認められない場合の要件）を分析的に考えてみましょう。

①　報道が公共の利益に関するものでなければいけない。

ＮＨＫが報道されるニュースはまずは公共の利益に関することは間違いないと思いますし、新聞協会加盟の新聞社の発行する新聞等が書いている事柄は、まずは公共の利益に関するものであるということは問題がないところだろうと思います。したがって、この要件はそんなに問題になることはありません。

それから、

② 取材の手段・方法が一般の刑罰法令に触れるか否か。

なぜここで取材の手段・方法が出てきたのか、やや唐突の感は免れませんが、取材記者がソースに対して、公務員あるいは民間の人、両方あり得ると思いますが、脅迫したとか、強要したとか、あるいはわいろを持っていったとか、そういう場合には取材源の秘密は保護しないということですが、犯罪行為に当たらない限り、どんなに執拗で、どんなに粘っこい取材をしているとしても問題にはならない。

③ 取材源がソースの開示を承諾していること。

これはソースが言っていいですよと言っているときには、そもそも取材源を秘匿する理由がなくなるわけですから、実質的に記者が証言を拒絶する必要もないわけで、おそらくこれも実務上は問題にならないだろう。

以上が取材側の事情です。

④ 当該民事事件が社会的意義や影響のある重大な民事事件であり、その解明のためにニュースソースが誰であるかということの解明が必要不可欠であること。

ここで、「社会的意義や影響のある重大な民事事件である」というのはいったいどういうことを意味するかということを考えてみます。問題になっていますアリゾナ州の連邦地裁で継続している裁判は、アロエベラ社がアメリカにおいて、国税当局、税務当局が納税者の秘密を違法に漏洩したといって起こしている国家賠償の事件です。アロエベラ社が裁判所に提出した書面によりますと、アメリカにおいて税務当局は厳重な秘密保持の義務を課されている、国税当局が納税者の納税情報の秘密を守ることはアメリカの法治主義の根幹を成しており、国民に対する重大な義務であるということです。それなのにＩＲＳはその義務に反して、情報管理が緩いことがわかっていながら、日本の税務当局に渡した。これは重大な違法行為であって、アメリカ政府は市民の納税上の秘密を重大に侵害したと言っているわけです。

これに対し、最高裁はアロエベラ側はしょせん、NHKの報道により株価が下がったとかの経済的利益を言うに過ぎず、国家賠償の事案に過ぎない。これが社会的意義や影響のある重大な民事事件であるという立証はまだできていないと述べて、アロエベラ社の主張を簡単に退けたわけです。

ということで、この程度の事件ではとても「重大な社会的意義や影響のある事件」にはならないことは一つ明らかになりましたが、これを基準にして考えますと、ニュースソースを明らかにせよと迫ることができるほど「重要な社会的意義や影響のある民事事件」というのはなかなか想像がつかない、例外的な状況で起こってくるのかもしれませんが、通常の民事事件、政府が違法行為をしたというたぐいの民事事件では、そう認められないわけですので、この要件を満たすのはなかなかのことではないと私どもは受け取っています。

そういうわけで、新潟地裁、東京高裁、最高裁、いずれもNHK記者の証言拒絶を正当として認めてくれました。一審は単純に公正な裁判と取材の自由、取材の価値を比較衡量したのですが、高裁と最高裁はニュースソースを秘匿することのほうがより重いという立場からの比較衡量基準を立ててくれたわけです。私たちは、これは先に述べた札幌高裁の単純な比較衡量論を一歩進めた重要な意味のある決定ではないかと思っています。

さて、それでは最高裁はなぜ札幌高裁の比較衡量説を一歩越えるような決定をしたのかということです。そのことを考える前に昭和二〇年代から我が国の裁判所で取材の自由に関する重要な判例が幾つか出ていますので、本件の背景としてそれらを簡単にレビューしてみたいと思います。

三　取材の自由に関するこれまでの判例の流れ

(一)　朝日新聞石井記者事件（最大判昭和二七・八・六）

一番最初は最高裁の大法廷、昭和二七年の判決です。これは「朝日新聞の石井記者事件」で、朝日新聞の長野支局の関係する事件です。長野地方検察庁がある収賄事件の捜査をしていまして、逮捕状を取ったところ、翌日の朝日新聞の朝刊に逮捕状の内容が出たということで、検察庁が国家公務員による内部からの秘密漏洩があったのではないかと疑いました。刑事訴訟法二二六条は、起訴前に検察官が調べたい参考人がいるにもかかわらず、その人が任意に事情聴取に応じないときに、裁判所に呼び出して、裁判所で証人尋問をすることができる手続きを定めています。検察官がこの規定により捜査の一環として朝日の石井記者を裁判所に呼んで、この記事はどのように取材をして、誰から聞いて書いたのかと聞こうとした。石井記者は当然のことながら証言を拒絶したわけです。刑事訴訟法は民事訴訟法と若干違う証言拒絶事項の定め方をしていまして、「職業の秘密」が刑事訴訟法では証言拒絶事項になっていないのです。

刑事訴訟法は公務員であるとか、医師であるとか、弁護士であるだとかの法律上、守秘義務を負っている者、それからお坊さんや神父さんなどの宗教の職にある者しか証言拒絶権を認めないものですから、刑事裁判において記者に証言拒絶が認められるのかが争点になったわけです。一審、二審ともこれを認めずに、最高裁に上がってきたわけです。最高裁は、取材は表現の自由の前提を成すものであって、極めて重要である、そのためにソースの秘匿というのは重要な役割を果たしているのだという石井記者の主張に対して、このように述べました。「憲法は一般人に対し、平等に表現の自由を保障したものであって、新聞記者に特種の保障を与えたものではない。憲法の規定は公の福祉に反しない限り、言いたいことは言わせなければならないということであり、いまだ言いたいことの内容も定まらず、これからその内容をつくり出すための取材に関し、その取材源について公の福祉のため、最も重大な司法権の公正な発動につき、必要欠くべからざる証言の義務をも犠牲にして、証言拒絶の権利までも保障したものとはとうてい解することはできない」。

刑事裁判は、事実の究明であるとか、真相解明が民事裁判よりももっと重要ですので、そこはわかりますが、最高裁が取材について言っていることを皆さんどう思われますか。取材が憲法上価値を有するとか、保護に値するということは全然言われていないのです。「いまだ言いたいことの内容も定まらず、これからその内容をつくり出すための取材」に関して、けんもほろろの証言拒絶権否定の判断だったわけです。これが昭和二七年です。

(二)　NHK博多駅事件（最大決昭和四四・一一・二六）

しかし、それから一七年たった昭和四四年、最高裁はNHKの博多駅事件（取材フィルム事件）に関連してかなり重要な一般論を述べました。これは博多駅におきましてアメリカの原子力空母エンタープライズの佐世保入港に反対するデモが行われた際、警察官とデモ参加者の間で乱闘になって、デモ参加者が警察の実力行使があまりにひどかったということで、特別公務員暴行陵虐罪で、警察官を告発したことに端を発し、NHKがこのデモと乱闘の様子をニュース報道していたものですから、付審判請求という手続の中で、裁判所がNHKに対し放映済みのものも含めて取材フィルムを犯罪捜査のために提出せよと命じた事件でした。NHKは取材フィルムに対する提出命令を争いましたが、最高裁はNHK側の提出拒否を認めませんでした。その限りで結論は遺憾であったとは思いますが、最高裁は一般論としては昭和二七年の石井記者事件よりははるかに進んだ理解を示しました。

このように言っています。「報道機関の報道は民主主義社会において、国民が国政に関与するにつき、重要な判断の資料を提供し、国民の知る権利に奉仕するものである。」国民の知る権利ということが日本の裁判例の中で初めて出てきたと思います。「したがって、思想・表現の自由と並んで事実報道の自由は表現の自由を規定した憲法二一条の保障の下にあることは言うまでもない。また、このような報道機関の報道が正しい内容を持つためには、報道の自由とともに報道のための取材の自由も憲法二一条の精神に照らし、十分尊重に値するものである」と。

石井記者事件のときに、憲法二一条は言いたいことは言わせなければならないという自由である。いまだ言いたいことの内容も定まらない、これからその内容をつくり出すための取材に関しうんぬん……と言っていたのに比べると、「取材の自由は、憲法上保障される報道の自由の前提を成すもの」と判断したのは大きな違いです。報道機関の報道が正しい内容を持つための取材の自由も憲法上保障されることを示したということで、取材の自由についての理解が非常に深まったと言えると思います。これが昭和四四年の最高裁決定です。

(三)　**毎日新聞沖縄返還交渉秘密電信文漏洩事件**　（最一小決昭和五三・五・三一）

それから九年経た昭和五三年、先ほど申し上げました、私も駆け出しの弁護士として関与した毎日新聞の外務省秘密漏洩事件の最高裁決定です。

これは記者が親しくなった外務省審議官の秘書から沖縄返還に関する日米両国政府間のトップシークレットの秘密電信文を何通か入手したところ、それが、国家公務員に対する秘密漏洩のそそのかしである、漏らした秘書官のほうは国家公務員の秘密漏洩である、ということで起訴された事件です。記者は、一審は無罪になりましたが、高裁で残念ながらひっくり返りました。最高裁もその有罪の判決を維持したのです。

結論としては、私ども弁護人も、記者も毎日新聞も報道界一般も非常に不満が大きくて遺憾な判決ではあったのですが、今になって振り返ってみますと、総論においては結構よいことも言っています。

今回、ＮＨＫ記者の証言拒絶を認めた最高裁の決定の裏には、この毎日新聞の事件の、これからご紹介します考え方がそれなりに重要な伏線になっていたのではないのかと思います。

昭和五三年の最高裁決定はこのように言っています。ＮＨＫ博多駅事件の判旨と基本的に同じですが、報道機関の国政に関する報道は民主主義社会において国民が国政に関与するについて重要な判断の資料を提供し、いわゆる国民の知る権利に奉仕するものであるから、報道の自由は憲法二一条が保障する表現のうちの特に重要なものである。このような報道が正しい内容を持つためには報道のための取材の自由もまた憲法二一条の精神に対し十分尊重に値する。そして、報道機関の国政に関する取材行為は国家秘密の探知という点で、公務員の守秘義務と対立拮抗する、せめぎ合うものである。時として、取材記者側の誘導だとか、教唆的性質を伴うものであるが、報道機関が取材目的で公務員に対して秘密を『教えてくれ』と言ったからといって、そのことだけでただちに当該行為の違法性が推定されるものと解するのは適当ではない。報道機関が公務員に対し、根気強く執拗《しつよう》に説得ないし要請を続けることは、それが真に報道の目的から出たものであり、その手段・方法が相当なものとして、社会通念上認められるものである限りは実質的に違法性を欠き、正当な業務行為と言うべきであると。

しかし、最高裁は記者を有罪にするために、次のように言います。「しかしながら、報道機関といえども取材に関し、他人の権利、自由を不当に侵害することができる特権を有するものでないことは言うまでもなく、取材の手段・方法が贈賄、強迫、強要等の一般の刑罰法令に触れる行為を伴う場合はもちろん、その手段・方法が一般の刑罰法令に触れないものであっても、取材対象者の個人としての人格の尊厳を著しくじゅうりんする等法秩序全体の精神に照らして認めることができないものであるときには違法である」と。

私が特に注目したいのは、報道機関が、公務員に対して根気強く執拗に説得ないし要請を続けることは報道の目的から出たものである限りは、それは正当な業務行為として刑罰の対象などにそもそもなるものではない、ということを言った点です。

私は、本件最高裁の決定が出たあと、当のＮＨＫ記者の方と一杯やりながら、取材源が誰であるかを聞きだそうとして質問したのですが、当然のことではありますが、彼はその質問に答えませんでした。彼はアロエベラ側についても取材しているでしょうが、今回の事件の場合、有力なソースが公務員側にあることは明らかだと思います。

ＮＨＫ記者の方は私が質問してもソースを言いませんので、具体的にはわかりませんが、ともかく公務員に対し根気強く執拗に説得して取材を行うことはまさに業務行為なのだ、ということを毎日新聞の外務省機密漏洩事件の最高裁決定は言っているわけです。そういう意味では、この昭和五三年の毎日新聞、沖縄返還交渉に係る秘密電信文事件の最高裁の決定は重要な伏線になっていると言えると思います。

㈣　北海道新聞島田記者事件（札幌高決昭和五四・八・三一）

最後は、先ほどご紹介しました昭和五四年の札幌高裁の事件です。これは北海道新関が、ある幼稚園で保母さんが園児に対してせっかんをしているということを書いたときに、保母さんが北海道新聞に対して名誉毀損の裁判を起こしたのです。そのときに、記事を書いた記者が北海道新聞側の証人として出て、その記事の取材状況、内容の正しさを証言しようとしたときに、ソースが誰かということを問いただされた事件です。彼は、札幌地警察署の刑事二、三名と保育園の職員三名から取材をしましたということは言って、その先は言わなかったのです。

札幌高裁は先ほど申し上げたような公正な裁判の実現のための必要性と取材の自由の重要さを比較衡量しまして、島田さんという記者は自分が取材した一定の範囲は述べている。したがってそれ以上のことを言う必要はないということで証言拒絶を認めたわけです。取材の自由に憲法的な価値があることを認めて、公正な裁判の実現というもう一つの憲法上の価値との比較衡量をした先例だったわけです。

四　本件の意義

今、朝日新聞の石井記者事件、ＮＨＫの博多駅取材フィルム事件、毎日新聞の沖縄返還交渉事件、それから北海道新聞の島田記者の証言拒絶事件、四つについて申し上げました。本件はＮＨＫばかりではなくて、日本のプレス一般、メディア一般にとって非常に価値ある判断なのではないかと思います。

今回、最高裁は、北海道新聞の札幌高裁判決のように単純な比較衡量というアプローチを取ることもできたわけですが、なぜ証言拒絶を原則とするというような踏み込んだ決定をしたのでしょうか。これを少し考えてみたいと思います。

まずこの件は、基本事件がアメリカのアリゾナ州の連邦地方裁判所で係属しています。日本の裁判所はこの証拠調べの一部を頼まれてやって、その結果をアメリカの裁判所に送ってあげる嘱託尋問です。

そういう頼まれ仕事であるということに加えて、先ほど申し上げましたディスカバリーの段階での証人尋問であって、ディスカバリーが終わったあと、本番のトライアル、証人尋問が行われるわけですが、そういう意味ではまだ裁判の証拠調べの途中段階にあるので、取材記者のソースについての証言が裁判の帰趨にとってどれほど重要であるかということが日本の裁判所にとっては判断しにくい。アメリカで係属中の裁判の手続きの詳細がよくわからないことに加えて、証拠調べがまだ終わっていない、途中であるがためにその判断が非常にしにくい。又、日本の裁判所から見たときに、基本事件がどれだけ重要な裁判であるのかだとか、あるいは基本事件においてこの証言がどれぐらい重要なのかについて、今一つよくわからない、基本的に日本の裁判所は外国の裁判の手続きのごく一部を頼まれてやっているにすぎないという性格があったからだと思います。

もう一つの要素はメディア、本件で言えば記者やＮＨＫがアメリカの裁判の当事者ではなくて、第三者であった点があげられます。基本事件はアロエベラ社とアメリカ政府との間の損害賠償事件。ＮＨＫの記者はその裁判に第三者として引っ張り出されたという関係でした。

記者やその所属する報道機関が裁判の当事者である場合には、自分が直接の当事者になっているわけですから、「しゃべろ」という要求は強くなり得るかと思いますが、本件ではメディアは第三者であって、基本事件の紛争には関係していない。その第三者に重要な職業上の秘密を証言させるのかというので、この点も記者に証言拒絶を認めるについて有利な判断のほうに傾いた様子ではないかと思います。

本件は以上のような特殊性はあると思いますが、それは背景事情に過ぎず、最高裁は、今、私が申し上げたようなことを判決文の中で何も言っていませんので、記者のソースの証言拒絶は、民事訴訟一般において、先ほど申し上げたような例外的事情がない限りは認められることになるのではないかと思います。

五　本件最高裁決定の射程距離

それでは、この最高裁決定の射程距離はどのように考えるべきか。

刑事事件ではどうであろうか、ということがまず出てくる質問だと思います。

私は今回の最高裁の決定は民事訴訟を前提にしているものであって、刑事裁判においては石井記者事件における最高裁判決が変わる可能性は非常に少ないと思っています。それは一つにはやはり刑事裁判が国家の刑罰権の行使という問題でして、基本的には当事者間の利害対立を解決するという民事の裁判よりは真相解明の要請がはるかに強い。国家の法秩序を維持するだとか、あるいは刑罰権の行使というのは民事の裁判よりは重い要素があると思われますので、刑事の裁判において証言拒否権が認められることはないのではないかと思います。

もう一つ。本件ではメディアは他人の紛争に第三者として呼ばれたわけですが、民事の裁判において証言を拒絶するというのは多くの場合は、メディアが被告になった名誉毀損やプライバシー侵害などの裁判において、取材記者が記事の真実性を立証するために、取材内容を証言することに関連してですが、この場合にも証言拒絶は認められます。

私どものＮＨＫの事件に続いて、読売や共同も同じような証言拒絶の問題があって、裁判所は基本的に同じアプローチを取ったのですが、直接の取材源が誰であるのか、どういう組織であるのかということのほかに、取材源の特定につながるような間接的な質問も、読売の記者は証言を拒絶していまして、最高裁はそれもよいとした高裁判法を是認しました。ＮＨＫの記者の場合もソースは何人だったかということに対して、彼は五、六人でしたと答えました。これについて私達代理人は彼と事前に相談したのですが、五、六人と言うだけで、特定されることはまずないだろう、という判断です。民か官かということは何も言っていなくて、単に数を言うだけですから。

それから、ソースがどうして信頼できると思ったかという引っ掛け的な質問もありました。それは公務員だからだという答えが出てくることをあるいは期待して聞いたのかもしれませんが、ここは記者の方が非常に上手に答えてくれました。なぜ信頼できるかはソースとのこれまでの取材における信頼関係や、ソースの人柄についての信用性にかかわると答えたのです。

読売の記者はその点についても証言を拒絶したのですが、ＮＨＫの記者の方は、無用な論争を起こす必要もないだろうと考えて「ソースが信頼できるかどうかということです」と非常に上手に答えてくれたものですから、ＮＨＫの場合にはこの質問は証言拒絶の問題にはならなかったのです。

この点に関連して、ご承知のように名誉毀損では、問題になった事実が客観的に真実であったとか、仮に間違ったものであったとしても記事執筆当時十分な取材をしていて、その状況からすると、真実と思ったのはもっともだという場合には名誉毀損の責任を問われないことになっています。ソースについて、その周辺の事柄をあまりに広く証言拒絶し過ぎますと、ソースの実在性についての疑問が投げ掛けられることにもなるし、ソースの信頼性についても十分な説明ができないということになってしまって、真実証明が難しくなってくる。そういう意味ではソースについての証言拒絶は名誉毀損における被告側、報道側の立証を弱める、証言拒絶は広くやればやるほど、その点の立証が弱くなってくるという矛盾はメディアにとって残っているということです。

この点は名誉毀損の被告事件で記者が法廷に出ていったときにどこまでしゃべるか、どこからしゃべらないか、この判断が非常に重要になると思います。ソースは言わないけれども、そのソースが実在し、かつ信頼できるものであったと言うためにできる限り近いところまでは言う。しかし肝心なところは言わないというようなことをケース・バイ・ケースで弁護士と記者の方、法務部の方が相談しなければいけないと思います。

そういうわけで、今回の決定はこれまでの取材の自由に関する最高裁判所のあるいは高等裁判所の判例をさらに一歩進めて、証言拒絶権を広く認めたということで画期的なものではありますが、それなりの制約もあることに留意しておかなければいけないと思います。

六　外国（アメリカとドイツ）の状況との対比

次に、このような日本の取材の自由、証言拒絶に関する自由は、例えば外国と比べてみたらどうなのかということを簡単に触れてみたいと思います。

まずアメリカです。

アメリカはご承知のように連邦制を取っていまして、州と連邦とでは法律が違います。

まず州のほうからいきますと、州ではアメリカはＤＣを含めて五〇州ありますが、ワシントンＤＣのすぐ南側にあるメリーランド州が一八九八年で一番早いのですが、これを皮切りに現在三一の州とワシントンＤＣにおいて、州法によって記者の取材源の証言拒絶権が認められています。「Shield Law」と言われる法律です。

州によって規定の仕方が違うようでして、ソース及び記者のワーク・プロダクト（取材の結果内容）について証言拒絶を認めるものから、ソースについてだけ認めるもの、あるいは出版された記事、内容についてのソースだけについて証言拒絶を認めるもの、いろいろあるようです。アメリカでは民事・刑事の裁判でいろいろ記者が呼ばれることは日本よりはるかに多く、州の Shield Law はもちろん意味あることですが、必ずしも信頼できるものではない。州の裁判所は必ずしも報道機関や記者に好意的でなく、又、裁判所の判断の予測性があまり高くないので、記者は非常に不安定な状況に置かれるということがものの本には書かれています。

次に連邦はどうなのか。アメリカは連邦のレベルにおきましては州が持っているような証言拒絶権を認める Shield Law は存在していません。立法の努力は何度かされたようですが実現していなくて、連邦議会はこのようなものを認めるほどプレスに対して好意的ではないと言われています。

そこで、連邦憲法はどうなのか、連邦最高裁判所の考え方はどうなのかということです。一九七二年に刑事手続における証言拒絶に関する重要な判例があります。ブランズバーグ事件です。連邦の刑事手続では、検察官が大陪審（検察官が指揮をして捜査にあたる捜査機関）に証人を呼んで尋問することができ、大陪審が起訴するかどうかを決めるわけですけれども、その大陪審に呼ばれた記者たちの証言拒絶権は認められませんでした。記者達はどういう事件で証言を求められたのかと言いますと、ニュースソースが犯罪者であった、あるいは記者が犯罪行為を目撃したという事件です。彼らは記事を書いてはいますが、犯罪を目撃したり、ソースが犯罪者であったりというような事件について、ソースについての証言拒絶権を認めなかったわけです。連邦最高裁判所は、犯罪の捜査にあたる大陪審において協力するのはすべての市民の義務である。それはイギリスの Common Law 以来、非常に強い国民の義務であって、新聞記者について証言拒絶を認めるというような明文の規定がない状況においては、証言拒絶権を認めることはできない、と判断しています。

ただし、この一九七二年の判決は五対四に分かれた判決でして、少数意見だとか、同意見というのが幾つもついています。その中でスチュワート裁判官が書いた反対意見が非常に説得力のある意見だということで、少数意見ですが、その後の下級審にそれなりの影響を持っているのです。

スチュワート裁判官がどんなことを言ったかといいますと、取材の自由、あるいはそれにつながるニュースソースの秘匿権は表現の自由を保障する憲法の規定に照らして極めて重要なものであるから、検察官が①求められた証言がその事件の争点に直接的に関連すること　②英語では〝compelling overriding importance〟という表現ですが、その証言がものすごく重要である、圧倒的に重要であること　③そのほかに代わるべき証拠はほかに何もないという、この三つの要件を立証しない限り、証言拒絶を認めるべきだと言っています。

検察官が、①「直接的な関連性のあること」②「極めて重要であること」③「代わりの証拠はないこと」の三つを立証した場合には証言拒絶権はないのだけれども、逆に検察官がそれを立証しない限り証言拒絶は認められるのだということを少数意見で言っているのです。この意見は全米に一三あります連邦高裁の裁判官たちにそれなりの影響力を与えていまして、高裁のレベルでは、特に民事の裁判において、このような三つの要件を満たさない限り証言拒絶を認める。そういう意味では限定的特権とも言われていますが、それを認めているようです。

ただし、ご承知のようにアメリカは最近、特にテロリストの犯罪の捜査の関係で記者が証人として呼ばれることがたくさんありますし、イラク戦争の遂行の関係でＣＩＡやペンタゴンが隠している事柄をいろいろな記者の方々がすっぱ抜き報道をしていることに関連して、連邦政府がその秘密漏洩を内部の者による漏洩だと見て、秘密漏洩の根を絶つために捜査を開始することもしばしばあります。その関係で記者を呼んで調べるという事例が非常に増えています。

一番有名なのは最近の The New York Times 紙のジュディス・ミラー記者の件です。彼女は大陪審で証言を拒絶した。彼女は自分の記事のソースの証言を拒絶して七七日間監置されました。同様の事例はたくさん起こっています。アメリカにおける証言拒否権はきびしい状況にあるという報告が新聞記者の団体から出ています。

そういうわけで連邦最高裁では、刑事大陪審においては証言拒絶権は認めないという判例があり、民事裁判の場合には下級審において一部証言拒絶権が認められる場合があるという状況です。

ドイツはアメリカとはちょっと違って、取材の自由、証言拒絶の自由は憲法による保障を受けています。これを受けて一九七五年制定法による民事・刑事の証言拒絶権も認められているようです。そういう意味ではドイツは非常に進んでいますが、つい最近、アルカイダの関係のテロリストの活動に関する記事を『Cicero』という割合高級な月刊誌が報道したとき、連邦刑事局の秘密報告書漏洩の幇助の嫌疑により『Cicero』誌の編集部と、記事を書いたフリーの記者の自宅が連邦検察庁の捜索を受けて、その記事の関係の書類、資料を押収されたという事件がありました。これを争った『Cicero』側が憲法裁判所に訴えを提起しているわけですが、本年の一一月に憲法裁判所で弁論が開かれたそうです。

この弁論を聞いてきた阪大の憲法の鈴木秀美先生から聞いた話ですが、『Cicero』事件における憲法裁判所の弁論は、裁判官が検察庁の捜査がおかしいのではないかということを強くにじませるような質問をいっぱいしたそうです。憲法裁判所はこの捜索を違法とする決定を出す可能性が強いのではないかと言っていました。年明け早々にはドイツにおいて重要な決定が出そうです。ドイツの特派員の方に連絡を取っていただいて、この件をフォローしていただくのが良いと思います（注：同裁判所は二〇〇七年二月二七日に、右捜索を押収を違憲とする判決を下した）。

ドイツは法律上は日本よりずっと保護が厚いようですが、最近のアルカイダなどテロリストの関係、国家の安全保障に関する事件におきましては、記者が証人として呼ばれることが多く、事件解明について強いプレッシャーを受けている捜査側が報道機関に対しても手を出すことが増えつつあるようです。

その観点から見ますと、日本の検察、警察は比較的抑制が効いているのではないか。石井記者事件以降、記者が刑事事件の関係で証人として呼ばれて、法廷で証言を拒絶して制裁を食うような事件はたぶん起こっていないと思います。記者が呼ばれることはあります。しかし、これはニュースソースですので、秘匿しますと言ったときに、検察官も民事の裁判の当事者の代理人もそれ以上は追及しないのが普通だと思います。

アロエベラ社の件はアメリカの弁護士がやっているわけで、徹底的に証言を求められたわけです。日本の裁判所では刑事でも民事でも取材記者を引っ張り出して刑罰の制裁をもって、ソースをしゃべらせてやろうという例はほとんどない。記者を七七日間も放り込んだり、何千ドルと罰金を食わせたりする例の多いアメリカの最近の状況を見ていまして、日本はまだましな状況にあるのではないかと思っています。この点はご異論もあるかもしれませんので、もし間違っているようでしたらあとでまた事実を伺いたいと思います。

七　本件決定をメディア、そしてＮＨＫはどう受けとめ、活かしていくべきか

最後になりますが、今回の決定は、ＮＨＫが表現の自由の関係でかち取った重要な最高裁判決で二番目になるわけですが、これを受けてＮＨＫはどうすればよいか。あるいは皆さんには何が期待されているかということを申し上げたいと思います。

私は、高裁も最高裁もメディアに特権を認めたわけではないとしながらも、取材源の秘密は取材の自由を確保するために必要なものとして重要な社会的価値を有するとした点は非常に重要なことではないかと思います。

最高裁はいったいこのことによってどういうメッセージをメディアに対して送ろうとしているのかということを考えてみました。取材というものは、重要な社会的価値を有する。裁判の公正よりも原則として重要、ということを言っているのは、やはり、「きちんと取材をして、国民の知る権利に応える、奉仕せよ、それがあなたたちの務めなのですよ」ということを強く言いたかったのではないでしょうか。その限りでこの決定を受けたメディアの責任は、私は非常に重いものがあると思います。

逆に言えば、いい加減な取材をしていい加減な記事を書きまくっている一部のメディアに対しては厳しい批判に

なっているのかもしれない。このようなメッセージが込められているとするならば、NHKあるいは皆さま方、取材にあたられる方、番組を作られる方々としてはどう考えるかということですが、私は視聴率に左右されることのない公共放送であるNHKの責任と役割はさらに大きく、重いのではないかと思います。

どうしてかというと、視聴率に追いまくられる民放と違って、視聴率を気にしなくてよい番組を作り得る、視聴率を気にしなくてよい硬派の報道を成し得ることはとても大事なことだと思うからです。

最近の民放のニュースは、私はあまりテレビのニュースを見るほうではないのですが、いろいろな人に聞いてみますと、中心的ニュース番組までワイドショー化しているのではないかと言われます。それはキャスターの人選、アナウンサーの人選、若い美女でなければならないとか、あるいはタレントまがいのキャスターやアナウンサーが出てくる。あるいはアンカーはそれなりの人かもしれませんが、硬派のニュース番組にタレントを同席させてニュースを語っていく。そういうことがしばしば見られているようで、ワイドショー化している。これもひとえに視聴率稼ぎのためではないかと言われているようです。

視聴率を気にしないで、中身で勝負する硬派のニュースを作るのは本当に重要なことになるわけです。私は、硬派のテーマは我々の周辺にいっぱいあると思うのです。

例えばNHKの記者による本件のスクープのあと、この日米共同調査の国税事件がどうなったのか、これはどこの報道機関も報道していないと思いますが、『THEMIS』という週刊誌が書いています。この事件はアロエベラ社側がアメリカ国税当局に対して怒る理由はそれなりにあったらしいのです。アロエベラ社は、アメリカで、IRSに対する裁判の内外で、「お前たちの課税はおかしい」ということをいろいろ主張ているようです。最終的に日米税務当局が話をして、アロエに対して税金を相当返しているようなのです。追徴金も一部減額しているようです。それを『THEMIS』という週刊誌が書いています。どの程度正確かはわかりませんが、この件についてアメリカの弁護士たちも、どうも日米の税務当局の課税には問題があったらしくて、税金を一部返しているようだと言っていました。アロエベラ社としては、自分たちは不正義なことをやられたという感じを強く持っているようで、それはそれなりに理由がありそうだと言うのです。そうだとすれば、この事件が最後はどうなったのかということを調べる義務もあるのではないかという気がします。

この件に限らず、最近、税務関係のニュースは非常に多いと思います。特に大きな税金の裁判で日本の国税当局が負けている事件は結構あります。

例えばストックオプションに対する課税を最初は雑所得として認めていましたが、いや、それは給与所得であるとして税率の高いほうに変えた事件で国税は負けました。その問題もありますし、このアロエベラ社の件も一つですが、「移転価格税制」といって、国際的企業がある国の子会社の仕入れ価格を水増しして高くして、ある国の税金を少なくする。日本の所得を少なくして、アメリカの所得を増やして、税率の安いほうのアメリカで払うということがいろいろ摘発されていますが、そういう事件で国税が負ける例は結構多いのです。

最近、税務行政がとりわけ国際税務の関係で、弱いところがあるのではないか、問題が多いのではないか、ということは我々法律家の間ではだいぶ前から何となくささやかれていました。いったい税務行政はどうなっているのか。また、入管行政、多数の外国人を長期間拘留していますが、入管行政の問題。それから裁判が終わって刑務所に入れたあとのことですが、法務省による刑務所行政、矯正行政においていっぱい不祥事や看守による暴行などが出てきています。この辺りは問題が多いのではないかということは法務省の心ある人もささやいていたことです。

それらに限らず、これは最近の私の印象ですが、我が国の行政機関の規律の緩みとか、たるみというのは本当に目に余るものがあるのではないかと思います。例えば厚生労働省の出先労働局における裏金の事件、カラ出張で作った裏金を各地でプールしているというのは軒並み労働局にあったようです。社会保険庁においても同様のことがあったと思います。社会保険庁については保険料を徴収しない、勝手に免除したこともありました。

警察についても、現場の警察官の違法行為、事件というばかりではなくて、裏金作りだとか、あるいは本来の捜査力が非常に低下しているのではないか。我々の周辺を見渡してみたときに重要な問題はいっぱいあると思います。

今の世の中は新しい事件がどんどん起きるからやむを得ない面もあるのですけれども、メディアは一つの事件を報道したかと思うとすぐ次の事件に移っていって、非常に飽きやすい。次から次へと、表面的な報道だけしかしていないのではないかという批判がときどき聞かれます。毎日新聞の最高裁決定ではありませんが、「根気強く　かつ執拗に取材をする」ことは非常に重要です。その際、必ず対立する当事者の言い分を聞き、十分な取材をして、独立公正な編集を行った上で硬派の報道をすることが、視聴率に左右されない公共放送たるＮＨＫとして一番強く期待されていることではないでしょうか。私はそれが、ＮＨＫの信頼を中核部分において高める重要なことではないかと思います。

それこそが取材源の秘匿権を認めて取材の自由に強い大きな社会的価値を認めてくれた今回の最高裁の決定に応えるということになるのではないでしょうか。社会的に重要な、あるいは政治的に重要な問題を本当に突っ込んでいったときには、一定の勢力からの反発だとか、圧力があるのは当然かもしれません。しかし、それに勝ってそれを克服していくのはまずは記事の正確さと記事の深さ、あるいはその公正さだと思います。ＮＨＫ報道陣、制作陣の上から下までが力を合わせてしっかりした取材を行い、しっかりした編集判断を加えた報道を行う。そして、外圧が来たときには、上から下まで一致して頑張る、跳ね返すことが非常に重要ではないでしょうか。

八　おわりに

私は法務部長から今日のお話のご相談があった時、ＮＨＫや日本の報道機関が抱えている問題をもう少し広く考えてみたいなと思って、面白そうな本はないかなと本屋に行って探してみました。今日、私が見つけた本の中の一節を二つ皆さまにご紹介して、最後に皆さまへの激励と言いますか、期待の言葉とさせていただきたいと思います。

一つは『The New York Times』の軍事記者、ジェームズ・ライゼンという人が書いた本の日本語版『戦争大統領―CIAとブッシュ政権の秘密（states of war）』（毎日新聞社）でピューリッツァー賞を獲った本です。内容は、イラク開戦に至る過程で、大統領とCIAがいかに馴れ合ったか、CIA長官がいかに大統領に対してイエスマンになってしまって、正確な情報をあげておらず、イラク開戦の口実となった大量破壊兵器に関する情報がいかに不十分なものであったか。それにもかかわらずアメリカ政府がどのように戦争に突入していったか。又、アメリカ国民に対する秘密の盗聴がいかに広く行われているか。それから、アフガニスタンは今や忘れさられて麻薬国家になっており、アメリカ政府はもうそれに構いもしない状況になっているというようなことを書いたものすごい本です。よくこういう本が書けたなと、とても印象深く読んで、何人かの友だちにも贈呈しました。最後の頁に著者が謝辞を書いていまして、その一節に深く心を打たれました。多くの人にお世話になったと謝辞を言った上で、彼はこう言っています。「そして、何よりも本書のために一身上の危険まで冒して協力してくれた退官もしくは現職の政府関係者多数に感謝したい」。退官または現職の政府関係者が一身上の危険まで冒して協力してくれた、そのようなソースに感謝したいということを言っているすごい本でした。

もう一冊、皆さんも同じ公共放送の機関であるBBCのことには興味がおありだと思いますが、これは平野次郎さん訳、遠藤利男前放送総局長監修『真相――イラク報道とBBC』（NHK出版）という本で、BBCのイラク報道に関する報道に関して責任を取らされて辞めさせられた会長グレッグ・ダイク氏が、自分が辞めた真相はどういうことであったかを書いたものです。ブレア政権はサダム・フセインが四五分で実戦配備につける大量核兵器を持っている確実な証拠があるという情報を公表して、その情報に基づいてイラクに侵攻すべきだと言ったわけですが、ＢＢＣはその発表は「sex up」されており（「sex up」というのは面白くするためにオーバーな表現になっているという意味なのですが）、真実はそうではないということを報道したわけです。それに対するいろいろな反発、圧力の中で、このグレッグ・ダイク会長が辞めさせられたわけです。

彼は辞めたあと、ブレア政権の情報操作とそれにもとづくイラク開戦をきびしく批判しているのですが、その本がこれです。その中に書いてある一節がこれまた強烈だったのでご紹介したいと思いました。「私は以下のことを強力に信じている。民主主義社会ではメディアと政府とは決定的に違う役割を担っており、放送メディアが中心に持つ役割の一つが時の政府に対して疑問を投げ掛け、彼らがかけてくるいかなる圧力に対しても抵抗して立ち上がるというものである。ＢＢＣにとっては放送免許の更新の時期が迫っていたが、そのときの私にとってそれはまったく関係がないことである」。

もう一か所、「自由の価値が侵されないように常に監視していかなければならない最大の場所が放送である。政治的な圧力に対しては休むことなく継続的に抵抗して行かなければならない。しかし、そうした政治的な圧力が避け難いということは理解しておくべきである。それは政治政党の目的と、放送機関の目的とが同じものではないからである」。

放送機関は第四権であるとアメリカで言われます。要するに放送、新聞、メディアは国家の第四権力として、立法、行政、司法、この三つの権力機関がどういうことをやっているか、正しく国民のためになることをやっているか、それを監視するのが仕事だということが第四権力という表現に込められた意味です。それは政治政党の目的と、放送機関の目的とが同じものではないからだということを、強烈なブレア首相批判の本の中に書いています。

おそらく翻訳をされた平野さん、監修された遠藤さんもこのところ、いろいろな思いで頑張ろうと思われたのではないかと思います。命をかけてくれたニュースソースに対する感謝、報道機関としての役割の自覚、それと政治との役割の違いについての自覚、いずれも放送人としての、あるいはジャーナリストとしての素晴らしい思いがこもっている一冊ではないかと思ってご紹介しました。

ニュースソースの秘匿権を認めた判例から少し広がってしまいましたが、あの判決に最高裁が込めた期待に、視聴率に左右されない公共放送たるＮＨＫがこたえていただき、報道機関としての使命を果していただくように、とお願いして、私の今日の話を終えさせていただきます。どうもありがとうございました。

17 今、法律家は何をすべきか〈講演〉

皆さん、こんにちは。今、木谷先生からとてもご懇篤なるご紹介をいただきました山川洋一郎です。きょうは、土曜日でありますのに、私の話を聞いて下さるために、このようにたくさんお集まりいただいて、大変有り難く思っております。

つい最近、新聞を見ておりますと、司法試験の結果が発表されていました。今年だけに限りませんけれども、この数年、新しくできた法科大学院の在り方や教育内容の在り方、あるいは定数の問題、試験制度自体どうすればよいかなど、問題が毎年流動するような状況の中で、将来法律家になろうと思って勉強しておられる方々は、いろいろ不安・懸念もあって大変ではないかと思います。司法試験に受かっていただくことは、法科大学院の先生方と皆様のご努力に待つよりほかないことなのですが、きょうは、皆さんががんばって司法試験に受かった後、そのときもおそらくまだ修習制度は残っていると思いますけれども、一年間の修習を終えて、実務法律家になった場合に、どういう仕事をすることになるのか。自分たちの前に開けている道は、どういうことなのか。どういう心構えを持ってやるのがよいのか、あるいは望ましいのか。そのようなことを、私の個人的な経験を少し申し上げて、皆様のご参考にしていただければと思います。

きょうのタイトルは「今、法律家は何をすべきか」ということなのですが、私は、四十数年弁護士をやってきました。木谷先生のように、裁判官をおやりになった後で、法科大学院の先生をやっておられる方とは、ちょっと違う仕事をしてきましたので、弁護士として見てきた事柄を中心にお話したいと思います。

後で申し上げますけれども、弁護士にとっては、仕事の分野というのは、非常に多岐にわたります。どのような事柄に興味をもち、どのような事柄を専門にしようと思うか、それから自分が入った事務所が、どういう事務所であるのかということによって、実務弁護士としてやっていく仕事は、多岐に分かれるのです。そういう意味では、本当にいろいろな仕事の仕方、生き方があるということを、まず申し上げますが、その多岐にわたる仕事というのは、時代の移り変わりとともに、また変わっていく面もある。

例えば、私は四十数年前に弁護士になったときの日本の状況と今これから法律家になろうという皆さんの時代とは、もう既に四〇～五〇年の開きがあるわけですけれども、日本の社会というのは、いろいろ大きく変わってきていて、つい最近は、やっと政権交代がありました。社会がもっている問題、あるいは解決をしなければいけない問題というのも当然変わるわけです。したがって、私が弁護士になった若いころに、私が直面した弁護士としての仕事と皆さんがこれから弁護士になった場合に、直面されるだろう問題というのは、もちろん共通の部分もあるのですが、かなり違う部分もあるということです。

そういうことで、私のお話することが、時間的な違いもありますし、もともといろいろの仕事のやり方があるという中で、どの程度皆さんにぴったりくるか、あるいはお役に立つか、必ずしも自信がないのですけれども、きょう申し上げることが、何らかの参考になって、皆さんがこれから司法試験を突破し、実務家になっていかれる上で、「よし。ひとつやってみるか！」というようなモチベーションの一つになればと思っております。

法政大学とのつながり

私は、きょう久しぶりに法政大学のこのキャンパスに伺ったのですが、実は、私は法政大学とは少しばかりご縁があるのです。木谷先生は私の先輩ですけれども、法学部の英米法の高橋一修《たかはしかずのり》先生や法科大学院で刑事訴訟法、憲法を教えていらっしゃる江橋先生とは、同年代で昔からの友人でありまして、高橋先生とは二〇代の終わりのころ、一緒の時期にアメリカに留学していたことがあります。そして、私自身も、一九七〇年、七一年の二年間、当時、法学部で非常勤講師をさせていただきました。

どういうご縁で、非常勤講師をお引き受けすることになったかということなのですが、当時、学部長は、伊達秋雄《だてあきお》先生と言いまして、先生は、刑法とか刑事訴訟法を教えておられました。伊達先生、皆さん、お名前はご存じですよね。元裁判官だった方で憲法の教科書に出てくる有名な人なのですけど。

伊達先生というのは、とても有名な判決を書いた東京地裁の裁判長だったのです。それは、「砂川事件」の判決なのですが、昭和三四年、日米安保条約の下に日本に駐留していた米軍が(今も日本に駐留しているわけですけれども)、戦力の不保持を定める憲法九条二項に違反するのではないのかということが、刑事事件の中で争点になったのです。伊達先生は、東京地裁の裁判長として、日米安全保障条約の下に日本に駐留するアメリカ軍、空軍、陸軍、それから海軍とあるわけですが、これは、憲法九条二項の禁止する戦力の保持に当たり、憲法違反であるという判決を下した著名な裁判官なのです。

この判決は、政府に大きな衝撃を与えて、検察側が、普通なら高等裁判所に控訴を申し立てるわけですけれども、重要な憲法問題が含まれているということで、「跳躍上告」と言いまして、高裁をすっ飛ばして最高裁へ上告をした。そして最高裁は、九条二項が保持を禁止した戦力とは、わが国がその主体となってその指揮権、管理権を行使し得る戦力、即ち、わが国自体の戦力を指し、外国の軍隊は、たとえわが国に駐留するとしても、ここにいう戦力には該当しない、としてこの伊達判決をひっくり返してしまったわけです。先生は、その判決に、公には、そうは言っておられませんけれども、憤然としてお辞めになった。その後、法政大学に来られて教えられ、法学部長も務められたということなのです。皆さん、憲法の教科書には、九条のところで必ず出てきますので、注意しておいてください。

その伊達先生から、（私はある労働組合の関係の仕事で、伊達先生の面識を得たのですけれども、）「山川さん、僕は今、法政で教えているんだけれども、君も来て、アメリカで勉強したことも含めて、刑事訴訟法を教えてくれないか」ということでありました。私は、「講義なんかとてもできません」というように言ったら、「ゼミという格好でお願いしたい」ということで、お引き受けをしまして、二年間非常勤講師を務めたのです。

私は若い時ミシガン大学のロースクールへ留学した時に、米国の刑事訴訟法も少しかじったものですからそれも少し取り入れて、「捜査とデュー・プロセス」をテーマにしました。自白の任意性・信用性という問題がありますけれども、自白はどういう場合に任意性がないとし、証拠として許されないのか、あるいは、捜索だとか押収だとかありますけれども、捜査手続きにおいて法律違反の問題があったときに、それでも証拠能力を認めて、法廷で被告人を有罪とする証拠に使っていいのかどうなのかという、いわゆる、違法収集証拠の証拠能力の問題をテーマにしました。そういうテーマで、最近は珍しくないと思いますが、ケース・メソッドというのを取り入れ、重要な判決例を素材にして、みんなでディスカッションするというゼミを二年間やらせていただきました。

私のゼミは、特別なテーマだったのかもしれませんけれども、一五～二〇人くらいの学生諸君がおられて、当時、学生運動華やかなりし頃で、そのうちの何人かは、警察と対峙（たいじ）することもしょっちゅうあったものですから、「違法捜査と証拠能力」、あるいは「捜査とデュー・プロセス」なんていうのは、けっこう受けたようで、なかなか活発な議論をいたしました。

そのゼミの中心だったメンバーは、もう今や立派なおじさんとおばさんですが、今も四～五人で一年に一回集まります。そういうことで、私は、法政大学とは、若いころから特別の関係といいますか、ご縁があったと思っております。今回も木谷先生からこの講演のことを言われたときに、その時のことを思い出しながら、皆さんのお役に立てるならば、何かお話しようと思ったわけです。

弁護士になった理由

少し前置きが長くなりましたけれども、なぜ私が弁護士になったのかということを最初にお話ししようと思います。私は大学一年に入った一九六〇年、今、伊達判決のことを申し上げましたけれども、日米安保条約は、ちょうど改定交渉が行われておりました。当時は、佐藤内閣だったのですが、日米安保条約の改定案の第六条に、日本及び極東地域における安全を保持するためにアメリカ軍が日本に駐留できるように基地やテリトリーを提供するという条項があったわけです。これは、「極東条項」という条項なのですが、当時社会党を中心に非常に反対論が強く、その大きな理由は、極東というのは日本よりはるかに広い領域ですから、極東の安全のために米軍が出動したりすることによって、日本が、日本の国益と関係のないところで戦争に巻き込まれる恐れはないかということだったのです。

私が大学一年生になったときは、既にキャンパスの中は、安保条約改定大反対であふれており、私も受験勉強が終わって四国から東京に出てきて、あっという間に学生運動（政治闘争）の中に巻き込まれて、安保条約の草案や解説書を読んだり、話を聞いたりして、国際情勢のことなどは十分にわからないものの、やっぱり、この改定案は問題がある、というように思い、国会周辺のデモにも何度かおずおずとくっついていきました。入学した年は、そういう年でした。

当時の反対運動というのは、非常に大きな広がりをもっていて、佐藤内閣は、四月一九日の国会（衆議院）で、強行突破の採決をして改定条約を承認し、その直後に辞職をするわけなのですが、安保条約反対運動のデモの中で樺（かんば）さんという東大の女子学生の方が、機動隊と学生諸君たちとが衝突する中で転倒して圧殺といいますか、結局、押しつぶされた格好になるんですかね。そういう格好で亡くなった衝撃的な事件がありました。私もそういうデモに数回おずおずと行っている中で、国家の実力装置の、強烈な行使をまざまざと見ると同時に、こんなに強烈に広範な国民の反対があったとしても、なお政治権力というのは、やろうと決めたらできるのか。権力というのはすごいな、恐ろしいものだなということも思いました。

それが、たぶん私の原点なのですが、二年三年と進んでいくにつれて、就職のことも考えなければいけなくなります。そして私は政治権力や大組織の中に入って仕事をするということはしないようにしようと考えました。どういうことかと言うと、公務員とか大会社の勤めというのはしないようにしよう。できれば自由にものを考え、自由にものが言える、自由な仕事をしたい。というふうに思ったのが、司法試験を受けて、最終的に弁護士になった理由です。木谷さんのように、裁判官になられた立派な先輩もいらっしゃるのですが、私は大学一年のときの原体験があって、権力の中に入ることはしないようにしようということで、弁護士になったというわけです。

どういう仕事をしてきたか

それでは、弁護士としてどういう仕事をしてきたのかということなのですが、四十数年前というのは、今とは国の豊かさも大きく違いますし、政治や社会の事情、それを反映する法律事情も随分と違いました。日本が東京オリンピックを終えて、高度成長の時期に入って、各地で深刻な公害が起こっていた。水俣（熊本）、新潟、四日市（三重）等、全国で大型の公害事件が多発しておりまして、河川、海、大気の汚染が大きな問題になった時期でした。また、日本が自動車化の時代に入って、それぞれの家庭が車を持つという状況の中で、交通事故が多発していた時期でした。裁判所でも民事・刑事の交通事故関係の裁判というのは非常に多かった時期、そういう社会背景でした。

私は、学生時代の原体験を基にして、人権派と言われる弁護士事務所を選択しました。六～七人の事務所だったのですが、一番上の先生の中に、私が修習中その方のやった仕事の話を聞いたりして、尊敬していた大野正男先生という弁護士がいたわけですけれども、その先生にお願いをして事務所に入れてもらったのです。大野先生は、労働組合の事件だとか、表現の自由に関する事件だとか、後にお話しするような外務省機密漏えい事件とか、いろいろ大事件をやられたリベラルな弁護士で、後に最高裁判事にもなられたのですが、若い時、とりわけ最初の数年間のトレーニング時代というのは、ごく普通の民事事件や刑事事件をきちんとやって、弁護士としての基本的なマナーだとかトレーニングというのを受けることが大事だと言われました。いろいろな事件を一緒にやらせていただきました。今申し上げたように、交通事故の被害者の損害賠償の事件なんかも、当時は非常に多かった。東京地裁に民事交通部という交通事故の損害賠償の裁判を担当する特別専門部が最初一つでき、それが二つに増えた。それから当時は、まだ住宅事情が今のように良くなってなかった。貸家が十分ではなくて、借地をしている人、あるいは借家をしている人をどう保護するか。借地借家法の問題ですけれども、借地借家事件というのもたくさんありました。大家さんが店子や借家人をいろいろの理由で追い出そうとするときに、正当な事由があるかどうか。無い場合には明け渡しを認めない。そうすることによって、借家をしている人の生活を守っていこうということだったわけです。そのような事件は今は減っていますが、借地借家事件における正当事由というのは何なのかというようなことが、裁判例でもたくさん議論されていたころでした。それから離婚や親子の問題、相続問題等の家事事件とかも一渡りやりました。

いろいろの仕事を処理する中でトレーニングを受けたことというのは、事実をどういうふうに見るか。依頼者や関係者から事実をどういうふうに聴取し、証拠をどういうふうに見るのか。矛盾する言い分をどういうふうに評価して、どちらがどの程度信用できるのかという判断をする。そして、事実をどう法律的に構成して、どう論理的でわかりやすい文章にまとめ上げるのかというようなトレーニング、法律問題がある時に学説や先例を調査、検討して、相手方や裁判官を説得するための文書をどう作成するか、これらは今も変わることがない大切なことだと思います。そういう中で、私は幸いに、幾つか、今でも忘れることのできない、非常に面白い、やりがいのある事件に巡り合うことができました。きょうは、そのうちの二つについてお話をしようかと思います。

サリドマイド事件

先程申し上げましたけれども、昭和四〇年代というのは、日本で大型の公害事件が起こり、薬害の問題も起こってきた時代でした。薬害というのは今でもないわけではなくて、今回も新型インフルエンザでワクチンを緊急接種すると。国内で生産したワクチンだけでは間に合わないので、外国から輸入したワクチンを使う必要があるとされています。インフルエンザになってほうっておくと死亡例が出ると同時に、予防のためにインフルエンザワクチンの接種をした場合に、その副作用でおそらく事故が出てくるのではないかと思います。ワクチンの安全性の確認とともに、それでもワクチン接種によって事故が起こった場合の国の責任をどう考えるのかという問題がでてくるのです。

昭和四〇年代に起こった大型の薬害事件の第一号として、「サリドマイド事件」というのがあります。皆さん、お聞きになったことはありますか。サリドマイド剤というのは、ドイツで開発されて、北欧諸国でも売られました。日本にもライセンスが許諾されて、大阪に当時あった大日本製薬という会社が製造し、催眠剤および妊娠している女性・お母さんたちの抗つわり剤として効果があるということで、販売されたのです。

ところがこの薬には、非常に恐ろしいことに、妊娠三五日目から五〇何日目くらいの妊婦が飲んだ場合に、胎内の胎児の発育に非常に悪い影響を及ぼす「催奇形性」があったのです。胎児は何日目ごろには目ができ、何日目には耳ができてという発達のカレンダーがあり、手足は比較的最後のほうにできてくるのですが、その期間（約二週間）のいつ飲んだかによって、どこが侵されるかが違うのです。

ドイツの会社も日本の会社も妊娠した女性の抗つわり剤、あるいは催眠剤として効能があるということで宣伝・販売したにもかかわらず、お母さんの胎内にいる胎児に対する安全性のテストというのはしていなかったのです。日本でも大々的に売られまして、その結果、手足が正常に発達しなかった、あるいは耳や目に大きな障害があるという子どもたちがたくさん生まれた。ドイツでも北欧でも生まれたし、アメリカでもごく少数ですが生まれて、世界的な事件になったわけです。

そこで、被害者の子どもさん本人と両親を原告にして、大日本製薬という製薬会社とこれの販売を許可した国を相手に、東京地裁に、胎児に対する安全確認を怠った薬を販売し、販売を認めた、ということを請求原因とする損害賠償の裁判を起こしたというのがサリドマイド事件でした。私の先輩がこの裁判をやっておりまして、途中からお手伝いをすることになったのですが、「山川君、この文章を読んでみて、引き受けるかどうか決めてくれ」と言われて読まされた小さな新聞のコラムがあります。それは、看護師をしていた若いお母さんにサリドマイド児が生まれて、その若いお母さんは、ご主人とのあいだがうまくいかなくなり、離婚することになってしまうのですが、彼女は、ご主人に去られて、障害を負った小さな子供と二人で生活していかなければならない。お母さんが看護師さんとして働くために、当時保育所だとかそういう施設は、今よりずっと乏しかったので、瀬戸内海の小さな島の中にある施設にその子を入れて、分れ分れの生活をしなければならない。そういうつらい状況を報じた記事があったんです。「こういう被害児と家族の裁判をやっているんだけれども、きみも一肌脱いでくれないか」と先輩に言われたのです。

ちょうど裁判は、ドイツやアメリカから外国人の専門家を呼んできて、証人として尋問しなければならない段階に入っていました。どういうことを立証するかというと、民法の不法行為と国家賠償の問題ですけれども、サリドマイド剤の服用によって障害を受けたという因果関係の立証の問題。次に、それを起こした相手方である製薬会社や国に薬の安全性の確認が不十分なままに製造・販売した点について故意または過失があったということの立証をしなければいけないわけです。

サリドマイド事件では、国も製薬会社も因果関係と過失の存在を激しく、激しく争いました。そして、当時の裁判所は必ずしもこういう問題の審理に慣れていなかったし、又、特に被害者にシンパセティック（sympathetic）でもなかった。そういう中で、私達は、因果関係を立証するために、ドイツでは既にされていたんですけれども、サリドマイド剤を服用した女性から生まれた子どもさんの中で催奇形の被害を受けた子どもさんの数と、服用しない母親にどれだけそういう子どもがいるのかという数を対比し、服用した母胎群と服用していない母退群のあいだに、統計上大きく意味の違う差異があるというような統計的研究や、催奇形性に関する動物実験の結果明らかになった胎児の発達のカレンダー等を法廷に提出しました。

そして、ドイツでそのことを研究しサリドマイド剤の催奇形性について初めて警告を発した有名なレンツ教授を東京地裁に証人として呼んでくる。それからもう一つ、アメリカは、ＨＥＷ（Health Education and Welfare）という日本の厚生省に当たる役所の薬剤の担当部門に女性のお医者さんがいまして、同じ薬の発売許可が求められたときに、彼女が、「胎児に対する安全性のテスト結果はあるのか」いうことをチェックしました。胎児に対する安全性のチェックはしていなかった。「それでは、発売は許可しない」ということで、アメリカでは発売されなかったのです。

そこで、アメリカのそういう実情を日本の法廷で立証することは大いに意味のあることであるということで、新薬の安全性確認テストの実情をよく知っているシアトルにあるワシントン州立大学の教授にも東京地裁に来ていただきました。東京地裁に外国の著名な研究者がやってきて、当時人工衛星の打ち上げの同時通訳で名を上げたサイマル・インターナショナルという会社の練達の同時通訳者三人に東京地裁に来ていただいて、遺伝学、薬学、統計学等にまたがるものすごく専門的な証言を、証言の一区切り、一区切りごとに正確に翻訳をしてもらいました。外国人の証言であるので一カ月に一回というようなペースでやったら際限なく時間がかかってしまうということで、週に三日、一日おきにやると。それを三週間続けるというような集中審理を行いました。

そういう意味では、初めての大型の薬害の事件。外国人の証人。サイマルの通訳を入れての集中的審理ということで、いろいろ報道もされたのですが、頑強に因果関係と過失の存在を争っていた国（厚生省）と製薬会社は、このお二人の証人尋問が終わったところで、やっと白旗を揚げた。まもなく判決の言い渡し期日を決めようという段階になって、因果関係は、全面的に認める、要するに、これによって、こういう被害が起こったということは、認めざるを得ない。又、過失があったかどうかも大きな争点だったのですが、水際でストップされていたということも明らかになった以上、レンツ教授とワシントン州立大学の先生の証言を聞いて、かつてアメリカでは、水際でストップされていたということも明らかになった以上、薬の発売を認めた厚生省もその過失も認めざるを得ないということで、全面降伏の和解の申し入れがあったわけです。

最後に、厚生大臣が出てきて、被害家族の前で正式に謝罪をするということもありまして、この事件は、原告側の全面的な勝利ということになった。東京地裁は二八家族の裁判だったんですけれども、東京地裁以外の裁判所における事件も同時に同じように和解するということで、全面的な救済の和解が成立したのです。

私は、この事件について国や製薬会社の抵抗とか、重要な外国人証人の集中審理による尋問とか、忘れがたいことがいろいろあるのですが、特に述べたいのは次のことです。このような裁判は、引き受けてくれる弁護士を見付けることも大変なのですが、被害者本人が裁判をやるということも、やっぱり大変なことなのです。費用は、弁護士が「勝訴した時でいいです」と言えば、最初に払わなくて済むかもしれませんけれども、弁護士と依頼者である本人は、いろいろな事柄について緊密な打合せをすることが必要です。薬を飲んだ状況、被害の状況を説明することに始まり、裁判の進行の節目節目で弁護士との打合せが必要です。裁判の傍聴もありますし、和解をしようという段階になれば、どういう条件なら和解に応ずるのかというようなことについて、常に緊密に打合せと相談をしながら進めていくのです。そういうわけで、裁判というのは、起こす本人にとっても、大変負担なことなのです。とりわけ、こういう難しい裁判の場合にはそうなのです。

そのようにやってきた原告の二八家族の人たちが、この結果をいろいろな事情で裁判を起こすことができなかった他のサリドマイド児のためにも及ぼしたいと、そういうことができるような和解のしくみを考えてくれということでありまして、私どももそれはまさに望むところであって、東京地裁で成立したこの立派な和解の成果をサリドマイド剤の被害者全員に及ぼすようなしくみをつくりました。それは、被害者側の意見を聞いて選んだレンツ教授を含む三人の専門家による委員会を厚生省につくらせて、厚生省が全国に広報キャンペーンをやりまして、「サリドマイド剤を飲んだ記憶があり、それによって被害児が生まれたと思う人は、名乗り出てください」と呼びかけた。そして名乗り出てもらい、お母さんの申し立てとそういう子どもさんたちについて三人の専門家が、サリドマイド児であるかどうかということの診断をする。五〇〇人を超える方々からそうではないかという申し立てがあって、残念ながら原因がそうではないと思われる方もたくさんいまして、二五〇人くらいの方が、サリドマイド被害児であるという判定が下されました。その方々には、症状の重さに応じて、東京地裁で成立した和解条項をそのまま当てはめて（症状の重い人、中くらいの人、比較的軽い人、それぞれ賠償額を決めていたわけですが）、その症状の重軽にしたがって、補償金が国と製薬会社から支払われました。約二五〇人の方は裁判を起こさなかったけれども、同じような被害を受けた人として、同じような救済を受けることができたのでした。

今、その子どもさんたちは、立派な社会人、もう四〇歳くらいになっています。いろいろつらい思いもしたと思うのですが、志を高く、強くもって、例えば二度とこういうことが起こらないようにするために自分は薬学部に行って、薬学の研究をしたいとか、あるいはお医者さんになって、そういう方の治療とか医療に携わりたいというようなひとが何人もいます。スキー選手になった若者もいました。そして賠償金の一部で作った「いしずえ」という財団が自分たちの相互扶助と同時にこういうことが二度と起こらないようにするためのキャンペーンをずっと続けてやっているのです。一つの国家賠償の事件ですけれども、そういう広がりを持つ最終的な解決になったということは、非常に印象深いことでした。

外務省秘密電信文漏洩事件

次に、もう一つ、私がかかわった事件、これは刑事事件ですけれども、お話をしたいと思います。先ほど、伊達秋雄先生、砂川事件判決の裁判長のことをお話しましたが、伊達先生が弁護団長になり、私が入った事務所のボスであった大野先生が主任弁護人、私、私より二年若い弁護士、それからもう一人の弁護士、合計五人が弁護団をつくってやった事件です。昭和四七年、日米両国政府間で米軍が占領統治していた沖縄を日本に返せという大きな外交交渉が行われていました。その最終段階の交渉が行われていたときに、交渉に関する秘密電信文が外務省とアメリカ政府、外務省とワシントンの日本大使館との間で行き交っているわけなのですが、この秘密電信文を毎日新聞社の記者が入手して報道したのです。これが、外務省沖縄返還交渉秘密電信文漏洩事件という長々しい呼び方の事件です。

事件は外務省を担当していた毎日新聞の練達有能な記者が沖縄返還交渉をカバーする中でだんだんと強まってくる一つの疑問を持ったことに始まります。その疑問というのは、どういうことだったかと言いますと、アメリカ政府は、沖縄を日本に返すにあたり、条約の批准承認をする権限を有する上院に対して、二つの約束をしていたのです。一つは沖縄を返還するにあたり、日本に対してお金は一銭も払わないと。金は日本からもらっても、日本に対しては、お金は一銭も出さないということ。もう一つは、沖縄は、日本が敗れたときに、最も苛烈（かれつ）な戦いがあり、住民が大変な被害を受けたところで、戦後も米軍基地が一番集中していることは皆さんもご存知のことですが、沖縄の日本返還後も米軍基地の機能を落とすことがないようにするということ。主権は返すけれども、沖縄の基地機能は変わらないということを上院に約束をしていたのです。

その中で、結局は、日本政府が三億二、〇〇〇万ドルという、今で言えば、おそらくその一〇倍近いお金になると思いますが、大きなお金をアメリカ政府に払った。結局、沖縄を買い取るみたいな格好になるわけですが、日本政府は、最後に一つだけこだわっていた。金額で言えば、あまりたいしたことはない金額なのですが、米軍が基地として使っていて、アスファルトづけにしている滑走路なり格納庫なりいろいろありますが、それは農地を接収して、その上にアスファルトを張って滑走路にしているわけです。そういう農地を旧所有者に返すことになったわけです。しかしアスファルト張りの農地を返してもらっても、沖縄の農民の人たちには何の役にも立たないわけです。これを元の農地に復元して返してもらう。そのための費用が四〇〇万ドル、当時では仮に一ドル三六〇円としても十数億円。そう大した金額ではないのです。この農地復元補償の四〇〇万ドルだけは、アメリカ政府が払ってくれということを日本政府は最後まで粘ったらしいのです。アメリカ政府が、だんだんのみそうだということを聞いた西山記者は、アメリカ政府は、沖縄を返すにあたって、一銭も払わないということを上院に約束しているのにもかかわらず、四〇〇万ドルを払うというのはおかしいのではないかという疑問を持ちました。

そういう中で、彼は、毎日夜討ち朝駆けをする外務省のある高官の女性秘書官、毎日顔を出すわけですから顔見知りになるし、あいさつを交わす仲になるのですが、たまたま東京の都内の私鉄ストライキの夜に家に帰る足が無くなっているその女性秘書官と夕食を共にすることになって、親密な関係になってしまうのです。そして、自分は外務省がやっている交渉について疑問が思っている点があるんだけれども、どうもみんな口が堅くてしゃべってくれない。そこで、「何か自分の手助けになるものがあったら教えてくれ、見せてくれ」と女性秘書官に頼むのです。そうすると、彼女は唯々諾々として「あなたのためならいいですよ」と言って、何通もの極秘の電信文を見せてくれるわけです。その中に問題の三通の秘密電信文があったのです。

その一つの中には、農地復元補償だけはなんとしても認めてほしいと、これは日本政府の強い要求であると。それで財源についても日本側で考えると。最後、三億二、〇〇〇万ドル、ミリオンで言うと三二〇ミリオン日本政府がアメリカに払うわけなのですが、どうもそれまでいろいろの対米支払項目を積み上げてきていまして、三一六ミリオンになっていたらしいのです。そして「三一六に四を足して三二〇にするから、その積み上げた四を農地の復元補償に当ててくれ」ということを言ったらしいのです。するとアメリカ側は、財源の面倒まで心配してもらって有り難いけれども、アメリカ政府では、「そういうことは議会から説明を求められた場合には、最初は『政府間の約束だから……』と言って言わないように努力するけれども、絶対に秘密を守れるという保証はない……」といってためらうのです。ですが、いろいろなやりとりをした後で、どうも三二〇にする合意ができ、結局、復元補償というのは、日本政府が実質的に肩代わりをしたのではないかと思われる内容の電信文だったわけです。

それを記者は紙面に書くわけです。しかし、記者は、ニュースソースが誰であるかということを絶対に明かしてはならないという義務があるので、記事の書き方が難しい。

例えば、この記者は、外務省詰めで、とりわけ某局長とか某審議官と親しいということは外の人にも分かっているわけです。だから、あまりに具体的に書いてしまうと、(ああ、この記事はここから取ったな……)ということになって、秘密電信文がそこから出たかということになるものですから、書き方がなかなか難しい。新聞にまずは書いたのですが、そういうことを考慮して書いたら、ちょっとインパクトの乏しいあまり大きな扱いを受けない記事になったのです。彼は、「日本政府は『沖縄の農民のために四〇〇万ドルを勝ち取った』と言っているけれども、実はアメリカ政府が本来負担すべきものを、日本が余計に払って、アメリカ政府はそれで沖縄の人に払おうとしている。これは、政権の功名心のためにやっている国民を欺く違法な秘密ではないか」というふうに思っているわけですけれども、記事に書いたときには、あまり注目されなかった。

そこで彼は、フラストして、ここは、批判を受けるところなのですけれども、国会の野党の代議士に渡すわけです。もう名前を言ってしまいますけれども、今度衆議院議長になりますかね？北海道選出の弁護士でもある、当時若手の横路代議士に渡すわけです。横路さんはそれを振りかざして、国会で竹下官房長官（後に総理になりますけれども）に対して「日本政府・外務省はけしからん交渉をやっているのではないか。財源について密約をして、アメリカ政府が払うと言いながら、日本政府がその実、財源の面倒を見るようなそういうことをやっているんじゃないか」と言って追求しました。

そうしたら、老かいな竹下官房長官が、「どれどれ拝見……」と言って、それを見たら、その電信文には課長、局長、審議官というように決裁印がいっぱい押してある。その決裁欄を見ると、最後は外務審議官のところで止まったわけです。そこで、たぶんここから出たのであろうということで、外務省は調査をするわけです。そうすると、その女性秘書官だということが、すぐばれてしまったわけです。

それで、女性事務官は、公務員が、職務上知り得た秘密を漏洩した（国家公務員法違反）ということで逮捕されるし、記者のほうも、国家公務員に国家秘密の漏洩をそそのかしたということで、これまた国家公務員法違反で逮捕されるのです。

そして、起訴状には、記者が女性事務官と「ひそかに情を通じて」秘密を漏らすようにそそのかした。という二人のプライバシーを暴露する記載がされました。

その女性事務官が逮捕された日の夕刊に、「沖縄返還交渉に絡む外務省の秘密電信文の漏洩で女性事務官逮捕。毎日新聞記者に渡した……」とあるのを見ていて、私は二年後輩の西垣道夫君という優秀な弁護士と二人で、「そそのかし罪だ。国家秘密の漏洩だと言われているけれども、この女性事務官が『外務省がけしからんことをやっているので好きになった記者に自発的に渡した』と言えば、この事件は立件できないよね。これ頼まれると面白いのにね」と半分冗談に話したのでした。そしたらその夜遅く大野先生から電話がかかってきて、「きみたち、夕刊を見ながら変なことを言ってたようだけれども、その女性記者のほうからじゃなくて、新聞社のほうから頼まれたんだけど、どうだ。やるか?」という話だったのです。それで、「もちろん、やります」ということで、私たちも弁護団の一員に入れていただいたのです。

事件はそういうふうにして起こったのですが、電信文の内容は、四〇〇万ドルの肩代わりを日本政府が秘密のうちにやって、これは国会にももちろん説明しないし、国民にも説明しない。それは、四〇〇万ドルをアメリカに支払わせたということが佐藤内閣の功労として、公に発表されるわけなのです。電信文にはそういうふうに書かれていたのですが、政府は裁判中もその後も頑強にこの密約を否定してきました。しかし西暦二〇〇〇年ですが、アメリカの外交文書が公開され、密約が存在し、日本政府が財源をみているということも既に明らかになっている。日本政府は、それでもこれを否定していましたけれども、民主党の内閣が成立して、岡田外務大臣が、この間、就任早々に、「沖縄返還に関してなされた密約について調査せよ」と外務次官に命じていました。核抜きの密約のことも、だんだん出てくると思うのですが、裁判の当時には、四〇〇万ドル肩代わり密約があったのかどうなのかということがまず大きな争いになりました。

この裁判は、そういう国家秘密、国民を欺くけしからん秘密はどの程度保護されるのかという問題と同時に、新聞記者は国家公務員に取材をするときに、どの程度の、どういう取材をしていいのか。取材の自由というのは、どこまで及ぶのかということが大きな問題になりました。報道の自由は憲法で保護されているということは明白なのですが、報道の内容を入手するための取材というのも保護しないことには、報道の自由を保護しても意味がないですね。ですから最高裁は、取材の自由というのも二一条の精神に照らし十分尊重されるべきだということは言っているのです。そういう中で、具体的には、記者がニュースソースである国家公務員に対して、どの程度まで取材をすることが許されるのか。国家公務員法が禁じている職務秘密の漏洩の唆しというのは、取材に当てはめた場合に、どうなるのか。これが二つ目の争点でした。

一審の東京地裁は、無罪の判決を下しました。理由は、そういう親密な関係になった取材相手に秘密の漏洩を依頼すること、これは一応、相当性を欠く行為であるけれども、二人の関係というのは、大人の自発的な関係であったし、倫理的非難を受けるとしても、そのことから直ちに違法な取材行為であるとはいえない。それから電信文の内容は、重大な問題であって、外交の民主的コントロールという観点から国民の知る権利の対象である。これを明らかにすることによって、国民の知る権利は充たされて、それは十分価値のあったことである。したがって、取材には、多少問題はあったけれども、全体としてみる場合には、可罰的違法性はないのではないのかということで、無罪になったのです。しかし、検察側が控訴しました。控訴審は、時国康夫さんという、憲法事件を幾つもおやりになった著名な裁判長でした。彼は、憲法の教科書にも出てきますが、猿払事件という国家公務員の政治活動の自由に関する重要な事件の一審で無罪の判決を下した裁判長でした。

時国さんは、「全体の事情を総合勘案して可罰的違法性があるかどうかというようなあいまいな判断基準は、取材の自由という重要な自由を制約する基準としては、不適切である」ということで、独自の議論を立てまして、結局有罪にされてしまったのです。それで、弁護側は納得せず、最高裁に上告しました。最高裁は四〇〇万ドルの密約は、違法秘密といわれるべきものではないとしたうえ、取材の自由について、一般論としては、以下に述べるようにかなりいいことを言いました。

「ところで、報道機関の国政に関する報道は、民主主義社会において、国民が国政に関与するにつき、重要な判断の資料を提供し、いわゆる国民の知る権利に奉仕するものであるから、報道の自由は、憲法二一条が保障する表現の自由のうちでも特に重要なものであり、また、このような報道が正しい内容をもつためには、報道のための取材の自由もまた、憲法二一条の精神に照らし、十分尊重に値するものといわなければならない。」さらに続けて、「報道機関の国政に関する取材行為は、国家秘密の探知という点で公務員の守秘義務と対立拮抗するものであり、時としては誘導・唆誘的性質を伴うものであるから、報道機関が取材の目的で公務員に対し秘密を漏示するようにそそのかしたからといつて、そのことだけで、直ちに当該行為の違法性が推定されるものと解するのは相当ではなく、報道機関が公務員に対し根気強く執拗に説得ないし要請を続けることは、それが真に報道の目的からでたものであり、その手段・方法が法秩序全体の精神に照らし相当なものとして社会観念上是認されるものである限りは、実質的に違法性を欠き正当な業務行為というべきである」と、このように言ったのです。

しかし最高裁は、この一般論のもとで、記者のやった取材の仕方、即ち親密な関係を利用して女性に頼むというようなことは、許されない。そういう立場になった女性は、ノーと言い難い、そういう状況を利用してはだめだということで記者は有罪としたのです。当時、国民の知る権利とは何なのか。国家秘密と国民の知る権利の対立は、どのように解決されるべきなのかという点が、非常に大きな論争の種になった事件でありました。当該事件は、結論としては有罪ということになった。ただ、今私が読み上げた一般論は、それなりに良い判断であって、その後も取材の自由を保障する大きな根拠になっていると思います。

この四〇〇万ドルの密約の問題というのは、さっきも申しましたけれども、沖縄返還にあたって、アメリカ政府とのあいだでなされた大きな密約の、そのごく一部に過ぎないのではないのかということが、最近だんだん明らかになってきています。米軍基地を存続させることに伴う費用を日本政府がずっと負担していく、そういう財政負担の密約。それから沖縄が日本に返ってくるときに、核抜きで返ってくるというように言っていたわけですが、アメリカ政府は、そのようには了解していなかった。核を持ち込ませないということについては、アメリカの艦船で、核兵器を搭載しているものは、日本に入ってくるときには、日本政府と協議した上で、日本政府がイエスノーを言う自由がある、事前協議の義務があるんだというふうに言われているわけですが、日本政府はすべての場合に了解するという約束であったというような密約もあったとされていますが、裁判では、四〇〇万ドル肩代りの密約について外務省の局長たちが何人か法定で証言しました。僕たちのけっこう厳しい反対尋問を受けたのですが、吉野さんという当時アメリカ局長だった人は、「そんな密約はしていません。そういう話が交渉の途中で出たこともあったけれども、最後は、密約になりませんでした」というように証言したのですが、吉野さんは、その後、ドイツ大使なんかをされて、退官されて、今八十幾つだと思うのですが、数年前に「四〇〇万ドルについては、あれは、間違いなく密約でありました」ということを言ったのです。そして、核抜き、あるいは核持ち込みの密約というのについては、つい最近も、元外務次官が、そういう密約はあったということを言って、これが、民主党政権誕生後、岡田大臣が調査を命ずる根拠にもなっているわけです。そういう意味では、この沖縄返還に絡む機密電信文の漏洩事件というのは、今もなお、問題が引き続いているということです。

山崎豊子さんが、五年前から、文藝春秋で『運命の人』という小説を書いて、おととしくらいに完結して、つい最近、単行本になりました。山崎さんというのは、『沈まぬ太陽』とか（これはまもなく映画化されますけれども）、『華麗なる一族』であるとか『大地の子』とかの大作の作者であることはご存じでしょう。取材を徹底的にやった上で、正義感強く、社会派的な小説を書く著明な作家ですけれども、山崎さんは、『運命の人』を、政府は、密約を隠すために、男女間の関係、記者とソースとの男女関係を暴いた。それによって、その密約を隠しおおせようとした。大いなる違法を隠すために、個人のプライバシーを暴き出して、記者を失脚させ、外務事務官を失脚させたとして、怒りを燃やして、小説化することを考えられたのです。小説は、一応フィクションということでありまして、大きな筋道は、あの事件を下敷にしているのですが、前半は裁判小説、後半は沖縄の最近の状況等が書かれる、そういう大きな小説です。試験勉強が一段落してほっとしたときにでもお読みいただいて、国家の秘密と取材の自由だとか、国家の秘密と個人のプライバシーだとか、そういうことをお考えになってみると良いのではと思います。

私が巡り合った事件、ほかにも幾つか報道の自由にかかわる件がありまして、つい最近では、新聞記者は民事訴訟法上、ニュースソースについての証言拒否権が認められるのかという問題を扱いました。これは、民事訴訟法の規定で、職業上の秘密については、証言拒否権があるということになっているのですが、記者の取材源が、職業上の秘密であるかどうかという点については、最高裁の判例はいまだありませんでした。平成一八年、最高裁で、取材源は職業上の秘密に当たり、記者は取材源については原則として証言拒否権があるという決定を取ることができまして、報道記者の取材について重要な法的保障を勝ち取ることができたのかなと思ってます。

弁護士のやりがいとよろこび

弁護士は、毎日こういう事件をやっているわけではありませんで、先ほども申し上げましたように、普段は、ごく普通の民事的紛争に関する裁判であったり、あるいは顧問をしている会社のさまざまな法的問題や契約に関する問題についてアドバイスをすることであったり、さまざまな紛争の解決のための交渉をしたりするということなのですが、こういうやりがいのある面白い事件に巡り合うこともある。それが、個別の紛争、あるいは個別の事件の解決を越えて、大きな社会的影響をもつこともある。サリドマイド事件でも訴訟当事者ばかりでなくて、二五〇〇人の裁判を起こしていなかった人たちの救済につながったわけですし、厚生省の薬務行政において、新薬を許可する際に、新たな安全チェックの項目を入れなければいけないという格好で、薬務行政を改善させるということにもつながったわけです。外務省秘密電信文漏洩事件で言えば、記者の取材の自由というのは、どこまでいけるのか。あの件はいけないと言われたけれども、一般論としては、国家の秘密であっても国家公務員に根気よく執拗に説得することは、記者の正当な仕事であるという決定になったわけですので、そういう意味では、報道機関のために一般的な影響を持ち得たことだと思います。

それでは、弁護士は、どういうことが仕事の喜びかということを申し上げたいと思います。僕たちが弁護士をやっていて、いちばんうれしいなと思うことは、依頼者から（個人であれ、会社であれ）いろいろの相談を受けて、先ほども申し上げたように弁護士と依頼者というのは、一心同体になって、密接に相談しながら一つの仕事をやるわけですが、その結果うまくいった、いい結果になったというときには、依頼者は、本当に喜んでくれる。それを見るのは、弁護士にとっては、最大の喜びです。これは、大きな事件、小さな事件を問いません。僕は、よく言うのですが、弁護士の仕事というのは医者の仕事と似ているところがあります。一つの病気を治すためには、患者がお医者さんを信頼し、またお医者さんは、その信頼にこたえて、職業上の責任感と良心をもって一生懸命最良の治療をつくす。昼も夜も一生懸命に患者さんのことを見るということなのですが、それによく似ている面があると思います。紛争であれ（裁判であれ、裁判になっていないものであれ）、あるいは契約をどういう内容・条件で結ぶかということであれ、依頼者と弁護士というのは、本当に密接に一心同体になって協力をするのです。喜びはそこから生まれてくるのです。

何年も前に離婚の相談に乗ってあげたお母さんが、離婚当時、小学生だった小さな子どもさんが、中学、高校と進んで大学に入って、そして「やっと息子が大学を卒業して就職をいたしました」というようなことを、知らせてくれることもあります。「その昔、山川先生に助けていただいたおかげです」というようなことを言われるのは弁護士として、本当にうれしいことですね。

もちろん、先ほど申し上げたように、社会的な広がりのある事件に巡り合って、それを一生懸命やって、その解決の結果が、個別の事件の勝利や成功ということを超えて、もっと広く社会的意味合いをもつような、そういう結果をもたらすことができた場合は、ああ、自分がやったことは、社会をちょっとでも良くするのに役だったのかなという満足感につながるわけでありまして、これは大きな喜びでありますけれども、そういうことはそう滅多にあるわけではありません。ですから、実務法律家の喜びというのは、ささやかな喜びにあるのかなというように思います。

司法制度改革が目指すもの

そこで、だんだん締めくくりのほうにいきたいと思いますが、皆さん、平成一三年に出た司法制度改革審議会の最終意見書のことはお聞きになったことがあると思います。その最終意見書を踏まえて、法科大学院というものができ、司法試験制度も変わり、またこれからも変わろうとしているわけなのですが、司法制度改革審議会の最終意見書というものが目指した目的というのは、幾つかあります。一つは、法曹の養成制度をどうするか。そして、良質な法律家の数をどうやって増やしていくかということ。もう一つは、刑事裁判への国民の参加をどういうかたちで実現させるか。これは、裁判員制度ということで、もう始まっています。三つ目は、民事訴訟、行政訴訟等の改革。最後に裁判制度へのアクセスを容易にする、あるいは法律的サービスをできるだけ広く多くの国民が得られるように、リーガルエイド（legal aid：法律扶助）も含めて、一つのそういうサービスセンターをつくることだったわけです。これらが目指したことは、司法が果たす役割というのを、大きくすることです。

日本は、官僚支配ということがしきりに言われていますけれども、行政部門がものすごく肥大してきて、司法が数の上でも影響力の上でも非常に貧弱だということは、間違いない事実であったと思います。個々の裁判官や個々の法律家が一生懸命努力して、その努力の結果、時にはいい結果も出てきていたわけですが、一つの国の司法制度として見た場合には、法律家の養成制度にも問題があり、かつ弁護士の数も非常に少ない。裁判官や検察官の数も少なくて、民事裁判も刑事裁判も非常に遅い。そして得られるべき救済が、随分時間を掛けないと得られない。そういうことで裁判は敬遠されて、きちんとした法手続による解決が選ばれずに、泣き寝入りしたり、怪しげな示談をして不満足な救済ということに終わってしまう。司法制度を人的にも能力的にも大きくして、日本国というものを運営していく上で、司法がもっと大きな役割を果たすようにしようというのが、司法制度改革審議会の最終意見書の眼目だったと思います。

それを受けて、法曹養成制度も変わろうとしているわけなのですが、皆さんから一番よく見えるのは、法科大学院ができて、司法試験の合格者の数を増す、そして法科大学院では、これまでの法学部教育や塾による教育等に代わる、良質な法律家の卵養成のための教育を与えるということになっているわけです。そういうことで、法律家の数の増加が一大眼目なのですが、これが少し足踏みしていて、少し増えては少し減ったりということで、三〇〇〇人ということに、なかなか到達していない状況です。しかし司法制度のキャパシティが、我々の時よりは間違いもなく大きくなっていくことはすう勢だと思います。

どのような途がひらけているのか

それでは具体的に皆さんにどういう仕事がひらけているのかということを、申し上げたいと思います。

弁護士について申し上げますと、弁護士は、特に大都市を中心に仕事をする人、中都市、それから小さな都市で仕事をする人、場所で言えば、そういう三つのタイプがあります。事務所の規模でいうと、大事務所や中事務所というのは、大都市に集中して、東京は二〇〇人を超える事務所が五つできてきています。それから数一〇人規模の中事務所、それから一人あるいは数人でやっている小事務所と、いろいろなタイプがあります。ちなみに私の事務所は、弁護士一一人で、中事務所の比較的小さいほうかなというふうに思いますけれども、個人事務所というわけではない。私と同じ年配のパートナーが三人、それから私たちより二回りくらい若いジュニアパートナーが三人、それからアソシエイトの人たちが三～四人というところです。

仕事の内容は、私たちが実務家になったころに比べると、はるかに広くなってきていると思います。私たちがかけ出しであった四〇年前は仕事の領域は民事・刑事・行政・労働ぐらいでした。それから税務と特許の分野にも、ごく少数の専門家がいたと思いますが、そんなものだったのです。最近では、若い人たちが、すぐ言うのは、「私は知財の仕事をやりたい」と。著作権関係のことやエンターテイメント、特許、商標、コンピュータ・IT関係等の知的財産法にかかる仕事です。

大きな分野としては、国際取引。国境を越えたいろいろの取引に関する契約や紛争に関する仕事。それからM&A（Mergers and Acquisitions）、営業譲渡や合併とかですけれども、これは、クロスボーダーと言って、国境を越えて行われるM&Aもあれば、国内のものもある。会社がうまくいかなくなったときの再生、更生や破産、金融バブルがはじけて、経済が苦境になってくるときには、非常に大きな仕事のボリュームを占めているようです。

それから独占禁止法（独禁法）。公正取引委員会は、公務員の定員を減らせという最近の役所の中で、人数が画期的に増えてきている役所です。ほかに金融庁というのがあって、これもまた公取と並んで人員が増えてきている役所ですけれども、銀行や保険・証券等の金融機関の規制と金融商品やその販売について広範な規制権限をもっています。

今度発足する消費者庁も、消費者保護という観点から、物の商品であれ、金融商品であれ、行政救済ということを活発に進めると思います。弁護士の職域としてもそういうことは、広く増えていくことだろうと思います。

さらには最近では、税法の問題も随分増えてきていますね。それから若い人たちが、知財のことをやりたいというのと同時に良く言うのは、「私は、企業法務のことをやりたい」と。

企業法務というのは、要するに、会社が直面するすべての法律問題点に関して、できるだけ法律家が関与して、予防的に紛争が起こらないようにすること、具体的には株主総会や取締役会をきちんと行い、必要な社内文書を作成すること、さまざまな契約を結ぶときは、あらかじめきちんとチェックをした上で、紛争の種になるような不十分なあいまいな条項や一方的に不利益な条項をできるだけ入れないような契約をつくる。それから問題がいったん起こったときには、これまた専門的なアドバイスを得ながら、できるだけ自分の利益をきちんと守っていくように解決するということです。最近では、企業のあらゆる活動が法令を遵守して適正に行われるような社内体制をつくること―コンプライアンスにも社内・社外の弁護士がかかわることがふえています。企業が直面する法律問題というのは、会社法、金融商品取引法、民法、知的財産法、製造物責任法、労働法、税法、独禁法、環境関係法とさまざまです。そして一定のサイズの会社になれば、国際取引のこともある、もうありとあらゆることなので、修習生が「企業法務をやりたい」と言って来たときには、私たちは、「それは、あまりフォーカスが絞られていないね。その中でも、どういうことを特にやりたいと思っているのか」ということを聞きます。企業法務と言うときには、それは、個人の相談と区別して言うという意味かもしれませんが、企業が直面するすべての法律問題を含んでいるということです。

それからこの何十年か見てきて、私が思うことは、昔は、大会社が裁判を起こしたり、あるいは大会社同士が裁判を起こして争うということは、非常に少なかったのです。「金持ち喧嘩せず、大人（たいじん）喧嘩せず」と冗談で言われました。昔、私は、先輩から「きみは弁護士をやっているようだけれども、うちの会社とよその会社で何か問題が起こったら、大体電話を何本かすれば、相手の大会社の中には、知っているやつか、なんかコネクションのあるやつが必ず出てきて、取引関係か人的関係か、なんらかの関係で話をつける糸口が出てきて、そういう関係で話はつくものだよ。弁護士なんか入れるとかえって話が難しくなっていけないから」というようなことを言われて、ああ、そういうものかなと思っていたのですが、そういうのは、完全に変わりました。

日本人は、今でもアメリカ人のように、すぐ裁判を起こすということはせず、裁判を起こすということ自体は、最後の手段と考えて、ためらいます。しかし、重要な問題が起こったときには、法的手続きを取るということが、増えてきていると思います。また、そういうふうにしないと、株主代表訴訟をおこされる。いいかげんな解決をすると、取締役が、会社法でいう善管注意義務を果たしていないとして法的責任を追及されるのです。これは、会社が被害を受けた場合であれ、加害者になった場合であれ、同じです。いずれにしてもきちんと手続きを踏んで、きちんとした解決をしているのかということを株主は厳しく見ている。コーポレートガバナンスとか、コンプライアンスが言われるようになっているのは、まさにそのことなのです。

取締役の仕事の仕方、あるいは従業員の法令遵守をきちんとするために、取締役会に社外取締役を入れなさい。あるいは社外監査役を入れなさいという声が、だんだん強くなってきています。そういう場合に、社外の候補者として一番言われるのは、やっぱり弁護士です。公認会計士の方、それからコンサルタントであるとか、企業経営のOBであるとか、社外取締役、監査役を依嘱される人はいろいろいますが、どこの会社も社外取締役を複数入れるというときには、必ず一人は、弁護士を入れるというようになってきていると思います。これは私が弁護士になったころには考えられもしなかったことです。

私も幾つかの会社、銀行とか保険会社も含めて、社外役員をしていますけれども、外部の人の目を入れて経営をウオッチしてもらうということは、これからますます増えていくことと思います。会社が不祥事を起こしたり、あるいは大事件が起こったりしたときに、会社は、これまでですと、社内で調査委員会をつくって、調査したわけですけれども、社内の人による調査ではどうしてもなあなあになってしまう。そういうところに、社外の人の目を入れて、調査して、それを公表して、やっと信用してもらえる。いろいろ食品なんかで、不祥事を起こした会社がありましたね。これからも皆さん、ご覧になっていてください。なにか大きな問題が起こったときに、会社が自分の身を正して、再起を図るというときに必ず調査委員会を立ち上げて、その委員長とか委員に外部の人、特に弁護士を入れるということになってきていると思います。これも一つの進展ではないでしょうか。

それからさらに言えば、日本人はまだ少ないのですが、国際機関で若い弁護士が働くということも少しずつ増えています。これは、外務大臣が国連に行ったらいつも痛感することのようですけれども、国連を始めとする主要な国際機関に、日本人が非常に少ない。これは、上の方の人は特に少ないわけですけれども、下のほうも多くないと。そういうところで、若者たちが働く場というのは、けっこうあるのです。私の事務所でも、五～六年目の弁護士が、国連で半年間、インターンをやりました。正規の職員ではありませんけれども、各国の若い法律家たちが、いい経験だからということで、無給で、来ていまして、国連の委員会なんかがやっている仕事の下請けの調査をやったり、連絡をやったりして、国連がどういうふうに機能しているのかということを見る、そういう制度があるのです。国連本体以外にもＷＨＯ、ユネスコ等国連関係の機関はほかにも沢山ありますけれども、そういうところで、若い法律家が働く道という途がひらけているのに、日本人が少ないということが嘆かれているのです。

この間、鳩山さんが国連に行ったとき、国連で働いている日本人の職員の方々のパーティーに出席していました。国連で働いている人が二〇～三〇人いたようですけれども、国連の第二位の出資国なわけですから、本当は何百人という数がいなければいけないのかなと思うことです。そういうところで働くということも、これからの道の一つとしてあるということは、記憶にとどめておいていただきたいと思います。

弁護士に求められるもの

そろそろしめくくりのお話にしたいと思います。進む道はいろいろひらけているわけですけれども、それでは、法律家、特に弁護士になる場合に、求められる資質とはどういうものかということです。これは、人によっていろいろな考え方があると思いますし、どういう仕事をやるかということによっても変わると思うのですが、私は、弁護士になる場合に一番重要なのは、人に対する思いやり・優しさと正義感だと思います。ここで、正義とは何であるか、なんていうあまり難しい話はする必要がなくて、やはり弱い者が困っていたり、悪い者がのさばっていたり、あるいは正しいことをした人が虐げられているときに、「これは、おかしいな」「こんなことがあっていいのか」と思い、それを正すように働く。そのときの心の動きだと思うのです。私は、人に対する優しさと正義感が、やはり一番必要なのではないかと思います。

優しさと正義感を持ち続けて、自分たちが生きているこの社会、日本だけに限らず世界と言っていいと思うのですが、これを一歩一歩少しでもよくしていこうという気持ちがないと、弁護士になってもむなしいと思います。

お金をもうけるために弁護士になろうと思っている人はいないと思うのですが、金をもうけるためにというならば、法律家にはならないほうがいい。そのためなら、もっともっとほかに道があると思うのです。経営者になるとか、自分でビジネスを起こすとか、いろいろあると思います。お金をもうけることは悪いというふうには思いませんけれども、弁護士になって金をもうけようというふうに思えば、これは間違いであります。社会をやはり少しずつでもよくするために努力する、優しさと正義感の上に立って、自分たちの生きている社会、このしくみを少しでもよくしていこうというこの熱意が、やはり一番大事なのではないかと思うのです。

弁護士は、どういう仕事を引き受けるか、引き受けないか自由です。私も、この四〇年くらいの間に、すごく大きな、すごくお金をたくさん持っていそうな組織から「顧問弁護士になってくれ」と言われたことがありましたが、断りました。二度あります。一つは、ある大宗教法人で、これは、私はそういう宗教を信じているわけでもありませんし、その在り方がいいとも思わなかったので、断わった。もう一つは、すごくもうかっていそうでしたけれども、端的に言えば、大消費者金融だったわけです（笑い）。私は、そういうものはやらないということで、断った。弁護士というのは、そういう断る自由があるのですが、断る自由というのは、やや極端に言うと、飢えの自由でもあるのです。そこは、自由業の厳しいところでありまして、どういう仕事をするかというのは、自分で選べる。その代わり、歯を食いしばらなければならないこともあるのです。

最後に、我々は法律のプロ、専門家になるわけでありまして、さっきも申し上げたように、何十年前かに比べると、最近の実務というのは、非常に専門化しています。依頼者からプロとして信頼されるためには、勉強して知識をちゃんと身に付けていなければいけない。特に最近の会社は、法務部ができてきて、日本の会社、それに官庁を含めると、そこに弁護士資格を持って働いている人が、直近の情報なのですが、三五〇人から四〇〇人ぐらいいると言われています。そして毎年、相当数増えてきています。私が知っている会社でも、「修習を終えて弁護士資格を得た人を試しに一人採用してみた、これまでは、法学部の人を採用していたけれど、法科大学院を出て、一年間のトレーニングを受けている人たちは、法学部の学生とやっぱり違う。法的思考というものが、できているし、やっぱりトレーニングのかいがある」と言って、どんどん増やしていっている。それで今は、六人くらいになっているそうです。NHKなんかでも、つい七～八年前に、初めて一人弁護士資格を持った人を入れたのですが、今はもう六人ぐらいだと思います。もともと外資系の会社には、アメリカは弁護士が多いということもあって、インハウス・ローヤーという形でたくさん弁護士が働いているのですが、日本の会社もそういう意味では、法的トレーニングを受けた人の価値が、だんだん理解されてきて、増えていくことになると思います。そして、弁護士が社内弁護士としているような会社から信頼されるためには、外の弁護士はますますプロでなければ通用しないわけです。

そのためには、よく勉強して、法律の一般的な素養を身に付けると同時に、一つか二つ、特に自分が興味をもつことを中心にして、専門的な分野をつくっていただきたい。広い基礎があった上で、知財でもいいし、独禁法でもいいし、税法でもいいし、何か一つ、強い分野というのをつくっていただきたい。そして、できれば、日本語のほかに、もう一つ外国語をしゃべれるように、読めるようにして下さい。今は残念ながら、事実上の国際通用語としては、英語の右に出る言葉はないわけですけれども、そういう点からは、英語がしゃべれたり、読めたりできることが望ましい。書ければ、さらにいいわけですが、そういう力を付けていただきたい。

そして、外国法のことが、もし勉強できれば、更に良い。私はいつも言うのですが、難しい問題に直面したときに、解説書を見たり、これまでの判例を見るだけでは解決できないことってあるのです。新しい判例をつくっていったり、新しい法理論をつくっていったりするときには、自分の頭で考えなければいけない。そのときに、外国法の知識、あるいは外国法の理解というのは、一つのヒントになることがあるのです。個性的な発想をするということ、独創的な発想をする、そういうのは、外国法の知識、あるいは広い読書をして、広い素養・教養を持っていること、そういうことの上に出てくると思うのです。皆さんは今は、法科大学院の勉強、あるいは法学部の勉強第一ということだと思うのですが、時間のあるときには、できれば広く本を読んで、広い視野とバランスの取れた見方を身に付けていただきたいと思います。

法律家は、一歩一歩社会をよくするために、地道な努力をする仕事であって、革命家の仕事ではありません。一歩一歩の改善や進歩というものを実現していくためには、今申し上げたような、広い一般的な素養の上に、自分の専門をつくっていく。そして明快で論理的なきちんとした文章が書けるようになっていくこと。司法試験の合格のためにも、大事なことだと思うのですが、そういうことを心がけていただきたいなと思います。

皆さんにがんばっていただき、たくさんの方が、司法試験に受かり、そして、私達の後に続く実務法律家になって、日本の司法制度のキャパシティーというのを、少しでも大きくしていくことに貢献していただきたいと思います。ちょっと長くなりましたが、以上で、私の話を終わりにさせていただきます。ありがとうございました。

資料

外務省秘密電信文漏洩事件最高裁判決

最一決昭和五三年五月三一日刑集三二巻三号四五七頁

判　決

◆主　文

本件上告を棄却する。

◆理　由

(上告趣意に対する判断)

弁護人伊達秋雄、同高木一、同大野正男、同山川洋一郎、同西垣道夫の上告趣意第一点は、憲法二一条違反をいうが、実質は単なる法令違反、事実誤認の主張であり、同第二点は、単なる法令違反の主張であり、同第三点は、憲法二一条違反をいう点もあるが、実質はすべて単なる法令違反、事実誤認の主張であって、いずれも刑訴法四〇五条の上告理由にあたらない。

(職権による判断)

一　国家公務員法一〇九条一二号、一〇〇条一項にいう秘密とは、非公知の事実であって、実質的にもそれを秘密として保護するに値すると認められるものをいい（最高裁昭和四八年（あ）第二七一六号同五二年一二月一九日第二小法廷決定）、その判定は司法判断に服するものである。

原判決が認定したところによれば、本件第一〇三四号電信文案には、昭和四六年五月二八日に愛知外務大臣とマイヤー駐日米国大使との間でなされた、いわゆる沖縄返還協定に関する会談の概要が記載され、その内容は非公知の事実であるというのである。そして、条約や協定の締結を目的とする外交交渉の過程で行われる会談の具体的内容については、当事国が公開しないという国際的外交慣行が存在するのであり、これが漏示されると相手国ばかりでなく第三国の不信を招き、当該外交交渉のみならず、将来における外交交渉の効果的遂行が阻害される危険性があるものというべきであるから、本件第一〇三四号電信文案の内容は、実質的にも秘密として保護するに値するものと認められる。右電信文案中に含まれている原判示対米請求権問題の財源については、日米双方の交渉担当者において、円滑な交渉妥結をはかるため、それぞれの対内関係の考慮上秘匿することを必要としたもののようであるが、わが国においては早晩国会における政府の政治責任として討議批判されるべきであったもので、政府が右のいわゆる密約によって憲法秩序に抵触するとまでいえるような行動をしたものではないのであって、違法秘密といわれるべきものではなく、この点も外交交渉の一部をなすものとして実質的に秘密として保護するに値するものである。したがって右電信文案に違法秘密に属する事項が含まれていると主張する所論はその前提を欠き、右電信文案が国家公務員法一〇九条一二号、一〇〇条一項にいう秘密にあたるとした原判断は相当である。

二　国家公務員法一一一条にいう同法一〇九条一二号、一〇〇条一項所定の行為の「そそのかし」とは、右一〇九条一二号、一〇〇条一項所定の秘密漏示行為を実行させる目的をもって、公務員に対し、その行為を実行する決意を新に生じさせるに足りる慫慂行為をすることを意味するものと解するのが相当であるところ（最高裁昭和二七年（あ）第五七七九号同二九年四月二七日第三小法廷判決・刑集八巻四号五五五頁、同四一年(あ)第一一二九号同四四年四月二日大法廷判決・刑集二三巻五号六八五頁、同四三年(あ)第二七八〇号同四八年四月二五日大法廷判決・刑集二七巻四号五四七頁参照)、原判決が認定したところによると、被告人は毎日新聞社東京本社編集局政治部に勤務し、外務省担当記者であった者であるが、当時外務事務官として原判示職務を担当していた甲野花子と原判示「ホテル山王」で肉体関係をもった直後、「取材に困っている、助けると思って安川審議官のところに来る書類を見せてくれ。君や外務省には絶対に迷惑をかけない。特に沖縄関係の秘密文書を頼む。」という趣旨の依頼をして懇願し、一応同女の受諾を得たうえ、さらに、原判示秋元政策研究所事務所において、同女に対し「五月二八日愛知外務大臣とマイヤー大使とが請求権問題で会談するので、その関係書類を持ち出してもらいたい。」旨申し向けたというのであるから、被告人の右行為は、国家公務員法一一一条、一〇九条一二号、一〇〇条一項の「そそのかし」にあたるものというべきである。

ところで、報道機関の国政に関する報道は、民主主義社会において、国民が国政に関与するにつき、重要な判断の資料を提供し、いわゆる国民の知る権利に奉仕するものであるから、報道の自由は、憲法二一条が保障する表現の自由のうちでも特に重要なものであり、また、このような報道が正しい内容をもつためには、報道のための取材の自由もまた、憲法二一条の精神に照らし、十分尊重に値するものといわなければならない(最高裁昭和四四年(し)第六八号同年一一月二六日大法廷決定・刑集二三巻一一号一四九〇頁)。そして、報道機関の国政に関する取材行為は、国家秘密の探知という点で公務員の守秘義務と対立拮抗するものであり、時としては誘導・唆誘的性質を伴うものであるから、報道機関が取材の目的で公務員に対し秘密を漏示するようにそそのかしたからといって、そのことだけで、直ちに当該行為の違法性が推定されるものと解するのは相当ではなく、報道機関が公務員に対し根気強く執拗に説得ないし要請を続けることは、それが真に報道の目的からでたものであり、その手段・方法が法秩序全体の精神に照らし相当なものとして社会観念上是認されるものである限りは、実質的に違法性を欠き正当な業務行為というべきである。しかしながら、報道機関といえども、取材に関し他人の権利・自由を不当に侵害することのできる特権を有するものでないことはいうまでもなく、取材の手段・方法が贈賄、脅迫、強要等の一般の刑罰法令に触れる行為を伴う場合は勿論、その手段・方法が一般の刑罰法令に触れないものであっても、取材対象者の個人としての人格の尊厳を著しく蹂躙する等法秩序全体の精神に照らし社会観念上是認することのできない態様のものである場合にも、正当な取材活動の範囲を逸脱し違法性を帯びるものといわなければならない。これを本件についてみると原判決及び記録によれば、被告人は、昭和四六年五月一八日頃、従前それほど親交のあったわけでもなく、また愛情を寄せていたものでない前記甲野をはじめて誘って一夕の酒食を共にしたうえ、かなり強引に同女と肉体関係をもち、さらに、同月二二日原判示「ホテル山王」に誘って再び肉体関係をもった直後に、前記のように秘密文書の持出しを依頼して懇願し、同女の一応の受諾を得、さらに、電話でその決断を促し、その後も同女との関係を継続して、同女が被告人との右関係のため、その依頼を拒み難い心理状態になったのに乗じ、以後十数回にわたり秘密文書の持出しをさせていたもので、本件そそのかし行為もその一環としてなされたものであるところ、同年六月一七日いわゆる沖縄返還協定が締結され、もはや取材の必要がなくなり、同月二八日被告人が渡米して八月上旬帰国した後は、同女に対する態度を急変して他人行儀となり、同女との関係も立消えとなり、加えて、被告人は、本件第一〇三四号電信文案については、その情報源が外務省内部の特定の者にあることが容易に判明するようなその写を国会議員に交付していることなどが認められる。そのような被告人の一連の行為を通じてみるに、被告人は、当初から秘密文書を入手するための手段として利用する意図で右甲野と肉体関係を持ち、同女が右関係のため被告人の依頼を拒み難い心理状態に陥ったことに乗じて秘密文書を持ち出させたが、同女を利用する必要がなくなるや、同女との右関係を消滅させてその後は同女を顧みなくなったものであって、取材対象者である甲野の個人としての人格の尊厳を著しく蹂躙したものといわざるをえず、このような被告人の取材行為は、その手段・方法において法秩序全体の精神に照らし社会観念上、到底是認することのできない不相当なものであるから、正当な取材活動の範囲を逸脱しているものというべきである。

以上の次第であるから、被告人の行為は、国家公務員法一一一条（一〇九条一二号、一〇〇条一項）の罪を構成するものというべきであり、原判決はその結論において正当である。

よって、刑訴法四一四条、三八六条一項三号により、裁判官全員一致の意見で、主文のとおり決定する。

（裁判長裁判官　岸盛一　裁判官　岸上康夫　裁判官　団藤重光　裁判官　藤崎万里　裁判官　本山亨）

上告趣意書

◆序　論

原判決に対する具体的な上告理由を論述するに先立ち、本件の第一審以来の基本的な争点とこれに対する弁護人らの考え方の骨子をのべておきたい。これは上告理由の各論点の前提をなすものである。

本件の特色の第一は、本件で「秘密」とされた起訴状記載の各電信文は、沖縄返還交渉の際、対米請求権四〇〇万ドルについて日本政府が肩代りするという「カラクリ」を示す不正不当な秘密であるということである。その第二は、報道記者が右電信文を取材したことが国公法一一一条の公務秘密漏示のそそのかし罪にあたるとして起訴された最初の事件であるということである。

この二つの特色をめぐって、一審以来多岐にわたる法律論が展開され、弁護人と検察官の主張は烈しく対立したのであるが、その基本的な問題点は以下の二点である。

(一) 政府の「秘密」とは何か。不正、不当な秘密を保護してよいか

(1) 「秘密」の実情と「秘密」を定義する視点

本件では、国公法一一一条の「職務上知り得た秘密」とは何かが当然に基本的に問題になる。その際最も注意すべきは、政府サイド、行政サイドから「秘密」を定義しようとすることは根本的に誤りである、ということである。政府サイド、行政サイドからみれば、誰からも批判をうけることなく、従って公の論議の対象にもならず、公務員が適当と判断したことを〝自由に〟実行しうること位、便宜なものはない。いわゆる雑音の入らない密室において、自己の権限を縦横に行使できるのは、公務員が本来的に愛好するところである。かくして、官僚は多数の秘密を欲する。現にわが国防衛庁が秘密に指定したものだけでも庁秘七二万点、防衛秘密九万点に及ぶ。国会で明らかにされたところによれば、本件当時の昭和四六年度だけで、極秘四万点、秘八万三千点余、合計一二万五千点があらたに秘密指定されている（なお、その中には防衛庁秘は含まれていない）。

わが国全官庁の行っている秘密指定は、その総数百万点を遥かにこえると推定される。まさに行政は秘密の中に埋まっているといって差支えない状況にある。

既にマックス・ウェーバーの説くところによれば、

「官僚的行政は、その傾向からいえば、常に公開性を排斥する行政」であり、「『職務上の機密』という概念は、官僚制独自の発明品なのであり、この態度ほどの熱心さをもって官僚制が擁護するものは何一つとして存在しないのである。……官僚制が議会と対立する場合、それは誤ることのない勢力本能から、自己の手段《たとえば、いわゆる「審査権」》により利害関係者から専門知識を獲得しようとする議会のあらゆる企てに対し斗争する。充分に情報を与えられておらず、それ故に無力な議会は、いうまで

もなく官僚制に一そう好都合である」(マックス・ウェーバー、浜島朗訳「権力と支配」三一六頁)。

この言葉はまさしく、わが国行政の実態と官僚制の傾向にあてはまる。

従来、秘密の定義は、政府サイド、行政サイドからのみなされてきた。そのために秘密の定義は著しく無内容漠然たるものとなり、官僚行政がもつ秘密主義に絶好の口実を与えた。そこには、国民の側からの観点は全く欠落してきたのである。

いわゆる「秘密」の問題を考えるに当っては、先ず何よりも国民側の利益、権利から解明していかなければならない。ここに最も核心をなすのが「国民の知る権利」との関係である。

シュ-ピーゲル事件に関する一九六六年八月五日のドイツ連邦憲法裁判所の判決は、「軍事機密保持の必要とか国家利益にとって有害とかいう問題は、軍事的利益からだけ判断してはならない。むしろ、民主主義的原理に由来する公衆のもつ『知る権利と討論の権利』とが対置されなければならない。国防体制の本質的な弱点を暴露することは、さし当っては軍事的不利益があったとしても、長期的には秘密を保持することよりも重要であることもある」とのべている。

国民の「知る権利」との関連を考察することなき「秘密」論は「行政の便宜」のために国民の基本的権利を犠牲にするものである。

(2) 公共的関心事項についての秘密と「秘密」による世論操作の実情

われわれは、「公務上の秘密」を全く否定するものではない。たとえば国民のプライバシーに属するような事項や、国立大学の入学試験問題とか、競争入札における入札価格などのように制度そのものが公開の討論に適しない事項について秘密とされるのは正当であるし、保護価値があろう。

しかしながら、およそ政治・外交などの公共的関心事項は全く性質を異にする。少くも自由社会にあっては、これらは国民がそれを知り、討論して決すべき事柄である。これらの公共的関心事項について、政府に大巾な秘密指定権を認めることは、同時に政府による一方的な世論操作を認めることであり、国民及び議会の判断を誤らせる最大の原因となる。公共の関心事項についての秘密は、常にこのような重大な危険を伴なうのである。ところが従来は、秘密を指定する側にだけ立って、いわば支配する側から、支配する必要と便宜を検討し、「秘密」を判断してきた。秘密のメリットのみが判断の対象となり、秘密に内在する重大な社会的ディメリットが看過されてきた。それなる故に、政府の違法又は不当な秘密に対してまで、著しく寛容な見解がとられてきた。後に詳述するように、原判決もまたその例に洩れなかったのである。

公共の関心事項について国民の有する「知る権利」を軽視し、秘密を保護することが、どんなに国民に重大な災禍をもたらしたかは不幸にしてわが国の最近の歴史が示している。

昭和六年九月一九日東京日日新聞は、朝刊の第一面で次の如く報道した。

「一八日午後一〇時半、北大営の西北において暴戻な支那兵が満鉄線を爆破し、わが守備兵を襲撃したので、わが守備隊は時を移さずこれに応戦し、大砲をもって北大営の支那兵を襲撃し北大営の一部を占領した」

いうまでもなく、満州事変の第一報である。これは関東軍が発表した記事であるが、真実は全く違っていた。満州事変の発端となった柳条溝の爆破は関東軍の指令により奉天独立守備隊河本中尉とその部下が行なったものである。しかしこのことは極秘にされ、わが国民が知ったのは、敗戦後の東京裁判によってである。当時東京大学教授横田喜三郎はこの爆破に疑問をもち、東京帝国大学新聞にその旨の見解を掲載したが、非国民呼ばわりをされるにとどまった。圧倒的多数の国民は、関東軍の公表した虚偽の情報を信じ、秘匿された事実を知らなかったために、中国との戦争を支持したのである。

公共の関心事項中、政府に不利な事柄が故意に秘匿され、政府による世論操作が行なわれることは決して過去の事象ではなく、また全体主義国家にのみ存在していることではない。米国のもっとも著名なジャーナリストであるジェームス・レストン（ニューヨーク・タイムス副社長）は次のように書いている。

「いくら世の中が今のようになったとは言え、犠牲を払うのは結局国民なのだから、政府は相談せずに危険を冒すべきではない。そればかりでなく、官僚は、とっくの昔に敵方が周知している重大事件を、国民に黙って平気でいることがある。たとえば、一九六六年、ジョンソン大統領の率いる政府は国民に対して、北爆を再開したのは、爆撃休止期間中に、北側が南にある兵力を増強したからだと説明したが、米軍自身、休止期間に北が南に注ぎ込んだ以上の増兵を行なった事実は伏せられた。」（レストン「新聞と政治の対決」四〇頁）。

本件の電信文が、それに明白に記述されているように、日本政府の「アピアランス」を保つものであり、しかも国会での説明並びに条約の明文と異り、対米請求権四〇〇万ドルを実はわが国政府が肩代りするための交渉経過を記述するものである以上、これを刑罰をもって保護することは、かかる政府の不法を司法が肯認することとなる。行政府の不法を認め、かえってこの不法を暴いた記者を処罰することは、最も深いところにおいて法に対する信頼を傷つけるものである。

(3)　刑罰法規における「秘密」定義の無規準、あいまいさと厳格解釈の必要性

秘密の保護が無限定に拡大する危険は、国公法一一一条、一〇九条一二号、一〇〇条の構成要件としての「秘密」が明白性を欠き、無規準であることによって一層増大する。

周知のように、右の「秘密」の解釈としては指定秘説と実質秘説があり、後者が通説判例となっているが、これ

とて現実に定義しようとすれば、殆んど無内容に近く、まして原審で検察官が主張したように、秘密指定に実質秘として推定力を認めるというのであれば、両説は実質的には同一となりその区別を認める実益が失われることになる。

そしてこのように、秘密について無内容或いは漠然たる定義をする限り、政府が秘匿したいと思う事項は、すべて国公法の右各法規にいう「秘密」に該当し、刑罰上保護されることとなる。

しかし、自由主義国家の法制度をみても、このように広汎かつ漠然と秘密を保護している国は殆んどない。合衆国において公務上の秘密漏洩が処罰されるのは「国防に関する情報」に関してのみであり、このような情報を入手するために一定の軍事施設に立入ったり、入手或いは伝達した場合には、それが「合衆国に損害をもたらすため、あるいは外国の利益となるように用いられるべきことを意図し、又はそう信じて」なされた場合に限り、主体の誰たるを問わず処罰されることとなっている。

西ドイツにおいては、刑法九三条が国家機密の漏洩を処罰していたが、一九六八年六月の改正において「外国から秘密にしておかなければならない秘密」と限定され、また同法二項は「自由で民主的な基本秩序のような憲法の本質的基本価値に反する事実」は違法秘密として処罰の対象にならないと定めている。

また刑法三五三条b及びcは官吏による職務上の秘密の漏洩やその伝達、公表を処罰しているが、その秘密は漏洩によって「重大な公的利益をおびやかしたもの」に限定され、更に処罰は「重大な公的利益の侵害」を要件とし、すべて具体的危険犯であるとされている。なおドイツ共和国憲法裁判所は一九五八年一月一五日の判決で次のように判示している。

「表現の自由と雖も一般的制定法によって制限されうる。しかし一般的制定法は常に表現の自由の観点から更に見直さなければならない。この原則は、そのまま新聞の自由にもあてはまる。この原則はここにおいて特別の重要な役割を果たすことになる。新聞における発表は原則として公の意見形成に資するために為される。従ってたとえその発表は他の法域に抵触する場合であっても許されるべきものであるとの推定を自らのうちに内包している」

フランスにおいては、一般的行政秘密は刑罰法規上、保護されていない。それはただ公務員に対する行政上の懲戒処分に委ねられているに過ぎない。刑罰をもって保護されているのは、国防上の秘密と私人の秘密のみである。行政上の秘密を広く刑事制裁によって保護しているのは、僅かに英国の「官吏秘密法」のみであるが、これとて報道の自由が問題になつたサンデー・テレグラフのビアフラ報告事件では、新聞記者が公務秘密を取材した場合には適用されないとして無罪の評決がされている（なお各国の秘密保護法制と判例については第一審における弁護人冒頭陳述書三七頁以下、同弁論要旨六九頁以下に詳述した通りであり、特に英米法については一審証人伊藤正己教授、独法については同石村善治教授、仏法については同古川経夫教授がそれぞれ証言している）。

このように、自由主義国家の刑罰法制が「秘密」を限定的に定義し、又は法規を限定的に適用しているのは、そうでない限り秘密保護法規が国民の基本的人権就中その「知る権利」を侵害するおそれがあるからである。この意味において、国公法一一一条が公務員の職業的規律の維持という範囲を超えて公務員にあらざる一般市民に刑罰を加えるように適用される以上は、そこにいう「公務上の秘密」は少くも次の要件をそなえている必要があると考える（第一審弁論要旨五三頁以下）。

（イ）秘密が漏洩されることによって社会が蒙る危険が重大であり、具体的かつ直接的であること。

（ロ）秘密の保護価値性の判断は、行政の便宜という観点のみから検討すべきでなく、国民の「知る権利」の例外をなすものであるか否かを検討すべきであること。

（ハ）不正不当な秘密は、その漏洩が、重大かつ明白な直接的危険をもたらす場合であっても刑罰による保護の対象とはならないこと。

これに対し検察官は、「政府がその機能を果たすために、秘密の保持という手段が必要であり、政府はこの手段によって、国民に対する義務を一層良く果たすことができるということは一般に承認されているところである」（原審検察官弁論要旨二丁裏）として、行政の便宜のために広義かつ包括的に刑罰法規上の「秘密」の観念を認めようとしている。このような考え方こそ、前述のように自由社会の理念と現実の経過に徴し、われわれが最も強く批判するところであり、本件訴訟における一貫した中心的争点であったのである。

㈡　**新聞記者が政府の秘密を公務員から取材する行為を犯罪として処罰してよいか**

⑴　公務秘密の取材と新聞の使命

本件電信文の写しの取得は、新聞記者の取材活動としてなされた。それは外国の利益をはかるためのスパイ行為でもなければ、特定の団体又は個人の利益のために行なわれたものでもない。そして取材行為は、常に多かれ少かれニュース・ソースに対するニュース提供の働きかけ、法的にいえば「そそのかし」を伴う。もし国公法一一一条、一〇九条一二号をそのまま新聞記者の公務秘密取材行為に適用するなら、新聞記者は常に処罰される危険をおかすか、或いは、公務秘密の取材をやめるか、何れかの選択を迫られることとなる。それこそ正しく連邦最高裁判所が、「表現の自由」の問題となる事案について重要な判断基準としている「威迫的効果（Chilling Effect）」である。

一体、国公法一一一条を新聞記者の取材に適用しこれを禁止したらどういうことになるであろうか。公務の秘密の取材は、公務員に対して漏示を働きかける以外には通常ありえないから、これを刑事罰による威迫の下に禁止されたならば、新聞は公務の秘密を——たとえそれがどのように公共的関心事であろうとも——独自に取材し報道しえない。すべてそれは政府による公式の発表か、或いはせいぜい政府高官が意識的に行なうリークに頼る他はない。それでは新聞は、自律性を失ない政府の報道機関と同じになるであろう。全体主義国家の新聞ならいざしらず、それは自由社会における新聞の本質的使命を喪失したことになる。

自由主義的民主制社会は、全体主義社会と異なって政府の無謬性を信じない。そこでは政府は、個人又は民衆と同様或いはそれ以上に誤りをおかす可能性があることを前提としている。しかも権力をもつ者が一たん誤った場合の影響は遥かに大きいという歴史的経験を前提にしている。政府は国民から多くの批判を受けることによって誤りを少なくすることができるというのが民主主義の基本的な考え方である。そして言論、出版の自由は他の基本的権利に優越する憲法上の地位をもつといわれるのも、それが単に個人の自由であるのみでなく、治者を批判することによって被治者が自ら支配機構に参加するという「自治政体（Self-government）」の理念の根幹をなしているからである（Meiklejohn; Political Freedom）。

そして国民が政府を批判し、論議するためには、できる限り正確なニュースを知ることが必要である。しかし国民一人一人は、そのような機関をもっているわけではなく、時間も労力もない。新聞は、まさしく国民のために、情報を伝達し、国民に公共の関心事についての論議の場を提供するための社会的機関である。それは政府のためでなく、また特定の人や団体の利益のために行なわれるものでなく、大多数の人々の知る権利と論議の自由のために機能すべきものである。再びレストンの言葉を引用するならば、

「世界の運命を左右する実力をもつ政府特に大統領のためになるのは、イエスマンの新聞ではなく、その反対、すなわち、砲列の如くかまびすしく、しかも正確に発射される批判と事実の活発な砲撃なのだ。これは新聞が地方的でなくなるということであり、国家的あるいは愛国的でなくなるということさえ意味する」（レストン

前掲書二頁)。

それにもかかわらず、新聞に現実に掲載される記事は、政府・行政機関より提供されたニュースが圧倒的に多い。これは現在の政府の機構と権限が極めて大きく、ニュースを独占していることから来る不可避的傾向である。それ故に、もし新聞が、独自の取材への努力を怠るならば、好むと好まざるとにかかわらず、全体主義国家における新聞と同様の機能をはたす危険を常にもっているのである。新聞は、政府の提供するニュースのみならず、政府の提供したがらないニュースを取材し報道しない限り、その使命をはたすことはできない。

されればこそ、先のニューヨーク・タイムズ事件の連邦最高裁判決において、ブラック判事は次のようにのべているのである。

「報道は支配する者ではなく、支配される者に奉仕すべきものである。政府の報道に対する検閲の権利は、報道がむしろ政府を批判できる自由を永遠に保持できるよう、廃棄された。報道は、政府の秘密をあばき、人民にこれを知らせることができるように保護された。自由にして制約されない報道のみが、よく政府の欺まんをあばくことができる。そして政府のいかなる機関も人民を欺き、彼らを遠い異境に送り、他国の熱病および他国の銃火によつて死に至らしめることのないようにこれを阻止する義務は、自由な報道の責任中至高のものである。」

このように、政府の秘密に対する新聞の挑戦は、報道の権利であるのみならず、その義務なのである。そしてこの新聞の機能は、単に新聞の特権として理解されるべきものではなく、それこそが民主主義社会の根幹なのである。もし、新聞記者が公務員に対し秘密を知らせてくれるようそのかすことが刑罰によって禁止されるなら、それは新聞は政府の機関紙たれというに等しく、かかる法の解釈適用は、自由社会の根本原則たる「言論出版の自由」そのものを否定するものである。

(2) 報道の自由と取材の自由の不可分性

右にのべてきたように、報道の自由が自由社会と「自治政体」の根幹をなすものであることは今日一般に認められているところである。しかるに検察官は一審以来「取材の自由は報道そのものではなく、報道のための準備行為に過ぎないから……直ちに憲法二一条の保障のもとにあるとはいえない」（一審論告一八頁）とし、石井記者の証言拒絶事件の最高裁大法廷判決（昭和二七年八月六日最刑集六巻八号九七四頁）を引用する。

しかしながら、報道の自由と取材の自由は不可分の関係にある。そもそも国民の「知る権利」といっても、その実現は前述のように容易ではない。社会機構や統治機構が現代のように複雑化し、国民の殆んどが職場の労働や家事に専従するような情況の下では、公共の関心事と個人の知覚能力との間には無限に大きな距離ができ上っている。その間のギャップを埋めるのが報道機関であり、事実、個々の国民の公共的関心事については殆んどそのすべてを報道機関の「報道する事実」に依存しているのである。のみならず、報道機関による事実の報道、特に政府秘密に関する情報の伝達は、独自の調査能力が著しく制限されている国会の現状の下で、国政の審議の上で極めて有益な役割を果たしているのであって、このことは、原審証人河野洋平議員、同上田哲議員がその政治的立場の違いにもかかわらず共通して証言しているところである。

まさに「事実の報道」こそは新聞の生命である。そしてこの「事実の報道」は「取材」、それも新聞の「独自の取材」なくしては不可能である。どんなに報道の自由を尊重するといっても、報道の内容をつくり出す取材の自由が存しなければ、それは画餅に等しい。

博多駅取材フイルム提出事件の最高裁大法廷決定（最高裁大法廷昭和四四年一一月二六日刑集二三巻一一号一四九〇

頁）が、

「報道機関の報道は民主主義社会において、国民が国政に関与するにつき、重要な判断の資料を提供し、国民の『知る権利』に奉仕するものである。したがって、思想の表明の自由とならんで、事実の報道の自由は表現の自由を規定した憲法二一条の保障のもとにあることはいうまでもない。また、このような報道機関の報道が正しい内容をもつためには、報道の自由とともに、報道のための取材の自由も、憲法二一条の精神に照らし十分尊重に値するものといわなければならない」

とのべているのもこの趣旨に他ならない（なお石井記者証言拒否事件判決の理由は、右博多駅フイルム提出事件の全員一致の決定により実質的に変更されたとみるべきである）。

(3)　国会法一一一条による公務秘密取材全面禁止の効果

たしかに、取材の自由といっても、被取材者に情報提供の義務を負わせるものではないが、これは表現の自由一般に共通のことであって、取材の自由に固有なものではない。例えば出版する自由は、誰かに出版物を読ませる義務を負わせるものでないことは自明である。取材の自由は、取材に応ずる義務を相手方に負わせるものではないが、そうであるからといって逆に取材を禁じてもよいということにはならない。知る権利特に取材の自由の法律的意義については第一審で伊藤正己教授が証言されたところであるが、「取材の自由」が国家から「自由」である所以は、これを法律によって一般的に禁止されたり、まして刑罰を科せられたりすることがないという点に最も本質的な意義がある。

もとより、われわれは取材であれば何をしてもよいというような主張をしているのではなく、詐欺、脅迫など刑法が本来的に犯罪としているような行為を是認しているわけではない。しかし取材にとって本質的でない行為の規制と、取材に不可欠な行為の規制とでは「取材の自由」の制約として同一に論ずることはできない。検察官は取材の手段・方法が窃盗や脅迫等刑法所定の構成要件に該当すれば処罰されるのと同様、それが国公法一一一条の構成要件に該当すれば、原則として違法性も阻却されず直ちに犯罪として処罰されるべきであると主張してきた（一審論告二一三頁。原審検察官控訴趣意補充書三丁裏。但し検察官は、控訴趣意書では、「取材活動に伴う刑罰法規の構成要件該当行為については、取材の手段、方法が取材活動としての相当性の限界を逸脱しない限度において、刑法三五条による正当業務行為として違法性が阻却される」（同一三〇頁）としており、その見解は矛盾している）。

しかし、窃盗や脅迫などはそもそも取材行為といえるかどうかも疑問であり、少くも取材に不可欠な行為ではない。これに対し国公法一一一条は公務員にその職務上知りえた秘密をもらすよう「そそのかす」行為を処罰するのであるから、これに何らの限定も加えないで適用すれば、報道記者は公務員に対して秘密であるかもしれない事項を探知することができなくなる。そして公務の秘密は、公務員しか知らないのが通常であるから、公務員から取材する以外に方法はない。他に選択しうる代替的方法はない。とすれば国公法一一一条を検察官の主張する如く記者に適用すれば、公務の秘密に関する全面的かつ包括的禁止を意味することとなる。これは取材の方法の制限ではなく取材そのものの禁止と同様である。

かくて公務の秘密に対する取材は、常に刑罰威嚇を覚悟しなければならない。最高裁大法廷の前記決定のいう「憲法上十分の尊重」を必要とする筈の自由の行使がこのような刑事罰による威嚇をうけるということは、そのような法規が違憲であるからか、又はその解釈適用が誤っているからである。原判決もこの点について次のようにのべている。

「報道機関の取材の自由が、消極的自由であるというものの、公務の秘密につき公務員から取材するため、公務員に秘密の漏示をさせようとする取材活動を、取材活動として社会通念上許容される範囲を顧慮することなく、すべて一律に、国公法一〇九条一二号の行為をそそのかしたものとして処罰の対象となるものと同法一一一条を解釈するならば、同条は憲法二一条に反し違憲無効のものとなることを免れない」

右の判示は正当である。

(4)　取材の実情とその正当性の限界に心理的基準を用いることの不当性

更に検察官は、取材の方法を限定し、「刑法所定の犯罪を構成する場合は勿論、……相手方の弱点ないし困惑に乗じ、偽計を用いるなど相手方の意思決定に不当な心理的影響を与えるような方法を用いた場合」はすべて「そそのかし」に当りかつ違法性を阻却しない旨主張してきた（一審論告二三頁、原審控訴趣意補充書二丁裏）。

このような解釈がいかに取材の実情を無視するものであるかは、後の論点で具体的に明らかにするが、ここではそもそも取材をその目的から切り離して外形だけから論ずることの不当性を指摘しておきたい。

稀に積極的に情報を提供されることはあるが、取材の多くは、語りたがらない人々から、情報をうることなのである。ましてわが国の公務員の実情からすれば、ただ質問したり単純に依頼する程度で秘密について語る者は殆んどいない。従って報道する価値のある情報を公務員から入手するために記者は惨怛たる苦心をするのである。色々な個人的関係をも利用して、熱心に時として執拗にあの手この手で問い正し、情報源からニュースの提供をうけるのが実情なのである。そのためには心理的かけ引きも必要なことがある。それは時として捜査に当る警察官や検察官と同様であり、時としては探偵の使う手口とすら似ていることがある。取材というのは、それだけを切離してみれば、決して美しいことではない。話したがらない被疑者をあの手この手で自白させる捜査官の尋問も、それ自体としてみれば、非人間的と評価することが可能であるのと同様である。何れにしてもそれ自体は倫理的でなく何がしかの汚さを伴うものである。とても清く、正しく、美しくというような修身の教科書を体現しうる行為ではない。しかし、取材は報道と不可欠であり、熱心かつ執拗な取材なくしては、国民に有益な情報を伝達をすることができない。平板に公務員に尋ねたり依頼したりする程度のいわゆる「玄関取材」では、有効な報道材料を入手できないのが実情である以上、取材方法の外形だけを切り離し「不当な心理的影響」というような評価をしこれに刑罰を科することは、結局は国民にとって価値のある報道を禁止することに通ずるのである。

美しい報道は必ずしも美しくない取材によってのみ支えられているのである。報道の自由を礼賛しつつ、取材に内在するある種の汚なさに眉をしかめるのは、「バラの花は美しいが、バラの根は汚い」という事実に目をおおうものである。花だけを愛して、これを根から切りとれば、花は枯れてしまうのである。

取材についての広汎な自由がなければ、報道の自由は現実に成立しない。あいまいな、無規準な、外形的というより心理的な規準によつて取材を制限・禁止することは報道の自由にとって極めて危険である。本件第一審判決が次のとおり判示していることは極めて正当である。

「取材活動の一環として行なわれた行為に刑罰的制裁を加えることは、報道記者全体の将来の（不可罰的な、しかし当該行為と類似している）取材活動が萎縮するという効果を伴いがちであり、したがって将来の取材活動によって支えられる国民的利益もまた損なわれるに至るであろう」

われわれは、最高裁判所が以上の基本的論点に充分な省察を加えられた上で、以下の各論点を検討されることを願うものである。

一　憲法二一条の解釈適用の誤り

原判決の「そそのかし」の定義は前後矛盾してあいまい不明確であり、本件取材行為を「そそのかし」に該当するとする点において国公法一一一条の解釈適用を誤り、ひいては憲法二一条の解釈・適用を誤った違法があるものである。

(一)　「そそのかし」についての原判決の解釈

原判決は、

(1)　国公法一一一条の「そそのかし」とは、同法一〇九条一二号、一〇〇条一項所定の秘密漏示行為をさせる目的をもって、公務員に対し右行為を実行させる決意を新たに生じさせてその実行に出る高度の蓋然性ある手段方法を伴い、又は自ら加えた影響力によりそのような蓋然性の高度な状況になっているのを利用してなされるしょうよう行為をさすものと限定解釈すべきであるとし、

(2)　報道機関の取材活動として、公務員に対し秘密の漏示をしょうようする行為につき、右の概念を当てはめて見ると、取材の対象となる公務員が秘密漏示行為に出るかどうかについて、自由な意思決定をすることを不可能とする程度の手段方法を伴ってなされる秘密漏示行為のしょうよう行為及び取材者の加えた影響力により、取材の対象となる公務員が、秘密漏示行為に出るかどうかについて、自由な意思決定をすることが不可能な状態となっていることを認識し、その状態を利用してなされる秘密漏示行為のしょうよう行為が、これに該当するとする。

(3)　従って、この定義は検察官がいう「相手方の意思決定に不当な心理的影響を与えるような方法を用いる場合」よりも限定的なものであって、弁護人のいう「取材対象者の自由意思を否定する取材」の類型の秘密漏示のしょうよう行為だけ、換言すれば、その手段・方法・態様において極度に相当性を欠如するもののみが、こ

のそのかし罪の構成要件に当るから、このような行為については、違法性阻却の余地は格段の個別的事情が加わらない限り存在しないとする。

(4)　そして、本件においては、昭和四六年五月二六日ころ西山記者が愛知・マイヤー会談関係文書を頼むという指示を与えた時点、並びに愛知・ロジャーズ会談関係文書を頼むという指示を与えた時点において、同記者が与えた影響力により、甲野事務官が必ず指示に応じ秘密文書を西山記者の手中にとどけるという状況となり、同事務官において、指示を受けるたびに改めて、その指示に従うかどうかについて意思決定をする心のゆとりが全く存在していない状態になっており、西山記者において、同事務官がこのような状態になっていることを知りながら、各秘密文書の漏示を同事務官にしょうようしたものと優に推認でき、これは原判決の示した「そそのかし」の意義についての限定解釈の下でそそのかし罪の「そそのかし」に該当するものと認められる、としているのである。

(二)　原判決のそそのかしの解釈はあいまい、不明確である

しかしながら、原判決が、国公法一一一条のそそのかしについて、憲法二一条及び三一条の観点から加えたという右限定解釈は前後矛盾し、その為明確でなく、かつ広きにすぎ、西山記者の本件取材行為が、これに該当するとする点において、憲法二一条違反の責を免がれない。その理由は以下の通りである。

(1)　取材の自由の憲法上の意味

そもそも取材の自由が憲法二一条の保障下にあることは既に昭和四四年一一月二六日最高裁大法廷決定がこれを明らかにしているところである。それは事実の報道の自由が憲法二一条の保障をうけることの当然の帰結といえよう。いかに報道の自由が憲法の保障を受けるといってみても、報道すべき内容、素材を収集する自由、即ち取材の自由が十分の保護を受けない限り、報道の自由は全く空疎なものとなってしまうからである。この意味で報道の自由は取材の自由の保障があって始めて意味を持つもの、いわば取材の自由あっての報道の自由であることを、議論の出発点として銘記しなければならないのである。

本件における問題点は、右の点を当然の前提にしつつ、国公法一一一条の関係において、取材の自由の範囲、或いは限界をどこに引くかにある。取材の自由の範囲、限界を考える場合に重要なことは、現下の我国の代議制民主主義体制の下でこの取材の自由を広く認めることが極めて強く要請されるということである。原審における証人河野洋平、同上田哲は、与野党の立場の如何にかかわらず、いかに国会が行政府から外交・内政を問わず、国政にかかわる情報を得ようとする点において無力であるか、逆に行政府がいかに国会に対して秘密主義的態度をとっているか、を詳しく証言した。

これらの証言は議会による行政府のコントロールがいかに有名無実の建前だけのものになっているか、国会の審議を通じて、国民が国政について十分に知らされるということがいかに期待しがたいことであるかを明らかにした。行政府が国政に関する情報を独占して秘密扱いし、これを国会ですら十分チェックできない時、その濫用の危険は極めて大である。このような情況の下で、自由で独立なプレスが、政府の情報の独占を破って、これを国民に知らせる必要は極めて大きいのである。プレスのこのような働らきがあって国民は国政についての情報に十分接することができ主権者として国政の監視とチェックを行い、権力の濫用を批判し矯正する機会を得ることができるからである。かくして国民に国政についての情報をできるだけ多く、正確に伝えることはプレスの義務となり、民主政治が健全に機能する為に重要不可欠な役割を果すことになるのである。近時報道機関は国政の中で第四権たる地位を占めるなどといわれるのは将にこのような報道機関の義務と役割の大きさを象徴的に述べたものなのである。プレスがこのような義務と役割を果たす上で、取材の自由ができる限り広く認められるべきことは明らかである。

取材の自由の法律上の限界を考える際にはこのようなプレスの義務と役割を損わないよう、更にプレスが右のような義務と役割を十分果たしうるようなものである必要が出てくるのである。

(2)　取材の自由の限界を引く時に考慮すべき点

以上の点を前提に、取材の自由の基準を考えるにあたって、これが憲法上の自由にかかわる基準であることよりして更に、いくつかの考慮がなされなければならない。

その第一は、取材行為は、取材対象事項とその性質、相手、時、所等に応じて極めて多様であるから、このような多様な事実行為を律する基準は一義的に明確なものでなければならないということである。この基準があいまいなものであれば、取材にあたる記者はどこまでが許され、どこからが処罰されるのかを常に考え、迷うことになり、この不安が常に記者をして安全サイドに立たしめることとなり、活発な取材が差し控えられることにつながるのである。あいまい不明確な基準はまさに威迫的効果（チリング・イフェクト）を有するのである。

第二は、国公法一一一条にかかわる公務員からの取材は法律上守秘義務を負う者から秘密指定をされた情報を得ようとするものであるから、もともと極めて困難なものであり、必然的に説得や依頼による働らきかけ、心理的影響力の行使を必要とすることである。更に記者は捜査官とちがって強制権を持っている訳でもない。強制権もなき取材記者がなしうるのは、相手の心に強く働らきかける説得、即心理的影響力の行使しかないのである。公務員からの取材に際して、心理的影響を全く与えずに秘密を入手するなどということは、公務員が内部告発者的態度をとって自ら積極的に秘密を記者に漏らすというような我国ではごく例外的な場合にしか起こらないのであり、内部告発者の場合ですら、記者の側からの働らきかけが全くないということは考えられないのである。従って、取材の自由をきびしく考えて公務員に対する働らきかけを制約すると公務員からの情報の入手はほとんど不可能となってしまうのである。

第三は、取材の自由についての基準は現に行なわれている取材を大きく制限するようなものであってはならない、ということである。いずれも豊富な取材経験を有する原審証人氏家斉一郎（読売新聞広告局長）、同松岡英夫（毎日新聞編集局顧問）、同内田健三（共同通信論説委員長）らの証言によれば、新聞記者は公務員からの取材にあたって、検察官が述べるが如く公務員に面接して質問したり、単純に秘密情報の提供を依頼するというようなことではほとんど知りたいことを知りえないので、それをこえて、ありとあらゆる関係を使って、硬軟強弱さまざまな依頼の方法と取材の方法を用いるというのである。そして、このような取材行為があって始めて毎日の新聞紙上における数々の外交、内政上の指定秘密の報道が可能となっているのである。しかし、このような取材方法に対して国家公務員法一一一条のそそのかし罪が発動された例は国公法制定以来本件にいたるまで皆無であり、このことは秘密取材の現実が法の下に肯認されて来た。あるいは少くとも法律上否定的評価をされなかったということを示していると考えられるのであり、取材の自由を画するにあたっては、この点は十分に考慮されねばならないのである。

第四には、第一の明確性の要求とも関連して、守るべき自由を真に有効に保護しようとするならば、この基準は若干の行きすぎや濫用をも保護するようなものでなければならないという極めて現実的な見方をする必要があるということである。この考え方は公務員に対する批判の自由と名誉毀損の関係について合衆国連邦最高裁がニューヨーク・タイムズ社対サリヴァン事件において打ちたてた憲法ルールの底を流れる考え方である。即ち、この事件で、連邦最高裁は、公務員の公務に関してなされた言論は、批判者がその内容が虚偽であることを知っていたか、或いはそれが虚偽であるか否かを全く無視する態度であったということを原告側が立証しない限り、名誉毀損とはならない、として、従来の真実性の立証を被告に負わせる抗弁を一八〇度転換して原告の挙証事項としたものである。これにより公務員の名誉又はプライバシーは言論の自由の前には大巾な譲歩を強いられることとなったのであるが、その判決理由の中で連邦最高裁は、公けの関心事についての自由な討論と批判を確保する必要を強く説き、「……（被告が）挙証責任を負う『真実性』の抗弁を許すことは、虚偽の言論のみが抑制されるということではない。

そのようなルールのもとでは、公務員の行為についての批判を行う人が、仮にその批判が真実であるとしても、それが法廷で真実であると立証されうるかどうかについて疑いを持ち、またそれに要する費用を恐れて、批判をさしひかえることになるかもしれない。彼等は違法とされる領域からはるかに遠いステートメントをのみなすようになりかねない。このルールはかくして批判をする活力を抑え、公の議論の多様性を制限することになる。」と述べている。ここで、最高裁の考えたことは、表現の自由が息づくスペースを持つ為には保護すべき言論を余りに厳格に解すべきでなく、一定の余裕が必要なのであり、真実保護すべきものを保護する為にはその周辺に一定の安全地帯を設ける必要がある。更に比喩的にいえば、守るべき重要な言論を保護する為には言論を過剰な位に保護しなければならないとの考えである。この考え方はその後現在にいたるまで連邦最高裁の数多くの判例にひきつがれ、発展をしているのであるが、既に昭和四九年五月一四日東京地裁決定（日本共産党対サンケイ新聞社事件）にもその影響がみられるのである。このような考え方は報道・取材の自由と政府の秘密の対立が問題となる本件の如き場合にはより強く適用さるべきであろう。ニューヨーク・タイムズ事件及びその後の一連の判決は、片や報道の自由、他方で公務員及びパブリック・フィギュアの名誉・人権の対立が問題となったものであるが、本件は報道・取材の自由と政府の秘密保持が対立したものである。前者の場合は報道の自由も公務員やパブリック・フィギュアの人権もいずれも合衆国憲法の保護下にあることは明らかであり、かつ、いずれも民主主義政治体制の根幹にある基本価値である。しかし本件の場合は、報道・取材の自由は憲法上保護を受けるのに反し、行政府の秘密については、憲法上何らの保障規定もない。むしろ、行政府の秘密は国政についての情報の国民への伝播を阻害し、行政の誤りや権力の濫用を永続・助長させる危険があり、基本的にはダグラス判事がいうように反民主主義的であり、ごく例外的にその存在を認められるにすぎないものである。民主主義社会の原則はあくまで報道・取材の自由であり、行政府の秘密はあくまで従たる例外的地位を占めるにすぎない。従って本件においては言論の自由を優先する前記ニューヨーク・タイムズ事件判決の考え方はより一層強く妥当するものといえるのである。

(3) 原判決の定義のあいまいな理由

原判決も取材の自由につき一応、

「報道の範囲は、取材の範囲より広いことはありえないのであり、法律で、取材の自由を無制限に制約することが許されるとすると、報道の自由に対し、憲法二一条の保障があるといってみても、その自由は、有名無実のものとなり、新聞などの報道を通して国民が、国政についての多くの情報に接し、国民の信託によるものである国政の運営に関し、その是非を判断し、議院内閣制をとる憲法機構の下で、国会議員の選挙などを通して、その判断を国政の運営に反映させる国民の能力が、実質的に損なわれるに至るおそれなしとしないのであるから、国家が、報道機関の取材活動を無制限に制約することが許されないという意味での取材の自由というものもまた、憲法二一条により保護される自由の範疇に属するものである。」

「報道機関の取材の自由が、消極的自由であるというものの、公務の秘密につき公務員から取材するため、公務員に秘密の漏示をさせようとする取材活動を、取材活動として社会通念上許容される範囲を顧慮することなく、すべて一律に、国公法一〇九条一二号の行為をそそのかしたものとして処罰の対象となるものと同法一一一条を解釈するならば、同条は、憲法二一条に反し、違憲無効のものとなることを免れない。」

とし、取材の自由に対する憲法上の保障を認めた上で、国公法一一一条の「そそのかし」を限定する必要があるとしている。

しかし、(1)、(2)、に述べたところに照らしてみると、原判決の「そそのかし」の限定解釈は成功していない。即ち、原判決は前述のとおり、一方で取材の対象となる公務員が、秘密漏示行為に出るかどうかについて、自由な意思決定をすることを不可能とする程度の手段方法を伴ってなされるしょうよう行為及び取材者の加えた影響により、取材の対象となる公務員が、秘密漏示行為に出るかどうかについて、自由な意思決定をすることが不可能な状態になっていることを認識し、その状態を利用してなされるしょうよう行為をさす、とし、これに該当するのは、弁護人のいう「取材対象者の自由意思を否定する取材」のみである、としながら、他方で、「極度に相当性を欠如する行為のみが、右に該当する」とも述べ、具体的には本件で甲野事務官が被告人のしょうようを受けて、その指示に従うかどうかについて、「意思決定をする心のゆとりが全く存在しない状態」になっており、これを知って被告人がしょうようした点が右にいうそのかしに当るともいうのである。

しかしながら、一般的には「意思決定をする心のゆとりがない状態にあることを知ってしょうようすることが」「極度に相当性を欠如する手段・方法・態様」と同じではないし、まして「自由な意思決定をすることが不可能となっている状態での取材」あるいは「取材対象者の自由意思を否定するような取材」と同じでないことは明らかである。

「意思決定をする心のゆとりが存在していない状態」とは極めて、あいまいでかつ広い定義である。その意味する所は「自由な意思決定が不可能となっている状態」よりははるかに広いのである。人は仕事が多忙である場合、急いでいる場合、あるいは悲しさや苦しみに打ちひしがれている場合、いずれの場合にも意思決定をする心のゆとりがない状態にあるともいえるからである。

又、「極度に相当性を欠如する行為」というのも、それ自体価値評価の入ったあいまいな表現であるが、これは、相手の意思の自由には必ずしも関係しないものである。それは相手に対する影響を考えない取材行為自体の評価である。従って、それは「自由な意思決定をすることが不可能となっている状態でのしょうよう」、あるいは「取材対象者の自由意思を否定するような取材」と同じではないのである。

以上のように原判決の定義は、その意味が同一でないばかりか、むしろそごする表現をいくつも用いているが故にそれ自体矛盾し明確・一義的な限定解釈とはなっていないのである。

このことは、次の点からも明らかである。即ち、原審証人氏家斉一郎、同松岡英夫、同内田健三等の証言から明らかなように、新聞記者は常日頃さまざまなつてをたどって、公務員と親しい関係をつちかい、ある時は信頼関係に立ち、ある時は強引に頼みこみ、いずれもノーといい難い状況で依頼して秘密の情報の提供を求めるというのである。自らが信頼する、親しい記者——それは個人的友人でもありうる——に依頼されると人は無下に断われない、あるいはノーといい難い状況におかれ、強い心理的圧迫を受けるのであるが、このような場合の依頼も「自由な意思決定を不可能にする」ということになるのであろうか。あるいは又、相手方公務員が取材記者に何らかの恩義や義理を感ずるような立場にある場合、又記者から人事情報等何らかの見返りを期待するような立場にあって、ノーといい難い場合、このような相手に秘密情報の提供を求めることはどうか。更に積極的に記者の側が公務員に何かをしてやり、ギブ・アンド・テイク的に情報を求めたらどうか。あるいは、有力政治家に対する影響力又はコネを有する記者がその点を十分認識して、有力政治家に頼って出世したいと思っている公務員に情報を求める場合はどうか、更に又、取材記者と相手方公務員が親しいという以上に親友であったり、あるいは恋愛感情を抱いている間柄であったり、親戚であったりした場合はどうか。

これらの場合はいずれも公務員の側は単に顔見知りの記者から依頼を受けた場合よりもはるかに依頼を断わり難く、記者もそのことを十分知った上で、情報提供を求めているのである。当然に相手方公務員は強い困惑と弱みを感じ、依頼を拒否しようとすれば負担と圧力を感じるのである。このような依頼は相手方の心のゆとりがない状態でのしょうようともいえるし、又右のように個人的信頼や友情、愛情をもとに、これを利用してしょうようしたりすることは、相手の意思決定の自由を不可能にはしないまでも倫理的には相当性に疑いがある行為ともいえるのである。原判決は右に述べたような場合における取材を一体、どのように判断するのであろうか。取材にあたる記者としては一体どこまでが正当で、どこからが許されないのか、原判決の定義が首尾一貫せず、そごしているが故に迷わざるを得ないのである。

従って、原判決は、将来の取材活動一般に禁圧的効果を及ぼさないような明確な定義を考えるといいつつも、その定義には尚不明確さが残っているので、将来の取材活動に対する禁圧的効果は否定しきれないのである。

(4)　あるべき基準

それでは取材の自由とそそのかし罪適用の関係でどのような基準を考えれば良いであろうか。

原判決は、成功しなかったとは言え、構成要件たる「そそのかし」の限定という途をとった。弁護人らは原審弁論において、正当業務行為という表現を使った。形式的に構成要件に該当しても、類型的に違法性が阻却される行為の範囲を画するものであるという意味においては、それは構成要件の限定解釈と実質的には変りはない。従って、構成要件の限定といおうと、正当業務行為の範囲を考えるといおうと、その結果は同じであるが、我々は、そのようなものとして、原審以来述べて来た「取材対象者の漏示意思の形成について脅迫や詐欺、贈賄等の刑法上違法な手段を用いないこと及び取材対象者の自由意思を否定しないものである限りはすべて国公法一一一条のそそのかし罪に当らない」とする基準が正当であると考える。

ここに「取材対象者の自由意思を否定しない」とは、「自由意思を制圧しないこと」とほぼ同義であるが、要するに情報を提供するかあるいは拒否するかの選択について、取材相手に心理的影響を与える程度のことはすべて正当であり、ただ刑法上、民法上意思表示に瑕疵を生ぜしめるような方法のみが許されないということである。

これによれば第一にそそのかし罪の成否は秘密の程度と無関係であり、一般の違法阻却事由のような緊急性、補充性、法益の均衡というような具体的事情の存在は必要でない。つまり、手段が刑法上の違法な行為又は厳密には脅迫罪にならないが、これに近い方法のみが許されないこととなり、憲法基準としては明確であり、取材記者が自らの取材方法が許されるのか、そうでないかも容易に判断できる。（それでは、刑法に触れ、又は相手の意思を制圧するような取材であれば、直ちに違法性阻却の余地はなくなるのかといえば、類型的に違法性が阻却されることはない。しかし、更に、通常の個別的違法阻却を考える余地はあるのである。即ち、秘密の違法、不当性や国民が秘密を知ることの利益や必要性が当然総合判断されるのである。ただこの場合には、判断はケース・バイ・ケースの個々的なものとなり、判断の基準性は不明確になる。従って、取材の手段・方法の違法性が外形上明らかであるようなものに限定してごく例外的にのみ、このような個別的正当行為性が論じられなければならないのである）。

第二に、現在日常的に行われている取材の実情を禁喝することもないし、社会的に信頼を受けている新聞社とその記者達の取材上のプラクティスと意識にも合致する（前記検察官の基準がいかに社会的に信頼を受けている新聞社と記者のプラクティスや意識とかけ離れたものであるかは前述したとおりである）。

第三にそれは取材の自由を広く認めることにより、報道・取材の自由をできる限り広く保障するという目的にかない、同時に取材される公務員の自由の保護にもかけるところはないのである。

㈢　**本件取材行為をそそのかしに当るとした判断の誤り**

以上のように原判決の限定解釈はあいまい不明確である為、原判決は以下に述べるように本件西山記者の取材行為を国公法一一一条のそそのかしに該当するとする誤りをおかしたものである。即ち、逆にいえば、本件の如き取材行為が限定された「そそのかし」に当てはまるとするならば、そのような「そそのかし」は限定として全く無意味であるといわざるを得ないのであり、本件への当てはめは、まさに「そそのかし」のあいまい、不明確さを示しているのである。本件の取材依頼は甲野事務官の自由意思を否定して行なわれたものでもないし、極度に相当性を欠如するものともいえないものであるからである。

以下その理由を詳述する。

(1)　原判決の認定

原判決は西山記者が甲野事務官に昭和四六年五月二六日ころ愛知・マイヤー会談関係文書を頼むという指示を与えた時点及び同年六月七日頃愛知・ロジャーズ会談関係文書を頼むという指示を与えた時点において西山記者が与えた影響力により、同事務官が必ず指示に応じ、秘密文書を同記者の手中に届けるという状況となり、同事務官において指示をうけるたびに改めてどうするか意思決定をする心のゆとりが全く存在しない状態になつており、同記者は同事務官がこのような状態になっていることを知りながら、各秘密文書の漏示をしょうようしたものと優に推認でき、これは限定解釈を加えた「そそのかし」罪に該当するとした。

原判決のいう「西山記者が与えた影響力」というのが何であるか判文上何らの説明もないので明らかではないが、一方で甲野事務官は、肉体関係ができた女性の弱い立場と西山記者の態度がしつよう、強引であったということ(但し連日のように「頼むぞ」という電話をした点については西山記者が明白に否定するところである)をしきりに強調し、男女関係におち入ったことが、どんなに女性を束縛するものであるか、又西山記者との特別な関係が明るみに出されることをいかに恐れていたかを繰り返し述べ、他方、他に何らの証拠もないので、原判決も二人の肉体関係が甲野事務官にそのような影響力を与えた主な要素であると判断したものと推測されるのである。

(2)　二人の関係

果して、このような判断が証拠上、条理上肯認できるものであろうか。

西山記者と甲野事務官は、西山記者が甲野事務官の上司たる安川審議官と親しく、同審議官を毎日ひんぱんに取材に訪れ、又その為の電話をするところからおのずと親しくなり、機会を見て食事を一緒にしようという程の間柄であった。そして昭和四七年五月一八日ごく自然な成り行きから飲食を共にし、肉体関係を持ち、親密な関係を有するに至ったものであるが、二二日にも同様の関係を持ったのち、西山記者は甲野事務官と親しい関係になったので、当時沖縄返還交渉を取材中であったところから、「安川審議官のところへ回ってくる書類を見せてくれないか」、「沖縄返還交渉と中国代表問題とに関する書類を安川審議官のところから持ち出してほしい」等と頼んだ。そして、甲野事務官がこれに応じ、以後五月二四日から九月中頃まで二人で打ち合わせた場所（主として秋本事務所）、時刻において、本件電信文を含む文書を西山記者に閲覧させた、というものである。

この間の状況は、甲野事務官も「西山記者から、『何とか助けてくれ、本当に困っている』といわれ、西山さんのような立派な記者がそこまでいう以上、本当に困っているのだろうと西山さんの立場に同情し、情にほだされてしまったこともありました」と述べているし、又同事務官の供述及び西山記者の供述から認められる以下の客観的諸事実は、同事務官の当時の心理状態が決して、西山記者が指示すると、その指示に応じて秘密文書を届けるか否かの意思決定をする心のゆとりが全くない、いわばあやつり人形の如きものではなかったことを物語っているのである（尚西山記者は審理の全過程を通じて、ニュース・ソースたる甲野事務官の人格に対する配慮と、二人の関係についての事実を詳しく述べれば週刊誌等に書きまくられ、甲野事務官や自己の家族にもその被害が及ぶおそれがあるところから、二人の関係についての一方的な甲野供述にもいちいち反論したりすることなく、最少限の供述しかしていない、という点に十分留意されたい）。

即ち、

① 甲野事務官は五月二二日初めて依頼を受け直ちに二四日に第一回目の文書を持ち出しを行なったのであるが、以後九月中旬頃までの長期間原判決も認めるように一度も断ったりできないなどといったことはなく、連日の如くに多数回にわたって文書を持ち出している。

② 会う場所の指定についても五月二二日ホテル・ニューオータニ内のバー・カプリを指定したのは同人である

し、文書も西山記者から指示もうけないのに気をきかせてコピーにして持ち出している。

③　また西山記者からは条約関係のものとのみいわれていたというのに、気を利かせて同記者の役に立とうと思い、条約局長井川の名のあった井川・スナイダー会談の電信文をコピーして渡している。

④　西山記者が六月米国へ行つている時にも、二度にわたってわざわざ米国へまで送付している。

⑤　二人の関係は決して甲野事務官が述べるが如きさくばくたるものではなく（もしそのようなものなら長く続く筈もない）、双方が互いの身上や立場を話し、良く知った上での大人の関係であり、双方とも密会の際飲食を共にし、これを楽しんだものである。

⑥　甲野事務官は中年の職業婦人としてその年齢からいっても、経験からいっても社会的経験と判断力が十分ある女性である。

⑦　西山記者は、二人の関係を明らかにしたりする意図もなかったし、そのような態度、言動をとったことは一度もなかった。このことは西山記者も家庭があり、自ら失うものが大きいことからも当然である。

⑧　このような二人の関係は理由は明らかでないが、甲野事務官のイニシアティブによって終了し、西山記者が文書のことは構わないから会おうといっても甲野事務官は都合が悪い等といって最早会おうとしなかつた。

⑨　甲野事務官は西山記者が自分の上司たる安川審議官と極めて親しい記者であることを良く知っていたし、又新聞記者であるから文書を悪用したり、同事務官に不利になるように扱ったりすることはないという安心感を持っていた。

⑩　甲野事務官は検察官の面前や公判廷では「西山記者との特別の関係というものが明るみに出されることを私は非常に恐れておりました」といいながら、本件公判中も多数回にわたって週刊誌に手記を書き、又その取材に応じ（「女性自身」昭和四九年二月九・一六日号三二頁、同昭和四九年二月二三日号三四頁、週刊新潮昭和四九年二

月七日号二二頁、『週刊ポスト』昭和四九年二月一五日号三四頁等）、あげくの果てにはテレビにまで出演しているのであるが、（昭和四九年二月一四日午後三時フジテレビ「三時のあなた」）このような態度は、関係が明るみに出ることを恐れて戦々兢々としていたという同事務官の供述には甚だ似つかわしくないことである。西山記者の依頼に応じていたとはいえ、多くの文書を持ち出し、同記者に見せた事実と共に、他人には知られたくない両名の関係が捜査の過程で公けになってしまった以上、そしてそのことが西山記者のニュース・ソース秘匿についての配慮が万全でなかったことに端を発している以上、同事務官が自己の立場をそれなりにとりつくろうとし、らつ腕記者にダマされた、あるいはいいなりにされてしまったという被害者的立場をとる心情と理由はそれなりに理解できないわけではない。

しかしながら、同事務官の内心、心理についての事後の主観的供述を離れて、右のような客観的事実を見る時には、同事務官の供述の多くの部分は決して、関係継続当時の心理状態を正確に述べたものとはいえないのである。右各事実よりしても、二人の関係は決して原判決の述べるが如き甲野事務官が意思決定の自由を有しないというようなものではなく、むしろ甲野事務官が、西山記者から一旦依頼されると、これに応じて、好意的にかつ積極的に文書を見せて協力し同人は文書の提供も関係の継続もいつでも終了させうる立場にあったと見るのがより自然である。

(3)　原判決の裏にひそむ女性従属論の誤り

それにもかかわらず、原判決が甲野事務官は意思決定をする心のゆとりが全く存在していない状態にあったのだとするのは、一面原審裁判官の発想の根底に二人の関係に対する否定的価値判断と男女関係における女性弱者論あるいは女性従属論ともいうべきものが潜在していることからであると考えられる。

まず、二人の関係の価値判断について言えば、それは倫理的には消極的評価を受けるものではあろう。しかしながら取材記者と取材相手の関係はいつもがいつも社会的に賞讃されるようなものであるとは限らない。前述したようにそこには信頼と友情もあれば相互の利害と打算、損得の勘定も働いているのであり、記者は取材の為には時として犯罪者やアウト・ローとも親しくならなければならないのである。取材活動は決してきれいごとではなく、きわめて現実的なドロドロとした生の人間の行動であり、人間関係であることを忘れてはならないのである。ここに倫理的価値判断を持みこみスクリーンすれば、多くの現に行なわれている取材活動が禁圧されるばかりでなく、結局は関係の倫理性によって処罰が左右されるという、法とモラルの混こうに行きつくことになるのである。

次は原判決の女性観であるが、これに男女関係があった場合には、その後女性は常に弱者として束縛され、男の頼みごとは断われないものであるという見解のようである。前述した通り甲野事務官も事件後はこのような見解と立場に身をおいて供述しているものと思われる（そうだとすると肉体関係があった女性に秘密文書を依頼することはすべて国公法一一一条に違反することになる）。

しかしながら、このような見解が正当であるとする証拠は全く存しない。このような見解は女性を従属視する男性優位の考え方であり、封建的思考の残しとも考えられるのであるが、少なくとも現在においては争いのない公理でも法則でもないことは明らかである。

結局本件では、甲野事務官も認めているように、西山記者がおどかしめいたことをいったことは一切ないし、また同事務官が西山記者の依頼を断ったこともない。四〇才をこえ、社会的地位も経験もある二人の関係は約四ケ月続いた。そして、甲野事務官の意思により二人は分れた。

このような基本的事実から、甲野事務官が、自由な意思決定の不可能な状況にあり、あたかも機械人形の如くに西山記者のいいなりになって、長期間にわたって秘密文書を渡していたなどという原判決の認定は到底正当とはいえないのである。

当弁護人らは、本来明確なるべき国公法一一一条の適用が、男女間の複雑微妙な心理如何、その点の裁判官の主観的判断如何にかかるなどということには到底賛同することはできない。男女間の心理の交錯はそれ自体多様であるばかりでなく、それに対する評価も又、個人のうけた教育、育った家庭環境、社会的適応性、そのジェネレーションによって様々である。このような問題について、結局は裁判官の一義的判断を求め、更にその主観的判断如何によって、憲法上の自由が左右されるなどというのは、憲法判断の方法として、根本的に誤っていると考えるのである。

この意味において、むしろ第一審判決が西山記者の本件取材行為を「甲野との間の肉体関係ないし、肉体関係から生じた甲野の好意や同情心を利用した」だけで、「ことさらにしつようないし強引になされたものでない」と認め、「さらにまた被告人西山が被告人甲野との肉体関係や同被告人の好意または同情心を利用したという点は、右肉体関係が分別をわきまえた両者の合意の上で生じたものであるという経緯を考えると、このことが法の領域（すなわち違法性の有無に関する問題）において論ずるよりも、その不当性の是正は社会一般や記者相互間の指弾または倫理的非難にゆだねたほうがより適切であると考えられないではなく、したがって法がこのような領域に深く立ち入るべきではないという側面のあることは否定できない。」としているのは、それなりに的を得たものと思われるのである。

(4)　む　す　び

以上述べて来たところからして、西山記者が本件取材行為は甲野事務官が自由な意思決定をすることが不可能な状況でなされたり、甲野事務官の自由意思を制圧してなされたものでないことは勿論、いかなる意味においても国公法一一一条に定めるそのかし罪に該当しないものであることは明らかであり、これと反対の判断をした原判決は国公法一一一条の解釈適用の誤り、ひいて憲法二一条の違反をおかしたものといわざるを得ないのである。

二 国公法一一一条、一〇九条一二号等にいう秘密の解釈適用の誤りと審理不尽、判断遺脱

原判決は、国家公務員法一一一条、一〇九条一二号、一〇〇条一項にいう秘密について、その解釈適用を誤り、ひいては審理不尽、判断遺脱の違法を犯しているもので、それは判決に影響を及ぼすものであるとともに原判決を破棄しなければ著しく正義に反するものである。

(一) 原判決の判示

原判決は、国公法一一一条、一〇九条一二号、一〇〇条一項にいう秘密の解釈について、まず一般論としては次のとおり判示している。

「国公法一一一条、一〇九条一二号にいう秘密とは、秘密指定権のある公務員により、秘密指定権者以外の公務員に対し、その漏示を禁ずる職務命令としての秘密指定がなされた知識、文書又は物件のうち、同条所定の刑罰をもって保護するに足りる価値ないし必要性を備えた、いわゆる実質秘であることを要すること、並びに非公知性と秘匿の必要性の有無が、同法一〇九条一二号及び一一一条を適用するにあたり、裁判所の司法審査の対象となるものであることは、いずれも原判示の通りである。」（原判決二五丁表）

そして、本件の一〇三四号電信文案及び第八七七号来電文（以下本件各電信文という）が、右各法条にいう秘密に当るか否かの、即ち右各電信文の実質秘性の具体的判断としては、「外文電信文という形式上も、また条約締結を目的とする外交交渉の会談での交渉当事者の発言内容の要旨を記載したものというその一般的内容上、並びに第一〇三四号電信文案及び第八七七号来電文の記載内容上も」秘匿の必要性のある文書に当るとし、右各電信文は国公法一〇九条一二号、一〇〇条にいう秘密に該当する旨判示している（原判決二六丁裏から二七丁表）。

原判決の右判示のうち国公法一一一条、一〇九条一二号等にいう秘密とは実質秘であることを要し、実質秘性即

ち非公知性と秘匿の必要性の有無は司法審査の対象となるとした一般的解釈については、まことに正当であって何ら異をとなえるところはない。

しかしながら、原判決が、具体的に本件各電信文について、それが右にいう秘密に当るとした点については、以下に詳述するとおり、国公法一一一条、一〇九条一二号、一〇〇条一項にいう秘密の解釈、適用を誤ったものであり、ひいては審理不尽、判断遺脱の違法を犯しているものである。

(二)　原判決が、本件各電信文の実質秘性をその形式や一般的内容をもとに判断したことの誤り

すなわち、まず第一に、原判決は、本件各電信文の秘匿の必要性を肯認し、それが国公法一一一条、一〇九条一二号等にいう秘密に当ると認定、判示するに際し、前記のとおり、その外交電信文という情報の形式や、条約締結が目的の外交交渉の会談での当事者の発言内容の要旨を記載したものという、情報の一般的内容をその判断根拠としている。

しかしながら、凡そ外交電信文といっても、その記載内容が常に当然に秘匿を必要とする情報であったという証拠は全くないし、また、条約締結を目的とする外交会談での当事者の発言についても、それが常に秘匿を必要とするような内容のものであるとも限らない。

そもそも、外交々渉の経過、外交会談での当事者の発言内容について、それを常に刑罰によって保護されるべき秘密であるとする考え方は、旧外交の残滓であって、民主政治下の現代の実情にも合致せぬ誤れる考え方であり、外交に対する民主的コントロール、密約の防止等を考えると、むしろ外交々渉の経過は原則として公開さるべきものなのである。このことは、弁護人が一審以来強く主張し、また一審および原審で取調べられた証拠にもとづき繰り返し論証をしてきたところである（第一審における弁護人の弁論要旨第七、原審における答弁書第一、四、答弁補充書五三頁以下、弁論要旨三項等参照）。

のみならず、一口に外交会談における当事者の発言などといっても、その実態は、例えば、いわゆるロッキード事件の検察官の冒頭陳述で明らかにされた、ハワイにおける田中・ニクソン会談でのロッキード製航空機の売込みに関する発言（後注）の如く、違法行為に関連する発言があったり、本件の一〇三四号電信文案中に記載されているFEBCの問題に関するニクソン大統領の一族の私的利益にからんだ発言の如く、公私混同の行為に関する発言があるなど種々様々なのであり、従って、この実態の面からみても、外交会談の発言内容だからといって、あるいは、それを記載した外交電信文であるからといって、そのことから当然にその実質秘性を肯認するわけにはいかないのである。

このように、情報の実質秘性をその形式や一般的内容から判断することは、秘匿の必要性のないもの、あるいは後述のとおり秘密としての保護を与えてはならないものまで保護することにつながるのであって、実質秘性の判断方法としては許されないものといわなければならない（なお、この点について、原審における答弁補充書四六頁以下および弁論要旨一三頁以下を参照）。

（注）被告人田中角栄らに対する受託収賄等被告事件における検察官の冒頭陳述第四、五項（田中の関係者に対する働きかけ）によると、田中角栄は小佐野賢治に対し「実は、ニクソンとの会談でハワイに行つた際、ニクソンから日本が導入する飛行機は、ロッキード社のトライスターにしてもらうとありがたいと言われた」と話したとされている（朝日ジャーナル一九七七年二月一一日号二九頁による）。

㈢　**本件各電信文は違法秘密である。**

(1)　ところで、第二に、原判決は、本件各電信文の実質秘性を肯認した根拠として、その文書の形式や一般的内容を挙げた他に、前記のとおり、「一〇三四号電信文案及び第八七七号来電文の記載内容上も」秘匿の必要性のある文書に当る旨の判示をしている。

しかしながら、本件各電信文の記載内容の主たるものは、一審以来弁護人および被告人が強く主張し後にも詳述するとおり、我国の国会の条約審議権を侵害する憲法違反の行為に関する発言内容であり、右各電信文の秘密指定は、かかる違憲・違法な行為を秘匿するためのものであって、違法な秘密といわなければならないものである。

そもそも、国公法一一一条、一〇九条一二号、一〇〇条一項にいう秘密とは、原判決も判示するとおり、「刑罰をもって保護するに足りる価値ないし必要性を備えた」ものでなければならないのであるから、その情報の内容は、刑罰的保護を受けるための当然の前提として、適法かつ正当な行為に関するものでなければならないことは、公務執行妨害罪の保護法益たる公務等の場合と同様、論をまたないところである。

しかるに、本件各電信文は、前述し、かつ以下に詳述するとおり、違法行為に関する発言を内容とするものであって、そこに秘匿の必要性を認めることができないのは勿論のこと、違法秘密として秘匿について保護を与えてはならない性質のものなのである。

従って、このような本件各電信文に秘匿の必要性を肯認し、国公法一一一条、一〇九条一二号等にいう秘密に当るとした原判決の判断は、右各法条にいう秘密の解釈適用を誤ったものといわなければならない。

(2) すなわち、本件各電信文は、いずれも、いわゆる沖縄返還協定における軍用地復元補償、即ち対米請求権の財源肩代りの密約と、いわゆる地位協定にもとづく六、五〇〇万ドルの対米支払いの密約に関する交渉当事者の発言内容を、その記載内容とするものなのである。

前者の密約、即ち対米請求権の財源肩代りの密約とは、いわゆる沖縄返還協定の協定文上にはアメリカ側が一定の軍用地復元補償の「自発的支払」を行う旨の、第四条三項の如き規定を置きながら、真実は、その規定を置くのと引換えに日本側がその財源を同協定七条の対米支払いの金額に含ませて負担するとの裏の合意を指す。後者の密約、即ち、六、五〇〇万ドルの密約とは、従来我国政府は、アメリカとの行政協定にもとづく米軍基地の施設費の負担については、基地の削減のための基地の統合、新設の場合にのみ負担をするとの解釈をとってきたが、アメリカ側が、沖縄返還に伴う米軍基地の整理の遂行上向う五年間に必要と見積られた施設費六、五〇〇万ドルについては、従来の施設費負担の要件の限定をゆるめ、その支払いをすることを、右協定外において秘密裡に約束したことを指す。

(3)　弁護人らは、第一審以来、これらの密約の論証を繰り返し詳しく行ってきたが（第一審の弁論要旨第二部（各論）第一、三および四や、原審における答弁書第一、五、(二)答弁補充書第五、一、(二)、(5)および(6)、原審の弁論要旨六項等参照）、第一審判決もまた、請求権財源肩代りの密約について「請求権財源は日本側がこれを実質的に負担するという合意が沖縄返還交渉において成立したのではないかという合理的疑惑が存在することは否定し得ない」としたうえ、「右合意が成立したことを、体裁を整えることによって日本国民の目から隠そうと日本側交渉担当者が（略）考慮していたという合理的疑惑が存在し、右疑惑を打ち消し得るに足る証拠はない」と判示し、右密約の存在を肯定しているのである。

ところで、これまで公判廷で明らかにされた右密約の証拠のなかで、決定的ともいうべき証拠は本件各電信文および五五九号電信文案（別電を含む）であり、その記載内容を挙げると次のとおりである。

(4)　すなわち、まず請求権財源の肩代りの密約についてであるが、

(イ)　昭和四六年五月二八日に行なわれた愛知・マイヤー会談の結果を記載した一〇三四号電信文案中の請求権の項には、次のような交渉当事者のやりとりが書かれている。

「本大臣より日本案を受諾されたしと述べたところ大使より米側としては日本側の立場は良く分かり、かつ財源の心配までしてもらったことは多としているが、議会に対して『見舞金』については予算要求をしないとの

言質をとられているので非常な困難に直面していると述べ『ス』公使より第四条三項日本案の文言では必ず議会に対し財源に関する公開の説明を要求され、かえって日本側が困るのではないか、問題は実質ではなくアピアランスであると補足した。本大臣より重ねて何とか政治的に解決する方法を探求されたく、なおせっかくの三二〇がうまくいかず三一六という端数となっては対外説明が難しくなる旨付言しておいた」

ここでいう「本大臣」とは愛知外務大臣（当時）であり、「『ス』公使」とはスナイダー公使のことである。また、「財源」とは、文脈からいって当然沖縄返還協定四条三項、即ち対米請求権の財源の意味であり、「三二〇」とは対米支払額の三億二、〇〇〇万ドルのことである。

（ロ）次に、同年六月九日東京で行われた井川・スナイダー会談に関する第五五九号電信文であるが、これはその全文が右密約のための技術的なやりとりの記録である。すなわち、

「(1)冒頭、米側より、鋭意検討の結果、一八九六年二月制定にかかる、いわゆる信託基金法に基づき、請求権に関する日本側の提案を受諾することが可能となったと述べた上、次のとおり提案した。

（イ）日本側第四条第三項案に次のとおり追加する「ただし同項により支払われる金額は四〇〇万ドルを越えないこと」、（ロ）前記信託基金設立のため、愛知大臣よりマイヤー大使あてに「日本政府は、米政府による見舞金支払いのための信託基金設立のため、四〇〇万米ドルを米側に支払うものである」旨の不公表書簡の発出を必要とする。本件書簡は米政府部内でジェネラル・アカウンタントに対する説明上必要とされる場合に提示するにとどめられ、この場合も極秘資料として取扱うものであり、日本側に迷惑となるようなことはないことをアシュアしたく、本件書簡がないと請求権に関する日本側の提案は受諾し得なくなる。（ハ）Y条に関する

米側説明振りに関し、執ように食いさがられる場合には、to pay for necessary expenes「including the establishment of Trust Fund for the exgratia payments to be made under Article 4」の趣旨を追記して説明せざるを得ないことを了承願いたい。

(2)右に対し日本側より、前記（ハ）の趣旨については了承するも、（イ）は米側内部の問題であり（かかる規定がなくとも、米側はこの支出を四〇〇万に押えることができるはず）協定に書く必要なく、かつ不適当である。（ロ）についてはいかにコンフィデンシャルな書類であろうと、資金源について書くことは全く受入れ難い旨強く反駁した。

(3)種々議論の後、我が方より前記（ロ）の書簡案として、別電の案文を提示したところ『ス』はこのことも本国政府の訓令を越えるものであるとしつつも、日本側の提案を本国政府へとりつぐ旨述べた。我が方より日本側としても政府部内で検討してみないと何とも言えないので、至急愛知大臣と協議することとしたい旨述べ、会談を了した。」

（ハ）右井川・スナイダー会談の直後、パリで行われた愛知・ロジャーズ会談に関する八七七号電信文の一部も、右密約の証拠である。もっとも、右電信文については、検察官は秘密指定が解除されていないとの理由で証拠として公判定に提出せず、また弁護人らが申し立てた右電信文の差押え、提出命令の申立てを外務大臣は拒否したので、記載内容の正確なところは知りうべくもない。従って、その記載内容を知るには不完全ながら証人吉野文六の証言によらざるを得ないが、同証人の証言によると右電信文には、「愛知大臣が、『本件書簡の表現ぶりについてはすでに東京において一応合意に達した旨の連絡を受けているが、公表される可能性があるというのであれば、表現もより慎重に考える』と述べ、これに対し、ロジャーズ長官は『日本政府の立場も理解できるので、米側の法的な要件を満たしつつ、日本側の立場をも配慮した表現を発見することは可能と思う』と述べた」旨の記載がある。なお、同証人は、右電信文によると、この会談では不公表書簡の発出を前提として、その表現ぶりをどうするか、ということが中心問題となっていることを認めているのである。

以上三通の電信文を、時間をおって、文言通りに素直に読めば、密約の成立過程が明らかに認められるのである。すなわち、日本側の対米請求権を認めるようにとの要求、具体的には軍用地復元補償費の自発的支払いを定めた四条三項を認めるようにとの要求に対し、アメリカ側は沖縄の返還に際して予算要求はしないとの言質を議会にとられているということをタテに容易に右要求を受け入れないため、その打開策として、日本側がその財源を対米支払額に上乗せして負担するのと引換えに四条三項をアメリカ側がのむよう提案した。これに対し、アメリカ側は一度は難色を示したが（一〇三四号電信文）、結局技術的に受諾可能ということになり（五五九号電信文）、四条三項が設けられたという経過が認められるのである。

日本側が対米請求権の財源を肩代りするが故に、一〇三四号電信文の前掲引用部分にあるように、アメリカ側は、「財源の心配までしてもらったことは多としている」などというのであり、米議会で四条三項の財源に関する公開の説明を要求されると日本側が困ることになるのである。そしてまた、それ故に四条三項が受諾されないと、対米支払額は、三二〇（三億二、〇〇〇万ドル）から対米請求権の財源分四（四〇〇万ドル）だけ減った三一六（三億一、六〇〇万ドルという端数）にならざるをえないのである。

(5) このような密約について、沖縄返還交渉の直接の担当者で外務省高官であった吉野文六（当時アメリカ局長）、井川克一（当時条約局長）らは、第一審公判廷において、それを必死に否定しようとした。しかし、その各証言は、第一審判決をして「供述内容に合理性を欠く部分（中略）が随所に存在すること、右両供述相互間にかなり矛盾が見られること、および右両名の供述状況を考え合わせると」措信できないといわしめたほどのものなのである。

この第一審判決のいう「供述状況」なるものが、尋問が密約を裏付ける肝腎な事実関係に触れると、「覚えておりません」と虚偽の答えをし、「記憶喪失」や「職務上の秘密」に名をかり証言を拒否した供述態度や、特に井川の証言にみられたのであるが、当然知っていると考えられる事項に関する検察官の明確な質問にさえも間をとって即答しなかったり、はぐらかしてまともに答えず、あげくのはては尋問の趣旨がはっきりしないなどといったりして、ついには裁判所からも注意をうけた証言態度などを指すことはいうまでもない。

その具体例については、既に第一審および原審において詳しく述べているが（第一審の弁論要旨第二部（各論）第一、三、㈣や原審の答弁書第一、五、㈡、⑵、（エ））、ここでその一例を再度挙げるとつぎのとおりである。すなわち吉野は、当時沖縄返還交渉の主管局たるアメリカ局の長として問題のすべてに関与し、かつ毎日のようにほとんど全ての会談に出席していた事務レベルの最高責任者であったのであるから、右交渉の最重要問題の一つであった対米支払額が、いつ、いくらの提案から三億二千万ドルに最終的に決定されたのか、その時期、経緯を当然記憶し、知っていてしかるべきであるのに、その点に尋問が及ぶと、吉野は、それが密約を裏付ける事実に関するものであるため、「覚えておりません」とか「知りませんですね」と次のように証言しているのである。これは明らかに虚偽の証言である。

すなわち、

「問　それで（あなたが交渉を）引継いだころはアメリカ側の要求はどの位になったのですか。
答　あまり覚えていませんですね。……………
問　柏木さんとデューリックの間で大体の線がきまって、それが持ちこまれたのではないですか。
答　そういえばそうかも知れませんですね。

問 いやよく覚えていらっしゃるんじゃないんですか。五、六億ドルというので外務省に来たわけじゃないですよね。
答 しかしこの数字は覚えておりません。…………
問 四月二二日に柏木さんとデューリックとの間で大体三億ドルということでほぼ目安がついているのではないですか。
答 それは知りませんですね。
問 じゃ間違いですか。これは。
答 それは間違いかどうかも知りません。…………
答 ですから私の記憶に残っているのは三億二千万ドルの数字だけです。
問 だから三億二千万ドルの数字の前はいくらなのですか。
答 覚えておりません。
問 三億ドルだったのでしょう。
答 それも覚えておりません。…………
問 お答え下さい。こんなこと忘れるはずがないと通常考えられるわけですね。いやしくもあなたはこの交渉の主管局長なのですから。この前おっしゃったように、主管局長は三億二千万ドルだけは覚えているけれどもその前の数字は全然覚えていないということはあり得ない、だからおっしゃって下さい。
（答えなし）」
というような具合である。

このような虚偽の証言は、当時アメリカ局北米一課の首席事務官で五五九号電信文案の起案者であった佐藤嘉恭の証言にもみられる。同人は、第一審公判廷において、同人の起案した右電信文の記載内容の意味を質した尋問に対し、自分の起案であるにもかかわらず、また、捜査段階で検察官に対してはその内容を解説しているのにかかわらず、公判廷では、その記載内容は「理解不能」であるとして証言を拒否したのである。これも驚くべき偽証である。

かかる虚偽の供述は、なにも公判廷においてだけでない。弁護人が原審において指摘したとおり、沖縄返還協定の国会における批准審議の過程においても同様であり、吉野、井川は勿論、福田外務大臣（当時）も再三にわたり本件各電信文の存在を否定したうえ、虚偽の答弁を行なったのである（原審の答弁補充書第五、一、(5)参照）。

以上のような多くの偽証や証言拒否の態度、虚偽の答弁は、単にその供述の信用性を否定する事情にとどまらず、密約の存在とその違法の重大さを積極的に裏付ける結果となっているといわなければならない。

なお、ちなみに当時外務審議官であった安川壮は、警察における取調べに際し、次のようにのべている。

「今回の事件で甲野君が西山記者に電報を渡していたことがわかりましたが、そういえば、私はこの西山君よりその当時、沖縄返還協定の請求問題について何か情報を握っているようなことを言われたことがありました。それはたしか昭和四六年六月一〇日すぎごろであったように思っています。西山記者が私の室に来て『沖縄返還協定の請求権問題で、外務大臣からアメリカ側へ手紙を出すという話がある。それは何を意味するかということと、アメリカが支払うべき銭を日本が肩代りするという裏取引のことだ。こういう情報を握っているがどうですか』と言いました、この話を聞いた私は、この内容は外務省で極秘にしていたものであったため、内心はっとしましたが、『そんな話は初耳だ。君はどこでそんな話を聞いたのか』とごまかして聞くと、西山君は『外務省ではありません、大蔵省筋からです』などといってその日は帰りました。このため私は早速担当の千葉北米一課長を呼び、西山君が言ったことを伝えると……」（昭四七年四月九日付司法警察員調書）

また安川壮は昭和四七年四月一〇日付検察官調書においても、全く同様の供述をしている。右供述は極秘の肩代り密約を西山記者に指摘された右安川がいかに驚愕したかを示すものであり、この驚きが密約が事実であることを端的に示している。

(6) 次に、六、五〇〇万ドルの対米支払いの密約についてであるが、その決定的証拠ともいうべき電信文の記載内容は次のとおりである。

即ち、吉野証言によると、愛知・ロジャーズ会談の結果を記載した八七七号電信文には、

「『ロ』長官（ロジャーズ長官―弁護人注）より、六五の使途につき日本政府のリベラルな解釈を期待するとの発言があり、これに対し本大臣より、できる限りのリベラルな解釈をアシュアする旨述べた」

との趣旨の記載があるのである。

この「六五」とはアメリカ側が沖縄返還に伴う米軍基地の整理の遂行上、向う五年間に必要な施設費として見積った六、五〇〇万ドルのことで、いわゆる地位協定にもとづき日本側に支払いを求めるという金額を指し、その使途についての「リベラルな解釈」とは、従来我国政府は、基地の削減のための基地の統合、新設の場合にのみ、行政協定にもとづき施設費を負担するとの解釈をとってきたが、その施設費負担の要件の限定をゆるめて、その支払いをすることを意味するものである。

そして「アシュア」とはいうまでもなく「保証」である。

要するに、これは我国政府の地位協定に対する従前の解釈態度によれば支払いをしないはずの施設費についてまで、この沖縄返還交渉、特に愛知・ロジャーズ会談において解釈態度を変更し、支払いをすることをアシュア、即ち保証したことを示している。即ち、具体的には六、五〇〇万ドルの支払いを約束したのである。これが約束でないとしたらなんであろうか。

そして、この約束は勿論返還協定には書かれず、また国会で報告すらなされなかつたのである。

(7)　ところで、このような密約は、単なる政治的な当否の次元の問題ではなく、違憲、違法の行為である。従って、右密約に関する情報の秘匿は、単なる「政治的利益のための情報の秘匿」にとどまらず、「違法行為の秘匿」との評価を受けなければならない。

すなわち、もし請求権財源の肩代りや、地位協定に関する解釈の変更が公表されるものとしてなされたのであれば、その当否は国会の審議や国民的討論によって判定することが可能であり、従ってそれらは単なる政治問題にとどまるであろう。しかし、その肩代り等が本件のように密約として秘密裡になされ、国会の審議、批准さらには国民的討論を回避・潜脱する形でなされたならば、いうまでもなく国民はそれを知る術を持たないから、そもそもの当否を判定することなどできないのである。それは政治問題ということでは済まされない、憲法四一条、七三条三号但し書に違反する国会の条約審議・承認権の侵害行為であり、外交に対する国会、国民のコントロール、ひいては国民主権自体を否定する重大な違憲行為と評価せざるをえないものである。

これを、少しく具体的に云えば、本件密約は、それこそが沖縄返還協定における対米支払いと対米請求権に関する「本物の合意」なのであり、国民に公表され国会の批准が求められた協定は、「偽の合意」にすぎない。政府は国会と国民に対しては軍用地復元補償費の「自発的支払い」などという「偽の合意」を示して沖縄返還協定の審理、審判を誤らしめ、対米請求権は日本側が実質的に肩代りすることにより解決するという「本物の合意」は秘匿して、その国会の批准と国民の批判を回避、潜脱したのである。

要するに、本件電信文は、このような条約に対する国会の審議・批准を潜脱する行為をその内容とするものなのである。これがなんで違憲・違法ではないといえようか。

そしてこの密約の違憲・違法性、その重大性は、肩代りした財源の金額の大小によって左右されるものではない。金額にかかわらず、その事柄の性質上高度の違法性を有するものというべきなのである。何故ならば密約は、金額いかんにかかわらず、国会や国民に対し交渉と合意の真実を隠蔽し誤った判断をなさしめる点において、条約に対する国会の審議・承認権それ自体の実質的侵害であり、現憲法の定める政治制度そのものの否定であって、民主主義の根幹に触れるものであるからである。

(8)　以上、要するに本件各電信文は、明らかに違憲、違法な密約づくりに関する交渉当事者の発言内容をその記載内容としているものであるから、刑罰的保護を受けえないこと明白であり、国公法一一一条、一〇九条一二号等にいう秘密には当らないというべきである。

(四)　一部に違法秘密が含まれている場合と国公法一〇九条一二号等にいう秘密の解釈適用について——原判決の解決適用の誤りと審理不尽、判断遺脱

(1)　もっとも、本件各電信文中には、前記密約以外に関するやりとりも記載されてはいる。原判決は、それを根拠にして、本件各電信文は「仮に、その一部に擬似秘密に当る事項の記載が含まれているとしても、真正秘密であるその余の記載事項も含まれていることに鑑みれば、国公法一〇九条一二号、一〇〇条にいう秘密に該当するものであると認められる」と判示し、密約の交渉の有無、その違法性については全く判断を示していない。

しかしながら、そもそも原判決のいうその余の事項についても秘匿の必要性および公知性を欠き、真正な実質秘密とはいえないことは弁護人が一審および原審を通じ論証してきたところである。のみならず、その点はさておくとしても、原判決の右判示は、以下に述べるとおり、実質秘と不可分な一部に擬似秘密なかんずく違法秘密が含まれている場合における、国公法一〇九条一二号、一〇〇条一項にいう秘密の解釈、適用を誤ったものといわざるをえず、ひいては前記密約とその違法性に関する審理不尽、判断遺脱の違法を犯したものといわなければならない。

(2)　まず原判決の右のような誤りを指摘するに先立ち、その誤りの原因と思われる擬似秘密についての考察の不完全さにふれておきたい。

すなわち、原判決は、まず、真正秘密と擬似秘密について次のとおり判示している。

「近代民主主義国家において、指定秘とされる情報は、その漏示が国家の利益に反するとの判断により秘密とされる真正な秘密でなければならないが、稀には、国家の利益のためにではなく、時の政府の政治的利益のため、特定の情報を秘匿する目的で秘密指定がなされることがありうるのであり、前者は真正秘密（true secret）、後者は擬似秘密（false secret）と呼称される。」

そして、その「擬似秘密の中には、政府が憲法上授権されていない事項に関し行動したことを秘匿するため秘密指定のなされるものが想定されうる」として、それを「違法秘密」と呼んでいる。

原判決がこのように指定秘の中に実質秘たりえない「擬似秘密」があること、しかもその擬似秘密の中に「違法秘密」も想定しうるとしたこと自体は正当な指摘であり、弁護人も何ら異を唱えるものではない。

しかしながら、擬似秘密の中には、政府が「憲法上授権されていない事項に関し行動した」というほど違法性が強度でなくとも、憲法、法律に違反した違法な行為をしたことを秘匿するため秘密指定がなされるものも考えられるし、違法とまではいえないまでも正当とはいえない行動を秘匿するためのものも十分に考えられる。しかも、その違法行為等にはその違法性、不当性の程度において様々なグレイドのものが考えられる。

しかし、いずれにしても、それらは、その秘匿が保護に値しないという以上に、保護してはならないものであり、その点においては、原判決のいう違法秘密（以下これを狭義の違法秘密という）との間に差異は全くなく、その意味では、これらも違法秘密と呼ぶべきものである（以下、狭義の違法秘密を含め、これを広義の違法秘密という）。

原判決は、指定秘の一部に擬似秘密が含まれている場合の実質秘性の判断に際し、このような広義の違法秘密の場合と、単なる政治的利益のための情報の秘匿の場合と区別して考察することを怠った。

(3) ところで、国公法一一一条、一〇九条一二号にいう秘密に当るというには、適法かつ正当な行為に関する情報でなければならないことは、先に述べたとおりであるが、その不可分的一部に広義の違法秘密が含まれている場合も、原則として右にいう秘密には当らないと解すべきである。

何故ならば、そのような場合にまで真正な実質秘密として、その秘匿に法的保護を与えると、いうまでもなくそれは結果的には違法行為の秘匿に保護を与えたことになるからである。

のみならず、不可分的一部に違法秘密があっても、全体は秘密として保護されるとなると、今度はその形式を利用し、他の真正秘密を隠れミノにして違法行為の秘匿を図る傾向が生じかねない。その場合には、違法行為は永久に摘発されずに終ることとなる。

特に最近は、前述したハワイにおける田中・ニクソン会談の如く、外交会談でも違法行為に関するやりとりがなされる時世でもあるから、仮に外交会談における発言内容は当然に実質秘密であるとし、その一部に違法秘密が含まれていてもその秘匿の刑罰的保護に変りはないとしてしまうと、その違法行為は永久に摘発されずに終り、外交会談の陰で贈収賄等の違法がはびこることになりかねないのである。

従って、指定秘の不可分的一部に違法秘密がある以上、仮にその余の部分が真正な実質秘であっても、それは原則として国公法の前記各法条にいう秘密には当らないものとして、同法条の解釈適用を行なわなければならないというべきである。

もっとも、違法秘密にも前述のとおり色々な程度のものがあるし、不可分なその余の部分の秘匿の必要性にもグレードがあろう。場合によっては、違法秘密以外の部分が重大な実質秘で、その秘匿の必要性が、違法行為の秘匿に手を貸すことになる結果のマイナスを凌駕する場合も考えられないわけではない。従ってその二つの価値の衡量が必要になる場合もあろう。

しかし、いずれにせよ、指定秘の一部に擬似秘密が含まれている場合に、少くとも原判決のように、その余の記載事項が真正秘密であるというだけで、国公法一〇九条一二号等にいう秘密に当ると判断することは到底許されないというべきである。そのような場合には、その擬似秘密が、保護してはならない（広義の）違法秘密ではないかどうか、違法秘密だとした場合、その違法の程度はどうか、その余の真正秘密の秘匿の必要性はその違法性を凌駕するものであるか等につき、審理を尽しその判断を示さなければならないのである。

しかるに原判決は、前述のとおり、国公法一一一条、一〇九条一二号等にいう秘密の解釈を誤ったため本件各電信文の少くとも一部分には密約に関する違法な秘密が含まれているのにかかわらず、右のような点についての審理を尽さず、またそれについての判断を全く示すことなく、前述の判示の如く本件各電信文が右にいう秘密に当る旨認定してしまったのである。

㈤　**結　語**

以上要するに、原判決は、国公法一一一条、一〇九条一二号、一〇〇条一項にいう秘密の解釈適用を誤り、ひいては審理不尽、判断遺脱の違法を犯したものであり、その違法が判決に影響を及ぼすことは明らかであって、かつ原判決を破棄しなければ著しく正義に反するものであるから、この点からも原判決は破棄されるべきである。

三　西山記者の一〇三四号電信文案の入手方依頼につき、秘密の認識を欠くとはいえないとした点における憲法二一条違反と法令の解釈適用の誤り

原判決が、本件第一〇三四号電信文案の入手方依頼した際、西山記者は確実な資料や根拠に照らし相当の理由がある場合でないのにこれを擬似秘密の疑ありとして取材したので未必の故意を欠くとはいえないとした点は、憲法第二一条に違反し、かつ、法令の解釈適用を誤り、その誤りは判決に影響を及ぼすものであり、これを破棄しなければ著しく正義に反する。

(一)　概　要

先ず、この点に関する原判決の説示と結論を読んで、感ずる率直な疑問は（一）原判決が、取材して見ない前から取材対象の内容が、確実な資料などによって擬似秘密であるとわかっている場合に限り罪とならないとしているのと取材活動の実体とどうマッチするのかということと（二）原判決によれば、第一の犯罪行為によって得た資料によって、第二の行為が罪とならないことになるのは、どのような論理によって、そうなるのかということの二点である。このような不合理な論理や結論が、どうして出て来たかについては、法的に十分な解析を行う必要があろう。

原判決が、表現の自由の保護と国家秘密の保護との両立を法解釈上のバランシングの上に確立しようと試み、その基準定立に努力した点は、評価できるが、この試みは必ずしも成功したものとはいい難く、取材の自由すなわち表現の自由を不当に制約し終ったことは、既に第二点までに指摘したとおりであるが、特に本問題点、すなわち「そそのかし行為」と「秘密」との結びつきの点においてもまた重大なあやまりを犯すに至っている。すなわち、その一は、擬似秘密の取材が意図された場合かく信ずるにつき予め確定資料等が存在する場合にのみ犯意を阻却するとした点で、これは取材活動の実体を全く理解せず机上の論理により解釈しようとしたため、実質上不法に取材

活動を封殺し、ひいては、表現の自由を制約し、憲法第二一条違反の結果を招来していることである。

その二は、擬似秘密であるとの認識につき、相当の理由があると客観的にも肯認し得る場合に限り、未必的な認識を欠くとして罪の成立しない場合があり得るとし、犯意阻却に客観的相当性を必要とするとしている点であり、これは、法令の解釈適用を誤ったもので、そのため西山記者の本件第一〇三四号電信文案の入手依頼行為を故意ありと認定し、判決に重大な影響を及ぼしている。以下右二点につき詳述する。

(二)　擬似秘密の取材に、確実な資料等が予め存する場合にのみ未必の故意を阻却するとした点は憲法二一条に違反する

原判決が漏示のしょうようの対象となる秘密が、擬似秘密であると判断したことについて、確実な資料や根拠に照らし相当の理由があると客観的に肯認し得る場合に限り、未必的認識を欠くものとして犯意を阻却する場合があるとしている点は、取材が未だ内容不明な情報資料を入手しようとする行為である実情を無視し、この面における取材活動の自由を制約し、憲法第二一条に違反する。

原判決は「報道機関が、特定の秘密を擬似秘密だと判断したからといって、それが本来真正秘密である場合、真正秘密でなくなるわけではないし、また、報道機関は、すべての秘密情報を国家と共有しうる立場にない以上、報道機関が、特定の秘密が擬似秘密かもしれないという疑惑を抱いた一事では、それが真正秘密かもしれないという未必的認識を払拭するに足りないものであるから、その漏示のしょうよう行為が当裁判所の加えた限定解釈の下で『そそのかし』に該当する手段方法態様でなされた場合、国公法一一一条、一〇九条一二号の罪が成立するのは当然である。ただ例外的に、その漏示のしょうようの対象となる秘密が、擬似秘密であると主観的に判断したことについて、確実な資料や根拠に照らし相当の理由があると客観的にも肯認しうる場合には、その漏示のしょうよう行為が、当裁判所の加えた限定解釈の下で、『そそのかし』に当たるとしても、『秘密』の点につき、確定的及び未必的な認識を欠くとして、国公法一一一条、一〇九条一二号の罪が成立しない場合がありうるのである」としている。

しかし、報道機関が取材するのは、原判決の右に述べるような確実な客観的資料や根拠があって取材するのが一般であろうか。否寧ろこのような資料がないからこそ、取材により情報資料を蒐集するのである。いわゆるコンファームのための取材は極めて稀な事例にしか過ぎないのが実情である。

従って、原審証人内田健三氏も第四回公判において「問題は、その秘密なるものが、取材をしてみなければ、秘密であるかどうかもわからないということであります」と証言している。その証言のとおり、取材前は、取材者にとって、その取材対象が秘密であるかどうかさえわからないのが普通であり、真正秘密と擬似秘密との区別がわからないのは勿論、況んや、それが擬似秘密であるとする確証などあろう筈がないのである。

取材の本質は、未知の情報を蒐集するにあるのである。原判決は、この最も見易い理、自然の経験則ともいうべき事理に相反し、この面から、不当に取材活動を刑罰の威嚇により制限する結果に陥っているのである。

原審判決のあった直後、この判決の影響等について座談会を催したジュリスト紙上（同誌第六二一巻、一九七六年九月一五日号の国家秘密と取材活動と題する座談会記事）において、内藤国夫記者は「第一真正秘密と擬似秘密をどうやって区別するのですか。それがわからない以上、ぼくらとしては、広い意味のそそのかしという行為によって取材する以外にないわけです。……中略……その触れた行為については、あとで、いさぎよくおとがめを受けましょうと開き直るしかないのではないかと思います。」と原判決の示す基準による将来の取材活動の暗さを表現している。

擬似秘密、違法秘密こそ、国民の批判に露し討論の対象とする必要性が大であることは、敢えて、ロッキード事件を引例するまでもないことである。この必要性に比例し、報道機関の取材活動がエスカレートして行くことも見易い理であることに鑑みるとき、苟くも擬似秘密乃至違法秘密であることの疑惑がある場合に、手持資料等による制約を受けることにより、これを制限するが如きは、取材活動に対する、この面からする重大な制限であり、ひいては、国民の知る権利、表現の自由に対する不当な拘束であって、憲法第二一条に違反するものであることは、明らかである。

㈢　**擬似秘密と信ずるにつき客観的相当性を要求することは、法令の解釈を誤ったものである**

原判決が、漏示しょうようの対象となる秘密が、擬似秘密であると判断したことについて、確実な資料や根拠に照らし、相当の理由があると客観的に肯認し得る場合に限り、未必的認識を欠くものとして犯意を阻却する場合があるとしている点は、法令の解釈適用に誤りがあり、その誤りは、判決に影響を及ぼしている。

原判決が二、に掲げた文言のとおり、報道機関が特定の秘密か擬似秘密かも知れないという疑惑を抱いた一事を以ってしては、未必的認識を払拭するに足りないものであるとし、進んで、これが擬似秘密であると主観的に判断したことについて、確実な資料や根拠に照らし相当の理由があると客観的にも肯認し得る場合に限り未必的な認識を欠く場合があるとしていることは、明らかである。

しかし乍ら、そそのかし罪は、秘密を漏示することをそそのかすことによって成立し、そそのかし罪が成立するためには、漏示される対象が実質秘であることを認識していることを要する理であることは刑法三八条の規定に照し、多言を要しない。

しかして、擬似秘密乃至違法秘密が、実質秘に該当しないことは、原判決も是認するところであり、報道機関が漏示をそそのかした対象が、かかる擬似秘密乃至違法秘密であると認識して取材活動を開始した以上かかる取材行動が、具体的に未必の故意があったものかどうかを決定するには、その判断の根拠に相当性、客観性がありやなしやの法解釈原理によるべきものではなく、構成要件の認識の有無についての事実認定如何に帰着すべき筋合の事柄であり、違法阻却事由たる事実の存否に対する認識の場合とは、自ら異り、事実認定と証明の分野において、判断すべき事項である。かかる分野に価値判断の基準である相当性、客観性を持ち込んだ原判決の右判示には、重大な法令適用の誤りがある。

㈣　西山記者の本件第一〇三四号電信文案入手依頼につき、未必の故意ありとしたことは、法令の適用を誤ったものである

有罪とせられた西山記者の本件第一〇三四号電信文案入手の依頼当時の西山記者の認識を、その経緯をたどって考察してみると、その頃西山記者担当の外務省ではアメリカとの沖縄交渉も大づめに近づいていたが、沖縄県民らが重大な関心を持っていたいわゆる復元補償費については、米国側では一文も支出することができないと発表しているのに、日本側では米国側に支払わせる旨言明していて、著しい主張の矛盾があり、巷間日本政府が右支払の資金を肩代りする何らかのからくりがあるのではないかとの肩代り説が強く、政府の交渉態度に極めて不明朗なものがあったため、西山記者は、その間の真実の姿を究明して、議会はもとより国民に論議の対象を提供するのが新聞記者としての使命であると考えていたのである。

西山記者はこの間の状況を原審第五回公判において

「これは、一つの経過があるんです。五月の中旬頃に、私が書いておりますけれども、とに角最優先課題にするという対米請求を、初め一二項目もあったという。それが、いつの間にか全部なくなってしまった。非常に大きな交渉問題であったそれが一二の内一一も撤回してしまって、そして最後に残ったのが軍用地復元補償であると、で、その前にもう一つ人身損害補償というのがございまして、それが最後に二つ残ったんです。しかしいつの間にか、それも消えてしまった。そして衡平の原則に照らして軍用地復元補償は過去に、ある年限より以前の段階において米側は支払っておりますから、これはいわゆる金の高だけじゃなくて問題の性格から見てどうしても日本側はアメリカ側に払わせなければならない、これは交渉の最優先課題でした。ところが、私は、アメリカ側の方ではどうなんだといろいろ聞いて見ましたけれども、四月以来のずっと、いろいろ流れがございますけれども、やはりアメリカ側はあの請求については、返還にあたっては、一切支払わないというこの原則はまだかわっていないということがわかりましたし、同時に、しかしアメリカ側は支払う根拠は認めておること、しかし金は払いたくないということで、これは記事に書いております。五月一七、八日頃のに、そういう面でまったくの矛盾対立関係の中で、はたして、その時の交渉の趨勢からみてやはりアメリカ側が圧倒的に強いわけですから、札をもっているわけですから、そういう面ではたしてこれがどういうふうに解決をされるのかということについて非常に疑問点、疑惑をいだいておったんです。これがあの電信文を見て、ああわかったと、これならば完全にアピアランスで、アメリカ側が支払うという形をとっているけれども、実質的には日本が財源を提供して、国内的にはそういうふうにやっていくんだなとそういうふうに判断しておったわけです」

と説明している。また、第一審第一五回公判において、

「これは、要するに対米請求一〇項目というようなものをだんだん捨てていきまして、最後に残ったのが人身損害と今さっき言いました軍用地だと、この人身損害というのはいつの間にか消えてしまったのですけれどもね。あとでわかったことなのですが、それで、私らの判断としては、アメリカ側の態度は解決済だと、非常に強いと。このように非公式取材を通じて、これはもう公知の事実になっていたわけです。その態度はですね。しかし日本側は最優先交渉項目にするということでございましてね。そのアメリカ側の態度と絶対的に矛盾するわけですね。それでこれは一体どういうことになるのかという非常な疑問をみんなが抱いておったわけです。

それで当時の新聞で大体わかると思いますけれども、これはやはり日本側が肩代りすることになるだろうと、要するに肩代りというのは、日本政府がアメリカに代わって沖縄の現地の請求に応ずるというそういう意味の肩代りですね。そういうことになるだろうと。そういう見方の方が一般的には強かったわけです」

と説明し、また検察官の質問に対し

「日本側が肩代わりするという見方のほうが強いにもかかわらず、これは、あの時に肩代わりかということで出ています」「肩代わりか、ということが私たちの観測でしたけれども、それに対してこれは、絶対に勝ち取るというような最優先議題にするというんですから、ここにやはり私は非常に矛盾を感じたわけです。」「ごまかしをやるという断定まではいきません。しかし、この実体というものはやはり究明してみたいということです。」

といっている。

また、大谷裁判官の「実際に一〇三四号の愛知・マイヤーの電信文を見たとき、その中に記載された事項は大体あなたの持っていた疑惑に沿ったような内容だったのですか」「予想どおりだったということですか」の問に対し、「そうです。」と答えている。

西山記者が、愛知・マイヤー会談関係の文書の入手方を甲野事務官に依頼した目的は、沖縄交渉の問題点がしぼられて来て、復元補償の問題だけになって来ている段階で、実にその内容の軍用地復元補償請求権の肩代りに関する疑惑解明にあった事は明らかであり、それが如何なるからくりによって行われるかは事前に知る由もなく、そのからくりを断定するに至っていなかったのは当然である。しかし乍ら、一〇三四号電信文案を見て、予想どおりであったと言っていることは、事前の認識と客観的事実とが一致していることを雄弁に物語るものである。かくの如く、事前の認識が、客観的事実にも合致している場合、その客観的事実が被害法益とするに当らない擬似秘密であったり、保護してはならない違法秘密である場合、果して、実質秘であるとの認識ありということができるであろうか。これを肯定する論理は見当らない。

原判決は、右一〇三四号中の請求権に関する部分を擬似秘密とは断定せず、かつ、右電文案は他にも真正秘密を含む電信文案であるということを理由の一つとして、未必の故意を認めるに至っている。

しかし乍ら、原判決は右電信文案を読んだ西山記者が次の第八七七号電信文入手依頼に際して有した認識に関しては、「対米請求権の処理の問題についての被告人の旧（もと）の疑惑は、単なる疑惑の域を超え、確実な資料情報に基づき、そのからくりを擬似秘密であると信じたことについて、相当な理由があったと客観的にも肯認される。」と判示しているのは、右一〇三四号電信文案記載の対米請求権の処理に関するからくりの部分を少くとも擬似秘密であると信ずるにつき相当な理由の根拠となる確実な資料であると認定していることは明らかである。また、原判決が右電信文案に含まれていたとする他の真正秘密に関する西山記者の入手依頼時の認識については、何らの証左もあげられていない。

従って、原判決の見解そのものに従っても、未必の故意を認めることは困難であるといわねばならない。

しかも、右からくりの内容をなす密約は、さきに述べたとおり、単に保護する必要のない擬似秘密であるというに止まらず、保護してはならない違法秘密であり、かかる違法秘密を含む文書は仮に真正秘密の部分が含まれていても、その文書全体を刑罰を以って保護すべきいわれのないことは、前記第二点において詳述したところである。

もとより、西山記者は、擬似秘密とか違法秘密とかいう言葉は全く知らない。しかし、違法秘密にあたる客観的事実である密約のからくりを予想し、これを追究すべく、取材活動を行うため愛知・マイヤー会談関係の文書の入手方を甲野事務官に依頼し、予想どおりの第一〇三四号電信文案を入手したものであって、かかる場合には、到底未必の故意と認定することはできない場合であるにかかわらず、単に机上の法解釈論により、確実な資料等に照し相手の理由がなかったとの一事を以て、未必の故意ありと認定し有罪の言渡しをした原判決は、法令の適用を誤まり、保護すべからざる違法秘密を刑罰を以て保護する誤りに陥っているものである。

以上述べたとおり、原判決が、西山記者の本件第一〇三四号電信文案の入手を依頼したことにつき未必の故意ありと認定した点は、法令の解釈適用を誤り、その誤りは判決に影響を及ぼしており、これを破棄しなければ著しく正義に反するものと思料する。

〈初出一覧〉

第一部　アメリカ法

1 ウォレン・コートからバーガー・コートへ……………法学セミナー一六五号（一九六九年）

2 報道の自由と名誉毀損――ニューヨーク・タイムズ事件判決とその後の発展をさぐる
……………ジュリスト四四三号（一九七〇年）

3 名誉毀損訴訟における証拠開示とプレスの編集特権――最近の合衆国最高裁判決をめぐって
……………判例タイムズ三八四号（一九七九年）

4 ペンタゴン・ペーパー事件――ベトナム秘密文書と報道の自由……法学セミナー一八八号（一九七一年）

5 表現の自由に関する米国最高裁の判例の展開――その概観と若干の考察
……樋口陽一・高橋和之編『現代立憲主義の展開』芦部信喜先生古稀祝賀（上）（有斐閣、一九九三年）

第二部　日本法――アメリカ法との対比において

6 公正な論評……伊藤正己編『名誉・プライバシー』現代損害賠償法講座第二巻（日本評論社、一九七二年）

7 表現の自由と名誉毀損――公共の関心事をめぐる問題
……内川芳美・森泉章編『法とジャーナリズム』清水英夫教授還暦記念論集（日本評論社、一九八三年）

8 真実証明および相当性についての考え方
……………日本新聞研究所編『新・法と新聞』（社団法人日本新聞協会、一九九〇年）

9 プライバシー侵害と差止請求
…竹田稔・堀部政男編『名誉・プライバシー保護関連訴訟』新・裁判実務大系9（青林書院、二〇〇一年）

10 利益衡量論……………芦部信喜編『講座　憲法訴訟第2巻』（有斐閣、一九八七年）

第三部　判例評釈

11　意見広告と政党に対する名誉毀損――サンケイ新聞意見広告仮処分事件……判例タイムズ三一一号（一九七四年）

12　公正な論評の法理――長崎教職員批判ビラ配布事件……判例時報一三七三号（一九九一年）

13　プライバシーの侵害と差止め――「週刊文春」差止め請求事件……法律時報九四五号（二〇〇四年）

14　免責による証言強制――ロッキード事件嘱託尋問調書の証拠能力……『刑事訴訟法判例百選（第四版）』別冊ジュリスト七四号（有斐閣、一九八一年）

第四部　その他

15　違法捜査とその規制・救済――弁護の立場から……『刑事手続 下』（筑摩書房、一九八八年）

16　今、報道の自由を語る意味〈講演〉――取材源秘匿に関する最高裁決定に読み込むＮＨＫの役割……法務研究№九五（二〇〇六年）

17　今、法律家は何をすべきか〈講演〉……法政法科大学院紀要六巻一号（法政大学法科大学院）（二〇一〇年）

資料　外務省秘密電信文漏洩事件最高裁判決……上告趣意書（一九七八年）

事項索引

ア　行

カ　行

サ　行

タ　行

ナ　行

ハ　行

マ　行

ヤ　行

ラ　行

ワ　行

判例索引

最高裁判所

高等裁判所

地方裁判所

〈著者紹介〉
山川洋一郎（やまかわ　よういちろう）

〈経　歴〉
1964年３月　東京大学法学部卒業
1966年４月　弁護士登録
1969年　ミシガン大学ロースクール比較法修士
1991～92年　ミシガン大学ロースクール客員教授

〈主な訳書〉
アーチボルド・コックス『ウォレン・コート――憲法裁判と社会改革』（訳書(共訳)，日本評論社，1970年）
ジョーゼフ・エル・サックス『環境の保護』（訳書（共訳），岩波書店，1974年）

学術選書
55
憲法・憲法訴訟論

報道の自由

2010(平成22)年12月24日　第１版第１刷発行
5855-01011：P456　¥9800E012：050-015

著　者　山川　洋一郎
発行者　今井 貴　稲葉文子
発行所　株式会社　信山社
〒113-0033　東京都文京区本郷6-2-9-102
Tel 03-3818-1019　Fax 03-3818-0344
info@shinzansha.co.jp
笠間才木支店　〒309-1611　茨城県笠間市笠間515－3
笠間来栖支店　〒309-1625　茨城県笠間市来栖2345－1
Tel 0296-71-0215　Fax 0296-72-5410
出版契約2010-5855-4-01010　Printed in Japan

印刷・製本／亜細亜印刷・渋谷文泉閣
ISBN978-4-7972-5855-4 C3332 分類 343. 340-b011　憲法・憲法訴訟論